中国历史的地理密码

董金社 —— 作品

中国出版集团　现代出版社

图书在版编目（CIP）数据

中国历史的地理密码 / 董金社著 . -- 北京：现代出版社，
2023.10

ISBN 978-7-5231-0376-0

Ⅰ . ①中… Ⅱ . ①董… Ⅲ . ①历史地理 - 研究 - 中国
Ⅳ . ① K928.6

中国国家版本馆 CIP 数据核字 (2023) 第 142999 号

中国历史的地理密码

著　　者：董金社
策划编辑：张　霆
责任编辑：邓　翊
出版发行：现代出版社
通信地址：北京市安定门外安华里 504 号
邮政编码：100011
电　　话：010-64267325　64245264（传真）
网　　址：www.1980xd.com
印　　刷：北京飞帆印刷有限公司

开　　本：710mm×1000mm　1/16
印　　张：24　　　　　　　字　　数：376 千
版　　次：2023 年 10 月第 1 版　印　　次：2025 年 8 月第 6 次印刷
书　　号：ISBN 978-7-5231-0376-0
定　　价：88.00 元

目　录

序　言

　　地理环境与人类活动、人类社会发展历史演进关系的研究，向来是地理学界和历史学界关注的学术热点，也是社会大众普遍关注的问题。随着科学技术的发展和人类社会的进步，人的聪明才智得以充分发挥，适应、利用和开发自然环境的能力不断提高，逐渐摆脱了自然条件的束缚，从自然界获得更大的自由，自然为人类的生存与发展提供了丰富的物质财富和空间。与此同时，人类对自然的过度干预和开发，也带来了资源枯竭、环境污染、气候变暖、冰川融化、海平面上升等资源环境和生态问题，这些问题显然成为当今地球科学面对未来可持续发展的全球问题。全球、国家、区域和地方不同尺度的区域可持续发展成为全人类的共识。在这样一个背景下，地理环境与人类社会发展历史的可持续演进，必然重新被关注。当然，此时此刻的地理环境已经不是"初始状态"了。从古至今，记载人类社会发展历史的书山墨海，多以重点人物、重大事件的叙事为主线，忽略了地理环境的历史重要性。

　　当人类社会发展历史的车轮驰骋至今，经过工业化和城镇化洗礼的现代人，面对当下地理环境的破坏和人与自然关系的恶化，再来回望人类社会发展历史时，不得不由衷地发出感叹：地理环境在人类社会发展历史上到底扮演了什么角色？在这方面学界尤其是地理学家和历史学家，都做了大量的研究。自古就有史地不分家之说，只不过是地理学家将研究的重点放在了人类社会发展空间格局的变迁上，并深入探讨地球表层区域差异性以及空间变异机理；历史学家将重点放在历史事件的重大叙事上，关注历史人物的历史作用。历史地理学是两者的有机契合，形成了人类社会发展历史演进的时空格局，也使后人对历史的认识多了一份客观、公正和释然，让我们摆脱帝王将相决定历史进程的观念束缚，更全面地认识和把握人类社会历史的发展基础。

《中国历史的地理密码》正是基于这样的出发点，以中国宏大的、丰富多彩的历史为背景，在中国地理环境差异突出的广阔疆域上纵横驰骋，探索在人类社会不同发展历史阶段"地理密码"曾经发挥的重大作用，向读者传递中华民族的先人是如何在广袤的疆域上，适应、利用、改造自然的。那些特殊"地理密码"的解读会进一步昭示和警示人们在可持续发展之路上，如何更好地实现人与地理环境的和谐共生，永续繁荣。

本书共 11 章，从不同方面展现地理环境对中国历史进程的影响。前五章着眼于宏观地理环境的演变与国家综合人文格局的变迁。第六～十章以点带面，从区域、地方论证天下整体与局部的关系，从地理环境变化角度解释历史兴衰。第十一章则以清朝的地理观念演变为例，解释清朝后期落后挨打的重要原因。通过这些内容，探索地理空间与新空间的拓展，揭开先民们积极开拓、书写气势磅礴历史的地理基础，如张骞奉汉武帝之命出使西域，获得丰富的西域地理知识，为汉朝开拓西域、西南夷做出巨大贡献。分析不平衡发展的区域格局引起天下政治格局动荡，揭开先声夺人地域的地理工程建设的地理密码，如秦国偏居关中盆地一隅，久与戎狄杂处，却终能统一天下的秘密。累积性的资源配置失衡决定历史走向和社会发展进程，揭开人类社会历史发展进程起伏跌宕的资源时空配置地理密码，如一些朝代的兴衰之谜。变化的地理环境形成巨大的社会经济时空差异，进而对人类社会发展历史产生重大影响，揭开区域差异异质化建设的地理密码，如农牧交错地带的刀光剑影和民族融合。

本书有四个突出的写作特点。

一是从地理学和历史学两个视角，展示出辽阔的地理空间感和宏大的历史厚重感。就像在中华大地上奏响的地理与历史的交响乐，地理空间变迁与历史叙事同处在一个舞台上展演。历史就是流动的人文文化，人文文化在流动融合中化成天下。漫步历史长河，让我们看到了中华民族灿烂文化和来之不易的广土众民。

二是所选典型案例具有重要的现实意义。例如气候变化与历史兴衰的关系，特别为当下所关注。全球气候变暖，可能引起长周期的国家兴衰或者国际格局的重构。中国有五千年的文明史，历史记载丰富，可以为世界演变提供规律性指引。再如从宏观气候、资源禀赋变化，分析中国南北重心转移以及对中国统一与分裂的影响，非常具有启发价值。黄河流域地理要素对中国历史的影响，进一步突出了中国地理和历史的特色。张骞出使西域，唐蒙、司马相如开拓西南夷，让我们领悟到祖先开疆扩土之不易，提醒我们珍惜脚下的土地，更激励我们保卫疆土的决心和意志。

三是通过中国历史"地理密码"的解读，强调地理思想和地理知识的重要性。从明末西学东渐，特别是利玛窦传入世界地图讲起，娓娓道尽世界观念传播之缓慢对中国历史的影响，让读者深切体会到地理思想和知识的重要性，从中既了解了中国历史的演进过程，也读懂了地理环境在中国历史演进中发挥的重大作用，可谓一本史海抔浪、疆域撷峰、内容丰富的中国历史地理读本。

四是写作风格既严肃又活泼，既科学又通俗。有些是严肃的学问，用数据说话；有些是历史故事，以人物为主线，诉说地理环境在人类活动中的决定作用；有些是人类改造自然的宏伟建设工程与天下地理格局之变化相依存（如京杭大运河、长城）；有些是宏观地缘政治格局引起的空间权力争夺，以及由此产生的天下分合演变。由此，读者可纵横领略中国地理环境及其变化与历史演进的共生关系。

总之，本书有很好的学术价值，表述深入浅出。可谓雅俗共赏，值得历史学、地理学的学者、学生以及社会大众学习和参考。

作者是我执教山东师大时的学生，长期保持着上下求索的热情，不忘地理之本，多有发凡，至为难得。嘱余作序，叨言长短。余不敏，仅以上，充为序。

任建兰

2023 年 6 月 3 日写于千佛山脚下陋室

前　言

（一）地理是历史的舞台还是"剧中主角"？

从发生论看，人是自然地理环境之一部分。恩格斯指出："人本身是自然界的产物，是在自己所处的环境中并且和这个环境一起发展起来的。"[1] 与动植物的化育生死无有不同，人类智力发展使其具备改造自然、征服自然能力，秀超群生而有文化和文化景观建设，并能持续地书写历史生活。

那么人类与自然到底存在什么样的关系呢？人类历史其实是与地理环境的互动史。人类适应自然，改造自然，创造地理景观，而又被自己创造的地理景观重塑（如村落、城市、道路、桥梁、宫观等），层累地完成文明的绵延与发展。所谓"层累"就是人类认识自然、改造自然的能力不断增强，人与环境关系的认识不断迭代更新。在人类文明进步的早期阶段受地理环境影响最大，老子的"人法地，地法天，天法道，道法自然"即是人地关系的一种表达。法国启蒙思想家孟德斯鸠在《论法的精神》中，提出"地理环境决定论"以描述人与地理环境的关系。随着人类改造自然能力增强，西方便产生或然论、人定胜天等思想。但中国文明自始至终主张天人和谐，不以相互征服为目的。

梁启超先生在《中国史叙论》（1901）第四节"地势"中说："凡此诸端，无不一一与地理有极要之关系。故地理与人民二者常相待，然后文明以起，历史以成，若二者相离，则无文明，无历史。其相关之要，恰如肉体与灵魂相待以成人也。"《地理与文明之关系》（1902）说："地理与历史的关系，一如肉体与精神，

---

[1] 《马克思恩格斯选集》第3卷，人民出版社，2012年，第410页。

有健全之肉体，然后活泼之精神生焉。有适宜之地理，然后文明之历史出焉。"他对于历史的真知灼见可谓深透，两者结合，才成文明与历史，不是谁决定谁的问题。

现代人类改造自然的能力极强，上天入地，巡游太空，探幽察微，便妄想与自然平起平坐，甚至产生人定胜天的雄心与壮志。可人类至今的种种施为，仍无非改造自然、适应自然，如高速公路、机场、水力发电站，皆在平复和缩短地理差距，改造和利用自然，只是技术先进、人类的能力提高而已。这种提高又反身影响地理环境之变（如全球变暖），更让人类担忧自己的可持续生存（如《联合国气候变化框架公约》之签署），念起自律以调控环境恶化的"经言咒语"。因此，人类仍未摆脱自然之性，仍在地理环境的牢笼里跳舞。人类改造自然能力的提高以及实践理性可部分地"平复"自然地理环境变化对人类历史影响，但这种平复能力即是自然地理环境对人类历史进程影响的体现。如人类制造化肥、培育良种、精耕细作、整治水土，尽可能做到"旱涝保收"，可部分地平复气候剧变对人类历史的影响。或通过国际救助体系调剂余缺，平复因气候剧变而导致的地缘冲突，从而改变历史进程。

我们不能仅仅将"地理环境"视为"舞台、基础"，而应视为历史进程中的一个"主角演员"，决定着历史走向与历史戏剧情节的书写和演绎。例如，汉武帝派遣贰师将军李广利往西域征伐大宛，首次出征未果（前104），原因之一就在于恶劣的自然地理环境之变化，如沿途黄沙漫漫，飞蝗肆虐，农作物歉收，汉朝兵马无食，饥饿疾病交加，到达前线，战力大损，不得不回撤敦煌。历史分析中，史学家们往往记载人类自身的施为、宫廷的钩心斗角，而忽略了自然地理环境的"主角"身份，以致因果关系不清晰，找不到历史进程的终极操纵者！

我们由"地理是历史的舞台"之说的译入、再认识可看出学界对地理与历史关系认识的不断深化。1934年《禹贡半月刊》发刊词有言说："历史好比演剧，地理就是舞台；如果找不到舞台，哪里看得到戏剧！"经考证，该文大概出自著名历史地理学家谭其骧之手[1]。但"地理是历史舞台"思想却是当时民国学界的共

---

[1] 丁超：《演剧与舞台——中国历史地理学发展史上的地理舞台说述论》，《云南大学学报（社会科学版）》2017年第3期。

识，如著名历史学家齐思和在其名著《西周地理考》中论曰："自人文地理之学兴，然后地理与文化之关系，始可得而解。世人始知各民族文化之特点，往往有地理上之原因。盖地理为历史之舞台，两者关系之密切，固非不明地学者所得而知也。泰西治地理沿革者，以地证史，以史论地，其相互关系，粲然大明。窃思吾国古代地理，前人所论者不过地名之考证，而犹聚讼纷纭，得失参半，至于史地关系，犹未之及。周初地名，争论尤多，时贤所论，亦多待商，爰考其地望，论其形势，究其与历史发展之关系，以说明周初文化之背景，而为古地学辟一新径焉。"[1] 可见其思想方法是从历史记载推断古代地理环境，再由地理环境反演历史进程。经考，齐先生之说盖源自"泰西治地理沿革者"乔治（H.B.George，1838—1910）的《地理学与历史学的关系》（*The Relations of Geography and History*）一书。

"地理为历史舞台"说的源头在西方史学、地学，是西方"地理是历史舞台说"的舶来品。早在 1930 年 10 月，张其昀就译介了法国地理学家白菱汉（Jean Brunhes，1869—1930，今通行译作"白吕纳"）的《人生地理学》（商务印书馆印行），辗转为顾颉刚所知而又较"地理是历史舞台"有新识——地理与历史的关系远较舞台说更复杂（1936），只是此时距《禹贡半月刊》出刊已 2 年了。

而"舞台"一词最早发端于 1903 年的日本，随着一批新名词从日本译入而流行。早在 1903 年，汤调鼎作文《论中国当兴地理教育》云：

我尝闻厉支泰庐[2] 之言曰："地理为历史之舞台，历史为地理之活动物。"又曰："地球与居民有最重之交涉，彼此影响，相为倚伏。"地理之关系亦重矣。虽然，闻之吾国读书士流，学校科目，则地理之位置，乃退缩于各科学之下，亦不过可有可无之一物耳[3]。此时，清政府刚刚颁布《钦定学堂章程》（1902 年，壬寅学制），规定将地理教育纳入各级学堂。1903 年，近代地理学的先驱张相文参考日文著作，结合所教，出版《初等地理教科书》和《中等本国地理教科书》。此是西方地理学思想经日本加工辗转传入中国的路径。

此后，西方学界的地理舞台说又被直接译介到中国，代表人物是近代著名地

[1]　齐思和：《西周地理考》，《中国史探研》，中华书局，1981 年，第 27 ~ 28 页。

[2]　当指卡尔·李特尔，近代地理学创始人，德国人。——笔者注

[3]　汤调鼎：《论中国当兴地理教育》，《新世界学报》，1903 年，第 11 页。

理学家张其昀，以人类和地理环境的相互作用的研究为旨趣。著名历史学家张荫麟身在美国时，1933年3月与张其昀通信说："地理与历史可分为姊妹科学，其相辅相成之处甚多。通一时代之史而不明其地理环境，犹演戏而无配景，乌乎可？"看来，他还是将地理视为"配景"而非"主角"。后来，张荫麟在探讨历史哲学中的"文化变迁之因果律"问题时又指出：

"在文化范围外，而与文化有密切之关系者，厥惟地理环境与个人材质。二者均尝为解释文化变迁者所侧重。然地理环境中，若地形土质，自有历史以来，并无显著之变迁；其有显著之变迁，可与文化上之变迁相提并论者，只有气候？以气候解释文化变迁之学说，可称气候史观。"[1]

当然，还有其他历史学家提出类似的看法，如本土历史学家蔡尚思提出"戏场与剧具"的观点，不出"地理是历史舞台"之说。后来，此等看法受到挑战。1960年，著名历史学家钱穆在"如何研究历史地理"的讲演中说："有人说，历史等于演戏，地理则是历史的舞台。此譬实不切合。一群演员，可以在任何戏台上演出同样的戏来。但历史演员，则正在此特定的地理上演出。地理变，历史亦变。在这一舞台上演的戏，不一定能在另一舞台上演……此有地理和历史的双重限制。"[2]

钱穆先生可谓抓住了"地理与历史"关系的奥妙。地理最大的特点是"区域差异"，或者"地区差别"，人类在这些存有差别的地理环境生存而有不同的文化（或曰生产方式和生产关系、生活方式）和人群空间权益，人与地理空间形成一个有机整体，须臾难离。当地理环境变化，则生活在其上的人群亦要变，引起历史变化。若前张荫麟先生说"地形、地貌不变"，就认为"地理环境"是人类的舞台，可事实是，地形、地貌处在不断的变化之中，积日累月而有沧海桑田。例如，梁惠王迁都大梁，开通鸿沟，黄河冲积平原才有袅袅人烟，大梁被立为都城。隋唐时，因北方仰赖南方衣食襄助，大运河枢纽地位日彰，汴梁得以崛起；五代十国时，汴梁为割据政权的都城，北宋因势建都于此，长达160余年；后因黄河改道

---

[1] 《论传统历史哲学》，《张荫麟先生文集》（下册），台北九思出版社，1977年，第1108页。

[2] 钱穆：《中国历史研究法》，《钱宾四先生全集》（第31册），台北联经出版事业公司，1998年，第121页。

南流，摧毁流经开封的运河体系，它才失去政治中心地位。这些是地理环境变迁对人类历史影响的明显证据。更明显的证据是：地理面貌未动，因气候冷暖交替，北方游牧民族为生存而南侵，与中原农耕民族爆发激烈冲突，甚至引发王朝兴替。再如晚清骤变，其一，世界地理格局大变，中国脱离"中央"进入"万国"。其二，自 1820 年气候转冷，至 1910 年降到最低点，1911 年就爆发了辛亥革命，改天换地。大约在 1820 年，中国人口到达高点，人的吃饭问题格外突出。天灾叠加人祸，再有洋夷外患侵略，清朝难支而塌落。地理舞台变了，历史当然也随之变！

黄仁宇所著《中国大历史》，其前三章（西安与黄土地带，亚圣与始皇，土壤、风向与雨量）围绕地理环境展开。他说："易于耕种的纤细黄土，能带来丰沛雨量的季风气候，和时而润泽大地、时而泛滥成灾的黄河，是影响中国命运的三大因素，他们直接或间接地促使中国要采取中央集权式的、农业形态的官僚体系，而纷扰的战国能为秦所统一，无疑的，它们也是幕后的重要功臣。"[1] 既然是"重要功臣"，就是"历史演员"，虽然其作用潜移默化，也不能仅仅视为"历史舞台"，降格为"历史背景"。

就地理与历史之关系，现代史学家宁可有深入而系统的研究，认为："人类创造历史的活动是在一定的空间内进行的。从这个意义上说，地理环境似乎就是人类活动的背景，起着类似舞台、布景乃至道具的作用。但是，人类历史创造活动的一个重要方面是通过和自然界之间的物质变换，或者说，通过对自然物质的调整、控制和改造，以谋求自身的生存和发展。因此，地理环境不单是人类历史活动的沉默背景和消极的旁观者，它本身就是人类历史创造活动的参与者，是这种活动的对象和材料。地理环境为社会的发展提供有利的或不利的条件，它自身也在与人类活动的交互作用中不断改变面貌。自有人类以来，地理环境因自然本身的发展而引起的变化一般来说是缓慢的，而在人与自然的交互作用下引起的变化，却随社会的发展、人类征服自然能力的加强而不断扩大和加深。因此，作为人与自然相互关系的一个方面的地理环境主要是一个历史

---

[1]　黄仁宇：《中国大历史》，生活·读书·新知三联书店，2015 年，第 23 页。

的范畴。"[1] 从舞台、背景，进化到"参与者""历史范畴"，显然是认识的一大进步。但认为人类社会时期，地理环境变化缓慢，而在与人交互的过程中变化显著，旨在扩大人类社会的能动性，似乎与史不合。例如，按照竺可桢《中国近五千年来气候变迁初步研究》，年平均气温上下变化 2℃以内，就是盛世和衰乱世的分野，甚至引起族群攻杀、民变纷起，王朝更替。研究证实，平均温度降低 1℃，相当于中国各种气候带向南推移 200 ~ 300 千米；降水减少 100 毫米，则北方农区将向东南退缩 100 千米[2]。气候带的 200 千米与农区向南退缩的差距，其实是农区活动的韧性，或者说人类活动对自然抵御能力的展现（文明的尺度）。温度的微小变化其实是人类历史惊心动魄的变化。例如元明之际，全球气候持续性变冷（小冰河期），持续九次气温下降和天灾降临，将社会生机与活力榨取干净，陷社会于深渊，元朝因以亡，明末，纵然崇祯帝力图重振，无奈气候严重恶化，瘟疫随之而行，神仙也无回天之力，明覆清兴，改朝换代。一个微小事件就有可能导致天翻地覆的变化。

在地理与历史关系问题上，西方倾向于"二分法"，认为地理与历史不过是两个相互影响的元素。法国启蒙思想家孟德斯鸠著《论法的精神》（又名《法意》），提出"地理环境决定论"的命题，并以此建立其自然法为基础的法律思想体系，即以地理环境的运行规律和人的自然之性为轨则立法。黑格尔《自然哲学原理》受其影响专列一章，论述"历史的地理基础"，将"地理"视为人类历史演进的"基础"。不论是"决定"还是"基础"，都是事实上的"二元论"，源于西方思想的"地理是历史舞台"之说也有二元论的思维——人类历史是独立于自然地理历史而单独书写的（这符合西方的分析哲学）。历史地看，地理并非舞台，而是"历史主角"，是参与历史的重要演员，决定着人类历史的过程及其书写。

（二）从历史的角度研究地理还是从地理的角度释读历史？

为寻求历史事件的因果解释，从历史时期的地理环境及其变化角度出发，确

---

[1]　宁可：《地理环境在社会发展中的作用》，《历史研究》1986 年第 6 期。
[2]　程洪：《新史学：来自自然科学的挑战》，《晋阳学刊》1982 年第 6 期；张家诚：《气候变化对中国农业生产影响的初探讨》，《地理研究》1982 年第 2 期。

认或者修正历史过程，早就是研究的热点。由于地理学者掌握地理思想与方法，历史学者掌握历史分析思想与方法，两者在此问题上有共同语言。例如，竺可桢先生早在 1925 年就于《东方杂志》发表"中国历史气候之变迁"，又在《国风》发表同名文章（1933），揭开我国历史与地理互动认识的篇章。他将历史记录、科学研究结论（如冰川测年与判断气温波动）和历史演进结合，形成对历史的新解释。

"中华文明探源工程"采用多样的测年技术探索古代遗存的绝对年代，判定古文明发生时间，是历史研究的有力工具。环境考古揭示文明起源期中国自然地理环境与文化关系的更多可能性和多样性。再如，2022 年 8 月，中国专家张健平等在《科学通报》（Science Bulletin）发文："Crossing of the Hu line by Neolithic population in response to seesaw precipitation changes in China"，研究胡焕庸线被突破的可能性——该文以 4883 个中国考古遗址的碳 –14 数据为基础，排除大误差样品、通过卡方检验减少人为采样偏差，通过对 2 万年以来碳 –14 数据概率密度的时间分布、核密度和数据平均中心的空间分布分析，发现全新世（约 1 万年前开始）以来，我国西部降水增加，都促进了人类活动密度和强度中心向西移动，特别是在距今约 5200 年、3800 年和 2800 年，出现了三次人类活动强度中心突破胡焕庸线向西发展的事件：河南偃师河洛古国遗址距今 5300 年；山西襄汾陶寺遗址距今 3900 ~ 4300 年，相当于尧舜禹时代；距今 2800 年的是西周，恰好是周穆王时代，这反映了气候变化对史前人口分布的深远影响，表明人类活动历史与地理环境变迁之间存在紧密关系。

在总结大量学术思想与成果的基础上，潘玉君、武友德先生提出建立"地理历史学"，并尝试从地理角度解释阐述中国古典文明的诞生、中国封建社会的长期延续、中国历史上的农牧冲突和中国历史上的南北对峙等 4 个问题[1]。地理历史学主要研究地理环境对人的集团的存在和发展的作用，包括稳定的或者变化的地理环境对历史进程的影响，力求阐明人类集团历史行为与地理环境的内在联系或统一性，以揭示客观存在的"地理—历史"规律。

---

[1] 潘玉君、武友德：《地理历史学与中国历史进程的地理基础》,《云南师范大学学报（哲学社会科学版）》2006 年第 3 期。

地理历史学，重点是通过地理环境变迁研究发现历史材料，对比历史记录，形成对历史的新解读，当这些成果与历史地理学的研究成果结合，则更使古代地理面貌清晰，反身解释历史，则更有说服力。正因为这种彼此依存的关系，地理历史学还未有真正发展，因为它在地理科学的轨道上运行，历史解释只是其副产品[1]。

（三）何以称历史的地理密码？

有历史学家说，一切史都是当代史，即书写者根据自己掌握的材料和自己对历史的理解记录和解读历史，因此难免失真。基于此，现代人抛开历史文本，通过考古方法直接追寻源头以寻求真相，检验历史记录的真实性。地理学则通过重建历史时期的地理环境，以判断不同历史时期人类生活，进而认识历史真相，不断发现历史秘密。至今学术界已获得丰硕成果，这些成果需要向大众传播。本书之所以用"地理密码"替代"地理是历史舞台"观念，旨在强调地理在历史演进中的"参与者、主角"作用，揭示地理因素对历史演进的"秘密"作用力和当下依然衔接拓展的空间张力。具体而言，它有如下含义。

第一，地理空间探索与发现豁然打开新空间，揭开地理密码，先民们积极开拓，书写气势磅礴的历史。例如，张骞奉汉武帝之命出使西域，获得丰富的西域地理知识，为汉朝开拓西域、西南夷做出巨大贡献（见《史记·大宛列传》）；唐蒙出使南越，从"枸酱"中读出夜郎国的地理密码，从而打开西南夷的广阔天空（见《史记·西南夷列传》）。

第二，区域不平衡发展引起天下政治格局动荡，导致历史进程大变。例如，秦国偏居关中盆地一隅，久与戎狄杂处，却终能统一天下，原因是秦国因若干地理工程（如巴蜀都江堰、关中郑国渠）发挥效能得以富国强兵，积累巨大的社会财富。再如，春秋时楚国强大，灭国无数，称霸一方，令尹孙叔敖规划建设的"芍陂蓄水灌溉"工程贡献至伟。

---

[1] 关于这方面的研究争论，参见李大海《"历史地理学"还是"地理历史学"？——英国历史地理学方法论视野下的中国式问题评议》，《云南大学学报（社会科学版）》2017年第3期。

　　第三，在长期的社会发展过程中，累积性的资源配置失衡决定历史走向。例如，契丹之辽，在石敬瑭割让燕云十六州后，不断向南推进，以致大后方空虚，长期得不到有效经营和管控。女真人乞颜部得到在三江平原迅速崛起的机会，建立金，反手攻灭辽国，所谓螳螂捕蝉，黄雀在后也。女真之金又不断向南迁徙，在元人的逼仄下，不思返回故巢，继续南迁建都汴梁（南京），迫近南宋，以致腹背受敌，最终被族灭。

　　第四，区域差异和地理环境变化而对历史产生重大影响。因差异才形成异质的部落邦国，因差异才有统一之必要，因差异才有开凿大运河、修筑长城之事业。因为地理环境之变才有北方游牧民族的向南压、游牧交错地带的刀光剑影和民族融合。中原民族的波浪式南迁，南方发展为经济和人口中心，从而引起地理景观的连锁反应。

第一章

中国自然地理空间格局与人文历史，谁是主宰？

1963年，陕西宝鸡贾村镇西街（今陕西省宝鸡市陈仓区）有一男主人叫陈堆的人家。屋后有个约3米高的土崖，陈家常年在崖根取土。8月一个雨后的上午，陈堆在后院发现被雨水冲塌后的土崖上有亮光，用镢头刨，竟掉落青铜器一件，简单清理后不以为奇，用以盛粮食。第二年，陈堆从宝鸡去固原，临走时将青铜器交给哥哥陈湖保管。1965年，陈湖为补贴家用将其卖到废品收购站，得钱30元。是年，宝鸡市博物馆干部佟太放在市区玉泉废品收购站搜求文物，见该器物造型凝重雄奇，纹饰严谨而富有变化，顿觉珍贵，向馆长吴增昆汇报，馆长随即让保管部主任王永光前去查看，亦断定为宝器，出资30元购回。后经考古人员确认，此乃一尊西周早期的青铜酒器，尊体以雷纹为底，高浮雕处则为卷角饕餮纹，圈足处也饰有饕餮纹。后在上海展出时，上海博物馆馆长马承源先生发现尊内底有铭文，被定为首批禁止出国展出的"国宝级文物"。

这个差点被当成废品进入熔炉的青铜器，由一名叫"何"的西周宗子铸造，用铜是成王赏赐之物，被专家命名为"何尊"。内底有铭文122个（可辨识者119个，见图1-1），记载西周武王翦灭"大邑商"后，思考如何统治天下，不过他在

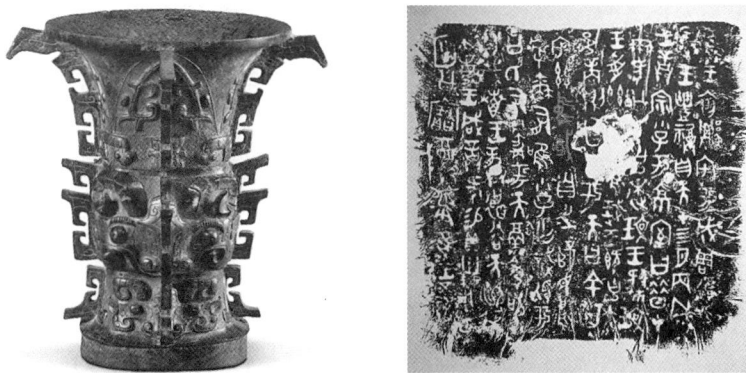

图1-1　何尊及其内底铭文拓片

注：藏于宝鸡青铜器博物院。

位不到三年就去世了，嫡子姬诵年幼，周公旦勇挑重担，摄政辅弼成王，平定三监之乱，诛杀商纣王之子武庚禄父，翦灭奄、淮夷之乱，营建东都洛邑（今河南洛阳），制礼作乐，七年后移政成王。成王在洛邑召集周室宗子训诰，嘱其记住先辈辅佐先王功德，继续支持周王统御四方的伟大事业。小子"何"就在其中。

铭文有言说："余其宅兹中或，自之乂民"[1]，盖是"中国"最早的文字记录。当时"中国"盖指"王畿之地"，即周天子统辖的以洛邑为中心的地盘，是一个地理概念，即天下之中，包括关中平原到伊洛河盆地，黄河与汾河、渭河、伊洛河交界处为中心的区域。当时，"或"尚无外"囗"，"囗"是武装守卫的城池，右"戈"表示武装防卫，是军事要塞。"囗"上下两横，表示护城河之外的郊野之地。在王畿之外，则有"万国"布列。《史记》中有名有姓的诸侯国就有108个之多，如秦国是护送周平王东迁有功时被分封，与戎狄杂处。其他文献和出土文物，今知道者有270余个。还有诸多附庸国无算。但这些封国集中分布在黄河中下游，尤以西周都城丰镐向东经伊洛河盆地，再向东经嵩山到山东半岛的东西向地带居多。向北沿太行山东麓向东北方向延伸到燕国，向东最远到齐国、鲁国、莒国，东南到蔡国，秦岭以南淮河上游、汉水流域则有楚、随、聃等，呈扇形展开，更远者至吴国（不属于分封）（见图1–2）。在齐燕之间无封国，因当时此处还是湖泊、沼泽、海湾相连，渤海海岸线深入内陆上百公里，汪洋一片。

诸侯国主要分布在山前平原、山间盆地、河谷平原，至战国时，黄河下游的沼泽、湖泊逐渐缩小，变成平原陆地，甚至沃野，诸侯国才纷纷进击中原，争夺地盘，才有了战国纷乱之局。更值得注意者，该区域绝大部分在温带季风气候区内，两者形态竟是惊人的重叠[2]！

---

[1] 据山西陶寺遗址出土文物，"中国"的观念在"尧帝"时就已有雏形，即用圭表测地中。该处古观象台所示与《尧典》所记相互印证，说明"中国"的观念起源甚早，河南巩义伊河和黄河汇流处新发掘的"伊洛古国"遗址，更增添了这方面的想象。参见何驽：《陶寺圭尺"中"与"中国"概念由来新探》，《三代考古（四）》，科学出版社，2011年，第85～119页。武家璧：《陶寺观象台与考古天文学》，《科学技术与辩证法》2008年第5期。

[2] 世界上几大文明的扩散皆沿纬度地带东西向扩展，因为东西向的气候、植被、耕作方式差别较小，阻力不大。若南北向跨纬度地带扩散，则有不同生产、生活方式的族群阻挡，扩散不易。中外皆然。

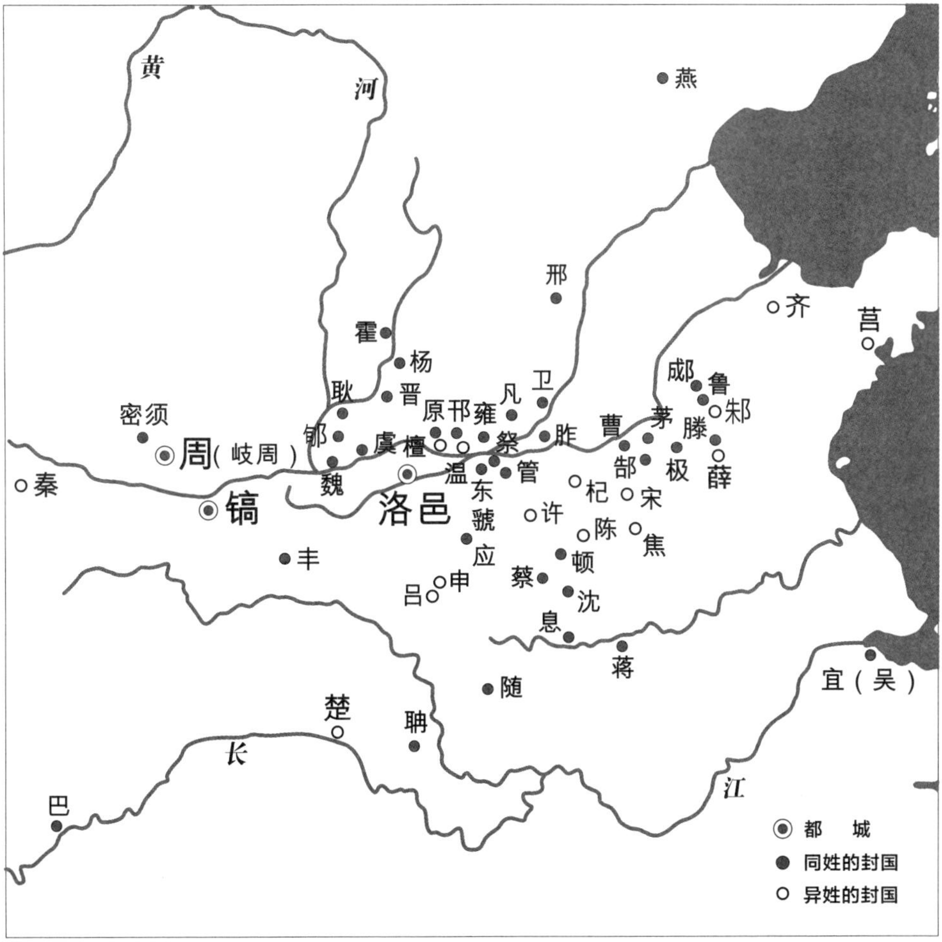

图 1-2 西周分封形势

中国大历史就是先在这个东西向展开的小地面上展开。按照梁启超先生《中国史叙论》,中国疆域经过先秦"中国之中国"阶段,然后经过 2000 年的"亚洲之中国"阶段,至清康熙中期以后,进入"世界之中国"阶段,发展到今天的疆域规模,文明光辉灿烂,成为世界四大古文明中唯一延续至今者。其先在黄河中下游温带湿润季风气候区孕育,内部整合,形成地理上的"小中国",然后形成文化上的"诸夏",过渡到"文化+地理的中国",进入内诸夏外夷狄阶段。而后逐步展阔、丰盈,与亚洲各民族激荡交融。当西方兴起、全球运营、四处殖民时,古老的中华文明就被裹挟到世界体系中来。

那么，该过程依据一条怎样的具体开拓、展阔路线呢？或者，何以有如此模样？为什么统一天下的政权多源自西北？炎、黄、西周、秦、韩、赵、魏、汉、唐等，都自西向东转移，如果你明白了中国自然地理格局及其环境变迁，就会理解其中原因了。例如，史念海先生研究指出：中国北方在西周时期的农牧分界线："这条分界线是由陇山之下向北绕过当时的密须，也就是现在甘肃灵台县，折向东南行，由今陕西泾阳县越过泾河，趋向东北，过相当于今陕西白水县北的彭衙之北，东至今陕西韩城市，越过黄河，循汾河西侧，至于霍太山南，又折向南行，过浍河上源，至于王屋山，更循太行山东北行，绕北燕国都城蓟之北，再东南至于渤海岸上。燕国所都的蓟就是现在的北京市。"[1] 与分封区域的北界相当。

而南界不过淮河流域，因为彼时长江流域湿热的气候反而不适合人类生存，且长江中下游三角洲还是水波连天、浩浩汪洋呢，如洞庭湖的前身云梦泽比现在不知大多少倍，江汉平原当时就是湖盆（但最近时期的长江流域考古似乎表明，在商代之前，长江流域还一度存有丰富多彩的文明，如三星堆遗址），太湖流域更是汪洋沼泽……

本章将概括介绍中国历史演变的自然地理格局基础，探究地理环境变化与历史变化之间的关系，揭示历史演变的地理密码，为以下各章分析之展开奠定基础。

讲好中国故事，就从地理开始！

山川纵横：中国地理大势鸟瞰

1. 三级地势阶梯 + 海洋国土

中国宏观地势西高东低，呈三级阶梯状分布。中国西南部的青藏高原为地势的第一级阶梯，平均海拔在 4000 米以上（见图 1-3）。

第一级阶梯由喜马拉雅山、昆仑山、祁连山、六盘山、邛崃山、横断山环绕。从地质力学看，该阶梯之隆起是因印度洋板块和欧亚大陆板块撞击而成，与之连

---

[1] 史念海：《论两周时期农牧业地区的分界线》，《中国历史地理论丛》1987 年第 1 期。

成一体的帕米尔高原（史称葱岭）也同样是造山运动的产物。该板块地势高，空气稀薄，气候寒冷，高山冰川覆盖，积雪终年难化，号称世界第三极。高原上主要以高寒草甸草原为主，对全球气候，特别是亚洲气候产生重大影响。该板块是亚洲主要河流的源头（如长江、黄河、湄公河、恒河、印度河、阿姆河、锡尔河、塔里木河、额尔齐斯河等），号称"亚洲水塔"。只有山间河谷台地、河漫滩地带，空气稍微稠密、气温偏高，适宜耕作处，才适合人类生存。喜马拉雅山脉是世界最高山脉之一，其西、南方向，高度陡降，进入巴基斯坦、印度、缅甸、泰国等国，形成广阔的河流冲积平原，人口稠密。

在昆仑山、祁连山、横断山、喜马拉雅山围合区域之外，地势陡降至海拔1000～2000米，进入地势第二级阶梯，其东部边缘自北而南由大兴安岭、太行山、伏牛山、巫山、雪峰山等构成。西部由塔里木盆地、天山山脉、准噶尔盆地、黄土高原、蒙古高原、四川盆地、云贵高原等主要地貌形态构成。

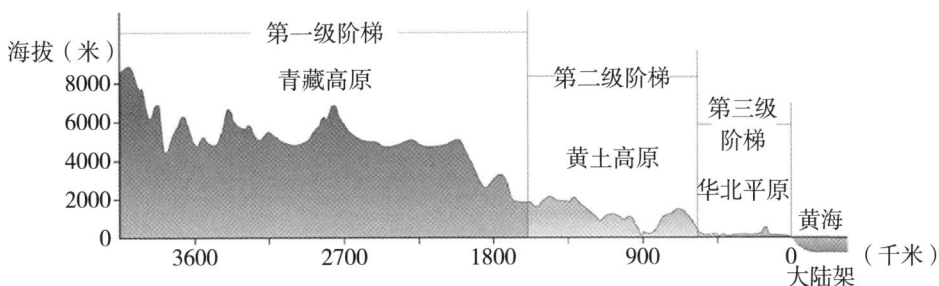

图1-3　中国地势三级阶梯

从第二级阶梯向东，过大兴安岭、太行山、巫山、雪峰山后，地势多降至海拔500米以下（当然不排除个别高山高于此数，如泰山、衡山），是中国的第三级阶梯，以平原丘陵为主要构成，东北平原、华北平原、长江中下游平原、江南丘陵、闽浙丘陵、南岭，直到海南岛的山地、丘陵。

从中国地势的第三级阶梯继续向东向南，自然延伸到海洋中的海洋国土，可以看成第四级阶梯，它也是我国庄严国土的重要组成部分。清代之前不重视海洋领土（与海上交通工具落后有关），以致近代列强从海登陆，侵占东南沿海，丧权辱国。全球化时代，第四级的海洋国土是我国维护海权利益和安全的前沿阵地，非常重要。

2. 气候类型的多样性

与上述地势、海陆位置相关者，中国形成了独特的东亚季风气候——春夏盛行东南风，风从海上、南方吹向陆地和北方；秋冬盛行偏北风，由陆地西北方向吹向东南方。因此，春夏温暖湿润多雨，秋冬干旱寒冷少雨。在地势第三级阶梯和第二级阶梯的大部呈现鲜明的纬度地带性规律：自南而北分为热带季风气候区、亚热带季风气候区和温带季风气候区。各季风气候区又可分为 2 ~ 3 个亚型。如温带季风气候区，可分为四季分明的暖温带季风气候区（如华北平原、山东半岛）；中温带季风气候区和冬、夏为主，温差显著的寒温带季风气候区（东北平原、辽东半岛、小兴安岭等）。值得注意的是，在中国北方，内蒙古、甘肃北部、宁夏、新疆等地，属于温带大陆性气候（干、冷为特色）。

请注意亚热带季风气候区和温带季风气候区的分界线在秦岭淮河一线（最早由近代地理学家张相文提出，载于 1924 年《佛学地理学》），与 800 毫米等降水量线和年均 0℃等温线基本重叠。该线以南降水丰沛，气候温暖湿润，适合种植水稻，交通也逐步由车改为舟楫。该线以北，降水减少，年平均气温在 0℃以下，交通工具由牛车转变为马匹。历史上，每当气温上升，气候地带整体北移，该条线亦向北移动，那么从关中平原到山东半岛一线，气候就变得温暖湿润，虽然洪涝灾害频发，但在山间平原、河谷、山前冲积平原地带，百姓生活环境反而非常适宜。而当气候变冷，气候地带整体向东南移动，中北部干旱多发，单位粮食产量下降，时有饥馑发生。在西北内陆的大陆性季风气候区，草原生态系统对气候变化格外敏感，一旦降水减少或者失时，牧草不长，牛羊瘦羸，甚至严寒冻死，则牧民向南流徙，寻找优良牧场和栖息地。如此不可避免地与农耕民族发生矛盾、兴起冲突（见第二章）。所以，从河西走廊向东沿长城东行至燕山北麓向东北大兴安岭西侧一线（400 毫米等降水量线，农牧交错地带）始终是影响中国历史的"地震带"（见第八章）。

3. 中国四大自然地理单元

根据地形、地势、气候、植被等，将中国地理空间划分为四大地理单元，每单元细分为若干亚型（请参照第三~五章）。

其一，青藏高原。突出特点是高寒，空气稀薄，是亚洲主要河流的源头，号称"亚洲水塔"[1]。其周边由高山环绕，有江河与其相通，河流切割高山形成峡谷，水流湍急，蕴藏丰富水力资源。从东南部海洋吹来的暖湿气流顺地形爬升，在山前形成丰富降水。西南方向印度洋季风气流在喜马拉雅山南坡爬升，产生丰沛降水，部分气流深入高原内部，以雨雪方式补充高原水汽。除河流谷地、局部低地气候温暖、空气浓度高外，绝大多数区域不适合人类生存。正因其"高"，难登攀超越，该地理单元并入中华大家庭时间较晚。

其二，西北干旱和半干旱区。400毫米等降水量线走向大体是大兴安岭—张家口—兰州—拉萨—喜马拉雅山脉东端，它是我国半湿润区和半干旱区的分界线。此线以西以北，降水越来越稀少，是半干旱区，降水不足以满足落叶乔木所需，只能满足灌木和草本植物生长。当年降水量低于200毫米时，则是干旱区，草本植物也难以生长，进入荒漠区。200毫米等降水量线从内蒙古自治区西部经河西走廊西部以及藏北高原一线，此线是干旱区与半干旱区分界线，也是中国沙漠区与非沙漠区的分界线。而在荒漠区以北，进入亚寒带和寒带，冻土和常年冻土带，蒸发量少，是寒带草原、森林草原地带，以针叶林为主。所以，在蒙古高原，有"漠南和漠北"之分。漠北虽然无沙漠，但异常寒冷，亦非适宜人类生存之地，游牧民族在此地只能暂留，牛、羊、马等牲畜难以越冬。这里是游牧文明的发育之地，由于他们逐水草而居，游徙不定，文明不易沉淀，更不易教育与传播，往往被历史视为蛮族。

其三，秦岭、淮河连线以北的温带季风气候区。主要包括地势第三级阶梯内的东北平原、华北平原、黄淮平原、山东半岛等区域；第二级阶梯则包括山西南部、陕西关中平原、黄土高原南部、河南大部分地区。温带季风气候的气温和降水季节性差异明显。夏季风盛行时段，降水集中、雨量大、气温高，雨热同期，非常利于作物生长。冬季，气候干冷，降水量少。春、秋季，气温平均，温暖舒适。在该区

---

[1]　翟晨阳、杜德斌等：《基于合作与冲突视角的"亚洲水塔"周边国家地缘关系网络演化研究》，《地理研究》2021年第11期。

域内，还存在着南北差异——东北平原，尤其是松嫩平原，冬天气候寒冷，夏季湿热，农作物一年一熟。华北平原、黄淮平原一年两熟，农作物产量增幅明显。这个区域的中间部分，长江以北、燕山以南、黄土高原、岷山以东的广大区域被视为"九州方域"，是中华文明的孕育与发展之地。东北地区虽然属于温带湿润季风气候区，但由于冬天寒冷漫长，一年一熟，是渔猎民族发展的渊薮，与九州之民风俗不同。

其四，东部热带、亚热带地理单元。青藏高原以东的地区，包括长江中下游地区、西南地区和南部沿海各省区，横跨我国第二、第三级阶梯。东临黄海、东海，南临南海。该区域气候属于亚热带和温带。月平均气温常年在0℃以上，温暖湿润，冬季温和少雨，夏季高温多雨，日照充足，积温丰富。落叶阔叶林、常绿阔叶林，降水丰沛，气温和降水季节性鲜明。北部巫山以西是四川盆地，以东为长江中下游平原；南部以雪峰山为界，以西是云贵高原，以东是东南丘陵。山地、丘陵面积广大，地形复杂，平原小而分散。大江大河有长江水系、珠江水系、淮河、钱塘江、闽江。主要有洪涝、台风和寒潮等气象灾害。在古代，由于土地卑湿、炎热，瘴疠瘟疫多发，并不适合人类生存。后来随着气候变化，人类逐渐开发与适应，保持相对和平发展的环境，唐中期以后，始超越北方，跃上中国历史的舞台。

四大地理单元之间构成相互竞争、冲荡又互补的地缘关系。例如，北方游牧、渔猎民族南迁进入中原地区，而中原之民被迫南迁进入长江中下游以南地区。青藏高原内部与外部的民族相互激荡，最终走向融合。换句话说，中华民族多元一体，其背后的决定因素是千差万别的地理环境。

沧海桑田：两千年来地理单元演化史

1. 北方沙漠化周期性盈缩及后果

北方地区沙漠化经历多次扩张与收缩阶段。秦汉以前，塔克拉玛干沙漠、古尔班通古特沙漠、巴丹吉林沙漠等八大沙漠和毛乌素沙地、浑善达克沙地、呼伦贝尔沙地、科尔沁沙地等四大沙地已存在，并在气候变化主导下经历多次扩张与收缩过程。

　　秦汉以后，沙漠化过程呈波动扩张态势，地域差异明显：贺兰山以西的西部沙区，气候暖期时沙漠化明显增强，冷期时沙漠面积缩小。贺兰山以东沙区，暖期时绿地覆盖率提高，冷期时沙漠扩大、绿化面积减少。这大概与夏季风活动增强有关，温暖时，降雨带北移，深入内陆腹地，降水量增加，则林草丰茂，带动植被覆盖率增加；青藏高原区沙漠化正逆过程呈现振荡变化，与气候冷暖走势不同步。但部分地区荒漠化过程与气候变化并非完全对应，如两汉和隋唐暖期的库布齐沙漠沙丘活化，应与人类活动增强有关（人口增加，开垦土地，牲畜啃食植被）；总之，隋、唐、宋、元时期，东部沙区沙漠化区域收缩，四大沙地植被均有所恢复，流沙面积总体减少；明清时期，东部沙漠化土地面积扩大，毛乌素沙地、科尔沁沙地、浑善达克沙地均出现沙漠化和植被退化[1]。

　　气候变化与沙漠化关系有助于我们解释游牧民族与农耕民族对抗的机制。在气候暖期，沙漠弱化，植被增加，游牧民族凭放牧可衣食无忧，农耕民族也可在农牧交界地带屯田戍边，两者相安无事。而在气候冷期，贺兰山以东草场退化，沙漠扩大，游牧民族则需南迁寻找草场、衣食，农耕民族也无法屯田戍边，导致边防废弛，牧民得以南侵，北方因此生战，连带北方社会普遍衰落。有学者认为地理环境变化缓慢，对历史影响小，试图抹杀地理环境变化的主角作用。是因为没有意识到"蝴蝶效应"造成的群体响应——某部族、村落的同族百姓被杀，威胁群体生存时，则整个部族激烈对抗，酿成历史大事变。人类社会对自然变化的放大效应，在理解历史时应予以充分重视。

2. 黄土高原地理环境的变化及影响

　　黄土高原是在基岩地面上黄土堆积而成，盖为我国所独有。其范围有广义和狭义之分，广义说，黄土高原即黄土区，面积63.5万平方千米，其中原生黄土38.1万平方千米，次生黄土25.4万平方千米（原生指风化而就地堆积而成，次生

---

[1]　本节主要参考葛全胜、朱会义：《两千年来中国自然与人文地理环境变迁及启示》，《地理学报》2021年第1期。

即因风、流水等搬运异地堆积而成），主要由山西高原、陕甘晋高原、陇中高原、鄂尔多斯高原和河套平原组成；狭义上，黄土高原大致北起长城，南至秦岭，西抵乌鞘岭，东到太行山，包括山西大部、陕西中北部、甘肃中东部、宁夏南部和青海东部，面积约 30 万平方千米。

黄土由细小的沙粒堆积而成，干燥时坚硬，遇水则松软，黏性大，它比较容易被雨水侵蚀，形成独特的塬、梁、峁地貌形态，沟壑纵横，地形崎岖破碎。在植被大量砍伐、地表裸露时，黄土易被侵蚀。每当暴雨降临，水携带泥沙滚滚下流，是黄河下游河床抬高、决口泛滥的主要原因。

过去 2000 年，黄土高原在长期侵蚀作用下呈破碎化趋势，陕北绥德等地沟壑密度已高达 10 千米 / 平方千米。这相当于每平方千米沟壑总长度有 10 千米，高原类似老农眉头上的皱纹，沟坎密密麻麻，纵横交错。秦汉以前，黄土塬（台面宽阔、四周陡峭的地貌）广泛分布。西周时，周塬东西长超过 70 千米，南北宽大于 20 千米（古公亶父率领族人迁此）；唐代，陇东董志塬南北长 42.5 千米，东西宽 32.0 千米，是当时黄土高原最大的塬面之一。21 世纪 10 年代周塬最宽处塬面不足 13 千米；董志塬虽长度依旧，但最宽处仅 18.0 千米，最窄处不足 0.5 千米。黄土高原区各地的沟壑密度也相差很大，如陕西绥德、吴堡和山西柳林、临县一带沟谷密度大于 10.0 千米 / 平方千米，延长、志丹、延安一带达 7.0 ~ 10.0 千米 / 平方千米；六盘山以东的黄土塬区次之，西峰、铜川、黄陵和宜川沿线为 5.0 ~ 7.0 千米 / 平方千米；六盘山以西的黄土塬区和吕梁山—黄龙山—子午岭以东的土石山区及河谷平原区较低，但也有 1.7 ~ 6.4 千米 / 平方千米。沟壑密度越高，表明地面被分割得越厉害，交通不便，地块狭小，不利耕作，土地承载力下降。

由于黄土侵蚀，经黄河搬运至中下游，填平或抬高了华北平原、黄淮平原的高程，输送泥沙入海，扩大了沿海土地面积。无黄河则无下游的华北平原。我国东西之间因黄河而一脉相承。

黄土高原的上述自然地理特征决定了它在历史上的独特地位。

其一，它处在湿润季风气候区和半干旱季风气候区的过渡地带，400 毫米等降水量线从东北部向西南延伸（秦长城方向），是农牧交错地区。在气候暖期，降水带北移，这里适宜农业生产，成为发育上古文明的优良场所。陕西神木石卯遗址（被推测为黄帝都城）大体反映这一状态。但在气候冷期，宜耕区南压，北部地区变为草原地带，牧民占据之。黄土高原成了农耕文明和游牧文明冲突的前哨，如黄帝部落从高原南迁至汾河谷地。

其二，由于黄土高原地形越来越破碎，黄土塬面积缩小，交通不便，不能支撑农耕文明的发育，反而有利于游牧族群生存。在长期的交错斗争中，黄土高原内外呈现截然不同的文化景观和性格心理。游牧族群有强烈的南迁动力，而农耕族群有强烈的内守情结，两者围绕此展开了丰富多彩的争夺。如秦惠文王、秦昭襄王时期，义渠人生活在黄土高原，宣太后与义渠王谈情说爱，最终诱杀义渠王，攻灭义渠人，使之消失在历史中。秦始皇统一天下后，为建立与河套地区的直接交通，不得已沿子午岭修建秦直道，因为在高处，地形比较完整、平坦，易于修建道路。此前后，关中地区与河套地区的交通都是绕道汾河谷地经晋阳（今山西太原）、朔方（今山西朔州），出云中（今山西大同），西向经大青山至黄河后套，再向西经包头至黄河前套，绕大弯。这是因为黄土高原地形破碎，陡崖壁立，飞鸟难越。

其三，唐朝之前的历代王朝，多建都于关中平原的咸阳（今陕西西安），以此地为"雍州"，四塞之地，山河险固，支离破碎的黄土高原功不可没。在阻挡域外势力内向染指的同时，也限制了农耕文明向外扩展的力量。由于关中平原毕竟空间狭窄，无力长期发育强大的文明，所以，在天下稳定后，都会东出函谷关，在伊洛河盆地建立陪都，以控制东方的广土众民，汲取财富力量。而西部都城往往在战乱中为新兴的游牧势力侵夺，兴起一时。

其四，黄土高原中北部的交错地带，属于政治权力鞭长莫及之地，历史上，因天灾人祸，这里往往成为地方割据势力发生、发展的温床。如明末气候变冷，发生大饥荒，农牧交错地带受害极深，民不聊生，高迎祥、李自成率领的农民军于此起义，辗转南北，在西安建立大顺政权。

上述几项，充分说明地理环境对历史的形塑力量。

3. 黄河下游流徙与华北平原的生成

河南郑州桃花峪以下的黄河河段为黄河下游。黄河出峡谷直冲泰山而去，河道在山东半岛南北摆动。大禹时期至宋代，黄河长期北流，导致渤海海岸线外推，沿线湖泊渐被淤平，地势抬高，南宋改道南流后，与淮河在下游汇合，泛滥横流，淤平鲁西、豫东、皖北、苏北广大地区。南部地势抬高后，在清朝时，复改道北流，夺大清河入海，至有今山东黄河三角洲。在中原地区，则形成以桃花峪为顶点的规模巨大的冲积扇平原。

战国以前，黄河下游河道改徙无定，多股河道并存（大禹故道），但总体沿着太行山东麓向东北流，在今天津处入海。战国中期下游河道两岸筑堤后，河道始固定。战国中期至清代，黄河改道频繁，大改道凡六次：①战国中期至西汉末年（公元前4世纪中叶至西汉末年），黄河首次大改道，从汉章武县（今河北黄骅）东入海。②东汉至北宋前期（11—1047），第二次改道，河水在鲁西、豫东泛滥近60年，直至东汉明帝时，经王景治理，形成东汉大河，由今山东利津入海，黄河安流600年。③北宋（1048—1128）发生第三次改道，在今河南濮阳市东昌湖集决口，经今海河从天津入海，后由马颊河入海（北宋黄河改道频繁，是其衰弱一因）。④金章宗明昌五年到明弘治初（1194—1494），第四次改道，在阳武（今河南原阳县）决口，分南北两支经北清河、南清河入海。此次改道是金人为阻挡蒙古军队进攻开挖所致。⑤第五次改道发生在明弘治中期至清咸丰时期（1495—1854），政府为保京杭大运河漕运，筑塞黄陵冈河段，导黄河经淮河入海，自此黄河干道泥沙逐渐沉积，演变为地上悬河。⑥第六次改道发生在清咸丰五年（1855），黄河在今河南兰考铜瓦厢决口，泛滥20多年后，才找到大清河入海。光绪元年（1875）全线筑堤，形成今天黄河下游河道。1938年，为阻挡日军进攻步伐，国民党军在花园口炸开黄河决口，一泻千里，滔天洪水尽摧沿线百姓生业，造成空前人道灾难（1947年才封堵）。

黄河历史变迁过程中，下游决口泛滥达1500余次，平均两年一次，黄淮平原上原有湖泊水系大幅萎缩，《水经注》记载的原有130多个湖泊包括大陆泽、大野泽、孟诸泽、雷夏泽、圃田泽等均不复存在。一个例证是，陶朱公范蠡在天下之中定陶做买卖致富，就是因为这里水网密布、湖泊众多，吴王夫差为争霸中原疏通河道（今山东菏泽济宁之间的万福河一线），沟通东西南北。越王勾践战胜吴王夫差后，范蠡辞官辗转到此，瞅准时机，货殖致富。《水浒传》记载北宋时期的"八百里梁山水泊"在明代以后也逐步淤为平地，垦为农田，仅存东平湖了。在鲁西南、河南东部、河北南部很难见到"渔舟唱晚、风帆点点"的景象，昔沧浪之水清，渔歌互答，今成了田畴盈望、丰稔有常的农耕区。

从巨野泽到梁山泊再到东平湖，可看出黄河反复游荡与决口对中原地区的影响。巨野泽自西汉武帝元光三年（前132）河决瓠子口，东南注入巨野泽，泽面扩展。以后河水曾多次决入，湖底渐次淤高；湖水向北相对低洼处梁山方向推移。五代后晋开运元年（944）黄河在滑州（今河南滑县）决口，洪水东泄，环梁山会于汶水，著名的梁山泊就此形成。后晋天福三年（938）、北宋熙宁十年（1077）两次较大的河决，都是从澶（今河南濮阳）、滑（今河南滑县）东注梁山泊。所以，宋代梁山泊延绵直数百里。金代黄河南徙，梁山泊水退，大片滩地涸露被垦为农田。元末明初，黄河又常北决，梁山泊又变为一片泽国。明代后期黄河长期稳定由淮入海。梁山泊中，滩地多为垦殖。清康熙时，湖泊已全被开辟成农田至今。试想，若无自然地理环境如此变迁，哪里有今梁山好汉之说？

鲁西南的南四湖则是金元以后，黄河决口南徙，徐州以下袭夺泗水河道，泗水河道淤塞，下泄不畅，潴水成湖。昭阳湖东受丘陵来水，西受黄河分水，湖面不断变大，变鱼台良田成浩渺湖泊。微山湖也遵循相似逻辑，蓄水成湖，日扩日大，至于今景。淮河下游洪泽湖也是黄河南流之后，为蓄水刷黄而成。黄、淮水同步暴涨时，则会冲决高家堰，祸及里下河地区。黄河改为今道后，湖泊仍留存至今[1]，呈串珠状分布。

黄河1855年改由山东利津入海后，河口沙洲以每年2～3千米速度扩张，百余年间黄河三角洲新增陆地面积2840平方千米，仅1955—1975年就净增795平方千米，足见海岸线向外推展之快。其他地方的海岸线也推进很快，如苏北盐城，唐宋时距海不到1千米，15世纪扩大到15千米，17世纪达25千米，19世纪中期达50千米。

这些都是影响中国历史进程的地理变量，如历史上，华北平原长期萧条，一因战乱，二因黄河泛滥，辛苦积累的财富被大水洗劫，顷刻归零。只要看看漳河

---

[1] 邹逸麟：《黄河下游河道变迁及其影响概述》，《复旦学报（社会科学版）》1980年第S1期。

岸边的"古邺城"残迹和大名城的衰败，以及汴梁到开封的兴衰，就可见一斑了。治理黄河是华北平原兴旺发达的根本！（参见第五、六章）

4. 长江中下游地理环境变迁

汉代之前，长江流域的生活环境并不如黄河流域。此时，长江流域年平均气温比现在高 1～2℃，夏季湿热，降水丰沛，水网纵横，森林茂密，疫疾多发，并不适合人类生存。《禹贡》土壤分类中，将荆州定为"下中"，扬州定为"下下"。《史记·货殖列传》记载说："江南卑湿，丈夫早夭。""江南"主要指湖南、湖北、江西以南。西汉景帝时，其子刘发因母卑贱不受宠，被封长沙国，立城临湘（今湖南长沙）。贾谊因备受景帝崇用，却遭朝中老臣嫉妒与排挤，25 岁时就被"发配"，屈居临湘。他以为长沙低洼潮湿，恐短寿早殇，因常暗自哀伤（后返回为梁怀王师，怀王坠马而死，贾谊忧郁而殇，年仅 32 岁）。汉代时甚至有王侯宁可拿湖南南部封邑换南阳盆地小封邑，想方设法向中原靠拢。再如，最近江西南昌发掘的海昏侯大墓主人刘贺，本是昌邑王（今山东巨野县南），被霍光立为帝（前 74），27 日后被废为庶人（史称汉废帝）。十年后，汉宣帝念及同宗亲情，封其为海昏侯，迁往豫章郡海昏县（今江西省南昌市新建区）就国，年仅 34 岁就殇逝（据分析与饮食有关）。可见，当时南昌为边徼荒远之地。

秦汉时，长江宜昌以下荆江河段才出现分流水道；魏晋南北朝至唐宋时，形成统一河床；此后，河床不断抬高，洪水时有泛滥；至明末清初时，自由河曲已高度发育，形成如今葫芦形的九曲回肠。秦汉以前，下荆江以下河段鲜有江心洲，至 20 世纪中期已有大小江心洲 120 余个。这说明上游携带泥沙淤积，地面抬高，主河道生成后，江心洲发育，水面被分割，潴水成湖。

因此，长江流域的湖泊盈缩更显著。长江以北、汉水之间原有大湖泊——云梦泽，春秋时烟波浩渺，曾远及汉水以北，周长 450 千米，面积最大时达 40000 平方千米，战国时期已减缩到荆江三角洲和城陵矶至武汉长江西侧泛滥平原之间，至唐宋时已被众多湖沼代替，明清时期一度在湖沼上发育出洪湖，方圆 200 余里，但至 20 世纪末，又退化成 200 多个浅小湖泊。战国后期，云梦泽分为南北两部，长江以北成为沼泽地带，据屈原、司马相如辞赋（如《子虚赋》），此为楚王苑囿，田猎之用。长江以南还保持浩瀚大湖——洞庭湖，因湖中有君山，原名洞庭山。秦汉时湖面面积超 6000 平方千米，北魏时下降，唐宋再度扩张，号称"八百里洞庭"（如北宋范仲淹《岳阳楼记》所描写：浩浩汤汤，横无际涯）。明清时期湖面继续扩展，至清道光年间（1821—1850）进入全盛，横亘八九百里。此后持续缩小，1937 年缩到 4700 平方千米，到 20 世纪 90 年代缩至 2500 平方千米。元明清时期，长江以北的江汉平原则适合开发了。湖北、湖南才开始跃上历史舞台，才有"湖广熟、天下足"之说（请参照第二～四章）。

鄱阳湖发育出自新彭蠡泽，宋初始称为鄱阳湖，该湖形成于西汉后期，兴盛于唐宋时期，元明时期仍向西南扩展，至清初达到鼎盛时期，清代以后逐渐萎缩。

太湖形成于先秦以前，原由淞江、娄江、东江等三江分泄入海；唐宋以后三江逐渐淤塞，湖泊水面扩大；北宋以来，吴淞江、浏河、苏州河、黄浦江相继成了太湖入海的主要泄水道，洪水季节常因排水不畅，洪水漫溢，形成洪涝灾害。此地气候适宜，通过兴修水利、围湖造田，逐步发展为鱼米之乡，宋室南渡，定都临安，该地获得快速发展，加上优质水稻品种引入，演变成全国重要经济中心。

水系变化导致长江流域水灾频率加大，据统计，唐代平均 18 年 1 次，明清平均 4 年 1 次，20 世纪平均 2 年 1 次。葛洲坝水利工程和三峡大坝的筑建，提高了中下游防洪能力，极大减少了长江流域水旱灾害发生频次，使该区域更加安稳，经济、社会、人口持续发展。若无地理环境的优化发展，该地的历史则要重写。

长江三角洲的海岸线在 8—10 世纪推进约 10 千米，在 10 世纪至 11 世纪 50 年代继续推进 7～8 千米，至 12 世纪 70 年代进一步推进 6～7 千米。崇明岛在唐代还是总面积 10 平方千米的东西两个沙洲，现已扩大到 1267 平方千米，成为中国第三大岛，未来不排除与北侧陆地连为一体的可能性，上海也因此不断向海中延伸。海岸线推展，为长江三角洲城市发展奠定了基础。

现在，随着地理环境的改善和江河治理，长江流域成了中国经济重要发展轴线，上海、南京、武汉、重庆、成都，现呈串珠状城市群。若无宏观环境变化，是不可能的事。

5. 地理大势与历史演进的关系

根据上述分析，我们大致可就自然地理大势和环境变迁与中国文明的生成和历史演进的关系做一总结。窃以为梁启超《中国地理大势论》的认识较为全面精辟，今引述之并适当说明：

中国何以能占世界文明五祖之一？则以黄河扬子江之二大川横于温带，灌于平原故也[1]。

中国文明，何以不能与小亚细亚之文明印度之文明相合集而成一繁质之文明？则以西北之阿尔泰山西南之喜马拉耶山为之大障也[2]。

何以数千年常有南北分峙之姿势？则长江为之天堑，而黄河沿岸与扬子江沿岸之民族，各各发生也[3]。

自明以前，何以起于北方者其势常日伸，起于南方者其势常日魇？以寒带之人常悍烈，温带之人常文弱也。东北诸胡种，何以二千余年迭篡中夏？以其长于猎牧之地，常与天气及野兽战，仅得生存，故其性好战狠斗，又惯游牧，逐水草而居，故不喜土著而好侵略。而中国民族之性质适与相反也，彼族一入中国，何以即失其本性，同化于汉人，亦地质使之然也[4]。

各省地方自治制度，何以发达甚早？则以幅员太大，中央政府之力常不能及，故各各结为团体，以自整理也[5]。

---

[1] "长江黄河＋平原＋温带气候"的组合起关键作用，使中国处于中纬度地带的温暖湿润气候的时空。——笔者注

[2] 因为西边有高山、荒漠、高原阻隔，不能与亚洲其他部分合为一体，所以古代中国相对独立。——笔者注

[3] 长江本是天堑，南北不同，生活习俗更不同。黄河流域处在同一气候区内，与淮河相通，南北则以长江为界。——笔者注

[4] 民族因居住地不同而习气不同，北方人悍烈，南方人文弱，所以北方人常常战胜南方人。——笔者注

[5] 封建制度在小范围内延伸尚可，在大范围内，非郡县不行，各地自治能发挥各自特点。郡县制，又促进了专制主义中央集权制。——笔者注

何以数千年蜷伏于君主专制政治之下，而民间曾不能自布国宪？亦以地太大，团体太散，交通不便，联结甚难。故一二枭雄之民贼，常得而操纵之也。何以不能伸权力于国外？则以平原膏腴，足以自给。非如古代之希腊腓尼西亚，及近代之英吉利，必恃国外之交通以为生活。[1]

总之，中国文明之发育，民族之孕育和凝成，与山川地理大势密不可分，是地理环境综合影响的结果。下面将就地理环境与文化发展再做框架性刻画。

地理环境与文化孕育：
小空间里孕育，中空间里融合，大空间里展开

著名考古学家严文明说："中国地理环境的基本特点是自成独立的地理单元，并且有一种天然的多元向心结构。这需要作一点解释。首先，中国的地形像一个大座椅，背对欧亚大陆而面向海洋。它的四周为高山、大川、沙漠、海洋所环绕，从而形成一个独立的地理单元。"[2]中国史前文化基本上是本地起源和独自发展的。但中国又是一个地域辽阔和地形非常复杂的国家，各地自然环境存在鲜明差异，在漫长的史前时期，逐渐发展出富有地方特色的文化。从文化生态角度看，可归结为"在小空间孕育，中空间融合，大空间展开"，为突破周边自然地理限制，展开文明交流，演绎了艰苦曲折的征服与反征服斗争，地域越来越大，成为地球社会的一员。

1. 在小空间里孕育，中空间里融合

我们常说黄河文明是中华文明的摇篮，其实，就黄河干流而言，除了破坏就

---

[1] 内部疆域广大，膏壤沃野千里，不需外拓，即能自给。外拓则需驾驭海洋的超级能力，在蒸汽机发明前，虽有愿望而难为。历史眷顾西欧人，使之先发明，而有开拓世界的能力。——笔者注

[2] 严文明:《国学研究》（第四十四卷），中华书局，2020年，第 1 ~ 22 页。

是破坏，反是文明发展的障碍（如对黄土高原地貌完整性的破坏，对下游平原的冲毁与淹没）。真正孕育文明处是黄河支流，在支流的河汊两岸的小空间，是发育文明的温暖子宫和产房。黄河中游，山川相间，黄土厚覆，流水侵蚀，形成枝权纵横的小水系和小空间。小空间由溪流、河漫滩、两岸冲积平原和山前平原构成，高山是天然保护伞，山间肥沃土地适宜农耕。中华文明先在此等安全舒适的小空间里孕育，渐渐发展壮大，经由水系的脉通连贯，弥漫于大水系。所以，中国文化一开始就在大地面上展开，在中等地面上融合，于小空间里孕育。

放眼中国版图，此等现象广泛存在，考古发现，长江中下游也有丰富的文明孕育，故云"满天星斗"，每条河流就是一个大摇篮，部落文明几乎同步降生。但与其他文明形态（埃及、巴比伦、印度古文明）显著不同的是，似乎老天爷为它们只准备了一个"胚胎"，只能孕育一个孩子，准备了一个摇篮，一旦一个夭折，文明便中断湮灭了。而中国自开始就是在一个大地面上，老天爷准备了很多"胚胎"，孕育好多孩子，准备很多摇篮，一个夭折，其他孩子照样成长，发展壮大，传承文明灯火。但就黄河沿岸而言，黄河母亲即孕育了无数的"孩子"，由于有共同的地理环境，有相似的生活方式，便从开始就走向内部融合之路，即在中空间里融合与壮大。

这个中等空间，其实是在黄河中下游，中国地势的第一级东侧，第三级的西侧，地处中原腹地的关中盆地与洛阳盆地一带。从这儿向西进入关中平原、运城平原和黄土高原；向东，黄河流经郑州桃花峪以下，地势进一步变得平坦，泥沙得以大量沉淀，形成了幅员广阔的黄河冲积扇平原，华北大平原（又称黄淮平原）。这里气候适宜，土壤肥沃，厚植了远古中华文明的根脉，孕育了中国高度发达的农耕文明。

黄河中下游的中原地区，文化序列一直没有中断，从新石器时代早期的磁山—裴李岗文化，到中期的仰韶文化、晚期的龙山文化，一直进入夏商周时代，谱系连贯，一脉相承，不断与周边文化碰撞、交融。司马迁《史记·封禅书》中说："昔三代之居，皆在河洛之间，故嵩高为中岳，而四岳各如其方。"随着河南巩义双槐树古城发掘和披露，该地区中心地位可以上推1000年，到达5000年前的黄帝时代。

考古证实，山西襄汾陶寺遗址为唐尧、虞舜都城，在运城盆地与中条山交会处。西、南为黄河环绕，北有吕梁山、汾河，南有中条山，自然环境极为优越，定位天下之中，"历象日月星辰，敬授民时"，有了"王朝都城"的功能。

夏文化发源于今河南西部，在洛阳以东的伊洛河岸发现了"夏都"遗址，表明夏文化在登封、洛阳和山西襄汾陶寺遗址之间变换。

商文化则在黄河下游，商丘、郑州、洛阳、安阳都有其都城踪迹，而在安阳洹河岸边居留时间最长。商人原在宋地（今河南商丘），周边有孟诸泽、蒙泽等，向北也是湖泊相连（如荥泽、圃田泽、大陆泽、雷夏泽、菏泽、大野泽等），显然不适合人类生存。为此，商人在黄河冲积扇前缘地带反复寻找生存空间，迁都凡八次（其中商汤征服夏桀曾在洛阳盆地建都，后东返故地），才在洹河岸边定都。这里恰处在黄河东出桃花峪经大伾山北流后黄河西岸与太行山环抱的山前平原地区，不为黄河干扰。洹河、淇水、漳水等流入黄河。商人被视为东夷文化的代表。

周人曾是商人的一个部落邦国。盖在虞舜时西迁陕西邠县，与戎狄杂处（公刘时代），后古公亶父率族人南迁周塬（今陕西岐山、扶风县交界），立宅岐山之下，在渭河两岸定鼎发展。周武王于牧野之战击败商纣王，臣服大邑商，封建天下，才陆续将关中平原、伊洛河平原、黄河下游、淮河上游、山东半岛融合一体。

从中观空间看，首先是华山北侧的黄河大隈曲应格外注意——此处有泾河、洛河、渭河、汾河、悚水等支流，其上游小水系，河汉纵横，肥土沃壤，光热充足，是孕育农耕文明的温床。其次是伊洛河流域，这儿降水更为丰沛，枝杈众多，也是一理想的文明孕育区。最后是黄河冲积扇平原与太行山东麓向北，以及沿着嵩山、伏牛山向东南的淮河上游地区在政治力量的牵连下彼此便在大地面上铺排开来。

2. 在大地面上铺排：是满天星斗还是重瓣花朵？

钱穆在《中国文化史导论》中说："埃及、巴比伦、印度的文化，比较上皆在一个小地面上产生。独有中国文化，产生在特别大的地面上。"[1] 这个地面有多大呢？但就黄河流域而言，在黄河及其支流的河边台地上，发现了一系列属于新石器时代的古城址，可分为河套地区史前古城、中原地区史前古城和海岱地区史前

---

[1]　钱穆：《中国文化史导论》，九州出版社，2011年，第5页。

古城三个区域[1]，具体如下。

河套地区史前古城地跨黄河上、中游，包括内蒙古凉城县境内的老虎山、西白玉、板城、大庙坡等岱海周围石城群，内蒙古包头市的阿善、西园、萨木佳、黑麻板、威俊、纳太等大青山南麓石城群，内蒙古准格尔旗的百草塔、寨子圪旦、寨子塔、寨子上、小沙湾、二里半，清水河县的后城嘴、马路塔，以及陕西佳县石摞山、神木市石峁等南下黄河沿岸石城群。河套地区古城群除了百草塔和寨子圪旦两座古城属于海生不浪文化，距今5000余年，其余古城均属于老虎山文化，距今4700—4300年。这些古城最主要的特点，一是分布密集，具有聚集性；二是大多有石砌城墙、石筑房屋和石构祭祀遗址；三是除石峁古城外，大都规模较小。

中原地区史前古城分布在地跨黄河中、下游的中原腹地，有山西襄汾陶寺，河南巩义双槐树、郑州西山、登封王城岗、新密古城寨、新密新砦、郾城郝家台、平顶山蒲城店、博爱西金城、温县徐堡、濮阳高城、濮阳戚城、安阳后岗、辉县孟庄、淮阳平粮台等遗址。除巩义双槐树、郑州西山古城属于仰韶文化时代距今约5300年外，其余古城均属于龙山文化，距今4600～4000年。中原地区史前古城有以下特点：一是均有夯土城垣，二是城址平面多呈方形，三是多有城墙和城壕多重防御体系，四是城址内外的居住区、作坊区、墓葬区等大都做过统一规划。

海岱地区史前古城分布在黄河下游，发现有山东滕州西康留、尤楼，阳谷王家庄、景阳冈和皇姑冢，五莲丹土，章丘城子崖，临淄田旺，邹平丁公，寿光边线王，茌平教场铺、大尉、乐平铺、尚庄、王集，江苏连云港藤花落等，除滕州西康留、阳谷王家庄、五莲丹土三处属大汶口文化晚期，距今5000年左右外，其余均属于龙山文化时期，距今4600～4000年。这一地区史前古城的特点均为黄土建筑城垣、平面布局大都呈方形、规模相对较小、分布密集等。

随着全国各地文化遗址不断发掘出新，如长江流域的河姆渡文化、凌家滩文化、良渚文化、巴蜀文化（三星堆遗址引人注目），辽河流域的红山文化，珠江流域的石峡文化，在中国大地上群星闪耀，熠熠生辉，中华文明起源于黄河流域的一元论受到强烈质疑。为解释这种分布现象，苏秉琦先生提出了满天星斗说，

---

[1]　马世之：《中国史前古城》，湖北教育出版社，2003年。

认为："中国文明的起源，恰似满天星斗。虽然各地、各民族跨入文明门槛的步伐有先有后，同步或不同步，但以自己特有的文明组成，丰富了中华文明，都是中华文明，都是中华文明的缔造者。"

这个观点似乎是对"黄河文明"一元论的解构，但如何解释中国历史自三皇五帝一脉流贯而来的呢？严文明先生对文明之间的关系深入研究，提出"重瓣花朵"模式，认为："中国的民族和文化从史前时代起，就已经形成一种分层次的、'重瓣花朵'式的向心结构或多元一体结构。中原的华夏文化处在花心的位置，东夷文化、三苗文化、戎羌文化、北狄文化等是围绕在其周围的第一层花瓣，百粤、夜郎、滇、氐羌、乌孙、月氏、匈奴、东胡等则是第二层乃至第三层的花瓣。这种'重瓣花朵'式的向心结构乃是一种超稳定结构。"[1] 可以说，"满天星斗"是文明早期发育与空间分布形态的表达，由于地理环境变化，尤其是气候转冷，或者为外力所灭，四周文明没能继续，消弭在胚胎时期。其文明残迹复被黄河文明重组与带动，形成"重瓣花朵"式的向心结构，再度开放，向四周扩张！（见图1-4）

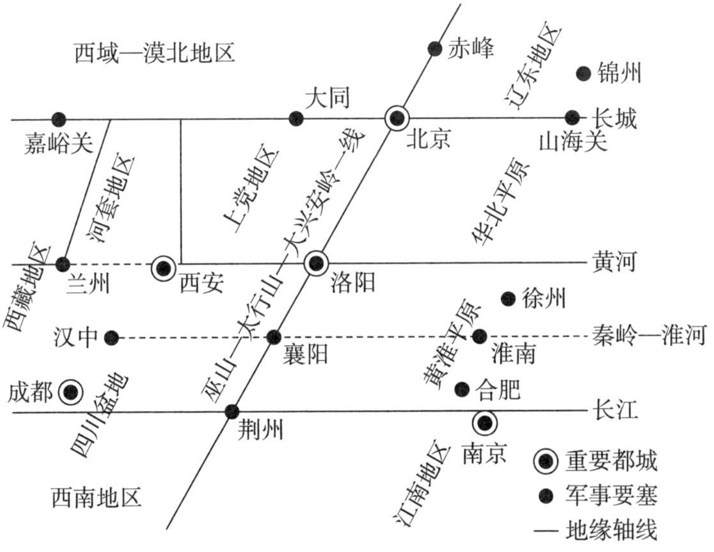

图1-4 中国古代的战略枢纽[2]

[1] 严文明：《中原是"重瓣花朵"的核心》，《中国社会科学报》2009年9月15日。

[2] 刘云刚、王丰龙：《中国古代政治地理思想探究》，《地理科学进展》2017年第12期。

3. 三种文化在地理空间上的排布与争锋

在大地面上铺开，就是三种文化类型区的争锋与融合，基本上发生在商周以后时期。钱穆先生在《中国文化史导论》中说，历史上中国受三种文化形态影响：农耕文化、游牧文化与商业文化。游牧文化发源在高寒的草原地带，农耕文化发源在河流流经的低海拔平原地带，商业文化发源在滨海或者岛屿。三种文化生成在不同的地理环境，形成三种生活方式，凝成三种价值观念和政治组织方式[1]。根据其性质，游牧文化与商业文化有相似性，可归为一类。农耕文化为一类。

游牧、商业起因于内不足，牧民和商人不向外寻求则无法满足日常生活，所以是流动的、进取的，凡是能获得生存机会者，都去努力争取。由于外在的资源与机会有限，甲得到则乙失去，乙得到意味着甲失去，所以，相互之间有强烈的"战胜与克服欲"。与天斗、与地斗，战胜自然，战胜对手，必须有工具，如牧民靠马、骆驼、牧羊犬，商人靠舟车，远迹天涯，贱买贵卖，调剂余缺。他们对外有强烈"敌意"，必欲征服对方而后可。在天人关系方面，一方面靠"天"吃饭，另一方面又对"天"敌视。如牧场寥落，牛羊无食，他们必须找到新牧场；族内竞争，与外族群拼争，是为与天地斗争，获得生存空间。有了这种天地对立、敌我对立与身心的内外对立，因此崇尚自由，争取独立。故这种文化内有"征伐、侵略"性。比如，战国时，乌孙、月氏人原在陇西、河西走廊生存，匈奴人则杀逐之，占有草原肥美之地。东汉时，南匈奴竟要求汉朝征伐北匈奴，鲜卑人也跟着助战，驱逐北匈奴远遁，一副你死我活、互斥难容的文化心理暴露无遗。

农耕文化则不然，农民耕田可自给自足，不假外求。农民与天地，相互顺应则可，春播夏长，秋收冬藏，顺应自然即可安生，所以讲求"天人相应""天人和谐"。安居一地，与土地房舍形成稳定关系，与亲戚邻居和谐共处，安分守己则能一生幸福，所以是静定的、保守的，在无外源威胁境况下，"耕田而食，掘井而饮，帝力与我何有哉"是其真实写照。

游牧、商业之民向外争取、战胜，便是"空间扩展"，"无限向前"，越扩越大，财富因此骤增骤减。农耕之民与耕地相胶着，不能移动。移动向外，不但生

---

[1] 钱穆:《中国文化史导论》，九州出版社，2011年，第2～3页。

活无依托，而且耽误农时而失去原本；生于斯，长于斯，老于斯，葬于斯，唯求世代绵延，而不求空间扩展。其所祈望者，唯"天长地久，福禄永终，循环不已"。对自己的生存空间虽不求扩展，但也不许外来的侵夺和驱逐，追求和平不意味着农民不愿意"抗争"。因为其人生财富皆由脚下的土地所定义，不守家园不啻人生之失败。

当游牧、商业之民与农耕之民相遇，或因生活方式，或因物资贫乏，发生争端，相互争夺，甚至发生战争。即使在农耕民族内部，也有农人和商人的冲突。例如，中国文化尚"重农抑商"，族群主体为农，农本而商末，养家糊口必以农为根本！时有"发展工商业"，如《管子》"溥本肇末"之政。《盐铁论》中，桑弘羊主张发展工商业，为国库聚敛钱财，支持战争。但总体上是"重农抑商"的，如商鞅之治，以及东汉士族门第之政（不耕田者不得仕进，商人被迫屯地）。这些政策盖因民以食为天，填饱肚子为第一考量，再因商人囤积居奇，与地方豪强、官府勾结，推动兼并，危及政权而作。统治者们绝不接受商业成为帝国的掘墓人。此为农耕与商业的内生性矛盾。

更显著者是外生性矛盾，即游牧、商业文化与农耕（邦国、帝国）文化之间生成矛盾，又经残酷战争消解。我国古代长期存在着农耕文明与游牧文明的矛盾对立与融合。游牧文明地带分布于长城之外一直到西伯利亚平原的广阔区域，向西到天山南北。高寒草原地带还应包括青藏高原，牧场是游牧民族的乐园。或自大兴安岭以西，沿长城以外一路向西直到青藏高原南端，是广阔的游牧文化区。该区域是温带大陆性季风气候区、温带大陆性气候区和高寒气候区，冬天严寒，夏季炎热，降水集中或稀少。他们常感内不足，尤其在气候寒冷干燥的年份尤其忧惧。每当衣食无着或者自然严寒逼仄，他们便依靠快马疾矢侵犯农耕之民。当草原上的部落国家展开集团性对抗时，相互之间非分胜负而不能罢，惨烈血腥。

农耕文化区分布在长城以南直到东南沿海、青藏高原西部，分界线即400毫米等降水量线，该线南北，有一条狭窄的农牧交错地带，即长城内外的局部地区，仍有部分河谷和山前平原可垦牧。淮河以北为旱作区，以南为水作区。东南沿海经海上交通，逐步发展"商业文化"，与世界接轨（如明朝的朝贡贸易），虽时遭海禁，但也是沿海商业之发达所肇造。

　　农耕与游牧文明的争锋是中国历史演进的主旋律。两者相争互有胜负，胜者建立政权统治中原，要么再世而衰，要么主动汉化融入中华大家庭。例如，十六国大部分为西汉、东汉时内附的胡人部落所建（见图1-5）。河套内的南匈奴，建立后汉；匈奴的一个分支羯族建立后赵；东胡的鲜卑人协助汉朝驱逐匈奴有功，因而趁机游牧在匈奴故地。后来，其多个部落趁西晋内乱南侵建立政权，如慕容皝建立前燕，慕容垂建立后燕等。拓跋氏建立元魏，孝文帝积极汉化，转为南北朝对立之局，经过内外激荡与交融，完成中国历史上的一次民族大融合。

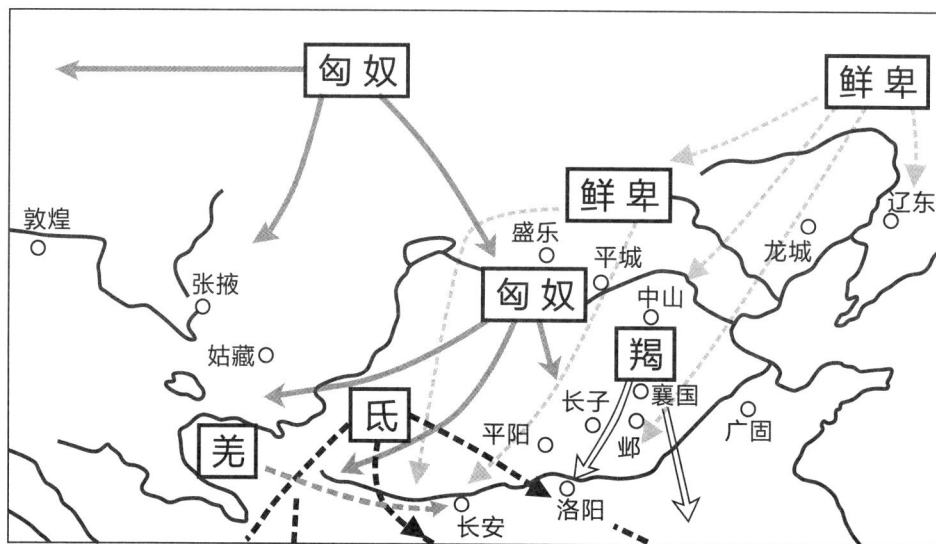

图1-5　西晋末年北方少数民族的内迁

　　我国农耕文化内部，也孕育了发达的商业文化。据史书所载，古代工商业相当发达，不少富商巨贾因以名载史册（如《史记·货殖列传》、历代断代史书中《食货志》所载富豪）。但总体上，商业发展每到一个高潮，便会受到贬抑，因为还未发展出现代产权制度，无法上台阶。且无工业革命的推动，商品数量不能呈几何级增长，推动商业变革的力量远不如西方工业革命之后的"商业文化"。当中国人转变意识，积极发展工商业，排布好农业文化与商业文化的关系，就打开了综合发展的新局面。

4.天下、中国与九州、大九州的空间观念与意识

中国文化"在小空间里孕育，在中空间里融合，在大地面上展开"的特征，早已变成祖先们一种空间观念和空间解释体系，变成中国文化的基因。其中，天下、中国、九州、大九州等概念尤为鲜明。

天下与中国概念，本章开头已有涉及，不再赘述。九州概念，首见于《尚书·禹贡》，是大禹治水时，随山刊木，奠高山大川后，对天下空间所做的划分（见图1-6）。豫州为天下之中。冀州相当于山西、河北西部。兖州相当于河北南部、山东西部，位于古黄河与济水之间。青州大体是山东半岛。徐州是淮河中下游两岸。扬州在徐州南至长江中下游一带。荆州在豫州之南，汉

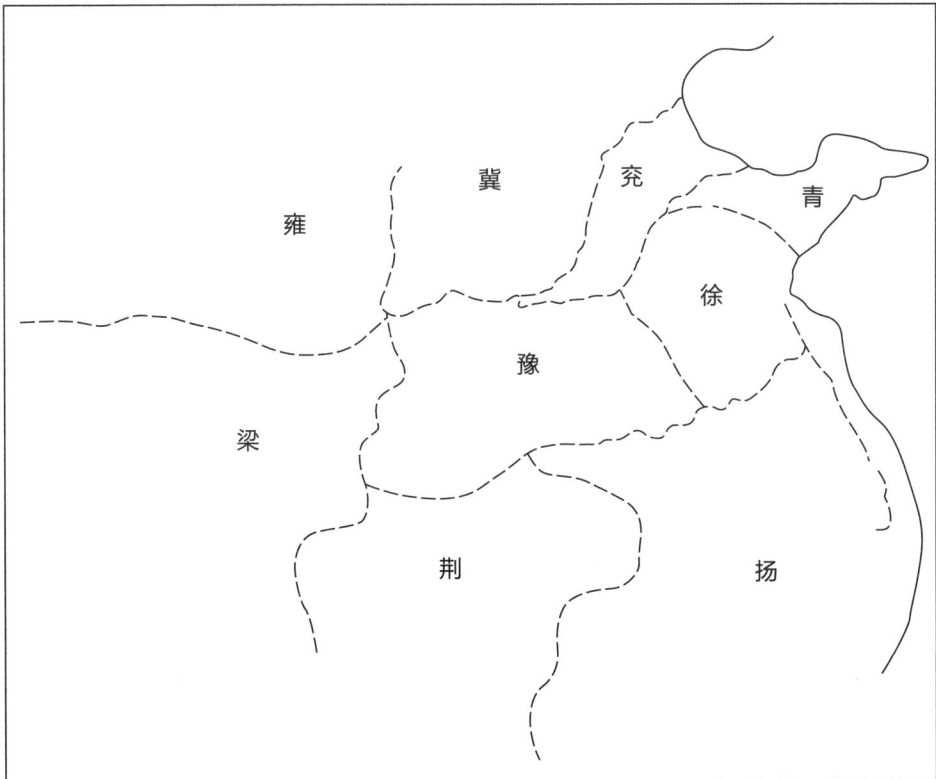

图 1-6　禹贡九州

水流域、江汉平原。梁州是四川盆地，秦岭以南。雍州是黄土高原为中心的西北部地区，北到河套、阴山一带。可以说，九州涵盖了温带季风气候区和亚热带季风气候区，而以温带季风气候区为主，是中国早期文明融合的核心区域。

大九州说为阴阳家邹衍提出，"〔邹衍〕以为儒者所谓中国者，于天下乃八十一分居其一分耳。中国名曰赤县神州。赤县神州内自有九州，禹之序九州是也，不得为州数。中国外如赤县神州者九，乃所谓九州也。于是有裨海环之，人民禽兽莫能相通者，如一区中者，乃为一州。如此者九，乃有大瀛海环其外，天地之际焉"。(《史记·孟子荀卿列传》)

邹衍大九州学说的理论基础是阴阳五行说，他从时间与空间来推演，顺推是五行相生说，主要讲天（大自然）；逆推的五行相胜说，主要讲人（人类社会历史）；由小推到大、由近推及远的大九州说主要讲地（地理），即中央之外，以东南西北"四极"来对应春夏秋冬"四时"。由此，邹衍实现了时间与空间互释，即历史与地理的互释，在空间中认识历史，在历史中认识空间。即切中本书的主题——中国历史的地理密码。

地理空间整合史：地势第二级阶梯演变密码

1. 地势第二级阶梯的地理单元构成及其与外界的联系

第二级阶梯地理单元构成复杂，自北而南有：蒙古高原（内蒙古高原）、黄土高原、四川盆地和云贵高原，该地带向西为河西走廊，经敦煌连接西域（西域除天山、帕米尔高原外也属于第二级阶梯）。其间又分有多个亚地理单元，如阴山山脉、河套平原（前套平原、后套平原和西套平原）、鄂尔多斯高原、黄土高原、关中盆地、秦岭、大巴山、巫山、雪峰山、乌蒙山以及重要河流，如黄河中游、渭河、汉水、长江中游、珠江上游。西域亚地理单元有河西走廊，走廊以北、贺兰山以西的巴丹吉林沙漠、阿拉善高原、中央戈壁，天山南北的塔里木盆地（塔克拉玛干沙漠）和准噶尔盆地（古尔班通古特沙漠）等。这些地域在不同的历史时期均有人类之活动。

结合气候、地形、地貌特征，地势第二级阶梯可分四部分。

（1）北部干旱、半干旱区。对应于温带大陆性气候和温带大陆性季风气候区，降水量在400毫米以下，以草原、荒漠、戈壁为景观特色。河西走廊以西之天山南北，属于温带大陆性气候，降水量稀少，无明显雨季与旱季之分，冬夏、昼夜温差大。这里孕育游牧和绿洲文明，由于文明部落势单力薄，受到外来打击或者自然变化打击，极不稳定。秦汉时期，匈奴人在此活动，范围遍及整个地区，打压并驱逐游牧民族的其他部落如乌孙、大月氏、东胡等。东汉驱逐匈奴人远走后，南匈奴人内附，东胡一支的鲜卑人在战争中与东汉合作有功，便乘虚而入，游牧于此，成为此后两晋南北朝北方游牧民族南下的主力。在大兴安岭南端、西拉木伦河活跃的鲜卑人的一支契丹人建立了辽，越过燕山山脉，成为北宋的战略对手。大兴安岭北部又有蒙古人崛起，横扫亚欧大陆，将三级阶梯统一。

（2）温带季风气候区。400毫米等降水量线以南（黄土高原北缘）至秦岭，西到宝鸡一带，东至太行山东麓和嵩山，这里是农耕文明的发祥地，旱作农业区，孕育了中华文明，直到公元10世纪，政治中心才东移至第三级阶梯内。该区是三级阶梯融合的地理枢纽。

（3）亚热带季风气候区。包括汉水流域、大巴山区、四川盆地，是一个相对完整的地理单元。其中汉水流域与四川盆地气候相似，之间有多条交通孔道相连。此区域降水丰沛，阳光充足，气温适宜，河网纵横，属于水田耕作区，逐步发展成中国经济重心之一。

（4）云贵高原。此地岩溶地貌发育，地形破碎，平原狭窄，交通极为不便，相互孤立，较易生成自治政权（如土司制）。

上述地理区与单元以关中盆地为中心向外辐射，由道路和重要关口相连（见图1–7）。

（1）西北方向，经泾河上游颉河之萧关翻越六盘山，过黄河通往河西走廊，河西走廊向西有嘉峪关、阳关、玉门关与西域交流。嘉峪关乃万里长城西端，扼守要冲。

（2）西南方向，有陈仓道（陈仓—凤县—略阳—褒城）与褒斜道（眉县—褒城—汉中）与南郑、汉中相连。大散关是陈仓道咽喉，关中盆地向西经宝鸡越大散关与汉水流域上游对接，向东通南郑、汉中，向南对接巴蜀。关中盆地还有其他南通汉水流域的通道，如傥骆道、子午道等，与汉水上游丹江对接。从汉水向南越过大巴山，西有金牛道，途经剑门、绵阳通成都，中有米仓道通巴中，东有荔枝道通涪陵、重庆。再向西南连接云贵高原（经僰道、灵关道）。

（3）东方为函谷关，汉以后函谷关衰落，潼关地位提升，多称"崤函通道"，再向东经虎牢关与东部平原地区联系。潼关、函谷关、虎牢关，险峻陡峭，易守难攻，一夫当关，万夫莫开。

（4）东南方向为武关，经商洛连通伊洛河上游，伏牛山南至南阳盆地，向东连通淮河上游，向南接汉水流域、云梦泽，及江汉平原。该关口是秦楚、秦韩争霸的战略通道，如战国中后期多次在伊阙（龙门石窟处）、宜阳血战。

（5）向东北方向经黄河渡口与贯穿山西中部的汾河谷地联系，渡口主要风陵渡、蒲津渡、孟门渡、龙门渡、汾阴渡、禹津渡等。汾河谷地呈东北西南走向，经运城（运城盆地）、临汾（临汾盆地）、晋中、太原（晋阳，太原盆地）、忻州、朔州（忻定盆地）、代县，越雁门关至大同（云中，大同盆地），贯通蒙古高原。汾河谷地西为吕梁山，东为中条山、泰岳山，向北过五台山、北岳恒山（常山）进入代地。太原处在谷地中心地带，在历史上发挥着举足轻重的作用。北段为大同（云中），是北方游牧民族东西向交通的要道，大同向北，乌兰察布经桑干河对接张家口，经怀延盆地，过军都陉与燕山南麓的北京连接。从汾河谷地、滹沱河上游经晋中盆地，借助河流峡谷向东，横穿太行山，经无数"陉口"与华北平原交通。

值得注意的是，关中盆地抵达河套地区并无捷径。因为黄土高原地形破碎，切割严重，悬崖峭壁遍布，在古代要修建一条穿过黄土高原、鄂尔多斯高原的直通南北的道路难以想象。不得不让人佩服的是，秦始皇三十五年（前212），距离陈胜吴广起义还有两年，秦朝竟然开建从甘泉宫出发经泾河、子午岭向北达到包头西（秦九原郡）的"秦直道"，秦始皇崩后（前210）筑成，至清代之前还在发挥作用。

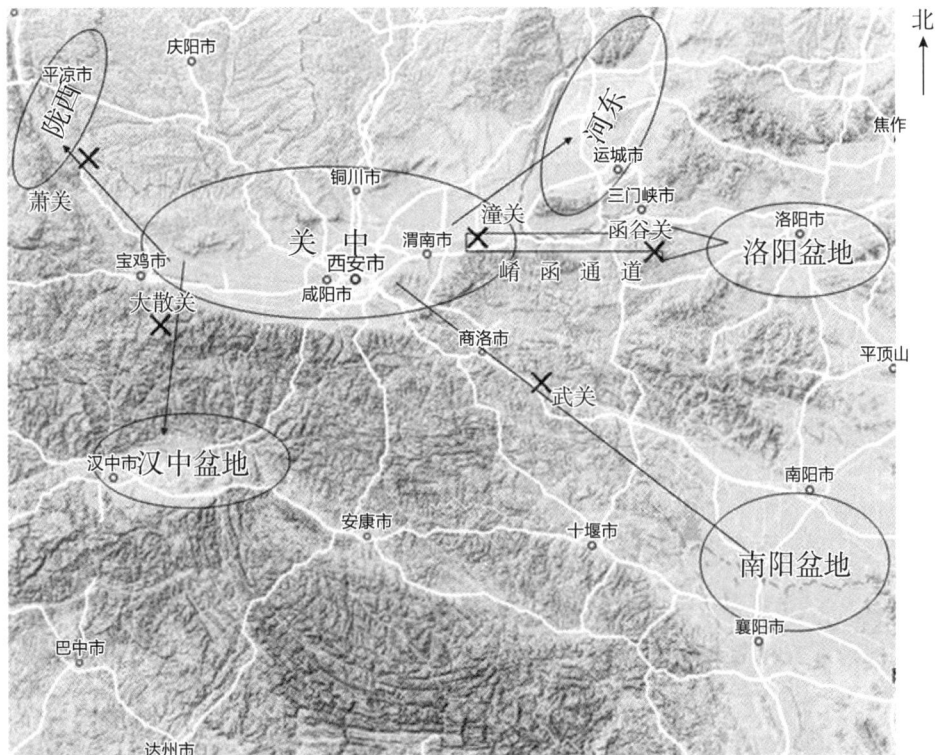

图 1-7　关中与四方的交通要道

注：关中，即四关之中、四塞之地。

2. 地势第二级阶梯是推动历史前进的力量？

那么，第二级阶梯是通过什么样的力量与过程对历史产生作用的呢？如下诸端尤要者。

第一，地势第二级阶梯贯穿我国领土中部南北，东与第三级阶梯的平原地带沟通，西与第一级阶梯的青藏高原对话。中间地带位于黄河中游的黄土高原秦岭之间，黄土堆积深厚，山河相间，气候适宜，地理单元相对独立，是中华文明生长的理想摇篮，孕育了中华文明。据竺可桢先生研究，在秦朝之前，此地气候长期温暖湿润，有亚热带气候特征，是农耕文明发育的天然"子宫"。文明从此向外扩展，突破地势第二级阶梯的层层助力，必须先完成内部整合，凝聚一体。

第二，地势第二级内地理差别明显，比第三、第一级差异更为明显。温带季风气候深入关中盆地，在狭小的地理空间内，农耕文化区与游牧文化区交错并存，表现出明显的异质性、差异性。关中盆地、伊洛河盆地更是天下力量辐辏中心。因是四塞之地，营造了相对安全的环境，有利于形成政治中心。可它周边多样性的地理单元差距太大，与周边异质文明距离太近，特别是西北部的游牧交错地带相距不过 100 千米，所以又是冲突的前沿地带；且这些相对封闭的地理单元面积狭小，适合小部落文明发育，一旦人口繁衍或者气候恶化，便需外源供应。内外的不平衡发展致使该区域时常处于动荡之中。

第三，地势第二级阶梯兼具有山地和平原的特征，而以山地为主。渭河平原与汾河平原，沿黄河河谷两侧平原向东到达河南温县、淇县，与华北平原接壤，连为一体。东西气候相似，皆为冲积平原，耕作制度类似，东西向整合非常容易，所以我国古代地缘空间拓展，东西向整合最先展开。

第四，地势第二级阶梯与其他阶梯融合，先以黄河冲积扇平原为中心扇面形展开。然后沿河谷低地、便捷通道向四周展开。如沿汾河谷地、太行诸陉与华北平原融合。然后沿河西走廊经略西域，通过巴蜀向南经略西南夷。当西、北方向的地缘压力过大时，第二级阶梯的人文活动整体向东南方向移动，当且仅当华北平原生存环境逐步改善（湖泊减少、陆地增加），地缘中心才逐步向东转移，当北方、东北方向的游牧、渔猎民族施加更大的地缘压力时，第三级阶梯的北方衰落，南方兴起，政治、经济中心才整体地移出第二级阶梯，在第三级阶梯的平原、丘陵地带站稳脚跟。

第五，地势第二级阶梯北部地域广阔，是各游牧部落、民族展演的广阔天地。每逢气候异常，风雨不时，他们就南下寻找优质牧场，甚至为生存而南迁，对农耕民族生存产生极大压力。当中原王朝合力不能顶住这种压力时，则易造成统治权力的崩溃，天下复归混乱不堪。此类冲突在唐代之前基本发生在地势第二级阶梯内。五代十国之后，就转变为第二级阶梯和第三级阶梯比权量力了。

第六，地势第二级阶梯与第一、第三级阶梯有山脉分割，也形成气候分界线，相互交叉综合形成"应力集中带、集中点"。如长城一线是农耕和游牧两种生产、生活方式的应力带，应力集中，极易发生"地震"。而地缘政治中心常为应力中心，如唐代以后，河西走廊的应力点从嘉峪关退守到西安，西安成了乱源。再如，晋阳（太原）位于山西中部，连贯南北，在五代十国、南北朝时，是活跃的地缘政治中心。再如，燕云十六州在后晋帝石敬瑭割让给辽帝前，应力中心在燕山、大同以北。割让后，应力前线就转移到燕山以南的中都、大都了。这相当于地缘应力中心从第二级阶梯转移到第三级阶梯。明驱逐元廷后，又将应力前线北推至长城一线，东北方向北推至辽河中下游，建立关防。金、后金是生成于第三级阶梯北部的政权，突破燕山关防后，重点向南经营第三级阶梯。

3. 地势第二级阶梯和第三级阶梯互动阶段划分

先秦时期中央王朝定鼎关中盆地，先向东投射力量，东有齐鲁做战略支撑，北至燕，南至楚、吴等。秦国统一天下至今 2000 年以来空间发展又分为两期，第一个千年重点在第二级阶梯内，政治、经济、文化中心都在长安、洛阳、太原构成的大三角区域内。第二个千年就是五代十国纷乱之后，北宋建都汴梁，依托隋唐运河之便利，开启南北震荡的时代。政治中心在中原开封、燕山南麓幽州和长江下游建业（建康、南京）构成的大三角区域转动。前后两个千年，东西联动也有很大区别。具体分为四个阶段。

第一阶段是分封制度下的关联。以关中盆地、伊洛河平原为中心的中央王朝，如西周、东周、秦、汉、西晋统治第三级阶梯政治体的方式是"分封"。西周分封，是坐西朝东，以定都丰镐，控制东方。秦定都咸阳，虽然废封建、行郡县，但其统治时间短，所用郡守、尉、监、县令、丞、尉实有封建性。西楚霸王项羽分封天下十九王，烧尽咸阳，定都彭城（今江苏徐州，见图1-8），不久天下复乱，终被封在汉中的汉王刘邦打败，建立汉家天下（见图1-9），表明在东部设都不可行。刘邦虽在山东定陶登坛称帝（前202），但还是决定西行定都洛阳，可在娄敬的劝说下，最终定都长安。在全国统治体系上，他最终选择了郡国制——汉王控制的地盘行郡县，而将函谷关以东的地盘分封给七个异姓王当国。由于异姓王或反或叛，被他逐个铲除，转封刘氏子弟为王侯，霸据东方。

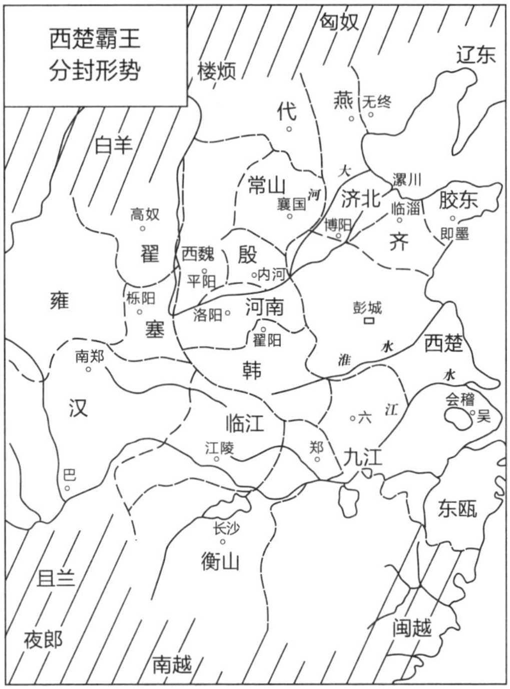

图1-8　西楚霸王分封形势

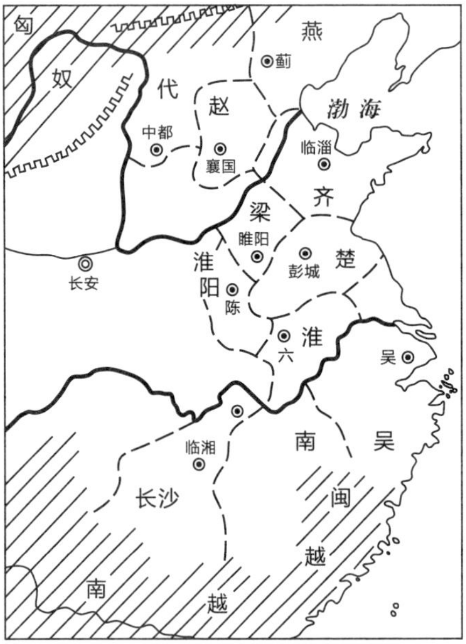

图1-9　西汉初郡国形势

西汉景帝时期，镇压同姓诸侯王，导致七王以"清君侧"的名义叛乱。虽成功平叛，也表明封建制不可久。汉武帝时期实行推恩令，削弱诸侯国实力，防止同姓王叛乱，取得实效。由于刘家人丁兴旺，层层分封，基础越来越大，使得西汉倒台后，刘家有人再度站起来，再续汉朝王运，光武帝刘秀建立东汉。

东汉时，建都洛阳，长安备受冷落，地位下降。三国时期，汉献帝厕身许昌，封曹操为魏王于邺城，至于曹魏（曹丕称帝）又定都洛阳，蜀国、魏国先后称帝，地势第三级阶梯在政治版图中的分量开始增大。特别是吴国建立，带动了长江下游的开发；蜀国建立，带动了四川盆地和长江上游的开发，长江流域的经济力量和政治力量有所增强。

西晋时期，晋武帝司马炎鉴于前代经验教训，为对抗士族集团，再行分封同姓二十七王，将权力掌握在司马家族手中，维护短暂和平局面。21 年后，皇族内乱爆发，历时 16 年，西晋灭亡，琅邪王司马睿在建业（今江苏南京）称帝，建立东晋。开启南北朝时期，天下大势转变为第二、第三级阶梯并联，南北震荡的格局。从西晋疆域图看，司马家窃夺天下后，北方少数民族失去对其忠诚与听令，西北方向只剩凉州还在版图中，其他尽为少数民族所占，为十六国和北朝代兴奠定了基础。

总体来看，在第一阶段，是由第二级阶梯发动，完全融合第三级阶梯的过程，相当于温带季风气候区（燕山以南）和亚热带季风气候区（长江以北）完成了整合。第二级阶梯南北方向上的拓展，如汉武帝驱逐匈奴、开拓西域，开疆西南夷，东汉宣、明、平帝时期将匈奴彻底逐出漠北、控制西域等，后东汉末黄巾大起义，三国角逐天下，北方少数民族趁西晋"八王之乱"陆续建立政权，中原王朝失去对北方和西域的长期控制。

第二阶段，是第二级阶梯与第三级阶梯的复合运动，呈现东南—西北方向的对垒与融合。时间是从西晋"八王之乱"后到隋唐时期。该阶段的突出特点是，在温带季风气候区、亚热带季风气候区覆盖范围内形成的核心区域的基础上，长城以北的温带大陆性季风气候区、河西走廊以西的温带大陆性气候区、青藏高寒区、长江以南的亚热带季风气候区，也实质性地参与华夏统一与分裂的历史进程。

其中第一级阶梯的青藏高寒区，因吐蕃王朝兴起与活跃，隋唐时参与到华夏文明发展的历史进程中。

此阶段，经济重心明显转移到长江下游，隋炀帝开凿通济渠和永济渠。汴梁作为枢纽快速兴起，向西延伸至长安，此时，天下形成三个战略控制点：长安—洛阳政治中心，北方（太原—云州—渔阳—卢龙）军事前线和南京—扬州经济中心。大运河像动脉给这个帝国输送着精血。

第三阶段，政治经济中心转移到第三级阶梯，经济中心南移，政治中心北移，以秦岭淮河为分界线的南北拉锯震荡。以长城为界，广义的北方为一单元，是游牧、渔猎政权的发祥地。他们通过武力手段向南突破长城、燕山山脉一线，建都于燕山南麓，也就是华北平原北部。此时期相当于宋元时期。由于政治中心在北、经济中心在南，宋金之前"弓形"的大运河在元朝时被拉直（徐州至临清的会通渠，缩短里程 900 里），成为维持帝国生存的大动脉，以此形成了南北发展轴线。这标志着在第三级阶梯内，南北发展轴的完全确立和增强，东部摆脱西部政治控制转移到南北方向的震荡。胡焕庸线在南宋时期（1230）确立 [1]，是中国地理格局的标志性事件。第一级阶梯也持续地加入第二级、第三级阶梯的融合过程中。元朝时，蒙古帝国大汗窝阔台次子阔端与萨迦班智达在凉州会谈，推动了元朝中央政权正式将西藏纳入行政管辖。至明朝万历年间，经由蒙古俺答汗皈依藏传佛教，蒙藏政治交往加深，清朝借此渠道在征服噶尔丹等部落后得以融合第一级阶梯的青藏高原，走向汉藏融合之路，明朝前期也为这一融合奠定基础。

第四阶段，以第三级阶梯发展为主，吸引第二级、第一级阶梯资源、人口向第三级阶梯流动，同时第三级阶梯反哺第二级、第一级阶梯的新阶段。这相当于西部衰落、东部崛起、东部带动西部的新阶段。该阶段，起步于明朝，东部商品经济发达和朝贡贸易体系发展，促进了商品经济繁荣。西北部由于政治分野，出现停滞不前，甚至倒退。明末清初，西部因战乱、疫病流行等原因，

---

[1]　吴静、王铮：《2000 年来中国人口地理演变的 Agent 模拟分析》，《地理学报》2008 年第 2 期。

不可逆转地衰落了。清朝时，第三级阶梯迅速发展，尤其是东南部和湖广地区。清中期后，中国被裹挟进入世界体系，东部地区快速发展，东西差距拉大引起了有识之士对西部开拓的高度重视。新中国成立后，随着东部地区的快速发展，进入东部带动、反哺中西部、中西部大开发的新阶段，现在我们还处在这一历史过程中。

4. 窥一斑：从冀州大地看我国第二级、第三级阶梯的互动

九州之"冀州"，大约与今天"山西"地盘相当，但包括河北太行山东麓与古黄河之间地带。大禹时河水沿太行山东麓向北偏东流，经天津附近入海。西周时，成王封唐叔虞于山西南部、汾河下游。唐叔虞之子燮父徙居晋水，山西因以简称"晋"。古冀州相当于晋，与今简称有别（河北省简称为冀，盖因黄河古今走向不同，今河北包括了九州之兖州一部分）。我国地势第二级、第三级阶梯互动在冀州大地上表现特别明显，通过解剖冀州可管窥地理格局与历史演进的关系。

关于山西的地缘格局特征，明末清初史地家顾祖禹作《读史方舆纪要》说："山西之形势，最为完固。关中而外，吾必首及夫山西。盖语其东则太行为之屏障，其西则大河为之襟带。于北则大漠、阴山为之外蔽，而勾注、雁门为之内险。于南则首阳、底柱、析城、王屋诸山，滨河而错峙，又南则孟津、潼关皆吾门户也。汾、浍萦流于右，漳、沁包络于左，则原隰可以灌注，漕粟可以转输矣。且夫越临晋，溯龙门，则泾、渭之间，可折而下也。出天井，下壶关、邯郸、井陉而东，不可以惟吾所向乎？是故天下之形势，必有取于山西也。"表里河山，天堑合围。境内群山大致呈东北—西南走向，其间从南到北串列着大同盆地、忻定盆地、太原盆地、临汾盆地及运城盆地等一系列断陷盆地。从太原盆地、临汾盆地向东，越过太岳山，进入长治盆地，清漳河、浊漳河流经其中，向东穿越太行山，抵达邯郸。长治盆地向南经高平高地进入晋城盆地，丹水流经之。太原盆地北起石岭关，南至韩侯岭，长约 200 千米，宽十几到五十千米不等，面积约 5016 平方千米。"东阻太行常山，西有蒙山，南有霍太山高壁岭，北扼东陉西陉关，是以谓之四塞也。"

我们基于前述分析框架，结合清代以后的疆域变迁和格局，再分析山西的政治地理格局，盖得出如下结论。

第一，山西处在第二级阶梯和第三级阶梯的过渡带上，是东西向地缘争霸的对垒地带，也处在北方游牧民族所处的游牧文明与农耕文明的过渡带上，是南北方力量对冲的应力集中带。当西强东弱，西方势力向东发展，山西是必经之路。山东势力强大，向西发展，山西也是必经之路。在和平时期，山西是"王都"的屏障，阻碍西北势力和东南势力的扩张性流动。所以，山西历来是兵家必争之地。

第二，山西西有黄河大峡谷（晋陕峡谷）、吕梁山阻隔，南有黄河、中条山、王屋山、太行山遮蔽，东有太行把守，北有管涔山、五台山、恒山等阻隔，再加上长城之屏蔽，是四塞之地。但内部有一条东北—西南走向的由盆地、峡谷串列而成的通道，好像糖葫芦一般串联（见图1-10）。山西中部的盆地向东、向南经八大陉口与华北平原相连。当关中盆地与关东的战略通道函谷关、潼关难以打通时，山西中部通道就是不二选择。关中盆地与北方的交流也需经此线。因为沿黄河两岸晋陕大峡谷两岸悬崖峭壁，根本无法通行，更有壶口瀑布跌水，无法舟行。从西安通向河套平原，秦直道是一个选择，但也不如从山西中部通道便利。

大同、朔州（古称平城）就成了农耕文明和游牧文明连接的前哨基地。农耕文明据此，可控御游牧民族南下。从大同向西，到大黑河流域（黄河前套平原），然后到达阴山与黄河之间的宽阔地带；再向西至黄河后套平原，号称塞上江南。从大同向东，经张家口盆地的宣化向东南方向，过怀（来）延（庆）盆地是军都山（太行山与燕山山脉转弯处），可抵达华北平原。

第三，北方地势第二级阶梯与第三级阶梯的激荡经由"太行八陉"实施。陉，即横切山脉的深狭通道，两侧高山，只有一条道横穿山脉。历史上常被利用作为迁徙、贸易、征战的道路系统，故陉包含陉道和陉关两要素，一条陉道常常有多个陉关。太行八陉，早在公元前200多年，《吕氏春秋》记载了天下最重要关隘九处：太汾（汾河的雀鼠谷关隘）、冥厄（豫鄂交界的平靖关）、荆阮（北太行的紫荆关）、方城（南阳北侧的楚长城关隘）、殽（函谷关）、井陉、令疵（燕山之

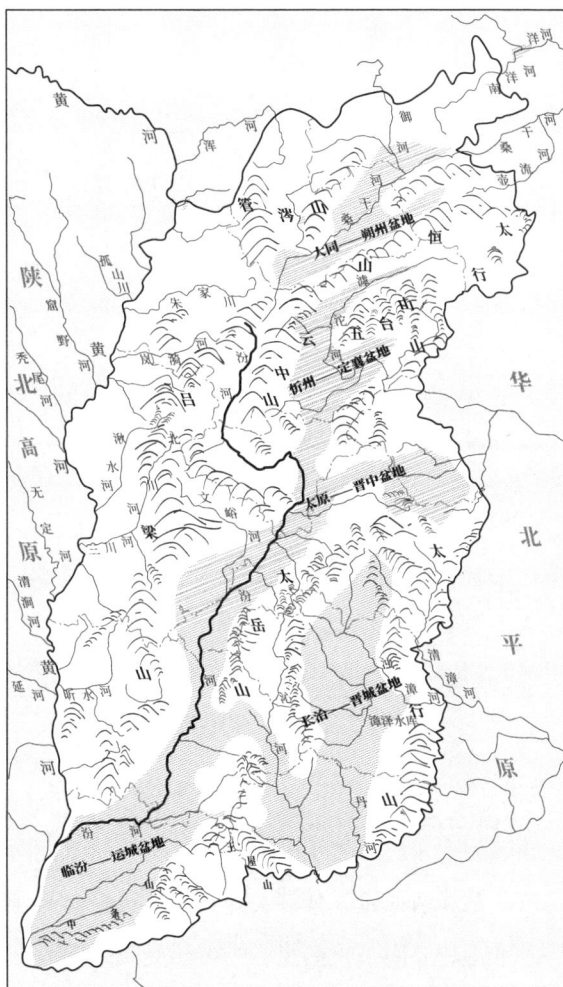

图 1-10　山西地势

喜峰口）、句注（恒山之雁门关）、居庸（军都山之居庸关）。其中的井陉、太汾、荆阮、句注、居庸与太行山有关。而对太行山关隘道路的认知后来扩展为"太行八陉"（见图 1-11）。

最北者乃军都陉（横穿军都山），是华北平原进入北部游牧文化区的捷径，也是游牧民族进入华北平原的跳板，幽州（北京）既是地势第三级阶梯的防御堡垒，也是游牧民族统御第三级阶梯的前哨和基地。其南有飞狐陉（蔚县—涞源—唐河）和蒲阴陉（灵丘—涞源—北易水—易县），飞狐陉从大同盆地出发经蔚县

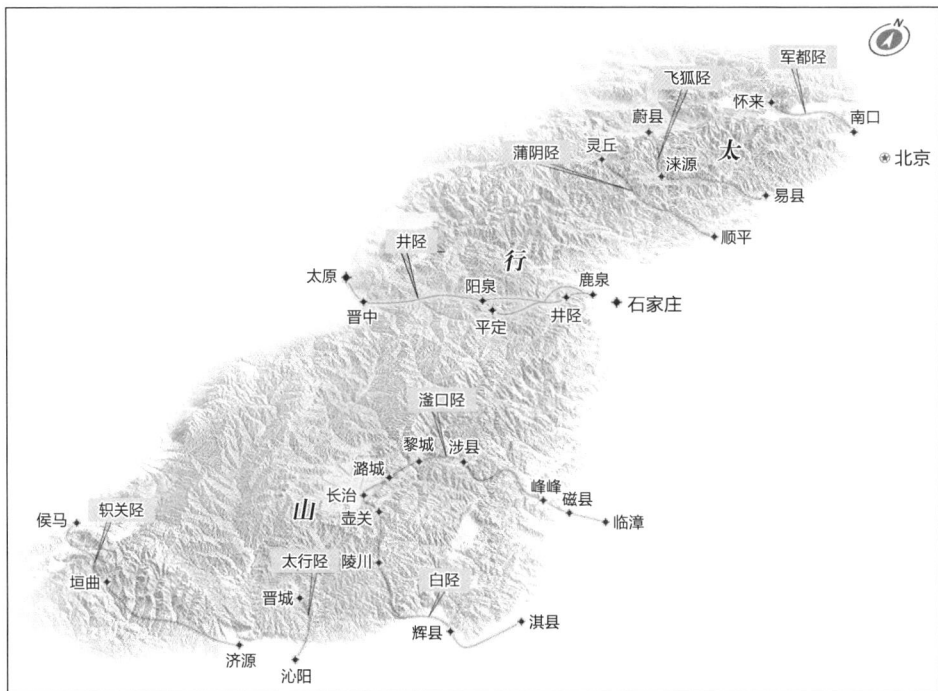

图 1-11　太行八陉

注：箭头为通道大体位置。

向南到涞源盆地，顺南易水东流。蒲阴陉呈东西走向，从涞源向东沿北易水到河北易县，路边有燕昭王墓和清西陵，紫荆关扼其喉。灵丘向西经平型关接忻定盆地。与军都陉一样，蒙古高原南下攻幽州，军都陉受阻，即考虑由此东出易县—房山，到北京。如蒙古铁骑攻金中都时，因金军死守居庸关，即南下取紫荆关，然后北上。明正统年间，蒙古瓦剌部曾取道紫荆关入侵北京。明嘉靖年间，蒙古鞑靼部俺答汗又率骑兵从大同南下，急攻紫荆关，为明军所败。

井陉是由井陉口，经丘陵地带，进入井陉盆地（井陉县），沿冶河西行抵达娘子关，再向西偏南方进入太原盆地。向东出井陉口后，冶河与滹沱河相交，历史上是中山国地盘，中山国为魏国所灭，为赵国所据。历史上，围魏救赵就是因为魏惠王攻取中山国，庞涓建议直取邯郸而引起。

滏口陉东连邯郸，西经滏山南端滏口入太行山，北线沿清漳河连接太原，南线沿浊漳河穿长治盆地（战国时韩之上党）西连太原盆地南端。三家分晋后，长治盆地为韩所得，赵国走浊漳河沟通东西（邯郸赵氏），是赵国东出建都中牟、邯郸的重要通道，在平原地区，赵、魏以漳河为界。当秦下野王（沁阳）遮断韩国南北沟通，上党太守冯亭将上党奉献给赵，赵无功受之，惹恼大秦，结果发生长平之战（前260）。

白陉和太行陉北连接晋城盆地，东南方向与卫国故地相通（后是魏国地盘）。轵关陉是运城盆地向东南方越过中条山与王屋山交界地带延伸至黄河岸边的东西大通道。南边几个东西向通道是三家分晋后，列国波次进击中原，争霸天下的必经之路。可以说，它们是第二、第三级阶梯经山西地盘的关键纽带。

第四，五代十国时，山西太原一时风光无比，在此镇守者摇身一变就成了中原皇帝（如李存勖、石敬瑭、刘知远）。宋以后，山西的政治地位下降，原因是契丹辽越过燕云十六州，进入第三级阶梯，北宋也将政治中心设在东京"汴梁"，即政治势力扩大并整体东移，北宋、辽、西夏并立，南宋、金、西夏并立，元朝统一天下，明在九边设防建长城，与北元、瓦剌、鞑靼等对抗……在山西就很难发育统一天下的"帝王"力量了。但它变成了东西、南北力量对抗的"地震带"或者缓冲地带，是割据势力的根据地。中国被裹挟入世界体系后，八国联军劫掠北京，日本全面侵华，都显示山西在全国一盘棋中的"栖身"地位。此等栖身，看出地势第三级阶梯对第二、第一级阶梯进攻的态势（自东向西），是中国在世界的地缘格局与山西在全国地缘格局激荡的缩影！

5. 管窥一点：从太原看东西力量的激荡

在山西中部交通线的中间，有"太原"城（古称晋阳）。从防守角度看，大同是前哨，那么，太原就是中军帐，是司令部所在地，故称藩屏重镇，进可攻，退可守，将北方来的威胁尽数拦下。大同不能独挡西北偏关方向来的威胁，太原则是东西南北力量的交集中心。

晋阳古城始建于春秋周敬王二十三年（前497）。关于晋阳的记载最早见于《左传》鲁定公十三年"秋，赵鞅入于晋阳以叛"，是晋国赵氏在此开拓疆土的明证。故城在汾河和晋河交汇处，晋河北岸，故云晋阳。公元前453年，韩、赵、魏三家灭智伯后，晋公室名存实亡，晋阳始为赵都。这时，赵简子已不在世，由其次子赵毋恤（襄子）继承卿位，伐灭中山国，扩张地盘。赵在晋阳立都53年，受北部游牧部落的挤压，后越过太行山向东迁中原中牟（今河南鹤壁）、邯郸（今河北邯郸）发展。之后，晋阳城先后为秦太原郡，西汉韩国、代国、并州刺史部。东汉时，并州始治晋阳（今太原市晋源区，隋改称太原，在今山西太原市西南）。建安十八年（213）并入冀州。三国曹魏与西晋时，太原为太原国，后赵为太原郡、属并州刺史部辖，北魏、东魏、西魏为太原郡，北齐为别都，隋代为太原郡，唐代为北都（北京），其地位日隆。这表明隋唐时期，太原通过与北方频繁地交流，有稳定的前后方。

晋阳在历史上曾发生过许多重大事件，如著名的韩、赵、魏灭智伯的"晋阳之战"，导致三家分晋，为春秋与战国的分界线；汉文帝刘恒"龙潜"晋阳16年；高欢以晋阳为基地，征战四方，创建北齐政权；李渊、李世民父子晋阳起兵，建立大唐。可由于五代时，军阀在此造祸叛乱，晋阳被称为"龙兴之地"，反遭不测之祸。

原来，北宋太平兴国四年、北汉广运六年（979），宋太宗赵炅率军亲征北汉刘知远，灭之，毁晋阳城为废墟。其借口是，太原自古为帝王龙兴之地或割据势力反抗中央政权的巢穴（五代十国最著），被传为"龙脉"，而晋阳城地形险要，城高池深，易守难攻，百姓习于戎马，人性劲悍，桀骜不驯，同时宋太宗愤恨于晋阳城军民的长期顽强抵抗，称此地"盛则后服，衰则先叛"，遂以开封太原星宿不合为借口诏毁晋阳，先迁城中士绅富户入开封洛阳，又火烧城市，城中老幼被烧死或逃跑被踩踏致死者无数，并征发数万人削平晋阳北部系舟山山头，曰"拔龙角"，更下令决汾水、晋水冲灌晋阳城，禁止任何人居住，彻底摧毁之。

虽城毁了，地理位置却无法摧毁，难以撼动。北宋被辽军在北京高梁河击败（979）后，不得不重建太原城以退守。新城向北移动至峡谷南口、太原盆地北端、汾河东岸，与古晋阳相距30余里（古晋阳以南是大湖），处于云中山和系舟山相夹持的山间狭窄地带，是南北力量必经之地、咽喉要冲。

宋代太原盆地出陆路要道主要有汾河谷地以及山间峡谷和陉道，南下干道有二：一是沿汾河谷地过黄河至长安，二是东南方过太谷石会关、长平关、太行陉至洛阳；北上干道有二：一是经石岭关、代州、朔州至云州（大同）；二是西北干道经岢岚军、保德军至府州，这条道路也是当时宋辽战争中的北界要害之地。东行干道经过榆次、寿阳、井陉关至恒州等。这些通道也都是当时中国交通的主要干线（见图 1-12）。

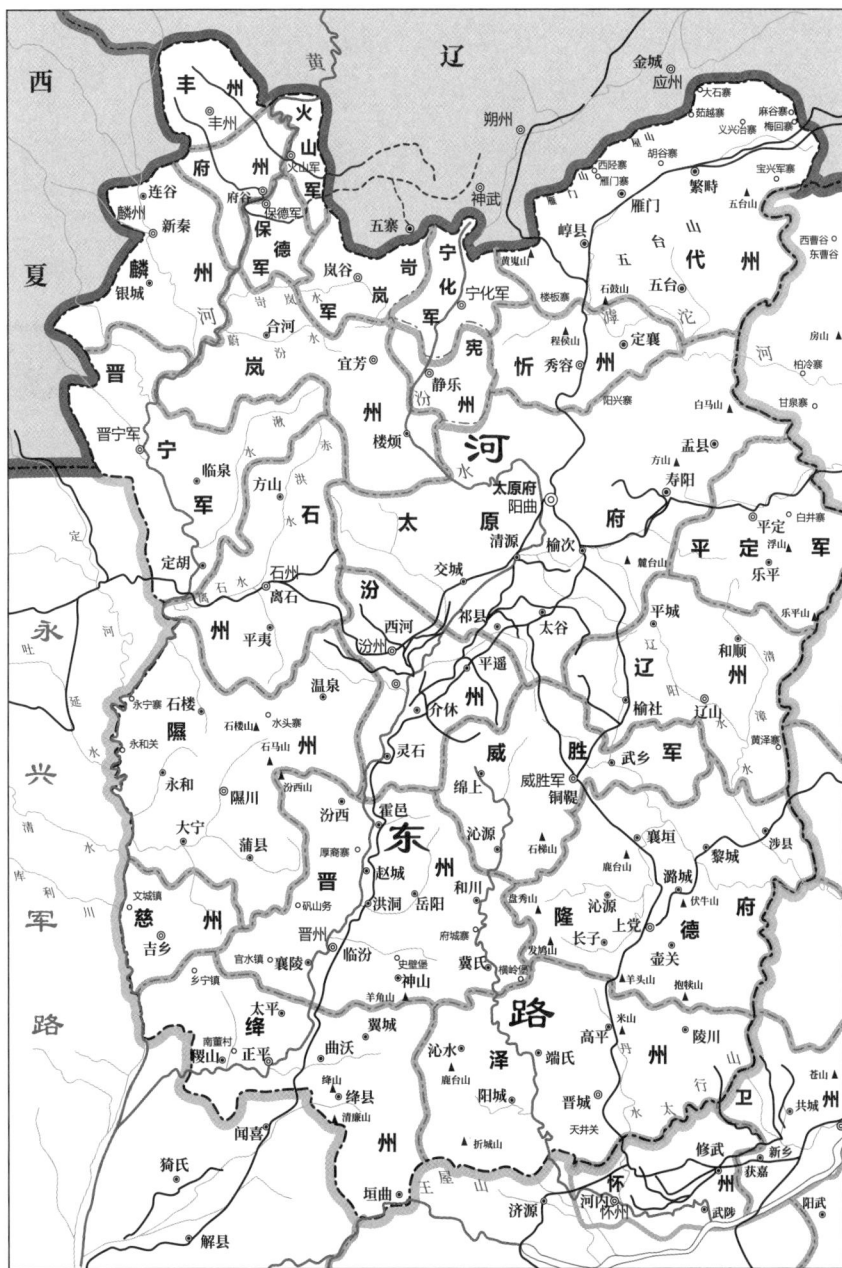

图 1-12　宋代山西交通要道

新城与旧城比，更加突出交通与经贸价值，弱化政治功能，以防止割据政权再起。但地理格局不改，其政治价值难灭。每当中央王朝力量弱，这儿易出土皇帝，若与北方游牧民族（武力）勾结，其祸害尤烈。这儿还是被北方游牧民族攻击的前沿阵地，也是边关大将"龌龊政治交易"的权力场，南强则外攻，北强则外附，两边要价，故有"治世之强藩，乱世之帝都"之称谓。

历史地看，隋唐前，晋阳主要是南方政权进取与防御前哨。隋唐时，李渊在此发迹，唐天宝年间，设河东节度使，防御突厥，治太原府（今山西太原西南晋源镇），统辖天兵军、大同军、横野军、岢岚军、云中守捉及忻州（定襄郡，今山西忻州）、代州（雁门郡，今山西代县）、岚州（楼烦郡，今山西岚县北）三州郡兵，管兵五万五千人。因此，驻扎太原的军队将领，手握重兵，便上下其手，两边要价。直到宋太宗摧毁太原古城，太原一直是南北地缘冲突的枢纽。

宋朝之后，天下的地缘形势大变，即宏观地缘政治格局向北、向东、向南转移。山西变成各种政治势力冲突、融合的地带。

地势第三级阶梯的兴起与宏观地理格局控制下南北之激荡

五代十国之后，因气候阶段性波动，地势第二级阶梯的政治力量衰落，而东部平原地区经济地位上升，尤其是长江中下游的梯次开发，人口增多，以及东北方向上的地缘力量活跃，政治中心亦转向东部平原地区。后梁建都汴梁开其先声，至北宋开国皇帝赵匡胤欲建都洛阳而不能，建都开封。

北宋建都开封，河西走廊和河套地区的地缘政治力量借机崛起，党项人建立西夏政权。长城以北的游牧族群合纵连横，与中原王朝拉开波澜壮阔的南北激荡大幕。

第一，经过第一阶段的东西向整合，黄河流域第二级、第三级地势阶梯，甚至包括第一级阶梯的青藏高原，也被整合进统一的政治架构中。中唐以后，气候冷暖剧烈震荡，西部战线收缩，向东挤压，北方草原也向南突进，北方游牧族群建立政权，越过燕云十六州，在燕山南侧的永定河流域立足，虎视中原政权。中原政权被迫南移，立足长江中下游，同时不忘北进，希望恢复汉唐疆域气象。

第二，在宏观自然地理格局下，受自然地理环境和人类活动的交互影响，以黄河流域为中心的北方渐次衰落，以长江流域为中心的南方渐次发展起来，南北人口、经济、政治、文化重心得以大转移和重构。与此相关者，是南北大运河之开凿与改道，将南北方联系起来。但由于黄河下游改道和决口泛滥不绝，与漕运产生激烈的矛盾，山东半岛以北的平原地区深受其害。而且黄河南流泛道，致使淮河流域及其支流泗水、汴河、颍水至黄河的广大区域受害严重，加剧了中原地区的进一步衰落。

第三，南北激荡是渐次展开的过程。如宋、辽、西夏，宋、金、西夏，与宋、蒙、金激荡，在北部，牵扯的区域越来越大，甚至抵达贝加尔湖沿岸，即寒温带针叶林—草原地带。到后金（清朝）时，则延伸至外兴安岭、黑龙江下游、库页岛。南方，宋朝对西南少数民族的管理还不太深入，元朝虽然一扫天下，建立土司之制，但对各地的统治力较弱，直到明朝时，才进一步完善土司制度，对南方少数民族地区实行有效统治。清代雍正时期，实行"改土归流"政策，进一步加强中央政权对地方少数民族地区统治，进入天下一体之局。

地势第一级阶梯与第二级阶梯的迂回融合

青藏高原地区是我国的地势第一级阶梯，世界第三极，极为寒冷，高原上有高山排布，冰川遍布，白雪皑皑，平均海拔 4000 米以上。高原可分为两大板块，其一是青海—四川西北部海拔较低的草原板块，该板块通过河流峡谷、山口与第二级阶梯相连，板块周边如河西走廊、陇西、川北地区，山川密布，地形高差显著，游牧民族（西羌、氐羌等）和农耕民族通过孔道往来，迁徙总趋势是向第二级阶梯转移，有些进入河西走廊或者东下渭河平原，参与中原博弈，如党项人在银川平原建国，史称西夏。有些生活在河套、河西走廊的民族因此被迫向南迁移，如小月氏、吐谷浑等。

青藏高原的另一板块是藏南山区，即雅鲁藏布江上中游河谷冲积平原，这里地势较低，日照充足，冰雪融水丰富，适合农业发展，是藏族的摇篮，拉萨是其区域中心。"藏"为汉语称谓，"蕃"（藏语音为"博巴"）是自称。藏族他称也很多：唐宋时称"吐蕃"，元代称"吐蕃、西蕃"，明清时期称"西蕃、图伯特、唐古特、藏蕃、藏人"等。考古发现，早在4000多年前，藏族祖先就在雅鲁藏布江流域生息繁衍了。

西汉张骞凿空西域，建议汉武帝探索经西南夷去身毒（印度）之路，为此绕道青藏高原，试图穿越横断山脉南端进入缅甸。十六国时，佛教高僧法显于花甲之年从河西走廊出发过葱岭，到达印度，学成后经斯里兰卡、马六甲海峡，漂洋过海，在青岛崂山上岸。可见青藏高原是当时人不可逾越之天险，比蜀道难上千倍，避之犹恐不及。

直到公元7世纪初，唐朝建立起强大的统一政权，结束了中原地区300多年的混乱分裂局面。同时，藏人中的松赞干布兼并十余部落和部族，建立吐蕃王朝，定都逻娑（一写逻些，今拉萨）。他在位期间锐意与唐朝修好，学习先进生产技术和政治文化成果，于公元641年迎娶唐太宗宗女文成公主，与唐朝在河西走廊和西域实现了历史性结盟。中唐以后，唐朝因安史之乱实力顿削，吐蕃借机扩张，占领河套地区，甚至入侵长安。在西南部胁迫南诏（以云南洱海周边六个部落建立的割据政权），侵削大唐。但气候冷暖不定，吐蕃内乱不息，一蹶不振，再难以组织力量袭扰高原之外了。

从9世纪末开始，藏区陷入割据状态，形成"阿里王系"、（后藏）"亚泽王系"、（山南）"雅隆觉阿王系"和（前藏）"拉萨王系"等分裂政权，不断争斗。同期，佛教为藏区各阶层所接受，僧侣上层人物与当地首领勾兑互利，形成政教合一的社会、政治体制。

在宋金时代，藏族各地方政权又加强与中央政权的联系，有些地方首领受到中央政权的册封。"茶马互换"等藏、汉贸易有了较大发展。

1244年秋，蒙古宗王阔端代表蒙古汗廷与西藏萨加派活佛萨迦班智达成功举行了"凉州会盟"（甘肃武威）。1271年蒙古大汗忽必烈定国号为元，乌思藏（今西藏中部、西部及其迤西地区）、朵甘等地成为统一的多民族的大元帝国的一部分，西藏地方从此正式纳入中国中央政府的直接管辖之下。元初，首次设置总制院（1288 年改称宣政院），掌管全国佛教事务及西藏等地的军政事务。宣政院使（主管官员）一般由丞相兼任，副使由帝师举荐的僧人担任。

明承元制，仍沿用土司制度，召抚众王，安抚藏地，而北元政权与西藏宗教上保持密切联系。为消灭卜儿孩部，俺答汗于嘉靖十三年（1534）和嘉靖二十三年（1544）两次南下西海（青海湖周围）袭击之。万历元年（1573），俺答汗第三次进入青海，先后征服今青海西北和甘肃河西西南部、甘肃甘南和青海东南地区、四川西部和西藏东部等地。万历四年（1576），俺答汗派人邀请西藏哲蚌寺法台索南嘉措到西海相会。明万历六年（1578），俺答汗在西海地区为索南嘉措举行了盛大的"迎佛"活动，并正式皈依藏传佛教，尊崇索南嘉措为"达赖喇嘛"（达赖：大海，喇嘛：上师）。索南嘉措则尊奉俺答汗"转千金法轮咱克瓦尔第彻辰汗"，承认其为成吉思汗化身，合作推进藏传佛教格鲁派在蒙古地区传播。如此一来，中国西部草原地区通过青海媒介借佛教传播，实现文教融合。蒙藏两族实现了第二次精神合流。

大清兴起，通过与蒙古联姻结盟，统一漠南、漠北，进掠中原，取代了大明，它也尊崇藏传佛教，从而迅速拉近与蒙古人、藏人的关系，使满、蒙古、藏三族形成了精神上高度契合，政治上互相牵制、互有需求的三角关系。康熙至乾隆，彻底征服准噶尔部后，顺理成章地完成与西藏的整合，形成对西藏的实效管理。清政府在中央设理藩院，负责西藏和蒙古地方事务，并正式册封了藏传佛教格鲁派两大活佛为达赖喇嘛（1653）和班禅额尔德尼（1713），扶持了以达赖喇嘛为代表的格鲁派势力。1725 年，清朝在西宁设置办事大臣，两年后又在拉萨设置驻藏办事大臣。1751 年，清朝又在西藏设立了噶厦政府，政府中设四名噶伦，正式授权达赖喇嘛管理西藏地方行政事务，政教合一的制度从此正式确立。1792 年，清朝击退了入侵西藏的廓尔喀军。次年，清政府在西藏颁行了著名的《钦定藏内善后章程》二十九条，详细具体规定了西藏的官制、军制、边防、财政、司法、户口、差役和涉外事宜，确立驻藏大臣监督办理西藏政务的职权。

历史地看，如果与第二级和第三级阶梯之间的交互比较，第二级阶梯对第一级阶梯融合较晚发生。元朝之前，属于"国际"同盟，不相隶属。元至明，两者以文化统合为主，但事实上完成了对青海地区的融合。对西藏的真正融合与政治管理，发生在清代。这相当于，第一级阶梯的融合，是由第二级阶梯的力量发动开启，最终还是由第三级阶梯的力量定鼎，由此形成全国一盘棋的格局。

这个融合过程还与"河西走廊"的壮阔历史绾合，为中华民族的多元一体的历史画卷添上绚丽莽苍的色彩。

第二章

历史盛衰与王朝更迭：气候是看不见的操盘手？

1644 年 4 月 25 日，大明王朝崇祯皇帝朱由检在北京煤山上的一棵歪脖子树下自缢而殡天，年仅 33 岁，陪伴他的只有一个宦官，真的是"孤家寡人"了。他 16 岁接过兄长朱由校留下的烂摊子践祚（1628），掌舵大明帝国。少年天子的勤奋努力、锐意进取、勤政爱民、简朴节俭的品行是中国历史上少见的，如果大明不亡，他盖能以善治、勤勉、爱民等美德名垂青史。可老天爷偏偏与他过不去，李自成率领的农民起义军兵临城下，大明朝内无能战之将，外无近援之军，紫禁城旦夕被破。他对臣僚的愤怒达到极点，说："诸臣误朕，臣是亡国之臣，朕非亡国之君"，在袍服上留绝命书曰："朕德薄匪躬，上干天怒。登极十有七年，逆贼直逼北京城。虽朕之不明所致，亦诸臣之误朕也。朕死无面目见列祖列宗于地下，自去冠冕，以发覆面，任贼分裂朕尸可也，切勿伤百姓一人。"崇祯列举大明灭亡的几个原因，其中，"上干天怒"算是说到点子上了——气候以及气候引起的连锁灾害是杀手之一！

俗话说，三分人事，七分天意。皇帝得天下，本自天命。阴阳家宗师邹衍推本阴阳五德之运，鼓吹王朝递嬗符应学说，帝王们心安理得地认为自家为天命所归，宣称："奉天承运，皇帝诏曰……"历史表明，天既然能助力新王朝登基，也能将旧王朝拉下马。究其兴乱之由，气候的趋势性变化是王朝兴衰的最大"天意"[1]。"奉天承运"真的是说到点子上。

---

[1] 趋势性变化，即气温、降水等气候条件的长周期的单调上升或下降。正常情况下，气候冷暖相间，时冷时暖，是常态，人类顺应自然形成一套制度、文化和财富在大地上的积累。当气候单调下降时，北方寒冷，降水减少，作物长时期歉收，则生活无着，就要背井离乡，逃荒要饭，甚至打家劫舍，蚁聚蜂攒，撼动王朝根基。气候持续变暖，则南方降水持续增加，风暴潮、台风频繁入侵大陆等，也会造成灾难性事件。如岛国沿海低地被淹，岛人也要向外寻找生存空间，从而带来空间争夺。当前对人类最大威胁是全球气候变暖，其对人类文明的颠覆性影响在历史长周期中才能被认识。

战国末期思想家荀子在《天论》中说："天行有常，不为尧存，不为桀亡"，承认自然规律的存在，但他又说："从天而颂之，孰与制天命而用之？"表示不能只是赞颂顺从天意，而应把握天道运行规律，利用自然为人类服务。他认识到个人、家庭、氏族对抗天命的能力毕竟有限，所以主张团结起来，凝智聚力，利用群体的力量与自然作斗争，因此主张"王道"天下，据此建立"王制"。

人与自然的关系到底该如何理解呢？宜分三个层次考察（见图2-1）：第一层为个体和氏族部落与自然的关系，由于力量弱小，对抗自然波动能力有限，难以抵抗自然巨幅波动。第二层次，是方国、邦国社群，组成区域共同体，能抵御较大幅度的自然波动与冲击。第三层次，王国和帝国，整合资源能力强，通过区域协同，对抗自然风险能力提高，特别是能消弭因自然环境变化而产生的地缘冲突，定分止争。当整个社会不能抵御社会波动时，王纲解纽，整个社会涣散，就退回到人人、家家自保的境况，或者地方割据势力当道，推动历史进入新一轮循环，改朝换代——江山代有才人出，各领风骚数百年。数百年的王朝生命，常常与气候波动周期吻合！一幕幕大剧的开始与收场往往是舞台立起或者倒塌！"气候"及其波动引起的地理环境变化就像看不见的手处处发挥作用，是剧中的主角！

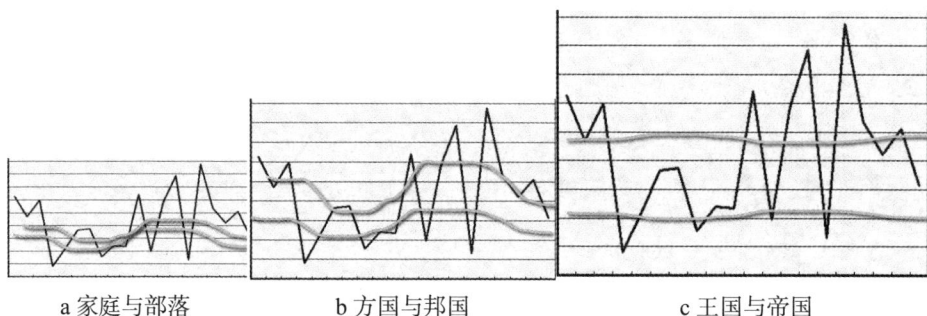

| a 家庭与部落 | b 方国与邦国 | c 王国与帝国 |

图2-1　不同社会集团对抗自然波动的承受能力

注：灰线表示应对能力的上下限。

逼死崇祯的终极原因是气候

崇祯之死的根本原因是"气候变冷"，有什么证据？

先看中国历史上的气候变化。图 2-2 是将全球气温百万年来的变化和"小冰河期"做比较的统计。图 2-2 共有三幅，分别将元明之际的"小冰河期"气温放在"一百万年"（a 图）、"一万年"（b 图）、"一千年"（c 图）的时间框架观察。明朝所遭遇的"小冰河期"（Little Ice Age），尤其 1580—1644 年冰河期不仅是千年极寒，在 1 万年里也排第二，在 100 万年里也能排进前六至七位，可谓人类进入文明后最寒冷时期。明崇祯皇帝偏偏是这个时期的领导者，可谓倒霉透顶。

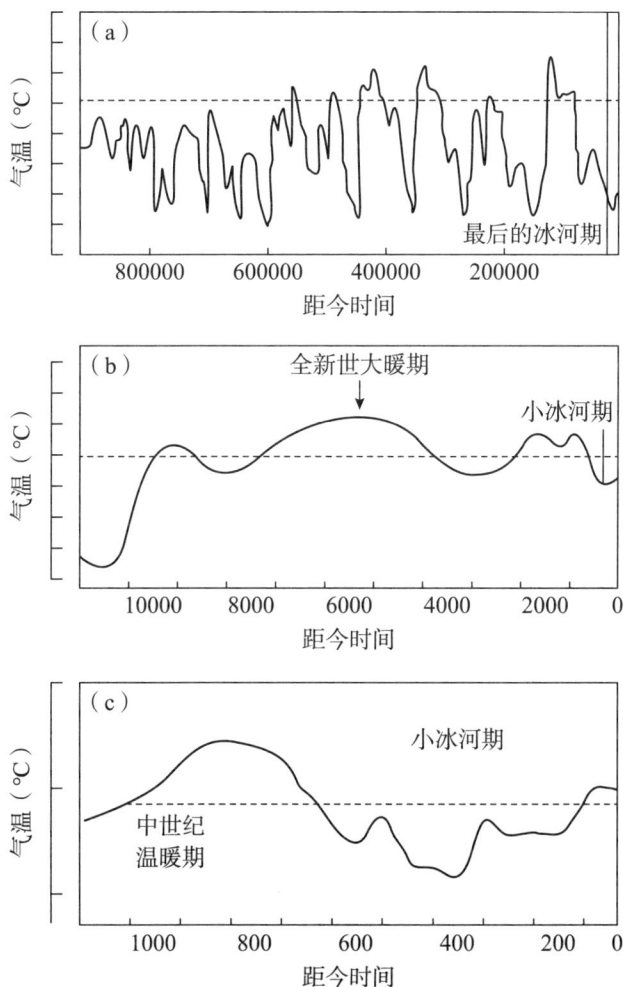

图 2-2 历史时期的气温变化

注：a. 距今 100 万年气温波动，b. 距今 1 万年气温波动，c. 距今 1000 年气温变化；实线是历史气温与 20 世纪年平均气温（虚线）的差值。

资料来源：Folland eta 1990。

图 2-3 显示的是自唐朝到清中期中国年平均气温的波动，竖轴代表中国历史上气温的波动平均值，进入元朝气温就开始波动剧烈，导致中原灾害频仍，民不聊生。明神宗万历年间气温连续快速下降，明熹宗执政时，气温更不稳定，灾害频繁，可他偏偏委任宦官治国。当熹宗传位其异母弟朱由检时，大明帝国已千疮百孔、风雨飘摇（天启七年，1627 年，年号崇祯）。此时在辽东，努尔哈赤率领八旗兵已攻下沈阳城和广宁城；在陕西，关中农民王二举起造反大旗，攻城略地，气势盛炽；在西南，川贵土司发动一轮又一轮叛乱，甚至一度攻占重庆……

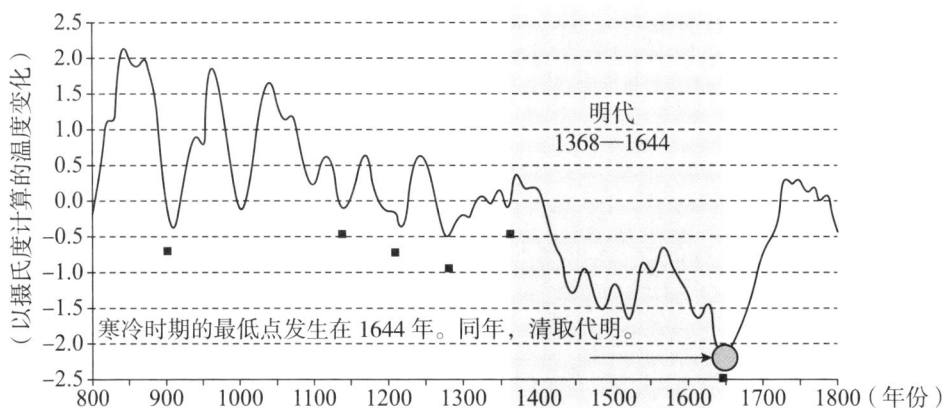

图 2-3　800—1800 年年均气温波动

资料来源：杰弗里·帕克（Geoffrey Parker）《全球危机：17 世纪的战争、气候变化与大灾难》，社会科学文献出版社，2021 年。

但与哥哥对权力几无兴趣不同，这位 16 岁的少年天子发誓要像先祖洪武帝和永乐帝一样干一番事业，在大臣们所给的"乾圣""兴福""咸嘉""崇祯"四个年号中，朱由检毫不犹豫地选择了"崇祯"，它代表着对帝国幸福美满的祈愿。即位之初，他大力铲除阉党，将魏忠贤、客氏及其党羽斩杀殆尽，肃清朝纲。他勤于政事，厉行节俭，平反冤狱，踌躇满志，意欲再造大明辉煌。如他在位的 17 年，紫禁城里没有新建过宫室，连皇后都要亲自织布裁衣，带头勤俭持家。

可老天爷仍偏偏与他作对——自即位第三年开始，气温连续大幅下降，1644 年降到中国数千年的最低点，也就在这一年，李自成攻入北京！一个月后，李自成率军出京进军山海关，讨伐吴三桂及其辽东铁骑，可惜在吴三桂兵力难支之际，半路杀出多尔衮率领的清兵襄助，导致大顺兵马兵败一片石。李自成仓皇撤退，草草在北京做了几天皇帝，就出逃了。多尔衮率领八旗军轻而易举地入主北京，中国迎来又一次改朝换代，此时是清顺治二年（1645）。可见，老天爷同样不喜欢李自成的乌合之众（因其军中明降将、降卒甚众）。

那么，老天爷对年轻天子到底有多狠心呢？自崇祯元年（1628）起，中国北方大旱，赤地千里，寸草不生，《汉南续郡志》记，"崇祯元年，全陕天赤如血。五年大饥，六年大水，七年秋蝗、大饥，八年九月西乡旱，略阳水涝，民舍全没。九年旱蝗，十年秋禾全无，十一年夏飞蝗蔽天……十三年大旱……十四年旱"。崇祯朝以来，陕西年年有大旱，百姓多流离失所。

为节约开支，裁撤驿卒，培养了自己的掘墓人。崇祯二年（1629），他刚即位不久，国库已入不敷出。此时，驿递已成各级官员旅游的免费服务，勘合[1] 也被用于买卖，中饱私囊。御史毛羽健上书说"驿递一事，最为民害"，刑科给事中刘懋指出，今天下州县困于驿站的约十之七八，而驿站用于公务的仅十分之二，用于私事者占十分之八，裁撤驿站年可省几十万两白银。正为财政伤脑筋的崇祯帝立马下旨裁驿，对滥竽充数、贪污受贿者概不赦免。第一年财政节省 68.5 万余两银子。陕北驿站被裁撤的驿卒中就有兵士李自成。驿卒本为养家糊口而当差，失业就相当于失去活路。巧合的是，当年陕北大旱，田畴无收，失业驿卒生计无着，转身加入农民起义队伍，李自成身处其中。据说，他决定起义时，插箭入土，深拜表说："若可做皇帝，雪与矢齐；不然，则否！"漫天大雪飘然而下竟没过箭羽，谶言咒语果验！他四处搏杀，继高迎祥成为起义军领袖，号称"闯王"。"杀牛羊，备酒浆，开了城门迎闯王，闯王来了不纳粮。吃他娘，着她娘，吃着不够有闯王。不当差，不纳粮，大家快活过一场。"在江湖狂欢的呼号中，天下骚动！

崇祯三年（1630）陕西又大饥，巡按马懋才在《备陈大饥疏》说百姓争食山中的蓬草；蓬草吃完，剥树皮；树皮吃完，只能吃观音土，最后腹胀而死。崇祯六年（1633），"全陕旱蝗，耀州、澄城县一带，百姓死亡过半"。

---

[1] 勘合是中国古代朝廷印制的类似于介绍信，供官员、执行公务人员和皇帝恩准的其他人在长途旅行途中使用驿站时出具的凭证。

因为气候变冷变干，冷暖无常，民间灾害不断，农民起义频发，关外女真人建立的后金政权趁势崛起。可朝廷内部，又因处理问题优先级不同，党争不休，不能高效组织抗旱救灾，赈济饥民。明末，接连发生史称的"崇祯之渊"（1637—1643）：自崇祯十年（1637）开始连续七年大旱肆虐全国。旱灾之后，温度和湿度特别适合蝗虫繁育，蝗灾暴发，崇祯十年到十四年（1641）五个夏天，蝗虫来势凶猛，为元明两代所仅见。

旱区逐年由西北向东向南推进，旧旱区不见消解，新旱区又现，叠次严重；如四级以上的旱情，兰州持续四年；苏州和松江持续六年；沧州和太原持续七年；郑州和洛阳持续八年；西安持续九年；最严重的延安和榆林更是持续十三年……一般地，一个国家、家庭能有三年存粮就足够富裕了，可安度灾荒。若连续四年旱灾，家藏吃空，若政府救济不至，则听老天爷发落了！朝廷想赈灾如无粮可用，或反应迟缓，至有饿死于路，官民矛盾骤然而起。而长城边民也趁机转投敌人（如为保关内用粮，崇祯停供长城以北朵颜三卫的粮食，导致他们与女真人合作，带清兵冲破长城防线，劫掠京师），情况更加复杂。

百姓饥饿无食，便吃活物，连老鼠、野兔也不放过，造成疫病流行。崇祯十三年（1640），河北境内出现重大疫情，一种烈性传染病席卷大地，致病死率高。1641年，河北疫情（腺鼠疫）传到北京。后来，腺鼠疫发展转化为肺鼠疫，疫情进一步加重，尽管采取了公共医疗卫生措施，但京城人口剧减40%之多。1643年，天津暴发肺鼠疫，日死亡数高达数百。之后鼠疫开始向南传播，到达山西之后又向周边传播，有地区百姓为躲避鼠疫全部逃走，又带来扩散隐患。这场瘟疫持续了四年之久，死亡者无数。

此时，内有高迎祥、张献忠、李自成率起义军纵横中原，官兵则举兵镇压，官民相残，毫无价值地消耗帝国的精血（人口减少，粮食需求降低，人地矛盾减轻）。由于起义军纵横中原，一旦有瘟疫则易大范围传播，非死即亡（如李自成入北京城不到一月即出，与当时北京城暴发瘟疫有关）。在东北方向，女真人受严寒饥饿所迫也兵锋指向中原，先后六次冲击明朝关宁和长城防线，最远攻破济南。

崇祯年间，还有一个致命问题——白银贸易中断，造成全国性通货紧缩，市场全面紊乱，严重打击了商品经济发展。原来，明朝张居正执政时，采取"一条鞭法"，其背景是白银供应充足，相对便宜。可1630年以后，美洲白银产量下降；

1639 年冬，2 万多名菲律宾华侨遭到西班牙人屠杀，导致经菲律宾流入中国的美洲白银大量减少。同年夏，日本德川政府决定禁止澳门商人在长崎贸易，曾给中国带来大量日本白银的商路也告关闭。1640 年河南灾荒之后，白银流入减少，加剧银钱比价崩溃：米价每斗 3000 钱，小麦每斗 2700 钱，商人有钱买不到粮食而备受打击。白银供给少，价格猛涨，激发民间囤积白银的欲望，市场上可供流通的白银更少，价格更高（经济学上称通货紧缩。崇祯帝岳父在起义军兵临城下，大明不保时，还爱财如命，勉强捐 1 万两白银，而李自成入城抄他家就发现现银 58 万两）。有白银者，惜用。无白银者，难买到口粮。商品交换停滞，手工业经济崩溃。无白银流入的西北地区更为贫穷，税负折银的比率也水涨船高，农民更无力纳税，被逼到绝境（如原来一斗米可卖 1 两银子，此时只能换回 0.5 两，如果政府不及时减租，仍按旧率征收，那农民负担相当于加倍）。靠兵饷为生的官兵、政府职员甚至部分工商业者，也不好过。天灾推升了米价，同样的薪酬购买的物品大幅缩水，无以果腹，致使军队毫无战斗力，甚至官兵也加入劫掠的行列。

气候因素是大明敌手——清朝兴起的得力助手！若无严寒气候，努尔哈赤率领的女真人不可能有强大动力，亦难取得萨尔浒之战的胜利——万历四十七年（1619）三月初一，赫图阿拉地区（辽宁省新宾满族自治县永陵镇）异常寒冷，大雪封山早，本想四路合围努尔哈赤女真军的各路明军，不但没有消灭敌手，反被努尔哈赤分割包围，各个击破而大败，攻守形势遽转。再如，明天启六年（1626）正月二十五日，努尔哈赤率军趁严寒进攻觉华岛（今辽宁省葫芦岛市兴城市），岛上储藏明军粮草军需。可海面因严寒结冰，可行人马。守军尽全力破冰以阻挡清军。士兵手脚冻伤无数，可刚捣碎的海面再次结冰，如此反复，斗不过天意。清兵攻岛成功，尽斩明军，销毁岛上军需物资，明军不战自败了。觉华岛之战完全是气候决定战争胜负的战例！后来皇太极向西攻打蒙古诸部，朵颜部倒戈，引清兵奇袭喜峰口入关，也是气候恶化所致……

1643 年底，李自成在西安建立大顺政权，他本意消除山西方向的官兵威胁，稳坐关中盆地，割据一方。1644 年初，他率兵北伐，出乎意料的是，沿途官兵一击即溃，纷纷倒戈，听命大顺。其实，并非官兵不忠，实因他们生活无望，急于求食保命，足见当时大明财政已空乏到何种地步了。李自成越打反而负担越重，不得不继续北伐，以求解套。当他率领大军自居庸关进攻北京，为逃避养育官兵责任，他反复与崇祯帝谈判，要钱要粮，但求割据一方为诸侯。可惜，崇祯也手中无钱粮可支，几乎弹尽粮绝，谈判中死不让步！李自成大军攻破北京后，手下大将出于对官员贪赃枉法的认知，立即对朝中官员敲骨吸髓，虽然榨取银钱无数，可也失了民心，动摇了新政权的社会根基。李自成在北京停留仅一月余，便亲率大军前往山海关讨伐吴三桂，结果在一片石被阻击而大败，仓皇撤退入北京，只待八天，登基后火烧武英殿，匆忙撤出……

历史好像故意和大明、大顺王朝过不去。改朝换代次年，气温神奇般地回暖，瘟疫也莫名其妙地消失！据史学家不完全统计，明代万历和崇祯年间两次鼠疫大流行中，华北陕、晋、冀三省死亡人数不下千万。但令人惊讶的是：蔓延多年的鼠疫在清顺治二年（1645）后就消散得无影无踪，华北各地风调雨顺，社会经济开始复苏。明朝万历年间从海外引进的红薯、玉米等高产作物，在明代没有被推广，但清代开始大规模推广种植，帮助解决了老百姓的温饱问题，造就了康乾盛世。"奉天承运，皇帝诏曰"，又开始了新一轮的天朝上国之风光！

有学者认为以白银为基础的货币体系崩溃是明王朝灭亡的原因，也有人认为明神宗万历皇帝30年不理朝政留下的后遗症、崇祯自己操作不当是大明灭亡的原因……其实，若无严酷气候捣乱，明王朝内部难以生乱，北方族群向南求生欲望不会那么强烈，白银匮乏终不致使经济系统崩溃！纵使白银短缺，明人也能发明新的交易媒介，减轻农民负担的方法，远不致改朝换代。

所以，逼死崇祯的终极原因是气候！明太祖朱元璋依赖元末的恶劣气候和黄淮河患，趁乱夺得天下，其后人又因气候恶劣而失天下，正应"奉天承运""天理循环"的符应。近代以来，科学家们的系统、深入研究，加深了我们就地理环境对历史变迁影响的理解。

竺可桢气候曲线——揭开气候与历史兴衰关系的面纱

气候与历史兴衰、王朝更替的关系虽载于史书，为历史学家所关注，但着力研究者非近代地理学和气象气候学奠基人竺可桢先生莫属。他绘制了中国历史时

期的气温波动曲线（见图 2-4，现称竺可桢曲线），揭示了历史与地理环境之间的
共生同步关系：

第一，考古时期（前 3000—前 1100 年）。不记甲骨文的话，该期无其他文字
记载。竺可桢先生认为："某些历史学家认为，黄河流域当时近于热带气候，虽未
免言之过甚，但在安阳这样的地方，正月平均温度减低 3 ～ 5℃，一定使冬季的
冰雪总量有很大的不同，并使人们很容易觉察……近五千年来，可以说仰韶和殷
墟时代是中国的温和气候时代，当时西安和安阳地区有十分丰富的亚热带植物种
类和动物种类。"[1] 其实，公元前 1100 年正值商末，正好是气温急剧下降期。最新
关于三星堆 200 个出土样品碳 -14 测年结果显示，三星堆与夏朝同时繁兴，亦在
商末周初灭亡。

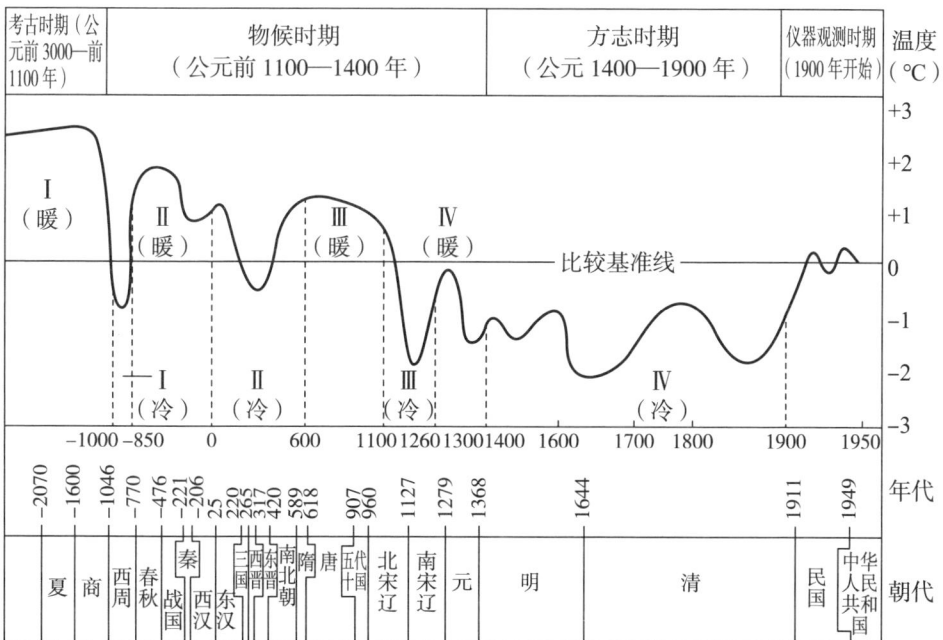

图 2-4　中国 5000 年历史时期的气温距平曲线与朝代对应关系[2]

如果当时商人殷墟所在的安阳地区气候温和如亚热带，那么就不难理解黄河

[1]　竺可桢：《中国近五千年来气候变迁的初步研究》，《考古学报》1972 年第 1 期。

[2]　参照竺可桢：《中国近五千年来气候变迁的初步研究》，《考古学报》1972 年第 1 期。

文明是中华文明摇篮的原因了。气候温暖、平原沃野、森林茂密、食物丰富，构成文明萌芽阶段理想的生活环境，世界其他三大文明均发源于亚热带地区，即一证。

早在殷商之前，渤海深入华北平原，海岸线紧靠着太行山东麓，山东半岛北部则大海环绕，莱州湾、黄河三角洲当时还是浩渺大海。大禹治水时，黄河沿太行山东麓东北流动，沿途积水成湖，如雷泽、大陆泽……海洋如此深入内陆，那么中国北方地区水热充沛、夏季风深入内陆是可以想见，黄土高原、燕山北部自然水草丰美。由内蒙古赤峰红山文化、黄土高原北部的石峁文化[1]可判断当时此地地理环境适宜人类活动。不难想象此时期各类文明形态于此广阔地带相互激荡的景观。

第二，物候时期（前 1100—1400）。观测仪器发明并运用以前，人们要想知道一年中寒来暑往，就观察降霜下雪、河开河封、花开花落、候鸟春来秋往等物候现象。至迟在周初，即公元前 11 世纪时，中国便有系统的物候观测记载，如《夏小正》《诗经·豳风》《礼记·月令》都载有大量的物候现象。另据研究，在颛顼帝"绝地天通"改革后，尧帝分命星历官羲、和前往四方"历象日月星辰，敬授民时"时就有物候历之设，如龙师火帝，鸟官人皇，即以鸟记载物候。

竺先生考证认为，周代商时，气候还相对温暖，但不久就恶化了。《诗经·豳风》作于周成王（前 1063—前 1027）时。豳地近西安，海拔 500 米，在黄土高原南坡。该诗记载西周寒冷期应与西周末期戎狄人对周人逼仄实践有关。但周平王东迁后不久，气温快速回升，诸侯国在温暖湿润的环境中快速壮大。战国时代（前 480—前 222）温暖气候依然继续，比现在温暖得多。在山东、河南等地，庄稼可一年两熟。

此后，气候变化可分为秦朝和西汉（前 221—前 23）暖期、东汉初到南北朝寒冷期、隋唐（589—907）暖期、中唐至五代十国气温逐步下降期（907—960）。研究显示，北方五代时，更北方的契丹人跃上历史舞台，建立辽并进取中原，建都燕京。党项人在今以延安为中心的区域建立西夏，形成宋、辽、西夏并存的格局。

12 世纪初期，中国气候急剧转寒，这时，金人由东北进入华北消灭辽，占据淮河和秦岭一线以北广阔区域，以北京为国都（中都）。1111 年，历史第一次记载位于苏、浙之间 2250 平方千米的太湖不但全部结冰，而且冰上足可通车。严

---

[1]　现在看红山文化和石峁文化处在农牧交错地带，在上古时期，这里气候温暖，应是以农耕为主的文明形态，最近的科学研究也提供了证明。

寒天气把太湖洞庭山区出了名的柑橘全部冻死。竺先生判断：今天的气候更像北宋，比南宋温暖。从杭州春节最后降雪的日期判断，南宋时，杭州四月平均温度比现在要低 1 ~ 2℃。

气候冷暖与族群和王朝兴衰确实关系很大。"如 12 世纪刚结束，杭州冬温回暖。公元 1200 年、1213 年、1216 年、1220 年，杭州无任何冰和雪。"对比研究显示，盖于此温暖期，成吉思汗迅速崛起。但这次回暖短暂，不久严寒又来。1329 年和 1353 年，太湖结冰，厚达数尺，人可冰上走，橘尽冻死。另据《哈佛中国史》研究，元朝统治期间，气候波动剧烈，元中期以后气温不断下降，元至正时期最冷，此时红巾军大起，掀起狂飙，元帝国因之轰然而倒。

第三，方志时期（1400—1900）。温暖、寒冷时长不等。暖冬分布在 1550—1600 年和 1770—1830 年。寒冬分布在 1470—1520 年、1620—1720 年和 1840—1890 年。明中期以后，气候变冷，明末最冷。1650—1700 年为最冷，共 14 个严寒冬天；19 世纪次之，共 10 个严寒冬天，相当于清中期至民国期间，是史上寒冷期，清朝走向衰运。

第四，仪器观测时期（从 1900 年开始）。竺可桢先生通过上海、香港和天津等地的气温观测记录推断，19 世纪最后 25 年气候寒冷，1897 年前后冬季气温达到平均值，随后在平均值以上约十四年。1910—1928 年，气温又逐渐下降到平均值以下。然后升高，1945—1950 年超出平均值 0.6℃。此后，气温逐渐降低，1960 年回到平均值。以冬季三个月来讲，20 世纪中期的气温有显著的回暖。12 月、1 月和 2 月的平均温度是 –2.8℃，较 1875—1880 年高 0.9℃，比 18 世纪中期高 1.4℃。

竺先生为研究中国历史气候开了个好头，此后利用科学方法研究古气候，成果丰硕。下面引几个研究成果，结合历史兴衰记载，让我们进一步对历史与地理的关系产生坚实信心。

商—东汉：气候干湿变化与历史兴衰

地理学家分析地质剖面每层沉积物颗粒大小、组成、孢粉类型，综合判断不同历史时期的气候状态。例如，陈莎等学者分析全国不同地区的地质剖面中各地层中植物孢粉、CaO、Na_2O、MgO、Ti_2O、降水量等数据，绘制碳 -14 日历年代，划分冷暖期和干湿交替韵律[1]。结果显示，中国从商代至东汉 1800 年间大体可分为 6 个气候亚期（见图 2-5）：①公元前 1040 年—前 920 年，由商代湿润期，快速转进至西周寒冷期，周代商与气候环境恶化有关；②公元前 920—前 690 年为西周干燥期；③公元前 690 年—前 420 年为春秋湿润期；④公元前 420—前 320 年为战国干燥期；⑤公元前 320—公元 30 年为秦—西汉湿润期；⑥公元 30 年—210年为东汉干燥期[1]。具体分述如下：

（1）商代湿润期，这是全新世大暖期即将结束时的一个稳定湿润期，其续存时间与商王朝政治续存期（公元前 1600—前 1046）高度吻合，该时间相当于图中标注的 3610—3056 年。从西周至东汉年间的气候干燥阶段，政治形态日趋复杂——既有割据诸侯的相互倾轧，攻击如寇仇，也有大一统强盛王朝的绵延。从商—西周—东周—秦—西汉—东汉—三国，政权更迭频繁，表明政权面临强大反对力量，各派政治势力关系紧张，也说明中国社会历史变迁速度加快。

（2）年代对比发现，商代夏、周代商、西周东迁、西汉与东汉的灭亡等社会政治事件，都发生在沉积记录所指示的气候环境恶化期。

A. 商代夏：商代夏发生的时间与 H5 剖面指示 3580 ± 30 碳 -14 日历年之前的低湖面相吻合，指示商之前存在一个干燥期。考古资料揭示，原居住于太行山麓的商民族被气候恶化驱逐而南下。史料也记载这个干燥的气候期一直延续到商代早期：昔者汤克夏而正天下，天大旱，五年不收（《吕氏春秋·顺民》）；商涧旱，汤犹发师以信伊尹之盟（《吕氏春秋·慎大览》）。

B. 周代商：商代湿润期，从公元前 1040 年开始趋于干燥，前 1031 ± 30 年前后快速恶化。

C. 平王东迁：历史记载的平王东迁，发生在公元前 770 年，这正是从公元前

---

[1] 陈莎等：《气候环境驱动下的中国北方早期社会历史时空演进及其机制》，《地理学报》2017 年第 9 期。图 2-5 来自本文。这里引用本文旨在向读者，尤其是非专业学者表明，气候与历史演变的关系，已被深入研究，且是可信的。下面引用学者结论也是如此。感兴趣的读者可查阅原文。

1040 年开始的气候干旱的极限值。

D. 秦建立与灭亡：前 256—前 221 年，秦帝国一统天下，车同轨，书同文，行同伦，正对应干燥转湿润阶段。

E. 西汉灭亡在公元 9 年，而在公元元年前后，气候趋冷，直到东汉与三国时期，气候无好转。《三国演义》开篇即是天下异象频发，地动山摇，牝鸡司晨等，即基于历史记载的演说。西汉的建立—发展—灭亡与气候的干—湿—干演化阶段相吻合（见图 2-5）。

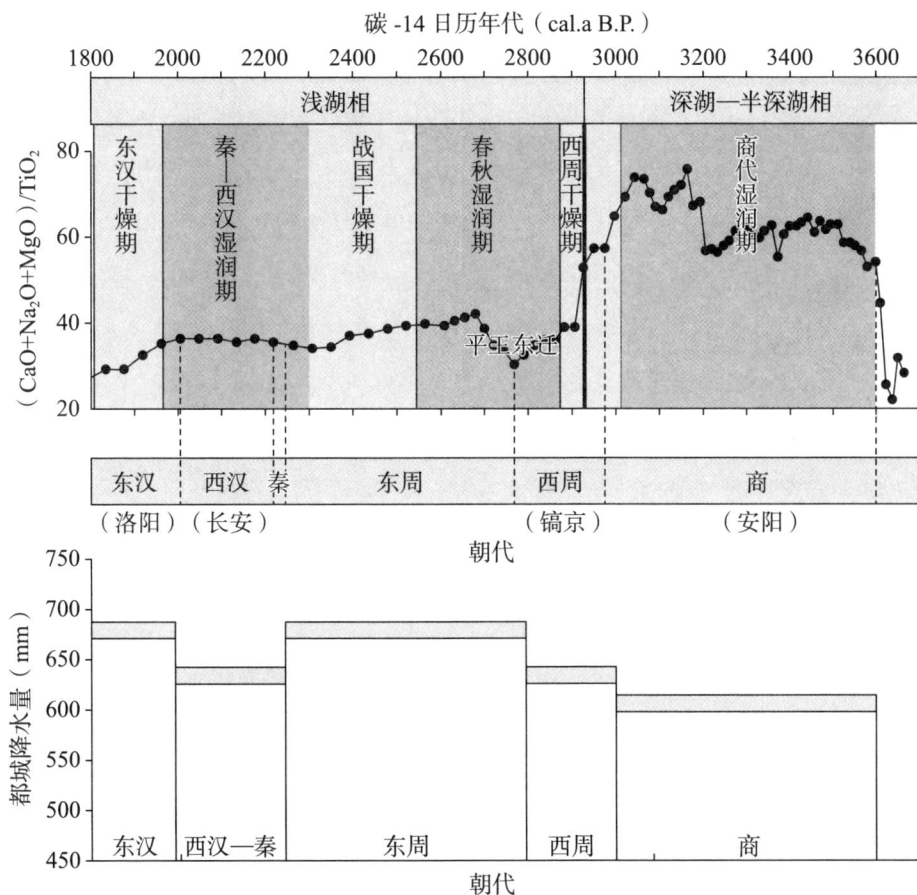

图 2-5　H5 剖面环境演变与中国早期历史王朝都城变迁、都城所在地降水之间的关系

资料来源：陈莎等《气候环境驱动下的中国北方早期社会历史时空演进及其机制》，《地理学报》2017 年第 9 期。

F. 若将当时都城环境与气候匹配，则古代都城均处于降水丰沛、温暖湿润区域内。在气候湿润期，都城更趋于西北；气候干燥期则转移至东南部（如安阳、洛阳）。西周处于湿润转为干燥期，故受到戎狄族群逼仄，不断自西向东迁移，周幽王时被迫烽燧相连，以观敌情。其子宜臼不敌犬戎凌辱，不得不东迁洛阳。东周时，冷暖交替，诸侯发展壮大，周天子力量衰微，无力管控。

三国—民国：气候冷暖变化与历史兴衰

有专家根据历史记录，采集并标准化数据，用数学模型推演气候变化，以增加我们对历史转折的理解。研究发现，中国气候变化有突变、波动和混沌三种类型（见图 2-6、图 2-7）[1]，出现过三次突变，分别处于公元 280—880 年（三国至唐末）和 1230—1260 年（南宋至元朝），最近一次突变发生于 1816—1831 年（清中期）。480—500 年气候发生大转折。有证据表明 1230—1260 年的气候突变是近 2000 年中变化最大者。880—1230 年气候呈现混沌变化，无显著趋势。480—500 年，气候自湿润转为干旱，是从 280 年后逐渐积累的结果。500 年前后是气候周期的分界点——汉代温暖期延续至 280 年左右。三国后至隋朝，存在一个较今偏暖的阶段，在 360—490 年的两晋南北朝，气温大体接近现代。中唐以后气温始降，直到唐亡进入五代十国时期（907—960），气温降至低点。整体看，中世纪期（唐宋之际）呈混沌状态，气候变化无明显趋势性变化。

在 2000 年中，中国以 1230 年为界，前期较温暖，后期较寒冷、干燥。而且该变化具有现代意义，即现代温带季风气候区开始确立，胡焕庸线开始出现。在此之前，胡氏线基本与纬线平行，经此期变化，400 毫米等降水量线开始倾斜。1230 年前后，蒙古人兴起于北方对外扩张，因为草原生态已变得恶劣，不宜生存。蒙古 1205 年开启灭西夏之战，1226 年才灭西夏。1211 年开启灭金之战，至 1234

---

[1] 张丕远、王铮等：《中国近 2000 年来气候演变的阶段性》，《中国科学（B 辑）》1996 年第 4 期。

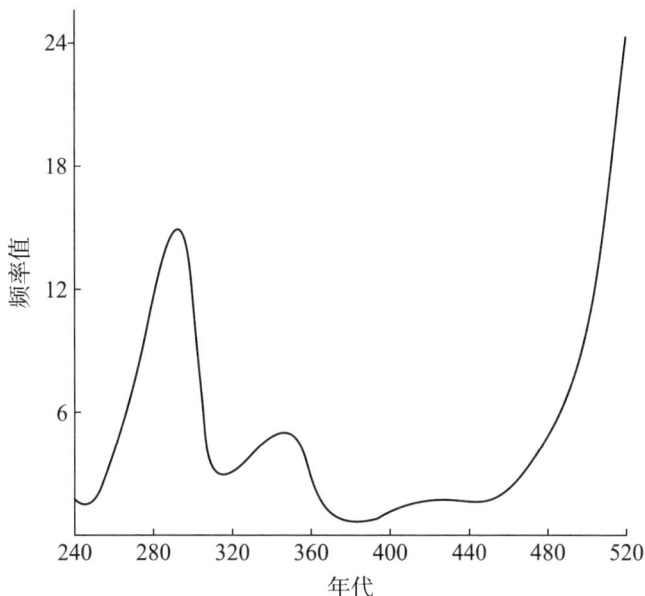

图 2-6　魏晋—南北朝每 40 年寒冷事件频数

注：据正史记载。

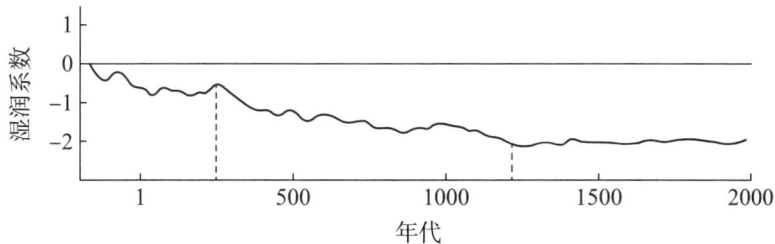

图 2-7　近 2000 年中国湿润状况变化

资料来源：张丕远、王铮等《中国近 2000 年来气候演变的阶段性》，《中国科学（B 辑）》1996 年第 4 期。

年才成功。后又经过近 40 年的不断攻击，才灭南宋（1271）。气候转折点恰恰是南宋、金、西夏与蒙古混战之际，足见自然地理环境之变对人类历史进程的影响之大。

1230 年前后，北方变得寒冷干燥，萧条冷落，南方反而变得舒适宜居。但由于元明之际气候不间断地恶化，年均气温在 1644 年达到历史最低点，明朝恰好在该年灭亡。随后，清顺治年间气温回升，康乾年间，气候转为温暖湿润，社会获得快速发展。但清中期（1816—1831）时气候又变冷，人口却暴增，人均粮食产量下降，百姓反而越来越饥饿。鸦片战争之后，紧跟着是太平天国运动、第二次鸦片战争等一系列灾难性事件，大清不堪重负而衰亡。气温在 1911 年到达阶段性低点，辛亥革命爆发，清政府被推翻，进入共和国时期，气温又神奇般转暖。

气候变化与疫病

气候是通过什么样的途径影响社会历史发展的？除影响农作物收成外，疫病也是一个重要途径。

传染病在古代统称为"疫"，是由病毒、细菌、寄生虫等病原生物引起的一类疾病。疫灾是瘟疫灾害的简称，是急性、烈性传染病大规模流行所致的灾害，其发生与流行是自然、社会因素共同作用的结果。自然灾害常会诱发疫灾的发生，气候的冷暖变化、干湿条件与疫灾流行关系密切，而土地开发、战争动乱等社会因素是疫灾暴发和流行的重要因素。

图 2-8 显示，唐代之前，疫病无论数量还是频率远低于宋元明清之际，明清之间疫病多发。研究显示，中国公元前 770—1911 年发生的重大疫灾，共 355 次，平均每 7.6 年发生一次，其中 1580 年以后显著增多，重大疫灾呈现波动上升趋势。中国疫灾阶段性特征明显，经历了频次较少—波动增加—频次平缓—快速增加四个阶段。第一个活跃期在东汉末年到魏晋时期，元朝以来，其发生的频次越来越高，明清小冰期出现第二个活跃期。重大疫灾演化过程中存在 3 年、12 年和 24 年 3 个显著周期，主周期为 24 年（与太阳黑子活动周期 11.3 年相关）[1]。重大疫灾空间差异明显，以浙江、湖北、河南、江苏为高频中心的长江中下游和黄河中下游地区最多。

---

[1] 殷淑燕：《中国历史时期重大疫灾时空分布规律及其与气候变化关系》，《自然灾害学报》2016 年第 1 期。

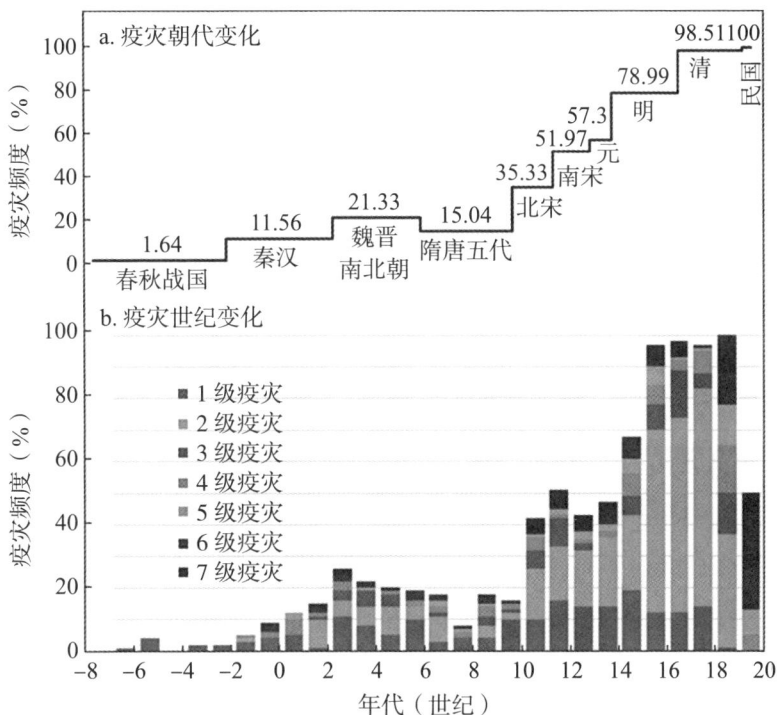

图 2-8 中国 3000 年疫灾频度的朝代变化（a）和世纪变化（b）

资料来源：龚胜生等《中国 3000 年疫灾流行的时空特征及其影响因素》，《地理学报》2021 年第 8 期。

气候变化对疫灾流行的影响具有尺度敏感性。在大空间、长时间尺度上，气候变化对疫灾流行有显著影响。有学者认为疫病流行是一种生物学现象，极端气候影响瘟疫发生频率。研究对中国近 3000 年的疫灾指数与气温距平、干湿指数的时间序列进行关联分析，结果表明，疫灾指数与气温指数、干湿指数、降水量都呈负相关，说明寒冷、干燥时期疫灾相对多发，温暖、湿润时期疫灾相对少发，尤其是处于"小冰期"的明代，疫灾与气温的负相关程度最高。

自然灾害对疫灾具有诱发作用，灾害频繁区也是疫灾频发区，灾害频繁期也是疫灾频繁期；气候变迁影响疫灾波动，寒冷、干燥期疫灾多发，温暖、湿润期疫灾少发；人口增加以及由此带来的土地开发和人地关系紧张，加剧了疫灾的流行；疫灾与战争如影随形。

气候变化与战争

1. 气候变化与战争的关系 [1]

研究显示，战争数量与气温呈显著负相关：气温高，战争次数少，气温低，战争频率增加，冷期战争频率显著高于暖期。70% ~ 80% 的战争高峰期、多数朝代变迁和大范围动乱都发生在冷期。气候带不同，气温与战争之间的相关性也存在差别，如北方战争与古代气温波动无显著相关性。

进一步研究显示，暖期中，降温到一定幅度也会导致战争爆发；气候变迁对各地战争的影响程度不一。如西北地区气温的下降立即导致战争爆发（沙漠生态系统生物量对气候变化敏感，社会对环境变化缺乏韧性），华北和东北地区以及华中和东部地区气温与战争呈正相关，在西南和华南地区降温对战争影响存在显著滞后性，但旱灾影响显著，立竿见影。总之，游牧民族生活对气温变化敏感，但在中原及南方地区，与暖、冷相对应的水、旱灾更显著影响战争的发生频次。

具体而言，东汉以来，中国 7 个相对寒冷阶段（180—360 年、420—540 年、840—960 年、1110—1200 年、1290—1500 年、1560—1680 年和 1830—1890 年），除 420—540 年这一阶段外，其余 6 个均是战争高频期。总体而言，魏晋南北朝寒冷期和明清小冰期是中国战争高发期。前一时期冬半年温度较今低约 0.3℃，战争共发生 595 次，年均 1.65 次；后一时期的冬半年温度比今低约 0.4℃，战争共发生 810 次，年均 1.49 次。在过去 2000 年最冷的 30 年间（480—510 年）战争并不多，原因大概是与南北朝政权各自相安，正处在内求发展的阶段，彼此无

---

[1] 详细情况请参阅俞炜华、董新兴、雷鸣：《气候变迁与战争、王朝兴衰更迭——基于中国数据的统计与计量文献述评》，《东岳论丛》2015 年第 9 期，本文较为系统地评述了学者的研究成果。此处只将研究结论列出。

意相攻杀，如魏孝文帝拓跋宏锐意改革，迁都洛阳，促进民族融合，发展农业经济；齐武帝萧道成关心百姓疾苦，灾荒时优重赈恤百姓[1]。过此平稳期后，又进入战争多发时期。

2. 气候与农耕—游牧民族战争

关于农耕与游牧民族之间的战争，历史学家们早有深入的认识。作为气候变化的敏感区域，农牧交错带、山地、湖泊、沿海通常是历史上大规模战争爆发的源头。气候变冷，干旱与病虫害并发，迫使游牧、渔猎民族南迁寻求生存空间，从而与农耕民族产生激烈的对抗与冲突，气候变化与农牧战争关系显著。例如秦汉之际与匈奴的战争、西晋永嘉之乱、南北朝时期北方少数民族南下建立政权、唐宋之际契丹南下、西夏建国、女真人崛起、蒙古人统一南北、清朝突破长城防线，入主中原。

3. 气候与农耕民族内部战争

就王朝内部而言，气候变化，特别是持续干旱，蝗灾导致严重饥荒，与农民起义之间呈正相关，旱灾越多，农民起义越频繁。作为国家治理能力代表的政府救灾这一变量起着显著的缓解作用。

以王莽新朝末期的绿林、赤眉起义为例。绿林起义源自绿林山（今湖北大洪山）的饥民暴动；赤眉起义是在吕母的带领下发于沿海琅邪郡海曲（今山东日照）。西晋末年，流民大起义首领李特，其部下大多是流入巴蜀就食的西北六郡饥民。南宋初年，洞庭湖遭遇特大旱灾，"水乡荒索"，"田畴荒芜"，百姓生活贫困，宋代规模最大的农民起义——钟相、杨么起义在洞庭湖地区爆发。明末农民大起义爆发于 1628 年大旱后的陕北，之后，因全国性旱蝗灾害而在农牧交错带发展壮大，并蔓延至黄河、长江的中下游地区。气候变化敏感区的生态脆弱性和百姓贫困呈现强相关性，其生存较其他地区更易受自然灾害的摧残。只有气候持续异常，内部农民起义与外部游牧、商业力量的交相侵入，才能动摇庞大帝国

---

[1] 引自葛全胜等：《中国过去 2000 年气候变化与社会发展》，《自然杂志》2012 年第 1 期。

的根基。

唐朝末年到清朝期间的气候变化与战争、朝代兴替相关性明显（见表2-1）。总体看，唐朝之后，气温总体较历史平均值为低，距平为负数，冷期战乱明显多于暖期。农民起义和内战大多发生在冷期，暖期基本无战争和内乱。在自然经济条件下，社会稳定度依赖于农业总产出。一旦出现自然灾害，政府不能及时救济，百姓便流动求食，很容易聚集演变为群体性起义，冲击官府。官府又兴兵讨伐，社会就进入整体性的互残模式，进一步造成社会财富的蒸发。

表2-1　唐末至清朝期间的气候与战争、朝代更迭、天下战乱的关系

时间段	平均温度距平（℃）	气候冷暖	持续时间（年）	战争数	年频率	朝代更迭与全局性战乱
850—875 年	−0.518	冷	26	10	0.38	黄巢等农民起义
876—901 年	−0.335	暖	26	7	0.27	
902—965 年	−0.423	冷	64	93	1.45	唐朝亡，五代十国，宋朝立，辽立，大理立
966—1109 年	−0.233	暖	143	169	1.18	西夏立
1110—1152 年	−0.368	冷	43	93	2.16	金朝立，方腊起义，辽亡，金灭北宋
1153—1193 年	−0.315	暖	41	41	1.00	
1194—1302 年	−0.419	冷	109	252	2.31	蒙古汗国立，西夏亡，金亡，蒙古灭南宋，元朝立，大理亡，吐蕃亡
1303—1333 年	−0.362	暖	31	33	1.06	
1334—1359 年	−0.454	冷	26	90	3.46	元末农民起义
1360—1447 年	−0.345	暖	88	189	2.15	元朝亡，明朝立
1448—1487 年	−0.461	冷	40	89	2.23	
1488—1582 年	−0.392	暖	95	208	2.19	
1583—1717 年	−0.534	冷	135	266	1.97	明末农民起义，明朝亡，清朝立，三藩叛乱

续表

时间段	平均温度距平（℃）	气候冷暖	持续时间（年）	战争数	年频率	朝代更迭与全局性战乱
1718—1805 年	−0.413	暖	88	72	0.82	
1806—1912 年	−0.456	冷	106	204	1.92	太平天国，辛亥革命

资料来源：章典等《气候变化与中国的战争、社会动乱与朝代变迁》,《科学通报》2004年第 23 期。

一张图道尽王朝兴衰更替事——暖兴冷衰律

从气候与中国社会发展角度看，存在着明显的"暖扬冷抑律"，或者称"暖兴冷衰律"。温暖的气候、湿润的环境不但有利于农耕区域社会发展，也有利于游牧渔猎地带社会发展。气候转冷之后，风雨不时，旱涝交加，蝗虫肆虐，牛羊冻死……饥民流徙，外患交侵，王朝就进入衰退期。图 2-9 是 2000 多年来中国气候冷暖转换周期与王朝兴替间的关系的全面表达。

第一，就温度变化趋势的总体特征而言，自秦以来的中国冷暖变化大致可划分为四个暖期和三个冷期。四个暖期包括"秦汉暖期"（前 210—180）、"隋唐暖期"（541—810）、"宋元暖期"（931—1320）、"20 世纪暖期"（1921—2000）4 个相对温暖阶段，东中部地区的冬半年平均气温分别较今（"今"或"现代"均指1951—1980 年，下同）高 0.27℃、0.48℃、0.18℃和 0.2℃；若往前追溯，还有西周之前的暖期，春秋战国的暖期等。只是时间跨度太大，无确切的历史记录而已，但温暖状态是可判断的。

三个冷期包括"魏晋南北朝冷期"（181—540）、"唐后期至五代冷期"（811—930）和"明清冷期"（1321—1920），东中部地区的冬半年平均气温分别较今低0.25℃、0.28℃和 0.39℃。在各冷暖期中，还存在次一级的冷暖波动。其中，17世纪最冷时，比 20 世纪低 1℃。若向前溯，则商周之际，有一个气温快速下降时段，西、东周之间，有一个显著气温下降时期。

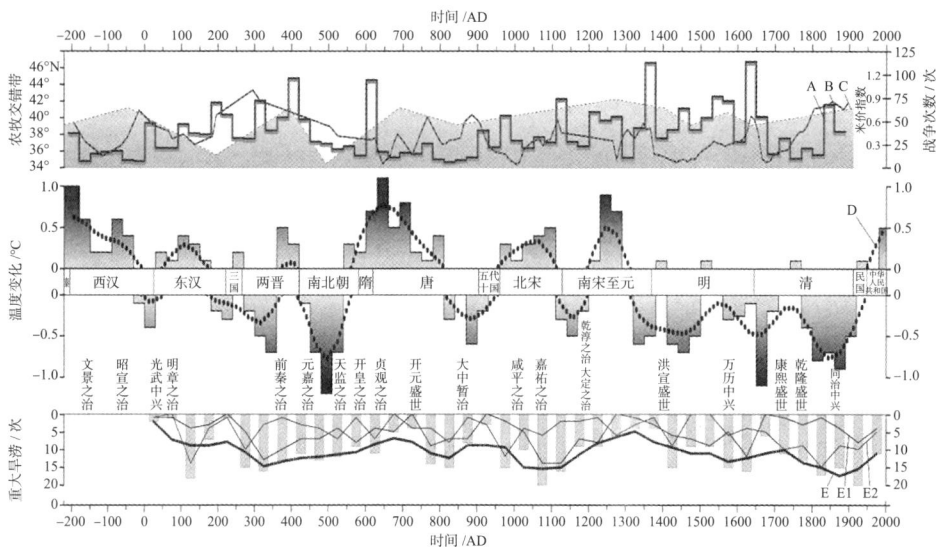

图 2-9 秦代以来气候变化对社会的冲击

注：A. 秦汉以来全国每 30 年发生战争的次数；B. 秦汉以来黄河中下游地区米价指数曲线（每个朝代分别标准化，分辨率为 30 年，清朝以前由著者重建）；C. 秦汉以来农牧交错带西段（呼和浩特至潼关一线以西）北界的变化；D. 秦汉以来东中部地区（105°E 以东，25°N ～ 40°N）冬半年温度变化（分辨率为 30 年），柱图代表相对于 1951—1980 年冬温均值的正、负距平值，点线为 60 年滤波结果。

资料来源：葛全胜等《中国历史时期气候变化影响及其应对的启示》，《地球科学进展》2014 年第 1 期。

第二，降水的历史周期基本与冷暖周期同步，即温暖时，降水也增加，显示季风活动频繁，寒冷时，降水减少，显示季风活动减弱，或者说夏季风深入内陆的程度较浅。魏晋南北朝期间（221—580），东部季风区的气候总体偏干；隋唐期间（581—907）围绕过去 2000 年的平均干湿水平上下波动；五代至北宋（908—1127）气候在总体上略微偏湿，但有变干趋势；南宋至元（1127—1368）的气候总体偏干，但在波动中逐渐趋湿；明朝气候由前期（1368—1429）的湿润逐渐在波动中转干，至明末出现秦汉以来最严重的持续性干旱；清代（1644—1911）的气候总体湿润，但年代际波动极为显著。从千年尺度看，秦汉以来东部季风区干湿状况的突变大致出现在 13 世纪中期，之前总的趋势是在波动中逐渐变干，之后在波动中转湿。当气温升高，雨水增加，农业产出自然提高。这点在农牧交错地带表现特别明显，降水增加，草原自然生产力迅速恢复。这是"其兴也勃，其亡也速"的自然地理基础。

第三，农牧交错带因温度和降水的变化而呈东南、西北方向整体移动。研究显示，若年均气温降低 1℃，相当于中国各地气候带向南推移 200 ~ 300 千米；降水减少 100 毫米，则北方农区将向东南推移 100 千米。这种移动会带来灾难性影响，引起农耕与游牧民族的战争。

秦汉以来，农牧交错带的北移幅度，与同期东中部温暖程度在变化幅度及速率上有着较好的正相关关系（见表 2-2）。一是秦末西汉（前 221—前 50）时，农牧交错带北界由 39°N 逐渐北推至公元前 50 年前后的 41°N 附近，而同期气候持续温暖，温度变化速率较小。二是西汉末年至东汉末年（前 50—220），气候逐渐转冷，温度变化频繁，农牧交错带北界逐渐南退至公元 200 年前后的 36°N 附近。三是魏晋南北朝寒冷期，北方农区进一步地向南退缩，其间，农牧交错带北界虽曾于 400 年一度北推至 41°N 附近，但随后又于 500 年前后迅速南退至 35°N 附近。四是隋唐前期的暖期，农牧交错带北界大幅北移，至 700 年已达 41°N 附近，此后虽有波动，但基本维持在 39°N 附近。五是唐后期至五代的冷干期，农牧交错带的北界南退约 1°。六是 10 世纪中叶起的宋元暖期，农牧交错带北界再度北移，1250 年前后已在 42°N 附近。七是 1300 年至 19 世纪，农牧交错带北界虽未随转冷的气候而显著南退，但对应 1450 年和 1650 年前后的"冷谷"，农牧交错带的北界还有所南退。八是在气候较为湿润、升温迅速的 20 世纪后半叶，现代农牧交错带的北界大规模北推至 41°N 以北，甚至 42°N 附近的赤峰等地也成为半农半牧地区。

表 2-2　历代游牧民族政权疆域南界的纬度变化

时代	政权界线（北/南）	纬度（N）	相当于今地名
秦	匈奴/上谷郡	41°42′	内蒙古锡林郭勒盟太仆寺旗炮台营子
西汉	乌桓/幽州刺史部上谷郡	41°18′	河北省张家口市二台东

时代	政权界线（北/南）	纬度（N）	相当于今地名
东汉	鲜卑/幽州刺史部上谷郡	40°56′	河北省张家口市东北
三国	鲜卑/魏·幽州上谷郡	40°56′	同上
西晋	鲜卑/幽州上谷郡	40°56′	同上
东晋	前秦/东晋·豫州弋阳郡	32°18′	河南省息县临河镇
南北朝	北朝·北齐/南朝·陈	30°24′	湖北省浠水县下巴河镇
隋	突厥/涿郡	44°00′	内蒙古锡林郭勒盟阿巴嘎旗南
唐	回鹘/河北道·妫州	43°30′	内蒙古锡林郭勒盟查干诺尔
五代十国	契丹/北周	39°24′	河北省涞源县塔崖驿
北宋	辽/北宋	39°6′	河北省易县南管头
南宋	金/南宋	32°18′	河南省息县临河镇
元	中国大陆南缘	22°30′	广东省惠东县港口
明	鞑靼/京师开平卫	42°40′	内蒙古锡林郭勒盟正镶白旗北
清	中国大陆南缘	22°30′	广东省惠东县港口

注：（1）以115°00′□经线上的纬度变化为准；（2）元、清二朝只取中国大陆纬度。

资料来源：王会昌《2000年来中国北方游牧民族南迁与气候变化》，《地理科学》1996年第3期。

秦汉以降，中国历史上一个显著特点是"乱世"和"治世"的交替出现，与冷暖周期几乎同步发展，并伴随着疆域的变化（见图2-10）。过去2000年中可称得上盛世、大治和中兴的局面总共有31个，其中25个出现在气候较暖的时期或冷暖转换期中，典型者如文景之治、贞观之治、开元盛世。个别的治世虽然出现在冷期，但主要是因为在天下割据的格局中，各政权之间相安无事，或者周边政权无力也无意愿入侵，而中原王朝又能励精图治，治理能力强大所成（如永乐之治、万历中兴、北魏之治等）。7次大规模的动乱，即两汉之交、三国两晋南北朝、五代十国、两宋之交、元末明初、明末清初、清末民初，都发生在冷期中。暖期未必为盛世，盖因中央统治集团缺乏有效治理。但冷期很难有盛世出现，即使有政治清明的时期，也多是昙花一现，很快被各种灾害吞没。

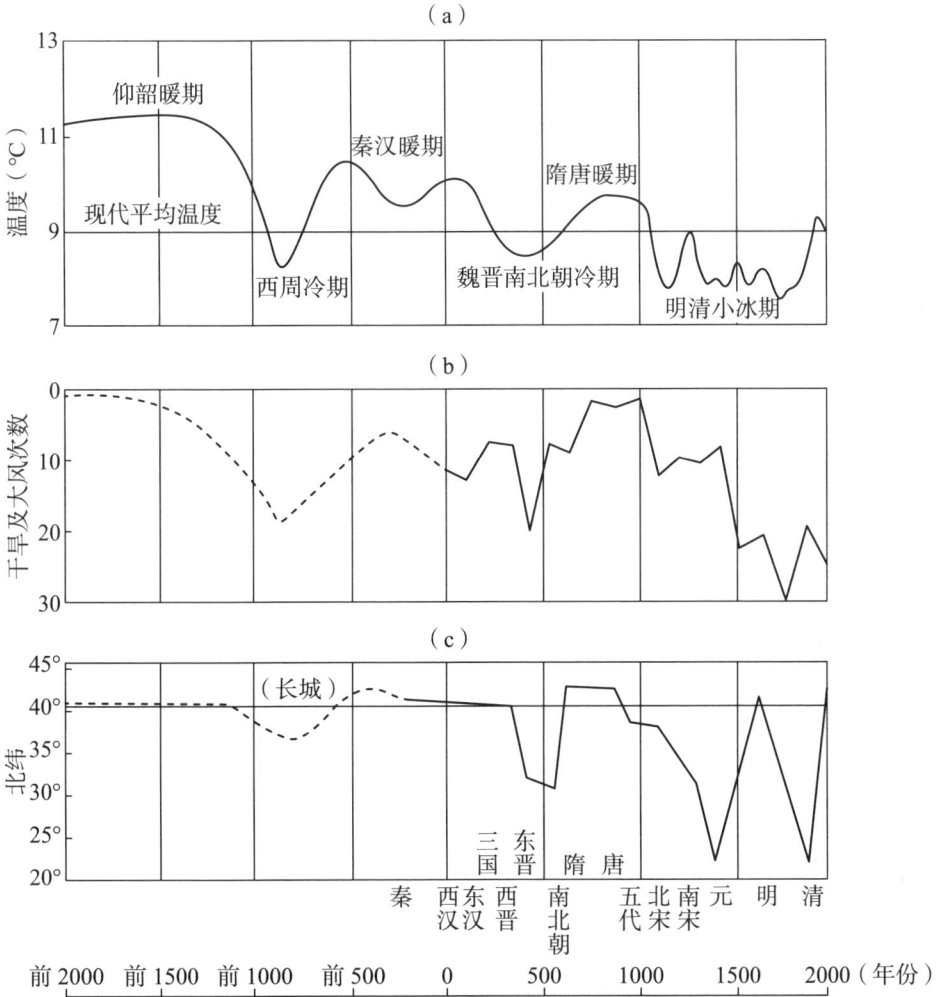

图 2-10　4000 年来中国气候的冷暖波动（a）、干湿变化（b）与中国北方游牧民族政权疆域南界纬度变化（c）的关系

　　资料来源：王会昌《2000 年来中国北方游牧民族南迁与气候变化》，《地理科学》1996 年第 3 期。

从冷暖交替至王朝兴替的传导机制——"加速度"解释

1. 气候变化与王朝兴衰——防火墙的缺失

第一，国家系统建立在自然经济之上，自然变化会引起政治动荡和历史兴衰。灾害降临，种而不收，则国家基础动摇；若国家建立在工商业基础上，以加工制造为主，则国家命运会较少受到冷暖旱涝灾害影响，或者说人类的能力可部分平复自然灾害影响。

中国古代以农为本，工商为末，填饱肚子、吃饱饭是古代百姓的首要关注，"民以食为天"，《洪范》将"食货"作为天下七政之首予以高度重视。"风雨不时，则伤农桑；农桑伤，则民饥寒；饥寒在身，则亡廉耻，寇贼奸宄所系生也。"（《汉书》卷七十四《魏相传》）由于生产力低下，劳动剩余有限，自然灾害和社会动乱之间，几无防火墙。而要打破气候决定人类命运的宿命论，必须建立强有力的中央政府，完善社会救济机制，发展工商业赋能农业，提高农业抗击自然灾害能力（如抽水灌溉农业对抗旱灾等）。

第二，中央王朝在面对气候变化引起的空间震荡时，缺乏有效、低成本的物理防火墙。中央王朝周边地理条件复杂多样，为此，不得不于和平时期修筑防御工事（如长城、运河、城池），派兵镇守，造成社会财富力量的巨大消耗。

第三，中央王朝在连续性的灾难性气候打击下，救灾能力（太仓积粟、跨区域调粮、有计划移民等）系统性崩塌。百姓在丰年有余粮，但非常有限。当寒冷与旱灾持续时，市场粮价腾贵，需要政府干预（常平仓制度）释放太仓之粟，作为社会最后的防火墙。当政府因腐败、战乱等无力发挥救济之责，百姓要么依附权贵，要么流徙别处就食，要么以官逼民反的名义啸聚山林，成为王朝内部进一步瓦解、集体抗拒自然环境恶化的力量。当家庭、乡党失去自救能力，则呼唤青天大老爷救济，以平复短期气候剧变。当中央政府耗尽救灾能力或失职失能，社会滑向整体沉沦的轨道。

图2-11是根据表2-3演绎的一个冷暖周期内家庭收支变化情况。其家庭综合产出与气候变化密切相关。在王朝初期，气候由冷转暖，人均土地占有足，综合税负较低，年有余庆，生活水平逐步提高。当气候由暖湿转为干冷，有旱灾、

虫灾、涝灾等发生，家庭年产出下降，逐步耗光自身积累，在气候转冷末期，不但家庭入不敷出，生活水平降低，个别家庭进入赤贫无以糊口；同时，社会分配越来越极化，权力、财富在社会局部淤积，官商勾结，致使地主、豪强成为政府统御力量的障碍。此时，政府为防御外患，镇压内乱，不得不大幅增税，更失去救济灾民的能力。那么，贫困农家要么流徙他方就食，要么聚集起义以图存，社会负能量像滚雪球一般越滚越大（贫穷的再生产），社会动乱裹挟更多的人参与相互消耗游戏，只能等待下一次的人地关系恢复平衡。

表 2-3　西汉自耕农家庭收支情况（家庭 60 亩耕地）

家庭年收入			家庭年支出			
粮120 石	园圃/家禽 10 石	纺织10 匹	生存消费	简单再生产	租赋负担	其他
7200钱	600 钱	4000钱	口粮 80 石，4800 钱食盐 1.8 石，900 钱衣着 5 匹，2000 钱	留种 6 石，360 钱饲料 10 石，600 钱农具 7 石，420 钱	赋敛 11 石，660 钱田租 4 石，240 钱	祭祀／人际和医药6 石，360钱
总计 11800 钱			总计 10340 钱			

资料来源：陈莎等《气候环境驱动下的中国北方早期社会历史时空演进及其机制》，《地理学报》2017 年第 9 期。

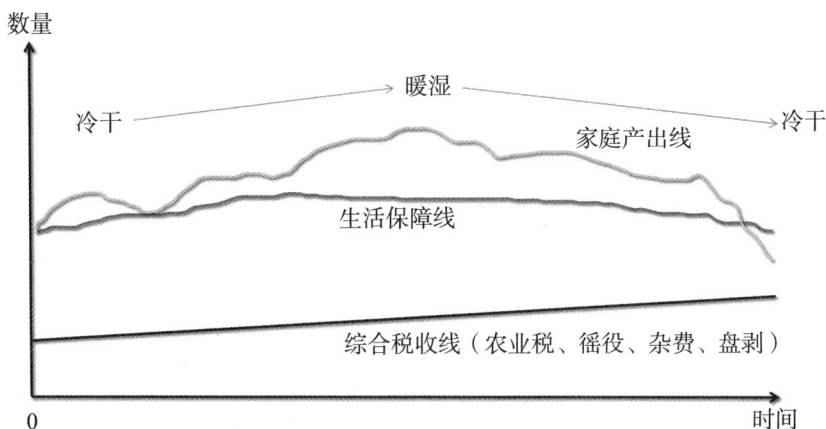

图 2-11　气候冷暖周期内农业社会家庭餐服产出与分配变动曲线

资料来源：陈莎等《气候环境驱动下的中国北方早期社会历史时空演进及其机制》，《地理学报》2017 年第 9 期。

2. 王朝力量的构成与强弱随气候而变化

王朝力量分为自然、财富、文化、暴力、政治和德性等项。德性力量，主要指一个社会或者王朝的立国精神，或者执政的根本大法。"为政以德，譬如北斗而众星共之"（《论语·为政》），它是驾驭各种力量的总舵手，表现在执政理念、社会架构、文化精神和社会风尚等方面。自然力量如土壤、气候、光照、农作物、水产、矿藏等，是人类可以采获或者加工利用的资源。财富力量是一个社会创造财富的能力，是自然、劳动力、技术等综合作用的结果。政治力量是社会关系调整、统御各种力量的手段，如财富生产与分配，提供集体安全环境和维护社会良好运行。暴力力量是集体安全和社会秩序的守护神，包括军队、警察、司法机关等。这些力量可以相互转化，相互促进，但使用不当，也会产生矛盾甚至动摇王朝体系。各种力量的生成和使用是有成本的，其中存在着过程摩擦或者力量失调、功能衰减。当各种力量协调并进时，则会产生放大作用，加速社会发展，容易产生盛世。当各种力量失调，相互抵牾，则会产生缩小作用，减缓社会发展，甚至进入衰乱世。

前文说，建立在自然经济基础上的国家易受气候正、负向冲击，是因为无坚实的"防火墙"。防火墙是国家财富、政治、暴力、德性力量的总和。图2-12显示王朝力量与气候变化的关系。总体来看，温度的升高和降水的增多能够促进经济繁荣，有效降低内乱发生的概率。寒冷、干燥气候环境的作用则相反，从而使得王朝兴衰表现出冷抑暖扬的特征。

其一，在考虑政府能力的情况下，气候变化对王朝兴衰有显著影响。政府能力体现在调动各种资源防范"自然灾害和人文灾害"的能力。叶瑜等学者以《清实录》等清代档案文献为主要历史信息源，发现1743—1744年旱灾期间政府的粮食调度体现出粮食数量大、来源管道广、调度效率高等鲜明特点，并取得了良好的社会效果；而1876—1878年旱灾则反之，粮食数量及来源有限，且转运效率极低，由此引发严重社会后果。这种转变，发生在主要余粮产区农业凋敝、南北粮食运道（大运河）阻断、漕运及仓储制度衰败的时代背景之下，重灾区空间分布带来的交通通达性差异，也在客观上影响了粮食调度的效率[1]。

数量

道德力量　　　　　统治力量

财政力量

暴力力量
内乱与外患力量消耗

冷干　　　　　　　　暖湿　　　　　　　　冷干

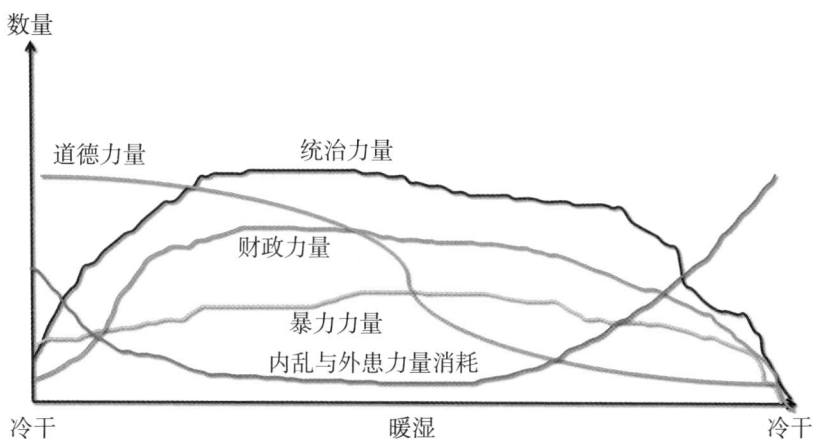

图 2-12　气候冷暖周期内王朝力量消长变化

其二，财政能力对社会治乱也有着显著作用。富足充裕的财政状况与社会动乱显著负相关。魏柱灯等研究发现，财政危机在寒冷—干旱的气候背景下爆发的可能性最大。财政平衡与温度和降水变化均呈正相关，财政平衡的趋势性变化受长期的温度和降水变化影响较为明显。但受多因素的复杂反馈影响，两者在某些时段呈现反相位关系[2]。

其三，外患发生概率随温度下降、降水减少而上升。在考虑中原王朝政府应对能力的情况下，外患的发生主要和王朝的个体异质性有关。例如，蒙古人建立的元朝外患少、内乱多，而明朝内乱和外患交加。

其四，从传导机制来看，气候变迁主要通过影响粮食丰歉而作用于国家财政，经济因素是气候变化影响政府能力乃至朝代兴衰的重要途径。国家财政紧张，受影响最大的是暴力力量建设受到掣肘。例如，明末受环境恶化影响，长城沿线边镇屯田制度受到破坏，军备废弛。

其五，研究发现，王朝年龄与内乱发生率之间存在 U 形关系，与经济繁

---

[1]　萧凌波等：《华北 1743—1744 年与 1876—1878 年旱灾中的政府粮食调度与社会后果对比》，《灾害学》2012 年第 1 期。

[2]　魏柱灯等：《气候变化对中国古代财政平衡的影响》，《地理科学》2015 年第 9 期。

荣程度之间存在倒 U 形关系。内乱越少，王朝寿命越长。经济繁荣时间越长，王朝寿命随之延长[1]。以王朝为横截面，时间跨度 25—1911 年为研究对象，结果表明，严重饥荒及王朝年龄都与农民起义显著正相关，而作为政府能力的代理变量，政府救灾能有效地降低农民起义的概率。负向气候冲击（如严重旱灾、蝗灾）主要通过严重饥荒这个管道影响农民起义。人口密度、气温及其他气候变量（如水灾、黄河决堤、雪灾与霜冻灾害）的作用不显著或不稳健[2]。

3. 王朝发展力量之合力在不同气候阶段的表现

图 2-13 显示了西汉时期国家力量随气候变化而消长。西汉建立时，气候温暖湿润，经过楚汉战争的洗礼和西汉初期执行黄老之学，贯彻执行休养生息、和亲匈奴等政策，西汉帝国快速发展。此阶段，自耕农占主体地位，食利阶层、功勋贵族经过汉高祖刘邦和惠帝、吕太后打击而萎缩，社会比较均平。汉武帝北击匈奴，开拓西域、西南夷等糜费巨大，将几代人的积累挥霍一空，且武帝因蛊惑之事杀太子后遗症弱化了嫡长子继承制为基础的皇权专制，西汉走向衰弱。当气候变冷干，以皇亲贵戚为主体的食利集团扩大，从内部掏空汉帝国的经济、政治基础。独尊儒术，设立五经博士官制度，推行贤良方正制度和察举制，并逐步发展出门阀政治，削弱了皇权专制，政由权臣所制，皇权与行政权抵牾，难以拧成一股绳，合力变小。内部冲击加外部冲击并发，以致西汉末年王莽当权，建立新朝，也不能有根本改变，只能通过"外科手术"，根除顽疾。

[1] 孙程九、张勤勤：《气候变迁、政府能力与王朝兴衰——基于中国两千年来历史经验的实证研究》，《经济学季刊》2019 年第 1 期。

[2] 陈强：《气候冲击、政府能力与中国北方农民起义（25—1911 年）》，《经济学季刊》2015 年第 3 期。

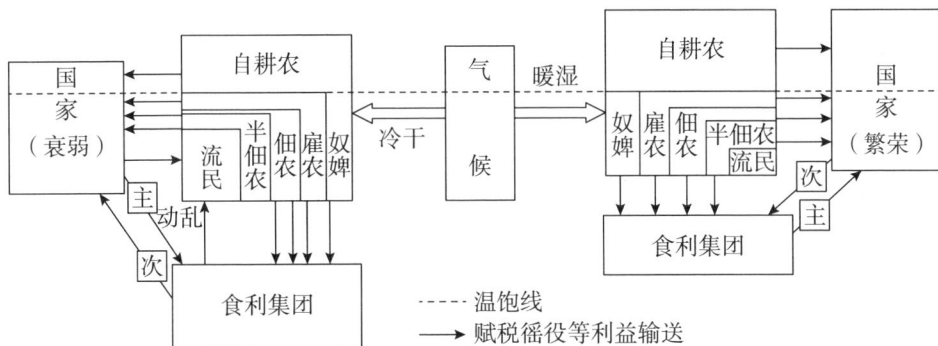

图 2-13　西汉自然—经济—人文系统相互作用示意

资料来源：陈莎等《气候环境驱动下的中国北方早期社会历史时空演进及其机制》，《地理学报》2019 年第 9 期。

气候变化与天下分合

天下大势，合久必分，分久必合。那么是什么力量推动分合的呢？答案是气候！具体表现在以下几个方面。

第一，气候地带性差异既是割据的原因，又是统合的力量。中华文明在黄河中下游发育，处于温带季风气候区，因为气候冷暖变化，季风气候区呈现东南—西北方向的移动，游牧区与农耕区、农耕区内部的旱作农业区与水作农业区就存有过渡地带。气候变化导致各文明在过渡带内碰撞与融合。

第二，南北方巨大的气候差异，导致在不同的气候环境下，产生强烈的互补需求。如气候干冷时期，北方游牧与渔猎民族需要南下寻找粮食和温暖的生存空间，甚至入主中原。中原汉民族被迫南徙逃避，开垦江南地区，如江西、湖南、湖北、江苏、浙江、福建、台湾等。当北方少数民族将政治中心设在洛阳、北京、开封等地时，客观需要南方粮食源源不断地供应，促进了南北融合。

中国古代经济中心和政治中心的空间分野，表面是分，实质为合。设若南北方之民分别能自给自足，相互融合动力反而下降了！正因为南、北方的经济、社会不稳定（气候因素是重要因素之一），相互缺乏安全感，所以，南北融合才能两安。

第三，气候长周期趋势性变化是天下分合的原因，是中国疆域由小变大的关键因素。气候转冷是分裂的重要原因，王纲解纽，天下散乱，地方割据，相互攻伐，混乱不堪。气候转暖，是中原王朝建立并走向强盛的机缘。借助内生的蓬勃力量，对外征服，而周边部族，尤其是游牧民族，因北方生态环境改善，水草丰美，气候温暖，生活相对安定，也缺乏南向掠夺的动力。故中原王朝建立了相对稳定的边防前线。当气候再度转冷，中原王朝再度瓦解，疆域缩小或者四分五裂，直到新的中原王朝再度建立。可新建立的王朝包含了边夷部族的地理空间，如吐蕃、蒙、辽、金、夏等，并且在战乱中，中原汉人大批向南迁移，开辟南方空间。如此，新兴的中原王朝再次统一天下时，地理空间就更加广阔。中国分裂与统一是地理差异与南北气候冷暖、干湿变化所致，故云其为历史的地理密码。

元明之际的气候"九渊"——连续冲击帝国的稳定

前引专家研究，1230—1260 年的气候突变是近 2000 年中变化最大者，大约在 1260 年前，气候还比较热，之后气候就不断地变冷，1274 年气温继续下降，进入"小冰期"，到了元明两代，自然灾害如波浪般袭来。《哈佛中国史》将此类气候变化所造成的深重灾难称为"深渊"，元明之际出现多次，逐次加重，也称"九渊"。

蒙古人起兵南下，气候还比较恶劣，至忽必烈汗即位时，气候就比较温暖了。至元十一年（南宋咸淳十年，1274），元人从上都迁大都（今北京）时，气候转冷，小冰期开始（20 年后，忽必烈去世）；1368 年，元朝从大都撤退至漠北，恰逢小冰期第一阶段极寒时期；1644 年，明朝灭亡，正值这 400 年历史上记载的最漫长的严寒期的尾声。

元朝有三次"深渊"，分别是"元贞之渊"（1295—1297 年）、"泰定之渊"（1324—1330 年）和"至正之渊"（1342—1345 年），以第三次最严重，直接要了元帝国的命。

"元贞之渊"（1295—1297）始于忽必烈之孙继位之年，成宗孛儿只斤·铁穆耳（1265—1307）刚继位，老天爷就不给好脸色，继位第三年（1297），他甚至将年号从元贞改为大德——开头不顺，元贞有名无实，不如内修德行以求天保佑。可他在位 14 年，竟无继承人，成了元朝宫廷内争、朝政日坏的"罪魁祸首"！不能不说是天意啊。

"泰定之渊"（1324—1330）发生在第六位皇帝时期（大蒙古国第十位汗），元朝建立第五十个年头。自然环境恶化加剧政局动荡，更使统治者无法有效地应对自然灾害。这轮灾害只和缓了两载，至顺四年（1333），新一轮大饥荒再度来袭。

"至正之渊"（1342—1345）。至正年号在大范围的旱涝灾害中拉开序幕，紧接着就是至正四年到五年（1344—1345）的洪水和瘟疫，此次自然灾害是全球性的。各蒙古汗国内外，从欧亚大陆一端的冰岛和英国，到另一端的日本，都苦于瘟疫、饥荒、农业减产、人口下降以及社会动乱。14 世纪中，至少有 36 个冬天异常严寒，比历史上的任何一个世纪都多。在黄河流域，水灾与旱灾在 14 世纪似乎比以往任何时候发生得都要频繁。14 世纪 40—50 年代还发生了极为严重的瘟疫。妥懽帖睦尔朝几乎年年有饥荒记载。百姓背井离乡、逃荒要饭，酿成了 14 世纪 50 年代风卷天下的大起义。

由于天灾，帝国的经济支柱京杭大运河壅塞，起义军领袖之一的张士诚在高邮称王，运河停运；海运又为方国珍等势力霸占，南粮北运受阻，北方缺粮，税收锐减，导致一系列事变。

元顺帝委任宰相脱脱治黄淮，竟采取"自杀"的滥发货币方式，榨取民脂民膏。脱脱第二次上台后（1349—1355），认为土地、盐业、商业等传统税收经敲骨吸髓式的征收再也榨不出油水，1350 年底决定印行新纸钞。1351 年首批就印行价值 200 万锭纸钞，以支付治河劳工费与材料费。繁重徭役直接导致了韩山童、刘福通的反叛，借助"石人一只眼，挑动黄河天下反"的谶语，他们攻城拔寨，杀害官员，在地方上复仇。虽然到 1354 年，动荡局势被控制，但元朝根基已被动摇。

安徽凤阳县处在淮河南岸，淮河泛滥，旱涝急转，百姓四处逃荒要饭。有朱姓农民和老婆及其多个孩子饿死，可有个孩子名唤朱重八（朱元璋，时年16岁），四处逃荒要饭，为活命出家当和尚，勉强得活，如此恶劣的环境最终培养了元朝帝国的掘墓人。《明史·太祖本纪》开头写道："至正四年（1344），旱蝗，大饥疫。"元统治在此20余年后告终。洪武元年（1368），朱元璋在南京称帝。由于朱元璋出身社会最底层，赤贫，故有平民天子本色，他对贪污和权贵毫不留情地杀头灭族，将政治的残酷性淋漓尽致地展现出来。

老天爷似乎开了眼，朱元璋登基称帝后，气温连年回升，格外眷顾他这个平民天子。明王朝趁机在北方修筑长城防线，以屯田之策解决军队给养，天公作美，屯田产粮竟能满足军需，北方防线得以安稳。气候条件支撑了永乐皇帝以长城为根据地数次率明军扫荡北元，将之逐出漠南，使得天子守国门成效显著。

从"至正之渊"直到宣德八年（1433）以前，明朝只是间或遇到灾年。此后两年内，气候变冷，饥荒、疫疾、蝗灾接踵而来。正统二年（1437），气候再度变冷，直至正统十三年（1448）为止，洪水不断。从正统三年到十年（1438—1445），爆发数次大饥荒。瓦剌人（蒙古一部）数次寇边，正统十四年（1449）七月，明廷截获也先领导瓦剌军队侵犯的情报，明英宗朱祁镇决定北伐亲征，谋事不密于土木堡被俘而北"狩"。其弟郕王朱祁钰被大臣拥立，年号景泰。可"景泰"同样名不副实，是噩梦般的"景泰之渊"。

景泰时期八年，岁岁有灾荒，频繁的自然灾害终于演变为一场长达五年严重环境危机，在景泰六年（1455）到达顶点，成为百年来最糟糕的灾年之一。景泰四年（1453）的冬天尤其寒冷，从东北部的山东到中部的江西竟普降大雪。长江下游"冻死人民无算"，长江南岸的常熟县冻死1800人，而长江以北死伤更重。次年春，大雪，竹木多冻死，海水结冰。次年冬，长江三角洲普降大雪，积雪深达一米。太湖沿岸港口结冰，船只全部停航。大批禽畜冻死。这在士大夫的眼里，可是不祥之兆，皇帝要下罪己诏。这段严寒时期到景泰七年（1456）结束。景泰八年（1457），其兄朱祁镇被瓦剌人释归，通过夺门之变被大臣再度拥立，重登帝位（改年号天顺），冤杀功臣于谦，令官员心寒。景泰帝在忧郁无奈中去世。"景泰之渊"正要结束，之后的3年气温回暖。

正德（1506—1521）也是多事的时期。"正德之渊"（1516—1519）致使明武宗无能、荒唐的千古骂名难以平反。25年之后，"嘉靖之渊"（1544—1546）席卷而来，以全国范围内长达3年之久的饥疫为标志。

万历是明代皇帝中在位时间最长的一位，他统治明朝达48年之久，遭遇了两次"深渊"：第一次（1586—1588）发生严重饥疫，第二次（1615—1617）发生严重灾情。历史学家分析，正是他埋下了大明帝国灭亡的隐患。

明朝的最后一次衰落期是"崇祯之渊"（1637—1643），其详细内容见本章开头。

通过上述时间轴线的梳理，我们知道在把握历史演变的过程中，地理因素起着基础性作用。基础不牢，地动山摇。人类生活所处的地理环境不正是演戏主角吗？

这提示我们，全球齐心合力应对气候变化，将气温变化控制在人类预知并能控制的范围内，是多么重要！

第三章

南北重心转移谁推动？

洪武三十年（1397），正值大明王朝而立之年。该年看似风平浪静，可偏偏爆发了震惊全国的"南北榜案"，是南北经济、人口、文化重心转移到一定程度后，矛盾的总爆发。

按天干地支纪年，该年序为丁丑。三年一次的科举会试在二月举行。朱元璋综合考虑，任命年届85岁的名儒刘三吾为主考官，王府纪善（皇帝身边官员）白信涛为副官。刘是元朝旧臣，元末时就曾担任广西提学（相当于教育厅厅长），进入明朝后，更颇有建树，如编写科举制度条例，为《大诰》作序，主编《寰宇通志》。《明史》说他"为人慷慨，胸中无城府，自号坦坦翁"。科举考试过程顺利，阅卷正常，录取52名进士。廷试后，取陈郯为状元、尹昌隆为榜眼，刘仕谔为探花，是为春榜，史称南榜。

发榜之后，竟然掀起惊天风云，使正常的科举考试完全走样——原来52名进士全是南方人，更巧的是，三位主考官也全是南方人。落第的北方士子借机发挥，大做文章，北方官员也趁机煽风点火，联名告到礼部。消息传来，朝堂上下极为震撼，先后有10多名监察御史上书，要求彻查，朱元璋知悉后异常震怒，侍读张信等人也怀疑有鬼。三月初十，朱元璋下诏成立12人"调查小组"，命复阅试卷。可这些考官大概脑袋缺根筋，复选的北方考生试卷要么文理不通，要么犯禁违忌，想自证清白！但这又给北方士子留下话柄，说他们故意呈阅粗陋试卷，遮掩丑行。朱元璋更怀疑南方人沆瀣串通，便下令彻查，主考、复阅官要么被凌迟处死，要么发配戍边（刘三吾年老免死），受牵连者竟有千人之众。为平息事态，当年六月，朱元璋亲自策问，录取进士61名，竟全是北方人，南方人全部靠边站。钦点韩克忠为状元，王恕为榜眼，焦胜为探花。因所录全是北人，故又称北榜！此乃著名的"南北榜案"。

洪熙二年（1426），明仁宗为照顾各地学子入仕热情，南北士子都要录取。

为此，内阁大学士杨士奇出奇招：卷子照样弥封誊录，但注明"南、北"字样，名额则按"南六十，北四十"分配。这便是"南卷""北卷"的来历，后又增加"中卷"，开分卷取士制度先河。这大概是中国按区划片选仕、招生制度的先声。此时大明帝都在南京，北方正在长城一线建九镇、设"边墙"，以防范北方少数民族南下，北方极为衰落。

元朝时北方还出人才，明朝统治 30 年后，竟如此粗鄙不堪，怎能展示大明天子统治有方呢？从地方治理角度看，如朝中无相应人才为家乡操心，地方上无人才兴起，为振兴文教之嚆矢，大一统局面是无法维持、难以长久的。所以针对南北差异，需要有平复差异的治本之策，而非任差异进一步扩大。

南北自然地理环境差异导致人口重心从北方转移到南方，南方经济、文化持续发展，是中国历史发展的一件大事，深刻地影响了中国历史的走向。

古代人口发展历程及人口南北格局之塑造

东汉之前，中国人口与经济重心的风云一直徘徊在北方，集中在黄河中下游地区，北方人并不愿意南迁。

据西晋皇甫谧《帝王世纪》，大禹时，中国人口有"千三百五十五万三千九百二十三"（13553923 人，古代统计如此详细，存疑）。夏商之时，气候总体上温暖湿润，万国林立，过千万是有可能的。从夏朝至春秋末年的 1500 多年间，人口徘徊于 1000 万～1300 万，增长缓慢甚至倒退主要是因为生产力低下和战争频繁，人均期望寿命低。战国时期生产力进步，气候温暖湿润，各诸侯国开疆拓土，精耕细作，人口大规模增长，后期人口约有 3000 万。经秦末陈胜吴广起义与楚汉争霸，残忍相杀，西汉初仅剩下 1500 万～1800 万人（见图 3-1）。时天下普遍贫穷，《史记·平准书》："自天子不能具其钧驷，而将相或乘牛车，齐民无藏盖。"

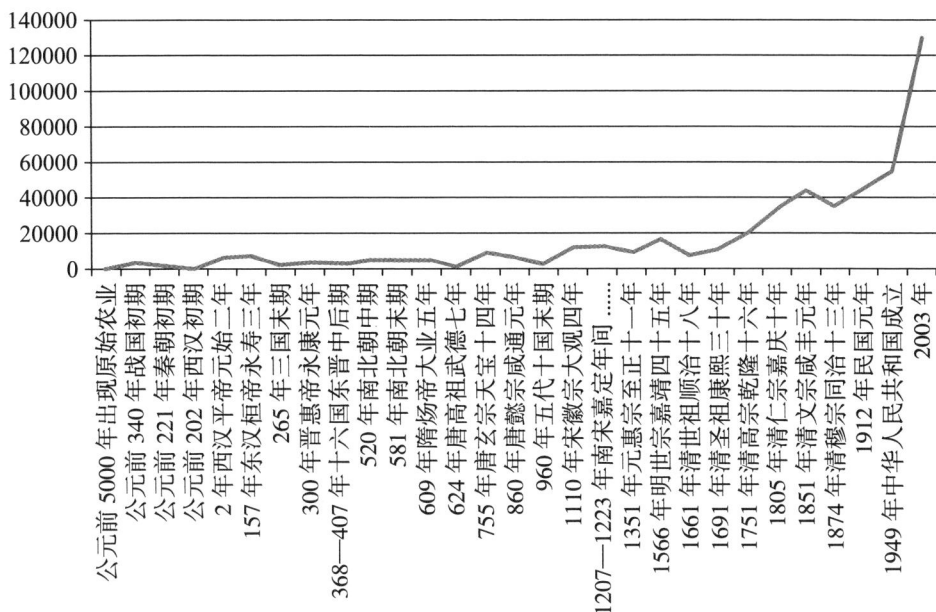

图 3-1　中国历代人口数（单位：万人）

资料来源：《人口与计划生育常用数据手册（2016 年）》，中国人口出版社，2017 年。

1. 古代人口分布的变化历程

古代人口迁移之序曲：秦汉之际

秦并天下，关中盆地人口寥落。秦始皇更强行迁徙关东富家大户、诸侯勋戚贵族，使居关中，以削弱东方，增加关中经济和军事力量。天下初定，秦始皇又着意开疆拓土，派遣太尉屠睢率领 50 万大军越五岭进击珠江流域（前 219），置三郡（桂林郡、象郡、南海郡）。为支援军需又命史禄组织动员 10 余万人开挖联络湘、漓的灵渠，官兵与民夫留下者扎根南岭，娶妻生子，催生"南越国"。秦始皇又派蒙恬率 30 万大军筑驰道、修长城（前 214），隔绝匈奴。他又迁徙犯人到巴蜀（如令吕不韦及其宾客迁蜀），繁衍生息，其后人成为支持汉武帝开拓西南夷的重要力量。可惜者，秦始皇折腾天下，导致民怨沸腾，在他暴毙沙丘（前210）后，小儿子胡亥继位，不二年即亡。

西汉建都关中，又因袭秦法，实行充实关中之策，持续时间长达一百多年。

汉高祖采纳娄敬（是他建议高祖定都西安）建议，于九年（前198）十一月，徙楚、齐大族昭氏、屈氏、景氏、怀氏、田氏五姓入关中；同时被迁的还有燕、赵、韩、魏后裔及豪杰名家，总数有10余万口，迫其集中居住，守护王陵。到西汉末年，移民后裔有120余万，几占关中人口一半。据《汉书·地理志》，迁入对象是丞相、御史大夫、将军等吏两千石以上者，六国诸侯贵族后裔，豪杰和高资产净值者。这些人文化程度高，有钱有势，组织能力强，西汉时在渭河以北沿郑国渠形成五个五陵邑（小城市），起到一方面强干弱枝，充实中央力量；另一方面防备匈奴犯边劫掠的双重作用。

为对付北方匈奴人，汉武帝拓边万里，推行移民实边政策，增加北方人口比重。驱逐匈奴等北方少数民族后，于长城外设六郡（五原、朔方、武威、酒泉、张掖、敦煌），又采取移民之法充实此地力量。移民实边之策相当于给巨额补贴，只要关东饥民愿往河西走廊、河套平原、云中郡等地垦荒屯戍（史载，有四次移民实边，耗费巨万，移民70万~100万之多），政府前几年就管吃管喝。据《汉书·武帝纪》，这次移民实边，还有一部分迁入会稽（今浙江绍兴），即东瓯人内迁后，该地成为汉朝边关，与东越对阵，没有荒芜空疏。又此地自然环境禀赋优良，人口蕃息，较快地成为富庶之地[1]。

公元前110年，东瓯人为摆脱东越人欺凌，请求内徙至约今江苏淮安、扬州一带；后东越人不思悔改，屡次造反惹怒武帝，汉武帝迁其民逾10万居于江淮之间，浙江南部至福建因此空荒400余年。西汉后期才在福州设县，东汉末期才设永宁县（今浙江温州）。永嘉之乱（311）北人大批迁入，这里才快速恢复生机（如温州古城由风水祖师、山西闻喜县人郭璞规划）。

凡此表明，南方在西汉时还相当不发达。人口稠密处集中在黄河中下游地区，太行山东麓北至燕山山脉南经山东半岛到淮河流域、河南南阳、四川盆地，是农耕文明区，且时人将主要精力放在北方边疆，关东、关中资源调往西北边境对付匈奴、鲜卑等游牧族群，着眼点并不在南方。故司马迁《史记·货殖列传》说："故关中之地，于天下三分之一，而人众不过什三；然量其富，什居其六。"30%的人

---

[1] 辛德勇：《秦汉政区与边界地理研究》，中华书局，2009年，第307~318页。

口，占社会财富的 60%，富家富得流油啊。

可西汉时南方并非一无是处，《史记·货殖列传》说："总之，楚越之地，地广人稀，饭稻羹鱼，或火耕而水耨，果隋蠃蛤，不待贾而足，地埶饶食，无饥馑之患，以故呰窳偷生，无积聚而多贫。是故江淮以南，无冻饿之人，亦无千金之家。"楚、越地盘，其实是长江中下游地区，包括钱塘江以南的浙江南部、福建北部。江南之地虽荒凉，但土地丰饶，气候温暖，果蔬天成，鱼汤鲜美，自给自足，百姓纵使游手好闲，也无冻饿之患。但与黄河流域比并无优势，因为当时黄河流域生活相当滋润。

汉代由南而北的人口流动，还应包括汉朝接受游牧部族内附，羁縻在边郡。羁，即划定活动范围；縻，即供应基本生活物资，衣食不乏。游牧族群越过大漠、草原向河西走廊、长城沿线聚集。

西汉末年，土地兼并剧烈，破产农民背井离乡，恰逢疫病流行，饿殍遍野，枕藉于途。由饥民组成的绿林、赤眉军趁势而起，官民相残，北方人口剧减。公元 2 年时，全域人口有 5959 万，经西汉末年混战，疫病殇亡，至东汉初（57），只剩 2100 万，减损率高达 65%。例如，20 年间西安人口从 68 万减到 28 万，大荔县人口从 91 万减到 14 万，兴平县从 83 万减到 9 万，绥远县从 69 万减到 2 万。横尸荒野无人问，流血漂橹爨骨焚的凄惨景象，不忍怀想！

相比于西汉，东汉建都洛阳，政治、经济中心东移，防线向内收缩。据《后汉书·吴汉传》，仅建武十五年（39），雁门郡、代郡（治今河北蔚县东北）和上谷郡（治今河北怀来县东南）三郡官吏百姓举迁至常山关（今河北唐县西北太行山东麓倒马关）和居庸关（今北京昌平西北）以东，内迁吏民有 6 万余口。建武二十年（44），撤销五原郡（治今内蒙古包头市西北），迁郡官吏和百姓至河东郡（治今山西夏县西北，辖境约山西西南部）。至此，汉朝北界退至今北京西北、太行山中段、五台山、山西偏关、河曲一线，此北居民多南迁。

西北游牧民族也入居关中，以至于"关中戎狄居半"（据江统《徙戎论》）。东汉末期，张角、张宝率领的黄巾军在北方起义（184），王纲因之解纽，中原群雄逐鹿，遂至于三国战争局面，导致人口锐减。自 184 年黄巾起义爆发至 220 年三国鼎立，估计 60% 的人口死亡，天下存约 2300 万。恰逢全球气候变冷，西北游牧族群南下，争夺粮食糊口存生，汉朝内部农民又因饥荒起义，北方社会进入"自残模式"而遽衰。

第一次人口大迁移：三国时期的人口南迁

三国时期，戎狄与杂胡从西北向东南迁移，以汉民族为主体的中原族群加快南迁步伐。从东汉初平元年[1]（190）至魏正元二年（255）60余年间，北方居民有5次大规模南迁，先后有数十万北方中原、关中、山东等地的百姓南迁至湖北江陵的荆州、汉中、四川和长江下游平原（如诸葛亮从山东琅琊迁河南南阳，厝栖在蜀；胞兄诸葛瑾避祸江东，落脚吴国，堂弟诸葛诞栖息中原）。但这些移民或回迁或道亡，迁入江南和四川盆地的多数因蜀、吴立而安顿，带中原文化至长江中下游地区。表3-1显示北方人口大幅减少与南方人口快速增加同步发生，南方发展萌动。注意，此时东吴建都武昌，其间短暂迁在南京，旋复迁武昌。显示地缘上接近中原，仍是由当时地缘政治格局所决定。中原人口南移名副其实，据左思《吴都赋》描绘："其四野则畛畷无数，膏腴兼倍……煮海为盐，采山铸钱。国税再熟之稻，乡贡八蚕之绵。"《三国志·吴书二·吴主传》说吴国"谷帛如山。稻田沃野，民无饥岁。所谓金城汤池，强富之国也"。陆机《辨亡论》也说吴国"其野沃，其民练，其财丰，其器利"，但也限于东南一隅，并不能改变北重南轻的格局。

从人口迁移总的趋势来看，尽管有流向西北、东北等少数民族区域的迹象，但向西南，尤其是东南方向迁移的规模最大且最持久，是三国人口迁移的两大主流。据《三国志·蜀书·先主传》《三国志·魏书·袁术传》，当时人口南迁主要路线有二：一路由关中迁入长江中游荆襄一带，后或渡江南下，或西入蜀定居成都平原；另一路直接从中原过淮河流向东南之扬州、杭州乃至更南，其中南阳、徐州为最大人口集散地，常汇集百万之众。

表3-1 《汉书》《晋书》所载南方四大州人口增长

州　　名	西汉户数	西晋户数	增长率
益州	106300	149300	34%

---

[1] 该年关东诸郡联盟讨伐董卓，董卓迁都长安，鸩毒废弘农王，孙坚北上与袁术联手讨伐董卓，天下大乱开始。

续表

州　名	西汉户数	西晋户数	增长率
荆州	182563	357548	51%
扬州	152100	311400	48%
广州	25360	43120	58%

资料来源：马强《论汉末三国时期的人口下降与迁移——兼论中国古代经济重心南移的开端问题》，《陕西理工学院学报（社会科学版）》1991年第2期。

第二次人口大迁移：永嘉之乱与永嘉南渡

4世纪初，西晋约有3500万人。西晋八王之乱导致永嘉之乱后，中国南北分裂，北方进入十六国时代。深度汉化的匈奴人刘渊起兵，攻破洛阳，劫杀晋怀帝，杀军民十余万口，又袭破西安，灭西晋，建立后汉（306—311），天下散乱，百姓流离失所，不知所归。刘曜信任的大将——羯人[1]石勒四处攻伐而实力大增，最终又在洛阳灭掉前赵皇帝刘曜，于邺城建立后赵。晋王室后裔司马睿于建业（今江苏南京）依靠士族称帝，建立东晋，大批百姓（如山东南部、江苏北部）和晋朝宗室贵族、文武大臣、世家豪族举家、举族南迁。随从一家大地主南逃的，往往有千余家，人口达数万之多。比如王导和谢安两大家族避难会稽，一时人口繁盛。《晋书·王导传》曰："洛阳倾覆，中州士女避乱江左者十六七。"这从侧面反映了当时北方兼并、经济垄断之程度，部曲武装当道，王权不行，到了不得不推倒重来的地步。

东晋十六国时期，北方的割据政权相互攻打，又引起多次人口南迁。山东地方百姓多迁往江淮下游。关中、河西走廊百姓向南迁移巴蜀。洛阳一带的百姓向南到荆襄地区，世家大族则依托东晋政权，迁往建业（江苏南京）。巴蜀之民又因战乱大规模移居荆湘，天下骚动难安。

永嘉南渡，不但包括普通百姓，更包括皇族和世家大族、封建地主和知识精英阶层。据谭其骧先生估计："若即以侨州、郡、县之户口数当南渡人口之约数（考虑统计数字不实和时间迁延，仅是约数），截至宋世止，南渡人口约共有九十万"，约占当时总人口的1/6，或不低于1/10。谭先生就迁徙目的地，说："南渡人户中

---

[1]　羯人入塞之前，隶属于匈奴，即"匈奴别落"。

以侨在江苏者为最多，约二十六万；山东约二十一万，安徽约十七万，次之；四川约十万，湖北约六万，陕西约五万，河南约三万，又次之；江西湖南各一万余，最少。以是足知此次民族播徙，其主要目的地乃在江域下游，而与中上游之关系较浅。"[1]关于本次移民的影响，唐张籍诗《永嘉行》有形象描述："黄头鲜卑入洛阳，胡儿执戟升明堂……北人避胡多在南，南人至今能晋语"，北人南进定居，也带动了南地土著居民的汉化。"竹林七贤"所代表的魏晋风度，在南方环境里生根开花，带动了南方文化发展（如王羲之《兰亭集序》表现了文人墨客修禊事的场面）。

第三次人口大迁移：安史之乱逼迫中原族群南迁，唐末黄巢之乱又刮起南迁狂风

隋朝时期，江淮一带就相当有力量了。隋炀帝伐灭南陈，统一南方后，大业元年（605）至六年（610），他在前代工程基础上令开通通济渠、永济渠以及广通渠，并数次游幸扬州，这是南方力量上升的标志性事件。北周时北方就实现了统一，局面安定，隋承北周，政治更趋稳定，经济上了轨道，人口增长迅速。至隋大业五年（609），人口达到6000万左右。这是隋炀帝决意征服高句丽的资本，三次出征，靡费惊人，却以失败告终。不意杨玄感叛变是压死隋帝国的最后一根稻草，天下又陷入战乱，兵戈蜂起，豪杰横行，持续20年之久，人口减半有余，唐初仅剩2500万。经贞观之治和开元盛世，到天宝繁荣，人口骤增，在安史之乱前夕的755年，又增至约9000万。关中可谓人满为患，须依靠粮食外援方可维持，连皇帝也不得不"巡幸"洛阳寻吃觅喝。

唐代定都关中盆地的长安，经过持续发展，地势的第一级阶梯力量上升，中国政治中心也逐步从关中盆地向东转移至洛阳，以享用南方资给（若看隋唐运河的形状，好比是一支向东拉开的弓弦，松手后，箭即向东射出，表明向东发展趋势）。唐天宝十四年（755），安禄山在河北大地叛乱，导致唐朝势力退出西域，华北地区战乱不堪。为稳定天下形势，唐室不得不错置节度使，犬牙交错，各卫守自食其力，唐王室则日益仰给南方。

唐末黄巢起义，起义军纵横大江南北，把大唐送进五代十国之乱局，北方五

---

[1] 谭其骧：《晋永嘉丧乱后之民族迁徙》，《燕京学报》1934年第15期。

代嬗替，契丹趁机寇掠中原（944—947），百姓被迫背井离乡，再次大规模南迁。自此以后，东北方向的地缘威胁日益增强。在契丹北部住着的女真族群，借势逐步坐大。由此，中国经济、政治、文化中心展开了南北激荡的复杂画卷。

钱穆《国史大纲》说："唐中叶以前，中国经济文化支撑点，偏倚在北方，唐中叶以后，中国经济文化的支撑点，偏倚在南方，这一大转变，以安史之乱为关捩。"（见表3-2）中国南北分界线在秦岭淮河一线，以北集中于黄河流域，以南集中于长江中下游。

表 3-2　隋、唐和宋初南北人口增减及其幅度

道　别	(A) 隋大业五年	(B) 唐天宝元年	(C) 北宋太平兴国	(A)—(B) 增减 %	(B)—(C) 增减 %
关内	895974	891195	368561	−8.6	−55.01
河南	2582970	1863561	1236356	−27.9	−33.7
河东	866991	630511	261308	−27.3	−58.6
河北	2276771	1487503	605479	−34.7	−59.3
山南	692137	569701	434235	−17.7	−23.8
陇右	180142	121413	62570	−32.6	−48.5
淮南	474962	390589	380678	−17.8	−2.5
江南	352576	1807273	2066223	412.6	14.33
剑南	386455	937124	939413	124.5	0.24
岭南	361436	356770	144321	−1.3	−30.2
资料来源	《隋书·地理志》	《新唐书·地理志》	《太平寰宇记》		

资料来源：林立平《唐后期的人口南迁及其影响》，《江汉论坛》1983 年第 9 期。

唐中叶，南北经济、文化平衡之后，南方稳步发展，北方停滞不前，时有倒退。五代十国时，北方纷乱，相互倾轧，南方虽割据势力当权，但各守其分，社会整体和平稳定。当赵匡胤建立大宋时，燕云十六州为辽国所霸占，北方如头有悬锤难安，且黄河 600 余年安澜，泥沙淤积，地势日高，本有决溢之患。五代政权纷乱，忙于厮杀，无暇整治，接着是天灾并至。例如，石敬瑭好不容易当了后晋皇帝，却自卑地称契丹耶律德光为"父"，以致始终如鲠在喉，难得安生。据《新五代史》记载："四年八月己亥朔，河决博平。……六年河决中都，入于沓河。冬

十月，河决滑、濮、郓、澶州。七年春正月丁巳，克镇州，安重荣伏诛，赦广晋。庚午，契丹使达剌来。三月，归德军节度使安彦威塞决河于滑州。闰月，天兴蝗食麦。望祭显陵于南庄，焚御衣、纸钱。三月己卯朔，赵莹罢。晋昌军节度使桑维翰为侍中。辛丑，引进使、太府卿孟承诲使于契丹。蝗。夏四月庚午，董殷使于契丹。供奉官张福率威顺军捕蝗于陈州。五月，泰宁军节度使安审信捕蝗于中都。丁亥，追封皇伯敬儒为宋王。癸卯，冯道罢。甲辰，以旱、蝗大赦。六月庚戌，祭蝗于皋门。癸亥，供奉官七人帅奉国军捕蝗于京畿。辛未，括借民粟，杀藏粟者。秋七月甲午，册皇太后。丁酉，射于南庄。契丹使梅里等来。甲辰，供奉官李汉超帅奉国军捕蝗于京畿。八月丁未朔，募民捕蝗，易以粟。辛亥，检民青苗。"黄河决口不堵，潦水横流，水草杂生，第二年即可发生蝗灾。不得已，朝廷竟动用军人灭蝗，甚至以蝗换粮。可见，黄河造祸之深。

北宋时泛滥决口改道频繁，祸害北方，千里人烟断绝。而南方发展已经颇上轨道，进入快速发展阶段。北宋补给仰赖南方支撑了。

第四次人口南迁：靖康之难与南宋建立，元朝建立后北方大衰

人口再次大迁移发生在两宋代更之际。辽为金所灭，契丹残部在耶律大石的带领下西走，建立西辽。因为形势所迫，东归无望，循着月氏、乌孙、匈奴的故迹西遁。1127年，金兵又侵入宋都劫持徽、钦二帝及相关人等3000余人"北狩"（靖康之难），被宋人视为奇耻大辱。宋高宗赵构在南京（河南商丘）新立朝廷，史称南宋。最终迁都临安（今浙江杭州），重建王朝体系，组织社会生产，南方因此进入发展新阶段。史载，1159年，南方人口有1680万；1179年，即达2950万，20年间，增加了3/4。此次南迁是由北方族群南下，入主中原，中原之民不得不南迁避祸。

唐后期和五代的战乱导致人口锐减，到960年宋朝初建时估计只有4000万，其境内仅3000万左右。北宋时期人口持续增长，大观四年（1100）境内人口超过1亿，辽（金）、西夏、大理等政权的人口合计约1000万。两宋之际的战乱致使人口大幅下降，但此后南宋和金的长期和平使人口都在增长。至13世纪初，宋、金、西夏、大理及其他少数民族人口合计已超过1.2亿。

与中唐相比，北宋元丰年间人口，南方已占七成，户、口、丁几乎同比例提高（见表3–3）。若考虑辽、西夏人户数，中国南北人口之比约为6∶4，南重北轻格局难以

撼动（辽圣宗统和十八年，公元 1000 年：户数不详，口数 600 万人；道宗中期：户数 97 万户，口数 750 万人；天祚帝天庆元年，公元 1111 年：户数 140 万户，口数 900 万人）。

表 3-3　宋元丰三年（1080）四京十八路户口主客数目（南北对比）

	北方		南方		总计
	小计	比例	小计	比例	
户	4591249	32%	9952016	68%	14543265
口	9564303	29%	23687686	71%	33251989
丁	5328900	30%	12646834	70%	17975734

资料来源：马端临《文献通考·卷十一·户口考二》。

表 3-4 反映了中国南北人口增减态势。唐天宝元年（742）以前，北方人口增加数远远大于南方，天宝元年，增加的户数，南 1 北 2，可到了宋元丰三年（1080），则南 2 北 1 了。此后，南方人口快速发展，北方人口占比持续下降。北方生机与活力显然不及南方。

表 3-4　自汉迄明南北户数增减

西汉元始二年（2）（据《汉书·地理志》）		晋太康元年（280）（据《晋书·地理志》）		唐天宝元年（742）（据《唐书·地理志》《旧唐书》《通典》）		宋元丰三年（1080）（据《文献通考》）		明隆庆六年（1572）（据《续文献通考》）	
南	北	南	北	南	北	南	北	南	北
1110000	9650000	650000	1490000	2570000	4930000	8300000	4590000	6500000	3440000
1 : 9		3 : 7		3.5 : 6.5		6.5 : 3.5		6.5 : 3.5	

资料来源：钱穆《国史大纲》（上），第 740 页，商务印书馆，1996。

蒙古人灭金和西夏造成空前浩劫，北方人口损失高达 80%，仅剩 1000 余万，竟然不及秦汉！元灭南宋，统一天下，人口约 7000 万人，大抵南方占 6/7。到 14 世纪中期增加到 8500 万左右。这是表 3-4 中南北新增人户差距拉开的主要原因。

南北人口在北宋、金、西夏与元朝代更朝改之际的消长，盖与相互残杀有关。如金朝泰和七年（1207）人口最多时有户 768 万多，人口 4581 万余。元灭金后，仅剩户 87 万多，人口 475 万，十仅存一。蒙古战胜南宋后，竟得户 937 万多，人口 1972 万人。其间虽然有 40 年之差，但人口变化若此，主要原因盖是北人南逃。金灭，北方女真人几乎被屠戮殆尽。

明初（1368）人口不足 6000 万，但到 17 世纪初，全国人口估计已突破 2 亿（包括塞外蒙古人）。明末清初，北方因饥馑、战乱、疫病肆虐、黄河决口泛滥流徙等，人口锐减，清顺治十二年（1655）估计已降至 1.2 亿，骤降 8000 万人之多，降幅达 40%。而南方相对稳定，除瘟疫致死外，仍保持相对稳定的发展节奏。

清朝时，疆域广阔，18 世纪前，天下晏安，无战争之累，号为天朝上国。明代引入的粮食新品种（如红薯、玉米，清代又引进土豆）大规模推广种植，稻作区种植技术提升（两季稻、三季稻），以及不加口赋，实施摊丁入亩政策，人口快速增长。康熙三十九年（1700）恢复至 1.5 亿，以后很快破 2 亿大关，至道光三十年（1850），全国人口创造了 4.3 亿的新纪录。由于人地矛盾凸显，加上局部灾荒，农民起义如狂飙席卷海内。其中最有影响者为太平天国运动（1851—1864），清廷举兵镇压，伏尸横野，血流成河，导致南方人口稠密地区的巨大损失，人口下降最保守估计也有五六千万，以致 1912 年尚未恢复到 1850 年的水平。一般地，北方在长期繁荣之后，会因人口增加，土地兼并等，进入新一轮的动荡，除改朝换代外，最核心的就是解决人地矛盾。南方经过长期繁荣，人地矛盾突出，百姓乏食，四处逃荒，此时只要有导火索，就很容易卷起磅礴风云。

明清时期人口的东西跨区域迁移

明清时期，南方人口增长明显，既是在庞大的基数上增长又是通过移民实现的。如明朝朱元璋洪武二十六年（1393），广西人口为 1482678 人。乾隆十四年（1749），广西人口 4162142 人。嘉庆十七年（1812），广西人口发展到 8678250 人。到鸦片战争前夕，发展到 9340018 人，比明朝万历六年（1578）人口增长 6 倍，占当时全国人口总数的 2.34%。

由于人口快速增长导致的不平衡，或者战争导致局部区域的荒废，明清各朝实施大规模移民。湖广填四川是比较典型的人口流动。四川盆地号为天府之国，物华天宝，适宜人类生存。可它是个相对独立的地理单元，容易出割据政权，是域内外争霸的战场，所以命运多舛。史载，唐天宝元年（742），四川人口占全国的 22%。南宋嘉定十六年（1223），四川人口 259 万户，占南宋的 20.4%。但是宋、蒙长期在四川交战导致人口锐减，1282 年人口只剩 12 万户，二十存一！但元朝并未关心其发展，至元末人口亦未复兴。元末，红巾军中以湖北人为主体的明玉珍部率十多万人入川，拉开了"湖广填四川"的序幕，客家人也加入"填四川"的大潮中。据《简明中国移民史》，江西先填湖广，洪武二十六年（1393）两湖人口 470 万，大约对半分，其中湖北省人口八成来自江西（南昌诸县为主，还有饶州府、吉安府、九江府的）。湖南省人口，元末明初移民占总人口的 39% 左右，即 105 万，其中江西移民占 74% 左右，则有 78 万（其中一半以上来自吉安区域，二成多来自南昌诸县）。此后，元朝再安排湖广移民入川。明万历六年（1578）四川人口恢复性增长到 310 万人，占全国的 5.1%，但明末清初战乱（张献忠三次入川、清军与南明混战），人口再次锐减，康熙二十四年（1685）人口竟不足 10 万人！清朝第二次湖广填四川，四川人口占全国比例从 1685 年的 0.4% 增加到 1776 年的 2.9%、1820 年的 7.8%、1910 年的 12.8%，经济占全国比例也随之提高。新中国成立后，人口竟然过亿，排名全国第一（四川与重庆相加）！

　　湖广填四川，使湖广人口爆发式增长，不得不外溢求生存。在湖广发展之前，江西人口暴增。历史上，安史之乱之前，江西只占全国人口的 2.8%，而到元末至正二十七年（1367），竟占全国的 24.7% 了，成为全国的经济、文化中心（如唐朝王勃《滕王阁序》反映文风之开，唐宋八大家中有三人出自江西）。明朝后，江西人口向西南转移填湖广，湖广进而填四川，江西人口占全国比例降至 1381 年的 15.0%、1542 年的 9.8%、1776 年的 6.3%、1953 年的 2.8%，江西人口在全国的比重下降，这表明，其他地方更快地发展起来。

　　表 3-5 是全国三个区域的人口比重变化，反映了全国人口与经济活动中心的变化。例如晋陕区域（代表西北），在唐代之前是人口重心所在，到唐天宝元年（742），到达巅峰，全国六个人中，就有一个晋陕人。在北宋时，该区域占比才开始下降。崇宁元年（1102），江浙闽人口占比超过晋陕，地位上升。最激烈的阶段应该在蒙元代宋时，元朝荡平天下不久（约 1300），江浙闽（代表东南）人口几乎占全国一半，两个人中就有一个江浙闽人。同期，晋陕占比降到 1.29%，几乎荒无人烟。以后，政治、经济中心从晋陕移出，昔日辉煌难再。而江浙闽的

人口长期占全国的 1/5 多，继续发挥其重要作用。川滇黔（代表西南）人口占比长期处于低位，且有特别低落时期，如元朝初期和清中期。

表 3-5　不同历史时期陕西、江浙、川滇人口比重比较

单位：%

时　　间	晋陕（汉·司隶）	江浙闽 （汉·扬州）	川滇黔（汉·益州）
2 年（汉元始二年）	11.59	5.56	8.30
140 年（汉永和五年）	11.58	12.45	11.29
约 280 年（西晋）*	13.74	9.73	6.60
742 年（唐天宝元年）**	16.45	12.99	8.36
1102 年（宋崇宁元年）***	11.69	13.00	9.91
约 1300 年	1.29	48.28	1.03
1491 年（明弘治四年）	6.18	22.90	8.06
1786 年（清乾隆五十一年）	7.33	22.45	5.92
1990 年（第四次人口普查）****	5.42	13.48	15.71

注：* 户数；** 川滇黔缺南诏；*** 总数缺辽人口，川滇黔缺大理；**** 现代西南地区人口比重增大，可能起因于历史时期对西南少数民族人口统计不全。

总数缺辽人口，川滇黔缺大理。

资料来源：王铮等《历史气候变化对中国社会发展的影响——兼论人地关系》，《地理学报》1996 年第 4 期。

2. 中国南北重心转移：经济、文化与政治方面的表现

人口转移，自然附随着经济、文化与政治的转移。

第一，经济转移。中国经济重心的转移是一个缓慢过程，在中唐之前，北方一直能自给自足，不须仰给于南方。虽然关中粮食有时紧张，需要到洛阳就食，淮河以北广大地域生产粮食足以自足。真正对南方粮食有需求者，在北宋一朝，主要为满足都城军需。北宋实行内重外轻政策，军队布局在都城周边，粮食需求大而集中。另外，还实行转运制度，天下钱粮统一由宋廷调配。但这并不意味着经济重心就彻底地转移到江南。

经济重心彻底转移到江南是在南宋。首先，北宋时占城（今属越南）稻传入，到南宋时成为主要农作物，明朝时产量提高、面积扩大，种植双季稻甚至三季稻，一时有"苏湖熟，天下足"之称。经济作物如甘蔗、茶、柑橘等，都适合在南方生长。元朝时，维持大都运转的粮食就主要来自江浙一带，初通过海运，从长江口、杭州湾出发，绕山东半岛至直沽（今天津），经通惠河到京。不单单是生产力（如丝绢、瓷器制作）在南宋时南迁，元明时，江西景德镇成为瓷业中心，南方沿海对外贸易也有起色。

北宋时北方税粮仍占半壁江山，元朝时北方税粮仅占三成（见表3-6）。明洪武二十八年（1395），北方税粮只占1/3左右。元世祖至元二十八年（1291），海运250余万石，其后增至350万石。明朝成化八年（1472）定额，经大运河漕运的粮食，北方粮755600石，南粮3244400石，两者为1∶4.3。地荒、人荒是北方社会大患，整个中央几乎全仰给于南方。粮运成为国家沉重的负担，如需运输船只11770艘，明英宗天顺年间（1457—1464）后，运粮官兵竟达12万人，相对当时总人口，不可谓不骇也！难怪元明时期，要开通会通河，并不惜代价确保其畅通——它是帝国的脐带！大约从南宋开始，北方在经济上就被南方压过。

表3-6　中国北方历代耕地、税粮占全国比重

单位：%

时　间	田土	税粮	时　间	田土	税粮
749年（唐天宝八年）		75.9	1542年（明嘉靖二十一年）	43.9	38.8
11世纪80年代（宋元丰年间）	31.0	54.7*	1661年（清顺治十八年）	43.1	20.7
约1328年（元天历元年）	44.5	30	1753年（清乾隆十八年）	45.3	21.1
1393年（明洪武二十六年）	41.3	35.9	1815年（清嘉庆二十年）	47.8**	21.1
1522年（明弘治三十五年）	44.3	38.8			

注：*岁入税粮数，北方取辽阳、河南、陕西、甘肃四个行省。全部数据的比重为按各行省数合计重新计算。前项田土数仅有河南、江西、江浙三行省数。但此三行省税粮和占全部行省的83.8%，所以以田土数仅用三行省数有一定的代表性。

**1812年（嘉庆十七年）的田土数。

资料来源：王铮等《历史气候变化对中国社会发展的影响——兼论人地关系》，《地理学

第二，文化转移。唐至北宋，洛阳为学术中心，南宋时，转移到闽浙地区，南宋新儒家的代表朱熹所创立的流派被称为理学（闽学）。南方宗教人才的兴盛则来时更早。如盛唐开元天宝年间，六祖慧能崛起于岭南，中晚唐五代时，禅宗五宗联袂兴起，以赣、湘、粤丛林为基地，以星火燎原之势，席卷全国。钱穆从唐宋时期学术史的事实加以列论，说："中国学术思想史上有两大伟人，对中国文化有其极大之影响，一为禅宗六祖慧能，一为南宋儒家朱熹。慧能实际上可说是唐代禅宗的开山祖师，朱子则是宋代理学之集大成者。一儒一释开出此下中国学术思想种种门路，也可谓此下中国学术思想莫不由此两人导源。两人皆崛起于南方，此乃中国文化由北向南之大显例。"（《中国文化史导论》）

有宋一代，南方在文学上也露出峥嵘，如唐宋八大家，除唐韩愈（河南孟州人）与柳宗元（山西运城永济人）为中原人外，南方有 6 人：苏洵是苏轼和苏辙之父，四川眉州人；欧阳修（江西吉安人）是苏轼师；王安石（江西抚州人）、曾巩（江西抚州南丰人）也曾拜欧阳修为师。王安石主持熙宁变法，网罗大批南方人跟随，其对手司马光，则网罗大批关洛人士反对。南宋时期，中国文化重心南移的趋势向岭南地区、珠江流域延展。

据统计，现在有据可考的北宋进士有 9630 人，其中南方所占为 9164 人，北方仅有 466 人。明以后，岭南地区以珠江流域为中心，迎来了经济的大发展，而得以比肩于江南。

至明代，南盛北衰尤著。例如，明朝 277 年间共点录状元 89 人，其中南方 78 人、北方 11 人。再如，洪武四年（1371）至万历四十四年（1616）的 246 年间，每科状元、榜眼、探花及会元，共计 244 人，按籍贯统计，北方有 29 人，南方有 215 人，而南方又以南直隶（江苏、安徽，66 人）、浙江（48 人）、江西（48 人）、福建（21 人）最集中。由于顶尖人才须从娃娃抓起，需要雄厚的师资力量和财富力量支撑，反映了南北差距。表 3-7 是南北文化基础差异的反映，南方乡试人数始终比北方多，有时达一倍。

表 3-7　明历朝乡试数额

地区＼年代	洪武三年（1370）	洪熙元年（1425）	正统五年（1440）	景泰四年（1453）	嘉靖十四年（1535）	嘉靖十九年（1540）	嘉靖二十五年（1546）
南京国子监并南直隶	100	80	100	135			
江西	40	50	65	95			
浙江	40	45	60	90			
福建	40	45	60	90			
湖广	40	40	55	85		90	
广东	25	40	50	75			
四川		35	45	70			
云南		10	20	30	40		
广西	25	20	30	55			
贵州					25		30
交趾		10					
北京国子监并北直隶	40	50	80	135			
河南		40	35	50	80		
陕西	40	30	40	65			
山西	40	30	40	65			
山东	40	30	45	75			

资料来源：钱穆《国史大纲》（下），第 724～725 页，商务印书馆，1996 年。

第三，政治转移。政治转移一看中央政权之所在，二看地方管理机构之设置，三看治国人才之出处与归向。如唐朝开国时设十道，江南仅有剑南道、岭南道、江南道三个，显见对南方管理仍是粗放。唐玄宗时，增至 15 道，增设如江南西道、黔中道等。至宋太宗时设十五路，设广南东、广南西、福建、两浙等，南方行政区域愈加致密。宋神宗时，北方政区缩并，南方扩增，总设二十三路。如淮南东、淮南西、江南东、江南西、荆湖南、荆湖北、福建、成都、梓、利、夔、广东、广东西，管辖地域向南部、西南部倾斜，深入西南区域，加强对这些地区的管理。

到了元代，设 11 个中书省，南方只有 4 个：云南、江浙、江西、湖广。湖南、湖北、广东、广西一个中书省，与宋相比，其管理的粗略性足见。与唐相比，元疆域宽广，可政治网络不密，无心地方政治。明朝设十三布政使，北方占比不到 40%，余皆南方所立。

从政治人物籍贯看，唐朝宰相世系多在北方，369 人，出自 98 个家族，90% 为北方人。北方经五代十国的动荡，北宋建都开封，人才重心就偏向南方了，960—997 年，南北进士比例为 6：4。随后北方数量逐年递减，到北宋后期，南方占比超过 9 成，北方人才寥落（见表 3-8）。这与北方受到外敌威胁和黄河决口，经济社会普遍衰落有关。同时，南方社会相对稳定，在和平的环境中，人文化成，逐年积淀。至明朝时，人才南北差距扩大甚至上升为政治大问题，不得不惊动天子裁决。

表 3-8　宋代进士南北方时间分布序列

南北区域划分阶段	960—997	998—1020	1021—1063	1064—1085	1086—1100	1101—1127	北宋不确定朝	北宋总和
北方总量	209	190	369	148	84	112	292	1404
北方占比（%）	38.42	18.63	12.49	6.61	5.17	2.86	6.61	10.99
南方总量	335	830	2585	2090	2543	803	190	11375
南方占比（%）	61.58	81.37	87.5	93.39	94.83	97.14	93.39	89.01

注：北宋 24 路中的京东东路与西路、京西北路、河北东路与西路、京畿路、河东路、永兴军路、秦凤路划为北方，其余各路划为南方。

资料来源：乔亦婷《宋代进士的时空分布及成因》，《安阳师范学院学报》2017 年第 6 期。

前述经济与文化转移，自然带来政治的转移。如元朝建都北方，没有跟上经济与文化转移的趋势，一意盘剥，很快难以维持在南方的统治。明朝起于江淮，建都南京（1368），将安徽、江苏设为直隶区。明永乐帝迁都北京（1421），坚守国门，设南、北两京，就是在玩政治平衡术。永乐帝迁都还得铁腕高压才成，足见当时南方政治势力之顽固。明朝南北两京制的安排，在大空间里安排政治与社会事业，确保了明朝的绵延（包括南明政权的残喘）。如果不是小冰期气候构祸，或者崇祯早作南迁打算，启动长江中下游的经济与政治力量，大明或许还能延寿呢!

人口、经济、文化等转移到南方，在新环境里生根发芽，自有其新创想、新能力及缺陷。梁启超先生在《中国地理大势论》上列表（见表 3-9），从政治、学术思想和军事能力三个方面比较黄河流域与长江流域的区别。政治上，南方人不如北方人强，故立都多在北。本来，很多北人南迁就是厌倦政治的逃避，在南方山清水秀的环境中觅一处生活，寻一种心灵的陶冶，脱苦乐生，少一分政治热情。

表 3-9　黄河流域和长江流域的历史文化之比较

	北方	南方	结论
治	历代王霸定鼎，北方占绝大多数，历时共 2783 年	历来建都于长江流域者，除明太祖外，要么创业未定，要么败亡苟安，历时共计 366 年	北方视南方常占优势
学	春秋战国时，孔、墨在北；汉初北方独盛儒学；宋明时北人好言象数，多经世之想	春秋战国时，老、庄在南；汉初南方尤喜道家；宋明时南人首倡心性，多穷理之气	凡此者，皆受地理上特别之影响，虽以人事糅杂之，然其结果殆有不容假借者存也
事	北人南伐者得志，山东、江苏、安徽、河南、湖北最能举事	南人北伐者不得志	其所用兵，虽有种种特别原因，不能尽以归诸地理，要知地理为其一重要之主因

资料来源：梁启超《中国地理大势》,《新民丛报》1902 年第 6～9 号。

从北重南轻向北轻南重格局转变，是什么力量塑造的?

中国人口、经济、文化等从北重南轻向北轻南重格局转变，其推动力量首在气候冷暖、干旱的转变。北方黄河祸患、北方恶政之摧残是重要推手，南方水利兴修和人文事业建设是拉手。

1. 气候波动

自有历史记录以来，中国气候总体上朝着干冷方向发展，西北内陆越来越干燥，北方自然生产力下降，南方变得舒适宜人，是北重南轻转变为南重北轻的重要原因。正是该等转变，中国疆域才有如此磅礴模样。若北方游牧民族吃喝不愁，生活舒适，他们犯不上向南冒进，开辟新天。若中原族群非受生命威胁，安土重迁的他们当不致离开温暖舒适的安乐窝。因为这些宏观与微观的自然地理格局和自然环境转变，产生一种表面看似分裂、实是统一的力量，统一后，众受其利而避其祸。

以当代南水北调工程为例形象言之。中国北方地区缺水，工业、农业、人口、城市发展皆受制约。为解决水资源时空不平衡，扭转北方缺水局面，中国投巨资建设东、中、西线南水北调工程，北方发展约束才得以舒缓。为平复区域差异，竟然导致凝聚力的生成，这大概是中国疆域拓展的地理密码！

可古人并无如今改天换地的洪荒之力，只能被动应付气候和地理环境变化，必然因气候冷暖变化而产生"地缘震荡涟漪"，即一地发动的地缘力量推动波浪向四周震荡，引起大范围的社会涟漪，像在湖中丢石头，中心掀起波浪，涟漪便向四周荡开，积日累月而成规模。

中国的地缘震荡涟漪的推动力在于"气候冷暖变化"。第二章分析显示，在由暖变冷时，北方游牧族群会举兵南进，掀起地缘局势震荡的狂飙。当气候由冷转暖，则中原王朝从中央发动，向外推展，刮起开疆拓土、逐北追亡的狂风。政治与区域地理变迁又推波助澜，加强或减弱"涟漪"之动量。据此，又可细分为地理涟漪、政治涟漪、疫病涟漪等。

"涟漪"不论是由北方游牧民族发动还是中原王朝发动，都会造成族群间的激烈博弈与抗争，导致社会财富大量蒸发和毁灭，非有数代人努力不能恢复。而在南方，每一次涟漪荡来，破坏少，而建设多。中原族群带来先进生产技术与文化，相当于黄河流域几千年的文化积淀转移至长江流域。每次的"涟漪冲击"，北方总是消耗与毁灭，缓复生机，南方总是有积累而进步。北方破坏复破坏，南方积累复积累，此消彼长，以唐安史之乱为标志，南方兴起，至北宋时，南北基本平衡，以后就定格在北轻南重的总格局上了。

以两宋之际是南北重心转捩点，气候影响尤为突出，是分析气候对南北格局形成影响的典型示例[1][2]。宋之前的隋唐时期是中国历史上的暖期，所以北方经济持续繁荣。8世纪初至9世纪中期，西安皇宫和南郊曲池都种有梅花和柑橘。唐朝后期，北方逐步干冷，为弥补北方各节度使的财政紧张，国家下放权力，由节度使坐收坐支，北方遂转入衰乱，王仙芝、黄巢起义加剧了这个局面。11世纪初，关中和华北难觅梅树和柑橘的踪迹了。宋朝诗人苏轼（1036—1101）有"关中幸无梅"之说。王安石（1021—1086）咏红梅诗"北人初未识，浑作杏花看"，暗讽北方人不别"杏与梅"。公元1111年太湖全部结冰，冰上可通车。太湖和洞庭山的柑橘被冻死。1153—1155年，苏州附近的南运河结冰。福州在近1000年中，有两次荔枝被冻死事件，全在宋代（1110年和1178年）。

气候变化导致同一区域的粮食作物生长期变化。唐五代温暖期作物生长期比现今长10天以上，两宋寒冷期作物生长期则比现今短。唐人韩鄂在《四时纂要》"四月条"下谈及小麦贵贱与贮麦之事。而宋太宗、真宗几次在汴京之郊观割麦是在五月，两者相差明显。唐两税法规定夏税不过六月，秋税不过十一月。而北宋夏税则因南北不同，分别为七月十五、七月三十和八月初五。秋税则十二月十五截止，明显晚于唐代。农作物生长期缩短，则意味着产量降低，或者种植区域向南转移。

关于作物产量因生长期缩短或气温下降而下降，有科学研究证实，中国气温浮动1℃，产量也同方向浮动10%。若气温低，则遭受冻害、霜害的概率也大幅提高，北方甚于南方。唐五代温暖期时，北方小麦产量比前代高出10%以上，而两宋则低8.3%。

气候变冷导致水稻在北方分布区域大幅收缩。年平均气温降低2℃，种植带就要向南收缩2～4个纬度（300～600千米）。宋代前，水稻广泛分布，西起河西走廊，北抵河套、燕山南麓，东到大海的北方地区，其中关中平原、三河河东、河内、河南地区种植广泛。宋代气候转冷，降水减少，空气转干，水稻种植区域大幅萎缩，农业产量下降（如一年两熟改为两年三熟的旱作农业）。南方受气候

---

[1]　郑学檬、陈衍德：《略论唐宋时期自然环境的变化对经济重心南移的影响》，《厦门大学学报（哲学社会科学版）》1991年第4期。

[2]　参见张雨潇、张略钊《气候变迁在宋代经济重心南移中的影响》，《河南社会科学》2010年第3期。

影响较小甚至变得更加适合农业生产，小麦种植带向南扩展，麦稻轮作，或双季稻作，单产比北方大幅提高[1]。冬小麦需要寒冷期过渡，持续温暖地带反而不利于生长，气候转冷反而有利于南方种植，北界因寒冷而南退，南界也向南发展。南宋就有"苏湖熟，天下足"的谚语。百姓足食后，则转向经济作物种植，如种桑养蚕、木棉种植，带动手工业和商品经济发展，进一步推动经济重心南移。

桑树种植区域变迁反映南北经济重心转移。宋代，中国种桑地区由河南、河北转向环太湖流域。唐代年平均气温比宋代高 2 ～ 4℃，这意味着宋代时，适宜桑蚕种养区域亦向南移动 2.2 ～ 4 个纬度[2]。环太湖流域在发达的农业基础上，很容易转向桑蚕种植和纺织业的发展。总之，气候变冷引起区域地理环境的系统性变化，引起人地关系的重构，建立与此前相较退化的自然—人文区域生态系统，这是北方衰落的根源。

2. 黄河祸患

黄河流域虽是中华文明的摇篮，可由于其含沙量大和暴涨暴跌之性，造祸尤深。据统计，有文字记载的黄河决口达 1500 多次，河水泛滥流徙，轻则淹没农田，重则人田尽毁，逼迫流域之民背井离乡，中原地区财富积累缓慢，逐渐落后。

钱穆《国史大纲》说："黄河为中国患其事始于宋，历元、明、清三代不绝，却正是北方社会经济文化已在逐渐落后的时期。可见水患由于人事之不尽。"黄河为患，未必自然为患，而是人类盲动干预而造成。自然之患在于河水主、支脉或流经或发源于黄土高原，降水集中在 6 ～ 9 月，东出郑州桃花峪后入平原，流速减缓，泥沙淤积，河床抬高成为悬河，不得不倾尽社会资财防溃决，久而久之成累赘、祸患。大禹治水，河水沿太行山东麓北流，途中湖泊众多，可滞洪防溢，沿岸人文活动稀落，虽泛滥而非能为害。随着人类活动增加，村庄城镇渐密，河流决溢改道影响两岸居民生产生活，人便干预其流动，干预复干预，反成祸源。人类活动干预之大者，在于宏观地理格局下衍生的农耕族群与游牧族群之冲荡，一旦治河事业无人、

[1] 邹逸麟：《历史时期黄河流域水稻生产的地域分布和环境制约》，《复旦学报（社科版）》1985 年第 3 期。

[2] 黄世瑞：《中国历史上蚕业中心南移问题的探讨》，《农业考古》1987 年第 2 期。

无钱打理，河道自然可割可断，遂至于黄河决溢黄淮平原，泛滥成灾，人民流离失所，财富瞬间蒸发，中国北方（当时主要是黄河流域）因此遽衰。例如，北宋为抵御辽金，试图三次改变河流走向而未果，耗费大量人力物力；元、明时为保京杭大运河（会通河）漕运，违逆自然之势，持续在上游导河南流，汇流淮水；清代铜瓦厢决口 20 余年横流鲁西地区（见图 3-2），恰逢太平天国运动和外患侵略，清政府无暇亦无财力治河，是"水患由于人事之不尽"的最佳注脚[1]。

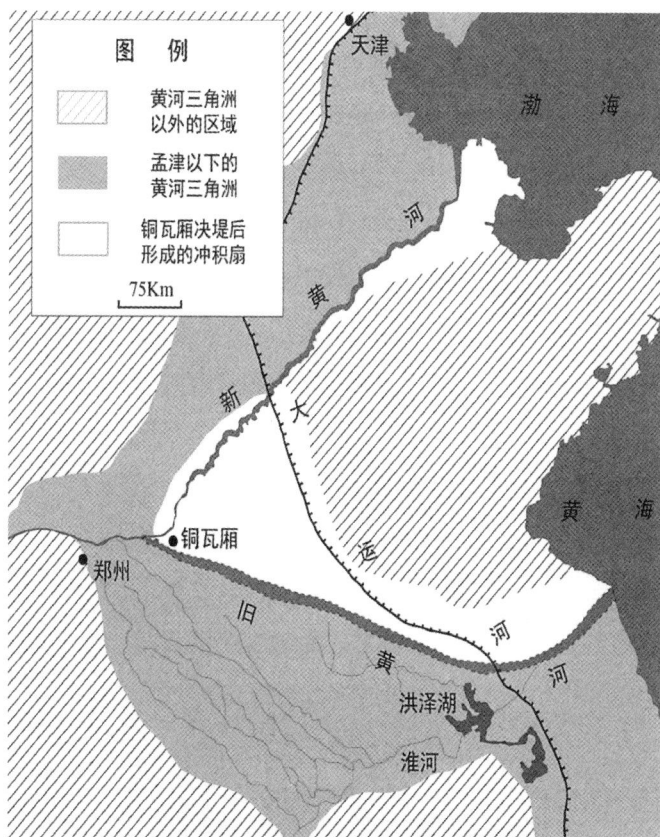

图 3-2 黄河铜瓦厢决口的影响

资料来源：古帅《铜瓦厢决口后黄河下游河道沿岸区域地形与河湖环境（1885—1911）》，《历史地理研究》2021 年第 3 期。

---

[1] 邹逸麟：《黄河下游河道变迁及其影响概述》，《复旦学报（社会科学版）》1980 年第 1 期。

（1）北宋违背黄河自然之性的"三易回河"

中国经济、文化重心实质性转移发生在中唐以后，五代十国加速，与之并行者，黄河在安稳了600余年后，宋清之际，泛滥、决口直至改道频发，成了南北重心转移的巨大推手。

唐安史之乱后，地方割据愈演愈烈，五代十国更无统一领导，北方就逐渐失去了对黄河的统一治理。后梁与后唐夹河对峙，为打击对手，不惜决水为武器。后梁贞明四年（918）、龙德三年（923）、后唐同光二年（924），皆决河水淹对手。这为北宋黄河决口改道埋下隐患。黄河从东汉至唐末安流600余年，上、中、下游形成整体，牵一发而动全身，一旦一处动，则全身有不虞之疾。

宋仁宗景祐元年（1034），河决潭州横陇（河南濮阳东），经今河北大名、馆陶和山东聊城、惠民，至山东滨州入海。这是宋代黄河的第一次大改道，改道后的干流史称"横陇故道"。宋仁宗庆历八年（1048），黄河在商胡（今濮阳市东昌湖集）决口北流。后文彦博主张走六塔河分流入海，虽遭欧阳修反对仍固执实施，结果封渡当晚黄河复决，淹死民夫士兵无数，房屋倒塌不可胜数。由于沿途是北宋经济核心区，黄河泛滥直接导致河北被毁大半。此为北宋"一易回河"。

宋仁宗嘉祐五年（1060），黄河自大名府魏县第六埽（今河南南乐西）决口，即"大名决口"，形成北流和东流，即所谓"二股河"入海。北流袭永济渠至河北青县汇海河入海，东流袭马颊河经山东无棣入海。熙宁二年（1069）八月趁东脉畅通、北脉渐浅之际，王安石决定黄河改道东流，故闭塞了北脉。结果，黄河在闭口以南的许家港东曹村溃决，位于北脉与东脉之间的若干州县受灾甚重。为北宋"二易回河"。此次溃堤淹没区域扩大至淮河流域，大约3000万亩良田被毁，曾经繁荣的淮河地区瞬间死寂。此次失败，宋神宗彻底灰心，不再轻议河事。

至哲宗一朝，北宋君臣着意将黄河导入东流脉络，可屡兴屡废，最终黄河也未东流。1099年截断北流通道，黄河却在上游河南内黄决口，复回北流老路。此为"三易回河"。20年后，金兵沿着黄河西侧南侵，亡北宋。

南宋建炎二年（1128年，金太宗天会六年），宋东京留守杜充闻金兵至，约在卫州（治今河南汲县）决河，导致黄河由泗入淮，从此黄河离开传统的北流和东流时期，进入南流阶段。在此后的700多年中，黄河以东南流入淮为常，深刻改变了黄淮之间的地理面貌。这可苦了鲁西南、皖北、苏北一带生民。以前黄河北流的烂摊子没有收拾干净，生产力未恢复，河水又南流，黄淮之间又遭河祸，北方更是经济、人文凋敝，加速了重心南移的速度。

由于黄河最终没有按照宋朝君臣的路线流动，折腾的结果是华北平原由富庶之地变得满目荒残。北宋之亡，亡在黄河！

第一，北宋治河，首因军事需要，以阻辽兵。为此，北宋在易水、白洋淀至渤海东西一线费三十年光阴建设"水长城"：东线为雄州（今河北雄安）—渤海方田—斥候工程，水网密布，陷坑连环，以阻挡骑兵奔腾；西线为白洋淀以西—太行山的平原屯田水渠工程，设立城堡，不但粮食自给，依靠水网还能阻挡北方骑兵。这项工程西起保州（河北保定）以西的人工湖泊西塘泊，东到渤海累计450里，横贯华北平原。这条防线在东部地区南北最宽处居然达到150里，最窄的也有8～10里，水深1丈左右。该防线虽然抵抗北方，但也断了宋人北伐的可能。但出于防备需要，宰相文彦博谋划封商胡决口由六塔河分流，反而累及黄河上游大决，冲决下游河道，本来千里沃野的下游旋成潟卤之地。防线本以水为主，黄河改道直将水网打乱，水源断绝，防线10余万驻军锐减至2万～3万人，名存而实亡。

第二，黄河北脉在天津入海，对于北宋国防极为不利。因为辽、金骑兵可在其国境内越过黄河，一路向南，一马平川，毫无阻挡。所以，宋朝上下反复考虑引河水东流。因东流线路在宋地，辽、金兵难以跨过黄河。所以，整个大宋朝都在为帝国的命运博弈，明知不可为而为之。

第三，黄河屡屡决口泛滥，消耗了北宋帝国的钱财。北宋时期，黄河平均每2.4年就大决，洪水所过一片泽国，水退后则旱灾、蝗灾交加，河北之地荒残、人烟断绝。

总之，黄河不能安流，自然原因为基底（华北北部地面抬高，湖泊缩小，防洪能力下降），叠加兵祸，扰动"龙脉"。而兵祸之因，在于中国的宏观地理格局，即北方游牧民族南下，与中原政权争锋黄河沿线。两者皆以黄河作武器抵挡对方大军。由于人为干扰，黄河失其自然之性，不能安流，故祸乱华北平原。本来这里是富庶之地，是王朝生存的澎湃动力，黄河泛滥导致失去经济动力，反成累赘，是北方萧条重要原因。

（2）黄河泛滥与金朝之灭，黄淮之间一派萧条

南宋建立，与金朝以淮河为界南北对峙，治理黄河转由金人承担，他们对黄河更有心无力，终被其灭亡。

黄河在金朝治下更不安分，屡屡决口泛滥，在阳武（今河南原阳）以下至入淮间"或决或塞，迁徙无定"。金世宗完颜雍（1128—1189）之前诸帝忙于征战，无心治黄，他在位29年，号称"小尧舜"，虽有雄心治黄，可黄河一点面子也不给，照样决溢不断。兵荒马乱之际黄河决口成了"习惯"，改变黄河命运和中原命运的大决口总有一天会发生。

金章宗明昌五年（1194），第四次大徙，河决阳武（今河南原阳县）光禄村。据胡渭考证："是岁河徙自阳武而东，历延津、封丘、长垣、兰阳、东明、曹州、濮州、郓城、范县诸州县界中，至寿张，注梁山泺，分为两派：北派由北清河入海，今大清河自东平历东阿、平阴、长清、齐河、历城、济阳、齐东、武定、青城、滨州、蒲台，至利津县入海者是也；南派由南清河入淮，即泗水故道，今会通河自东平历汶上、嘉祥、济宁，合泗水，至清河县入淮者是也。"此次河决后河道南移，分别进入泗水及济水故道，而形成新的南、北两派。河水十之二三由北清河（今黄河）入海，十之七八由南清河（泗水）入淮。南派水势大于北派，这是黄河流行于山东丘陵南之始。

为治理河水改道决溢，金朝都水监田栎建议放水入梁山泊，由南北清河分流，这样对山东和中都（今北京）有益，但未获尚书省采纳。仍旧采取缝缝补补措施，施工期间，黄河再次决口（1194），只好让黄河改为东流。金朝为实施这项工程，凡计工870余万。

后来蒙古兵围金南京（河南开封），决堤灌城，洪水却绕城而去，泛滥江淮、华北、山东一带。由于黄河泛滥，蒙古军也被迫撤兵，金国又苟延残喘了2年。由于金国被压缩在黄、淮之间，地域狭窄，产出极少，财政枯竭，更无力抵御蒙、宋两边挤压，一时得意的强盛霸主在血泊里退场，中原女真人几被屠戮殆尽。

（3）黄河构祸与元朝败亡

黄河自夺泗入淮后，每有决徙，常分成几股入淮（汴河、涡河、濉河、颍河等），紊乱如麻。枯水季以一股为主，洪水季节数股并流。至元代，从历次决口中形成汴、涡、颍三条泛道入淮。元末黄河泛滥尤重。

例如,元顺帝至正四年(1344)夏五月,大雨二十余日,黄河暴溢,水平地深二丈许,北决白茅堤(今河南兰考东北)。六月,又北决金堤。沿河郡邑,如济宁路(治今山东巨野)、曹州(治今山东菏泽)、大名路(治今河北大名南)、东平路(治今山东东平)等所属沿河州县均遭水患。元廷束手无策,以致水势不断北侵,至正八年(1348)正月,河水又决,先是淹没济宁路诸地;继而北侵安山,沦入运河,延袤济南、河间,将隳两漕司盐场,实妨国计。运河中断将危及大都粮食和生活必需品的供应;水浸河间、山东两盐运司所属盐场,将会使元廷财政收入急剧减少,大有掐断元王朝经济命脉之势。

至正九年(1349),右丞相脱脱力主治河,并向朝廷推荐贾鲁主抓。贾鲁治河以保护会通河漕运为初心,方案是疏通汴水与蔡河故道,从西部导河水入淮水。元顺帝批准征发汴梁(今河南开封)、大名等十三路民工15万以及庐州(治今安徽合肥)等十八翼军士2万,投入治河工程。仅开封、荥泽便动用人力近130万。贾鲁采取疏、浚、塞等多种治河措施,迫使黄河通过新浚河道,合淮入海。

但这次治河,却掀起了红巾军农民起义的惊涛骇浪。河工事先在河道埋石人,并散布谶语"石人一只眼,挑动黄河天下反",趁机起义。原来,黄河沿岸洪灾、饥荒、瘟疫本已十分严重,贾鲁治河所用钱款皆丞相脱脱滥发的新钞,相当于扩大基础货币发行,变相剥夺百姓财富,加剧通货膨胀,社会矛盾空前激化。

且此时元朝统治者汉化速度慢,仍有蒙古、色目、汉人、南人之分,江淮之地的南人和长江流域的汉人借机造反。淮河以南的运河堵塞,或者为起义军占领,海上运输也被起义军阻断。相当于元朝的动脉血管被割断,头脑失去营养,不亡而何?朱元璋也在此次起义的行列里。经过元末农民起义和黄河泛滥,中国北方更是萧条。

(4)明清黄河决口与治理,黄淮之间被祸刻深

明朝统治的276年间(1368—1644),治黄策略仍与元朝相似,为维持运河漕运力避黄河向北溃决。

明初黄河决口、泛滥不绝。据统计,洪武元年(1368)至建文二年(1400)共32年,淮河流域凡14年受洪涝之灾,事关黄河夺淮者凡13年。一年受灾,

数年不能恢复生机，黄淮之间，衰落难振。据《明史·河渠志》，明洪武十五年（1382），黄河在荥泽、阳武决口，经由怀远县挟涡入淮。洪武二十四年（1391）四月，黄河河水暴溢，系明代首次大规模夺淮，凤阳府受害广泛刻深。明朝中期时黄河流域萧条何景？周用《理河事宜疏》（嘉靖二十二年，1543）云：

> 臣窃见河南府、州、县密迩黄河地方，历年亲被冲决之患，民间田地决裂破坏，不成陇亩。耕者不得种，种者不得收。中土之民，困于河患，实不聊生。至于运河以东，山东济南、东昌、兖州三府，虽有汶、沂、洸、泗等河，然与民间田地，支节脉络，不相贯通。每年泰山、徂徕诸山水发之时，漫为巨浸，漂没庐舍，耕种失业，亦与河南河患相同。或不幸值旱暵，又无自来修缮陂塘渠堰，蓄水以待雨泽，遂至齐鲁之间，一望赤地。于是蝗蝻四起，草谷俱尽。东南西北，横亘千里。天灾流行，往往有之。

若前溯，山东在汉、唐时，正犹如江、浙之在元、明，所谓"岁漕关东粟数百万石"。时黄河北流，关东之地，除湖泽山岭外，多为沃野良田。至明代中后期，山东、河南就衰落到如此光景（还与气候有关，见第二章）。如果考虑到历代盛世皆由治水治河而兴，山东、河南地方水利不修，政府不为，民间不作，则北方之衰"则多半在人事，不必远推至气候雨量或人种血统等种种渺茫之臆测也"（钱穆语）。

明弘治六年至八年（1493—1495），黄河北决，威胁会通河漕运。为此，明廷委任刘大夏治河，于黄河北岸筑太行堤，自河南胙城至徐州长一千余里，阻黄河北决，迫其南行。在黄陵岗（山东曹县境）以下，疏浚贾鲁旧河，分泄河水出徐州会泗河。直到明正德三年（1508）黄河主流由徐州入泗，黄河向南经涡河、颖河入淮河的水量才逐渐减少。

明万历六年至十七年（1578—1589），潘季驯与靳辅计划采取"蓄清、刷黄、济运"方法，束水攻沙，并修筑高家堰（洪泽湖大堤），迫淮水入黄河攻沙，黄河趋于一时稳定。但以后河床不断淤高，两岸决口增多。在明万历统治时期的1596—1619年，黄河决口18次，对山东、河南和河北的破坏尤其酷烈，治河又给百姓和政府造成沉重负担。由于洪泽湖大堤加高，对里下河地区造成严重威胁。

明末官兵主动扒开黄河试图水淹李自成领导的起义军，大水却淹开封城，则是另一大奇闻了[1]。明崇祯十五年（1642）九月，李自成率农民起义军第三次围困开封城，黄河在柳园口附近的朱家寨、马家口决口，开封城内顿时一片汪洋，水中可睹者只有钟鼓两楼、各王府屋脊、相国寺顶、周王府紫禁城及上方寺铁塔而已，东京风物尽付茫茫波涛。全城37万多人，存活者不足2万。溃水进入涡河，涡河水位骤高两丈，开封东南六七百里尽成汪洋。有人在开封到固始县之间行走六天不见一人，但见草长数尺，野狼千百成群，行人必须结伴同行，人人手拿柳木棍，不怕贼寇，只防狼兽，"绝人迹者三年"。

自明朝建文帝二年（1400）至清咸丰五年（1855）的455年间，淮河流域有45年发生洪水和特大洪涝灾害，黄河决口导致的就达39年，淮河流域包括蚌埠地区的洪涝灾害比以往更重，并形成了"大雨大灾、小雨小灾、无雨旱灾"的凄苦境况。直到1855年黄河河道北徙，又经20余年的游荡，才定鼎大清河故道入海至今，南流造祸稍微舒缓。元明清之际，黄河南流给下游黄淮之间的影响相当大，如苏北盐城，唐宋时距海不到1千米，15世纪扩大到15千米，17世纪达25千米，19世纪中期达50千米，其对安徽、江苏北部、山东鲁西南、河南东部的影响至今仍未消除。这些地区经济发展长期落后于未受黄河泛滥影响地区。

以笔者亲历为说：从孩提（1970）有记忆起至改革开放（20世纪七八十年代），故乡山东郓城，距离黄河大堤30千米，南金堤10千米。村中泥土泥房草木顶，大风起处黄沙漫天，村北的土坯房屋后，沙岗与屋脊齐平，村北栽树，大风起处呜呜作响，满目萧瑟！村前、村后土地因冲积高低不平，低洼处积水为盐碱地，夏日茅草滋生，听取蛙声一片，不明者以为田园牧歌。为改良土壤，父辈深挖一人多深壕沟，将淤泥老土翻到上层，风化后与沙土混合。现在终于变成良田沃野，旧时光景难觅。儿时记忆中，祖辈们还用牛车（20世纪80年代）、木犁、四木轮

---

[1]　至于谁扒开黄河淹开封，历史记载不一。有李自成号令者，有官兵谋划淹起义军者。只是扒开口子后，黄河暴涨，则是其始料未及，导致空前浩劫。

牛车。父辈们拉地排车跑运输。小麦亩产量不过100斤，包产到户后，亩产量是400～500斤。古今对比，明清时期黄淮地区之落后，读者可以想见了！

（5）黄河决口的宿命：漕运与帝国格局

隋炀帝开通汴渠，沟通江淮，表面看有大利益，可往深里看害亦不少，利害之间，影响帝国疆域治理格局。宋丁谓说："汴渠派分洪河，自唐迄今，皆以为莫大之利。然迹其事实，抑有深害。何哉？凡梁、宋之地，畎浍之利，凑流此渠，以成其大。至隋炀将幸江都，遂析黄河之流，筑左右堤三百余里。旧所凑水，悉为横截，散漫无所。故宋亳之地，遂成沮洳卑湿。……且昔之漕运，冬夏无阻，今则春开秋闭，岁中漕运，只得半截。"（《王文正公笔录》）

北宋时，运河不通北方，因北方为辽、金分领，黄河为天险、界河。南宋时，黄河又在黄淮地区肆虐，分割南北。元朝前期，运河不通，南北运输走海路——从杭州、镇江出发，越山东半岛到直沽（天津），再走水路到大都。海路虽顺，但凶险异常，帝国命运难以寄托。元世祖忽必烈决定重开漕运，但彼时运河之开并没顾及沿途水利，反而破坏了沿途水道脉络，祸及农业生产和农民利益，造成北方衰落。北方衰落，则元王朝更仰赖南方供给，漕运安全更显重要，黄河诸支脉水系更受伤害，祸及淮河支脉（如泗水），形成恶性循环，是元朝加速衰亡的重要一端。这就是中国历史的地理密码。

至于明朝，为保南北大运河畅通以利漕运，则确保引黄河入西部的贾鲁河、颍水、涡河入淮河，淮河流域之民受害尤深，一度水经邗沟入长江，横流漫溢淤积，影响深远。同时，为保黄河北岸，确保山东济宁向北到临清漕运畅通，明廷在北岸筑起两道高堤。本来，黄河北岸地势低于南岸，却人为地引导黄河南流，是明朝黄淮之间河患频仍的重要原因。

但如果明朝不保漕运，"天子守国门"战略、九边将士、长城内外就会失去战略支撑，北京失去脐带供养，而难持久。这表明，地理大格局决定着中原的小格局，从而影响中原的每个家庭，进而影响帝国命运。

3. 北方社会受到的政治盘剥与摧残

安史之乱后，北方藩镇割据，对所辖百姓盘剥以蓄客养兵，坐收自肥，至于五代兵争，互相缠斗代更，北方之民备受摧残。及后晋皇帝石敬瑭割让燕云十六州予契丹，北方之祸骤然放大，长城内外之民受契丹故意骚扰，百姓不得生聚种养，贻误农时，造成持续性衰落。同样地，在宋夏、宋金对峙拉锯地带也是如此。

传统政治治民在于生民之产，养民之欲，使之有恒产恒业，以养身亲，享天年。天下甫定，按理说社会应恢复生机与活力。可有些统治者非以治民之产为务，反而以"牧羊人"心态搜刮。在元朝的统治之下，北方人口十不存一。及兵戈既过，蒙古复设军屯、民屯之制，又有僧侣道观占田滋养，更设官田，分赐宗亲贵戚，作威作福于下民。元朝本有歧视之制，人为分裂社会，划分贵贱，分等而税，绝非良政所应为也！丞相脱脱更钞法，滥发货币，更是"明火执仗的豪夺"，其不惜民若是！这与中国传统政治精神有云泥之别，相差太远，所以元朝统治仅仅70余年，天下就已经沸如鼎汤，此时气候恰进入小冰期，干旱变冷，产量下降，灾害频发，元朝又苟延20余年，留下的是北方社会的满目荒残。

明朝皇帝为弥补不许皇族入仕之亏欠，便赐田勋戚，在经济上补偿，以致皇庄遍布农村，汲取农村精血，成为社会的破坏力量。如明神宗时，八王所占庄田，几占河南土地1/10，因其积财深厚，成为明末农民起义军诛杀的对象。明太祖地下有知，不知他对当时封建诸王的自信心还存在否？

4. 南方水利之兴作与人文日盛

北方人向南迁移，东晋、南朝和隋唐，南方获得大进步，但与北方比仍较落后。顾炎武《天下郡国利病书》记载历代江南水利，五代前仅唐元和五年（810）王仲舒治理苏州，修建松江大堤通路一事。苏州有瓦屋，也是自他开始，足见长江下游特别是环太湖流域开发比黄河中游地区晚多了。此后，长江下游特别是江浙一带的发展才上轨道，粮食产量因水利兴修直线上升。

由于环太湖流域光热充足，时空配合佳，搞好水利事业，便是人间天堂。五代时，吴越建国（907—978），范围约现今浙江省全境、江苏省东南部、上海市和福建省东北部一带。国王钱镠修筑钱塘江石塘（捍海塘），又置都水营使，主管水利事业，治河筑堤，发展了太湖一带的圩田。设"撩水军"四部七八千人，专门负责浚湖、筑堤、疏浚河浦。旱则导水入田，涝则引水出田，苏州、嘉兴、长洲等地得享灌溉之利。

太湖流域发展离不开和平稳定的政治环境。吴越国奠基人钱镠以苍生为念，告诫后代不要割据称王，在五代十国代更之际，两浙竟不被兵燹。及赵宋建极，吴越王在太平兴国三年（978）纳土归宋称臣，凡所部十三州、一军、八十六县、五十五万六百八十户、十一万五千一十六卒，悉数献给宋。由此，如此和平局面才有人组织、有人付出心血付诸水利事业，不至于荒废。宋仁宗庆历时，范仲淹上奏说："江南旧有圩田，每一圩田方数十里，如大城。中有河渠，外有门闸。旱则开闸，引江水之利；潦则闭闸，拒江水之害……皇朝一统，江南不稔，则渠取之浙右，浙右不稔，则取之淮南，故农政不修。江南圩田，浙西河塘，大半隳废，失东南之大利。"（《续资治通鉴长编》卷一四三"答手诏条陈十事"）这从侧面表明，江南之所以成为富庶之地，主要因为人事组织、政府作为。自然条件不变，只要增加劳动投入，老天爷就会眷顾下民。宋代以后，江南人才辈出，人文环境改善，自然有人挑头铺排水利事业，筑成一个个塘坝圩田。而民间人士也暗自研究环太湖水利，提出真知灼见（如水利专家郑亶所为）。

可在北宋时，东南漕米主要是江西所贡献，江浙一带仍未占江南农业的最高点。宋室南迁，加快了江南地区的开发步伐。绍兴五年（1135），屯田郎中樊宾说："京湖、江南与两浙膏腴之田，弥亘数十里，无人可耕。中原士民扶携南渡几千万人。若使流寓失业之人，尽田荒闲不耕之田，则地无遗利，人无遗力，可资中兴。"（《宋史·食货志》）当一个社会从水利兴修中尝到甜头，便上下形成共识，吸引社会中的有生力量加入进来，越发进入正轨。元代水利专家任仁发（1254—1327）著《水利集》中说："国家混一，江南创开，海道亦岁运粮米二三百万石，京师内郡赖以足食，所谓苏湖熟天下足者。此也，若水利无益于国，无益于民，前圣后贤胡为而为之哉？"又云："钱氏有国一百有余年，止天福年间一次水灾。宋南渡一百五十余年，止景定间一两次水灾。盖由当时尽心经理，其间水利当兴，水害当除，合役居民，不以繁难。合用钱粮，不吝浩大。又使名卿重臣，专董其事……遂使二三百年之间，水患罕见。"可同时期，元代的北方，黄河泛滥决口是家常便饭。南兴而北衰足可见矣。

钱穆在《国史大纲》中云："三吴水利，做了宋以来中国一千余年经济文化之重要营养线。宋以前一千余年中国经济文化之营养线，则在北方。可见北方在当时，亦应有过同样类似的人力之经营。"其实，中国历史上的地缘政治集团都有"经济心脏"，如公元前 6 世纪楚国令尹孙叔敖主持兴建的芍陂塘让楚国得以强大。秦国修建郑国渠，为统一天下奠定了粮食基础。以后的帝国总有自己稳定的核心经济基地，苦心经营。

南方经济与社会不断迭代发展，一隅进化带动全域跟进。南宋时，以太湖流域大开发为主，有"苏湖熟，天下足"之说，经元代战乱，北人南迁，特别是云梦泽的变水为陆，为两湖地区发展奠定基础，湖广地区成为天下经济的又一中心。明清时期，环太湖流域转向棉花、蚕桑等经济作物种植，发展商品经济。江汉平原地区进入大开发阶段，湖荡洲滩被大面积围垦为田，农业生产技术和水平提高，作物结构多样化，农副产品商业化突出，以至于有"湖广熟，天下足"之说。湖广地区人口快速增加，才有明清时期的"湖广填四川"之说。人文日盛、人才辈出，是得以经略天下的人才渊薮。

总之，地理环境变化，导致北方南压，中部地区的生产力不断向南转移，在南方温暖湿润、不断优化的环境里，生根开花结果。最终，中国的人口、经济、文化重心南移，南重北轻的格局奠定。

第四章

天下何以能『分久必合，合久必分』？

《三国演义》开篇云：

> 话说天下大势，分久必合，合久必分：周末七国分争，并入于秦；及秦灭之后，楚、汉分争，又并入于汉；汉朝自高祖斩白蛇而起义，一统天下，后来光武中兴，传至献帝，遂分为三国。推其致乱之由，殆始于桓、灵二帝。桓帝禁锢善类，崇信宦官。及桓帝崩，灵帝即位，大将军窦武、太傅陈蕃共相辅佐。时有宦官曹节等弄权，窦武、陈蕃谋诛之，机事不密，反为所害，中涓自此愈横。

罗贯中是明朝人，他以东汉末年宫廷权力倾轧为背景，演绎天下分合离乱之由，倡扬道德五常，标榜君臣忠诚友爱。他通过血淋淋历史演绎告诫社会违背儒家伦理的代价，如果读者误以为他轻视"地理因素"对历史的影响，就大错特错了——因为他紧接着就谈气候的决定作用：

> 建宁二年（169）四月望日，帝御温德殿。方升座，殿角狂风骤起。只见一条大青蛇，从梁上飞将下来，蟠于椅上。帝惊倒，左右急救入宫，百官俱奔避。须臾，蛇不见了。忽然大雷大雨，加以冰雹，落到半夜方止，坏却房屋无数。建宁四年（171）二月，洛阳地震；又海水泛溢，沿海居民，尽被大浪卷入海中。光和元年（178），雌鸡化雄。六月朔，黑气十余丈，飞入温德殿中。秋七月，有虹现于玉堂；五原山岸，尽皆崩裂。种种不祥，非止一端。帝下诏问群臣以灾异之由，议郎蔡邕上疏，以为蜺堕鸡化，乃妇寺干政[1]之所致，言颇切直。

---

[1] 按《周礼》，有宫人、寺人和内竖等。宫人为王服务，清理污秽之事（中涓）。[转下页]

自然地理环境之变引起的灾祸异象，反映到百姓生活，上升为政治动荡，钩心斗角的宫廷政变，是典型的地理学的核心关注——人地关系。灾异之说，牝鸡司晨之类，隐喻周幽王宠幸褒姒，昭示不祥。孔子作《春秋》，多书灾异，《公羊春秋》借题发挥，将灾异与人事联系，以预言人事吉凶之变。西汉董仲舒对《春秋》微言大义解释，主张天人同构、天人感应、天人同理，延伸为天有异象必是君王有过错，必内省悔过、修德以应天。

灾异之说外，又有谶纬之演绎。秦末陈胜吴广大泽乡起义，就采取在鱼腹中书神示，以鼓动士卒揭竿而起。汉高祖刘邦斩白蛇起义而得神助，建立汉家天下。至东汉创始人——光武帝刘秀大搞"谶纬"之说，以灾异预言社会事变上升为一套政治哲学，言兴言毁，上至庙堂，下至市井，成为时人谈资。东汉末年，恰天下沸腾，黄巾大起义动摇东汉根基。皇室内部，王权弱化，百官与宦官争权，宫廷内斗你死我活，党同伐异。导火索是自然环境的恶化，社会则论以灾异、谶纬之说，街谈巷议，舆情纷纭，导致人事之紊乱，天下散乱分裂……

可见，在统一与分裂的演变过程中，地理环境变化起着基础性作用。最浅显的道理是：若生命不受威胁，有吃有喝，谁闲着没事起义，参与残酷的搏杀，而不顾惜生命？无吃无喝的情况下，生命本如草芥，若捐之以博新天，有何不可？

统一与分裂：概念之厘清

就中国漫长的历史看，统一与分裂是值得细辨探讨的话题[1]。

古人由家庭上升为氏族，氏族由部落团聚为城邦、部落联盟、古国，进而团

[接上页] 寺人为后宫服务，掌管宫女，服务后宫妃嫔等。内竖为未成年者，用来沟通王与后宫杂事。灵帝时的十常侍是皇帝身边的太监之类。妇寺干政，是指后宫外戚与寺人勾结，操纵政权运作。十常侍架空皇帝，恰好与后宫产生矛盾。窦宪、窦武被杀，后来，何进也被杀。即外戚之内宫与外朝之太监集团斗争。这些政治势力兴风作浪，主要是东汉后期，皇帝普遍年幼所致。此为王纲解纽、天下分裂的重要原因之一。

[1] 读者另可参阅葛剑雄：《统一与分裂——中国历史的启示》，商务印书馆，2013年。该书从学理上，对我国历史上的统一与分裂做了探讨。

聚为帝国，大趋势是合并。先民在独立地理单元内生活，互不隶属，我们不能视之为分裂，因为它们本不曾有统一。如《尚书·禹贡》五服职贡是按距离远近承担不同的职能和贡赋，君王主甸服、侯服、绥服，而承认要服、荒服的相对独立性（见图4-1）。虽说"溥天之下，莫非王土；率土之滨，莫非王臣"，可这是王者无外思想，并非历史事实，王权当然有不能触及处。

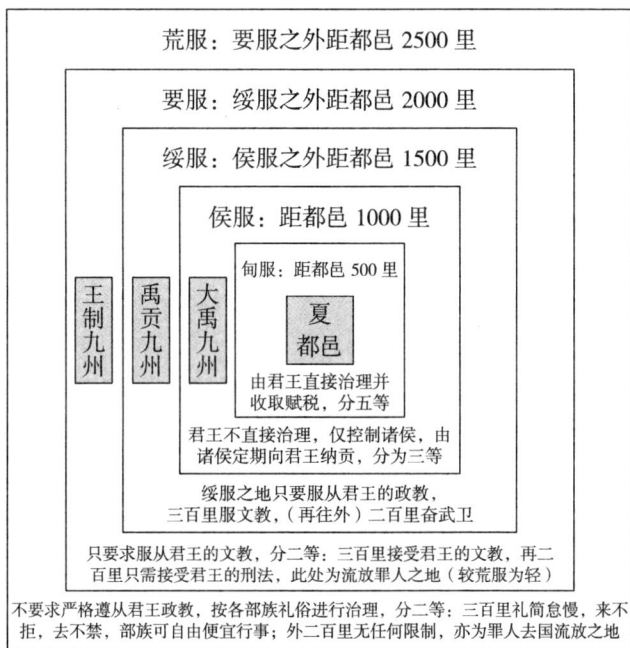

图4-1　《尚书·禹贡》天下统一的五服职贡图理想模型

地缘政治体并存分为原生并存和次生并存两类。前者指地缘政治体本在不同的地域内繁衍生息、无隶属关系，如西汉与匈奴并存。若此类政治地缘集团交往，甚至通过战争征服统合为一个政体，则称为"原生统一"。该统一政体若再分裂，分为互不隶属的政体（国家），才称得上"分裂"，如瓦当摔成若干碎片，即瓦解，形成次生并存局面。瓦解，其实是"治权"不同，各占一方，划界而治，可各方无法否定共同的血缘、文化，所以，以治权统一为鹄的，实现王权无外统一之治。如果分裂各方破镜重圆，则视为再统一。

次生性并存是指统一的中央王朝再与周边地缘政体或者部落邦国、帝国共存，或者原来中央王朝分裂为并列政权，共同存在（如三国鼎立、南北朝）。统一与分裂就形成一种演变序列：原生并存→原生统一→次生分裂→混合型统一→混合型分裂。原生统一发生在地域上并列的、不同地缘政治体之间。次生分裂是统一政治体因内生矛盾（如农民起义、气候突变）或者外缘打击分裂为两个或多个政体。混合型统一，是指中央王朝的统一与域外夷狄合并同时发生，如宋、金、蒙争斗，蒙古先灭金，又灭南宋统一天下，统一之后的疆域比原来更磅礴宏大。

统一与分裂有时呈现为复合状态：分中有合，合中有分。任何一个王朝，在兴起的阶段往往是分裂的，即使立有皇帝和都城，至真正统一也需要时间，且外围疆域广大，内部又广谷大川异制，统一事业在王朝建立之初一般还在路上！王朝后期天下散乱，老王朝僵而未死，新王朝扩张未毕，天下定于一又需时间折腾（见图4-2）。例如，西汉自公元前206年起算，始自刘邦被项羽分封到四川盆地和汉中盆地做汉王，其实，此时天下仍是分裂的。即使刘邦消灭项羽的大楚政权，天下仍未算统一，如赵佗还在南越称王。再如东汉末年，张角领导的黄巾大起义（184）席卷天下后，地方部曲势力各霸一方，汉天子徒有虚名，政在权臣和州牧。且北方乌桓窥伺，里应外合，搅动天下难安。建安十三年（208），赤壁之战后，三国鼎立的形势才大定。汉献帝名义上虽继续称帝（220年禅让），事实上已失"皇帝"之实。其间分合离乱，人间悲欢，真是演不尽的大剧目。

总之，认识中国历史，分分合合是一个切入口。明乎分合背后的地理原因，则能真正懂得中国。

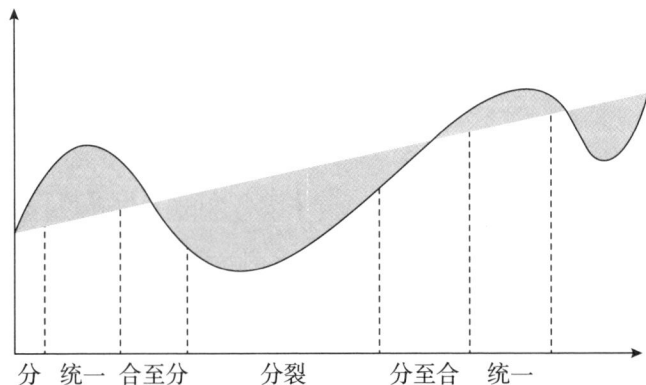

图4-2　统一与分裂的波动性和阶段性变化

分分合合的历史进程

《周礼》云："惟王建国，辨方正位，体国经野，设官分职，以为民极。"天下一统是"王权浩荡"，号令出于皇帝一人。天下分合是土地与人民"统治权分合"，统一即天下四方缔构一个中央，统一治权，合并疆域，统一典章与文教。也就是"车同轨、书同文、行同伦"，既有空间意义，又有文化、制度意义，三位一体。若无统一的政府，则不得谓"统一"，若有统一政府，土地及人民暂不能统一，也算是统一。

秦汉统一天下之后，中国统一与分裂就有标准可依——统一是指新王朝能否超越或者比侔秦帝国疆域，或是否将华夏中心区域统合为一，向外扩展，规模扩大。中国的分分合合是一个渐进的历史过程。

1. 周秦之际的统一、分裂与再统一

第二章气候变化曲线显示，商周之际，气温急速下降，进入冷期，干旱少雨，天灾并发，可纣王仍穷奢极欲，大兴土木，燕舞笙歌，酒池肉林，制炮烙之刑以残民害义，遭商民严重抵制，在牧野之战中临阵倒戈，使得武王以"小邦周"战胜"大邑商"，代商主天下。

如何管控东方广土众民和殷商遗民呢？除临民有德的软招外，周武王及其辅弼大臣创造性地设计了"封建"硬招——将亲族子弟勋臣贵胄派往战略要点实行"军事殖民"，再许各诸侯国分封卿、大夫、士，层层分封，形成统治空间网络。周公于洛阳建天子明堂，制礼作乐，建立宗法制度，实现对诸侯国的管控，讨平管蔡之乱，杀武庚后，迁商遗民至宗周以严密监管其行踪。从周王室看，封建可谓分中有统、统中有分。分封的是疆域，建统的是血缘、文化、礼乐制度。封建向天下注入了无形的"统一"精神力量，是中国凝成今日之模样的逻辑起点。

西周中期之前，诸侯力量弱小，王室强大，不听王命则天下共讨伐之。西周中期后，特别是穆王北征犬戎不果后，王室力量才逐步衰落。周幽王宠幸褒姒，

试图废黜嫡长子宜臼，一通胡乱操作，导致申侯引犬戎入侵国都，弑君杀臣。平王虽得立，可惜旧都为犬夷霸占，不可安处，被迫东迁洛邑（今河南洛阳），建立东周（前770）。

春秋之际，王权力量弱化，政由方伯连帅，霸政继起，郑、齐、晋、楚、吴、越相继称霸，尊王攘夷，匡扶社稷。诸侯国国界毗连，犬牙交错，争地夺壤战争越来越频繁。天下走向分裂，不但行政互不隶属，疆土日益分崩离析，相互攻击如寇仇，诸侯数量大幅减少，地缘政治体因兼并变大，其中楚国并国数量众多，秦国是平王东迁后分封在关中平原西部，竟然顽强地崛起为诸侯国之一。

进入战国，韩、赵、魏三家分晋，郑国为韩所灭，吴、越为楚兼并，楚国兼并南方诸国坐大，问鼎中原，观兵周郊，诸侯国之间血缘关系或无，或远亲至于无亲，走向真分裂。但诸侯国君都有统一天下的雄心和舆论准备。秦最终荡平东方六国，统一天下，并将疆域向外扩展，北到长城，南越南岭至珠江流域，统一度量衡、文字、制度等。以后凡论中国统一与分裂皆以秦帝国建立前后为参照系：既有以中原为中心的疆土，又有华夏文化和风物制度的统一为基础。

秦始皇二十九年（前218），统一天下第二年，就命令太尉屠睢率五十万大军翻越南岭，征服南越，继续统一天下进程。三十二年（前215），为解决跨越南岭的交通问题，秦国征发十万人开通灵渠，连接湘江和漓江。他又派蒙恬率领三十万的军队北出河套，收复赵国旧地，在阴山以南、黄河以东（指从银川北流一段）设立九原郡。他又组织人马修筑驰道，从关中经子午岭直通阴山南侧的五原（今内蒙古包头附近），建立南北直接交通线路。他在黄土高原北侧续修长城，连接赵、秦、燕长城，西起临洮（甘肃岷县）、沿黄河、阴山，东到辽东，长约万里（见第八章）。西南方向，以成都平原为基地向四周扩张，至今大渡河以北和岷江上游，向南开通五尺道（见第七章），经四川宜宾延伸到云南曲靖。秦朝疆域广大，西起陇山，东到大海，北到阴山、西辽河和辽东半岛，南到越南东北部和广东、川西高原和云贵高原。

秦朝统一，不但是疆域统一并扩大，还是文化制度的统一。它是中国宏大历史发展过程中的标志性事件。

2. 秦的统一、分裂与汉代的统一

公元前 210 年，秦始皇东巡归途中暴毙沙丘（今河北邢台附近），秦二世胡亥矫诏即位，奉行苛政嗜杀，诛杀兄弟姐妹、功臣，身居禁中，委权宦官赵高，排挤李斯、冯去疾等重臣，公元前 206 年，反为赵高所弑，秦亡。项羽西入秦都建立"大楚"政权，分封天下十九王而东还彭城（今江苏徐州）建都，实现短暂统一。事后看，项羽建都彭城极为失策，远离当时的政治、经济中心和军事中心，天下枢纽地带，岂能长治久安？

刘邦等关东子弟兵被项羽分封在汉水流域的汉中。他们思念家乡，不肯久居汉中。经精心准备，刘邦采纳韩信明修栈道、暗度陈仓之策，由陈仓道自西杀入关中，经艰苦卓绝的战争，在垓下一战战胜项羽（前 202），于山东定陶筑坛称帝。在谋士娄敬（刘敬）力劝下自洛阳移入关中（前 202）建都。高祖七年（前 200）建造未央宫，同年由栎阳城迁都此，因地处长安乡，得名为长安城。

刘邦迁都屁股还未坐稳，北方匈奴威胁降临，他亲率三十万大军冒进出击，恰逢寒潮骤至，结果在平城（今山西大同东北）以北的白登山被冒顿单于围困七天七夜（前 200），士兵多冻死伤，他依陈平计，重金贿赂冒顿妻方得脱。此后，西汉与匈奴长期对峙，借和亲维持相安局面。

汉高祖刘邦此后至去世将精力主要用于清除所设 6 个异姓王，新设 9 个同姓王，实行郡国制——函谷关以西的王畿之地行郡县制，归天子统一管理，关东行封建制，由分封王侯统治。汉高祖直辖统治区只有十五郡，涵盖今陕西、山西南部，河南北部、中西部、湖北、四川大部、黄河以东的宁夏和甘肃，而关东的华北平原、山东半岛、淮河流域的地盘被分封给异姓诸侯。后来，这些诸侯或反或叛，被刘邦逐个削除，分封给自己的亲族子弟把持。

在南方，闽中郡（今福建福州）的越人君长在秦末复自立，起兵助汉。汉高祖六年（前 201），在闽江下游建立闽越国，其首领无诸被立为闽越王。汉惠帝三年（前 192），封越王勾践后人摇为东海王，建都东瓯（今浙江温州）。在岭南，秦亡后，赵佗起兵吞并南海、桂林、象郡，自立为南越王（公元前 206 年，与刘邦封王同）。汉高祖十一年（前 196）派陆贾出使南越，封赵佗为南越王，赵佗取

消帝号，但仍拥有治权。吕后当权，有意兵出长沙国攻灭南越，被赵佗觉察，复自立称王，不再听从汉天子号令。吕氏举族被灭后，汉文帝派使者再度说服赵佗取消帝号，岭南复归统一在汉朝疆域内。

但刘家天下并不太平，东方刘氏诸王实力坐大，挑战嫡系天子权威。汉景帝三年（前154），同姓诸侯吴王刘濞、楚王刘戊以"清君侧"的名义造反，引起七国之乱。后经全力围剿，终于平定，诸侯势力大削。雄才大略的汉武帝驱逐匈奴，用兵四方奠定基础。

武帝元光二年（前133），三十万汉军于马邑（今山西朔州）设伏，欲全歼匈奴单于，谋事不密而未果，但双方面和心不和的局面彻底打破了。元光六年（前129）开始，汉武帝指挥汉军向匈奴发动进攻。元朔二年（前127），卫青率军出云中（今内蒙古土默特川一带）和陇西两路出击，驱逐匈奴娄烦、白羊王，收复"河南地"，边界推进至阴山一带，基本恢复秦朝北边地。元狩二年（前121），汉军在霍去病的率领下出陇西，攻入河西走廊，匈奴的浑邪王和休屠王被击垮，浑邪王率4万人归降。于河西走廊设四城（武威、张掖、酒泉、敦煌），并建长城直到玉门关（敦煌西北小方城玉门关）。由此，汉军打通了通往西域的道路。

西南方向，元光五年（前130），着力打通经过贵州通达珠江流域的僰道，用兵南越，汉朝南部边疆得以扩张。汉使唐蒙在南越喝到一种叫"枸酱"的美酒时，判断巴蜀到南越有一条便利通道，建议武帝出兵夜郎国，打通牂牁道。元鼎五年（前112），汉军分四路进攻，次年攻下番禺（今广东广州），灭南越国，设置九郡，其中交趾、九真、日南在今越南北部和中部，珠崖和儋耳在海南岛上。元封二年（前109），在滇和昆明设立益州郡，汉朝边界推进到高黎贡山和哀牢山一带（参见第七章）。

东北方向，从战国后期开始，燕、秦先后控制朝鲜半岛北部。西汉初，燕人卫满率领燕人进入朝鲜半岛北部，建立卫满朝鲜，而当时朝鲜具有统治和话语权的阶层是中原人（最早为商纣王叔叔箕子所建，即箕子朝鲜）。元封二年（前109），汉武帝派兵，水陆并进征服之，并置四郡，辖境南到朝鲜半岛中部，汉江出海口江华岛一带，其地理纬度与今山东烟台、威海平行。

在汉武帝开拓西域后，宣帝神爵二年（前60），在乌垒城置西域都护府（今新疆轮台县）。西域都护府辖境包括玉门关、阳关以西的天山南北两路，直到今巴尔喀什湖、费尔干纳盆地和帕米尔高原（葱岭）以东的广阔地区。

至此，汉朝疆域比秦朝又扩大了一圈，特别是西域、西南夷和南越、东北朝鲜地，均较秦时扩大。而核心九州方域之内则更加密实。第二章显示，该过程恰与气候变暖有关，气候变暖，河西走廊天山南北绿洲发育，军人在河西走廊、天山南北较易屯田自给。

该疆域架构持续百余年。王莽建立新朝（9）后，为宣示威德，遣使者四出，东去辽东及朝鲜半岛北部的玄菟（第三郡治在今抚顺市劳动公园古城）、乐浪（遗址在今朝鲜平壤南郊大同江南岸土城里台地上）、高句丽（吉林集安）及扶馀（吉林市，范围与吉林省相当）；南到西南边境；西到西域。收回汉赐印绶，改用新朝之形制，贬封王为侯，改玺为章，西南夷钩町王及匈奴王因此反叛，西域诸国与王莽新朝关系也破裂。盖因气候变化无常，王莽新朝时，匈奴为衣食财货与新朝反目，挥师南下，西汉在长城以北所设八郡被迫撤销。新朝在辽东撤销真番、临屯二郡。西南之郡由七减为五，部分西南夷郡走向半独立状态。新朝放弃海南岛与象郡，西域诸王与新朝关系中断，新朝势力退出西域。

天凤四年（17），绿林起义蔓延，导致王莽新朝倾覆（23），天下分裂。刘氏后裔刘秀趁乱崛起，于更始[1]三年（25）自立称帝，建都洛阳，后经12年的统一战争，荡平各地方豪强割据势力和绿林、赤眉起义军[2]，再度统一天下。本次天下分裂，起因是气候变化导致农民无以为生，一人呼号而群集响应，可农民起义的成果逐渐被豪强、地方割据势力窃取，最终仍花落刘氏。

建武二十二年（46），乌桓人乘匈奴内乱出击，逼其北迁。东汉光武帝将乌桓人安置在长城沿线，约束在内蒙古河套和山西、河北两省北部。直到建武

---

[1] 更始，指公元23年二月，绿林军领导者王匡、王凤等人拥立刘玄为帝，恢复汉朝国号，建立更始政权。公元25年九月，赤眉军攻入长安，刘玄投降赤眉，更始政权告终。

[2] 赤眉军在长安立刘盆子为帝，公孙述在汉中、巴蜀称帝，刘永称帝睢阳，张步占齐地十二郡，隗嚣据陇西、天水，窦融占河西走廊，卢芳在三水为匈奴所立，彭宠自立为燕王，天下一时分裂。

二十六年（50），汉八郡才得以重置。由于气候变化无常，东汉对西域的控制亦不稳定。面对沙漠戈壁，广山大川，东汉对西域实是鞭长莫及，可若不用心经营，又恐早晚为患。

继南匈奴、乌桓内附，获得稳定发展空间后，东胡的一支鲜卑人与汉朝合作，共同打击仇敌北匈奴，获得西迁占据匈奴故地的机会。章和元年（87），兴起于漠北东部的鲜卑打败北匈奴，杀单于，获得汉朝嘉许，这算是鲜卑部落亲近汉朝的投名状。次年，大将窦宪又在鲜卑等部族武装的支持下穷追北匈奴，扫荡广漠，匈奴沿大漠北部的草原森林地带西遁。鲜卑因得以迁徙至匈奴故地，鸠占鹊巢，获得广大地盘。其后，鲜卑人的不同部落南近长城沿线放牧，内附汉朝，发展壮大，成了两晋、南北朝之际搅动天下格局的重要力量，部族首领纷纷在中原建立政权，其政治势力也是隋唐王朝兴起的重要依托。

东北方向，西汉建昭二年（前37），扶馀人朱蒙在西汉玄菟郡高句丽县境建高句丽国，以鸭绿江流域为根据地，向四周扩张，其都城三治两迁，初期都城在今辽宁省桓仁，公元3年迁至今吉林省集安，东汉以后不断向朝鲜半岛发展，公元427年再度迁至朝鲜半岛平壤，并逐渐成为隋唐的政治威胁，668年为大唐所灭。

3. 东汉末期至隋朝的大分裂与统一之再起

东汉末期至隋朝，是气候寒冷期，气温低位徘徊，天下昏乱不堪，分裂时多，统一时短。汉灵帝光和（178—184）时，气候进入寒冷周期，全国大旱，颗粒不收，赋税不减，百姓走投无路。184年，冀州钜鹿人张角、张宝以宗教号召贫苦百姓揭竿而起，曰："苍天已死，黄天当立；岁在甲子，天下大吉"，攻击官府，并对东汉朝廷的统治产生了巨大的冲击。为镇乱平叛，188年3月，灵帝接受太常刘焉建议，改部分刺史为州牧，委权宗室或重臣，许其独揽地方军政大权，可其便宜行事，"进剿"黄巾军。皇甫嵩又谏言解除党禁，出皇宫钱财及西园良马赠给军士，可吕强劝止灵帝说："党锢久积，若与黄巾合谋，悔之无救。"可灵帝不听，助长地方拥兵自重，不听王命，后来果然合流，颠覆东汉政权。

次年，灵帝去世。董卓因外戚与宦官相互血腥杀戮，宫斗不止，带西凉兵马杀入洛阳，尽杀宦官与外戚，弄权跋扈，威逼利诱朝臣，垄断朝政，废汉少帝而立汉献帝，引起朝野震怒，刚刚接受镇压黄巾起义洗礼的关东群雄起兵进剿。董卓为避义军锋芒，逼献帝迁都长安，造成空前浩劫，洛阳残破荒凉，开挟天子以令诸侯的恶劣先例。

当王朝失其鹿，天下共逐之，各地州牧以光复汉室为号，联手讨卓。刘表割据荆州、公孙度割据辽东，刘虞占幽州，袁绍夺冀州，袁术盘踞南阳，刘焉割据巴蜀，陶谦据徐州，曹操收集黄巾残部崛起。各地世家大族，组织部曲武装，筑堡坞自保。董卓被义子吕布斩杀后，西凉兵马在董卓旧部将李傕等带领下复杀入京城，搅得长安城天翻地覆，哀鸿遍野。曹操借机挟持汉献帝建都许昌（196）。各地割据势力以光复汉室为名，拥兵造反，分裂进一步加深。曹操先后攻灭袁术、吕布、刘表、袁绍、张鲁等割据势力，控制北方大片地区，天下复进入统一轨道。

207年，曹操继消灭袁绍势力后，继续北伐乌桓，以解除后顾之忧。曹操大军出骑兵于卢龙塞（今河北喜峰口），出于乌桓后方直奔柳城（辽宁朝阳柳城街道），于白狼山张辽指挥前锋出击，斩杀乌桓单于蹋顿，驱散袁绍队伍，降者20万余人。然后挥师南进，开启与孙刘联军的赤壁之战，惨败而归（建安十三年，208），三国鼎立格局大定——公元220年，曹丕废汉献帝自立，建国号魏，第二年，刘备即帝位，史称蜀汉。孙权229年称帝。天下进入典型的分裂状态。

263年，魏灭蜀，两年后，司马炎废魏帝，建立晋朝（史称西晋）。太康元年（280）击吴，孙皓降，终于结束了天下分裂局面，重新统一。自黄巾军叛乱起至此，天下分裂混乱90余年，生灵涂炭，人口锐减。北方衰落，伴随着人口南迁，南方发展起步。

西晋统一昙花一现，仅仅持续21年。司马氏依靠士族力量窃取天下，禅位不德，晋武帝司马炎为排除士族势力，维护司马氏长期统治，泰始元年（265）分封27个同姓王，以郡为国，扩枝散叶，变相分封天下；后又不断扩大宗室诸王权力，可各诸侯国有权自选文武官员，收取封国租税，并默许各国建军，本为稳固江山，却为天下分裂埋下祸根。20年后，皇族内部相互倾轧的八王之乱爆发，经16年内斗残杀，天下严重分裂。

前文提及，东汉驱逐匈奴北迁西遁，广漠戈壁、青青草原由其他少数民族部族填补，他们继而陆续内附进入黄河流域，经三国、西晋时纵容（如曹操利用乌桓骑兵），发展壮大。他们聚族而居，又与其他民族杂居，内部有很强的组织纪律性，汉化程度较高，适应了农耕文明的生产与生活方式。其部落首领又深得上层统治者的重视和利用，甚至拥兵自重，要挟朝廷。西晋八王之乱，皇族内部厮杀，是其摆脱统治、夺权自立的天赐良机。于是中国北方，以黄河流域为中心，便有了十六国走马灯似的朝代更替的大剧开演。

十六国即北方（含蜀地）在西晋灭亡到北魏统一北方期间，由匈奴、鲜卑、羯（匈奴分支）、羌和氐等民族先后建立的政权。"十六国"得名于北魏末年史官崔鸿所撰《十六国春秋》，指成汉、前赵、后赵、前凉、前燕、前秦、后燕、后秦、西秦、后凉、南凉、西凉、北凉、南燕、北燕及夏（见表4-1）。其过程令人眼花缭乱，非仔细研究不能弄清其关系。此时，佛教经河西走廊传入中国，是中国思想史、文化史和社会史等方面发展的重大事件。

公元316年，晋愍帝投降刘曜（匈奴），西晋灭亡。次年，司马睿受世家大族拥护在建康（今江苏南京）即位，建立东晋（317—420）。东晋与十六国的分界线，在东部约为淮河，在西部约为长江。蜀汉地为十六国争夺的地盘。政治中心开始由西安、洛阳转进至东部地势的第三级阶梯内。地缘轴心开始出现由东西向南北转进的苗头。

东晋末年，政权落入刘裕之手，元熙二年（420），刘裕建立宋，南朝起航。南朝（420—589）分四阶段：宋（刘裕）、齐（萧道成）、梁（萧衍）和陈（陈霸先），都建康。与北朝主要由胡人建立和把持不同，南朝政权主要为中原南迁汉人所立，虽然南方君臣时时不忘北伐，试图光复旧土，但总是功亏一篑。由于南朝各政权着力防备北方进犯，又困于内斗，无心管顾西南部经营与开发。南方的林邑国[1]向北侵扰。

---

[1] 林邑国，位于中南半岛东部之古国名。又作临邑国。约在今越南南部顺化等处。此地原系占族（Cham）之根据地，西汉设为日南郡象林县，称为象林邑，略去象，故称林邑。刘宋永初元年（420），宋武帝遣交州刺史杜慧度南征林邑国，林邑请降向刘宋称臣纳贡。隋大业年间（605—616），隋将刘方征服之，设置林邑郡。唐至德年间（756—757）改称环王。至明代，为安南国所灭。

表 4-1 北方十六国情况一览

国名	民族	君主人数	首任君主	末任君主	国祚	领土范围	国都	亡于
汉、前赵	匈奴	8	刘渊	刘熙	汉304—318年 赵318—329年	陕西渭水流域、山西、河南、河北、甘肃部分	1.平阳 2.长安	后赵
成汉	氐	5	李雄	李势	成306—338年 汉338—347年	四川东部、云南部分、贵州部分	成都	东晋
前凉	汉	8	张寔	张天锡	314—376年	甘肃、宁夏西部、新疆东部	姑臧	前秦
后赵	羯	6	石勒	石祗	319—351年	河北、河南、山西、山东、陕西、江苏部分、安徽部分、甘肃部分、辽宁部分	1.襄国 2.邺	冉魏
前燕	鲜卑	3	慕容皝	慕容暐	337—370年	河北、河南、山东、山西、陕西、甘肃、安徽、江苏、辽宁	1.龙城 2.邺	前秦
前秦	氐	6	苻健	苻崇	351—394年	河北、河南、山西、安徽、陕西、山东、江苏、四川、贵州、湖北、辽宁、甘肃、宁夏西部、新疆东部	长安	后秦、西秦
后燕	鲜卑	7	慕容垂	慕容熙	384—407年	河北、山东、山西、河南部分、辽宁部分	中山	北燕
后秦	羌	3	姚苌	姚泓	384—417年	甘肃、陕西、山西、河南	长安	东晋
西秦	鲜卑	4	乞伏国仁	乞伏暮末	385—431年	甘肃东部	金城	大夏

国名	民族	君主人数	首任君主	末任君主	国祚	领土范围	国都	亡于
后凉	氐	4	吕光	吕隆	389—403年	甘肃西部、宁夏部分、青海部分、新疆部分	姑臧	后秦
南凉	鲜卑	3	秃发乌孤	秃发傉檀	397—414年	青海、甘肃西部	乐都	西秦
南燕	鲜卑	3	慕容德	慕容超	398—410年	山东、部分河南	广固	东晋
西凉	汉	3	李暠	李恂	400—421年	甘肃西部及新疆部分	敦煌	北凉
北凉	匈奴	3	段业	沮渠牧犍	397—439年	甘肃西部、宁夏部分、新疆部分、青海部分	张掖	北魏、柔然
大夏	匈奴铁弗	3	赫连勃勃	赫连定	407—431年	陕西、内蒙古部分	统万城	吐谷浑、北魏
北燕	高句丽、汉	3	慕容云（后称高云）	冯弘	407—436年	辽宁、河北	和龙	北魏

北方统一是由草原游牧民族后起势力鲜卑拓跋氏建立北魏政权完成。439年，太武帝拓跋焘统一北方，史称北朝（386—581）。493年孝文帝拓跋宏迁都洛阳，入主中原，大举改革，实行均田制，倾心汉化。永熙三年（534），北魏分裂为东魏（都邺城）与西魏（都长安）。东魏武定八年（550），高洋接受孝静帝禅让，建立北齐。西魏恭帝三年（556）禅位于宇文觉，建立北周，灭北齐。北魏自386年拓跋珪重建代国至534年分裂为止，共历20帝（列入正史本纪者12位），享国148年。北魏疆域广阔，主要控制着中国北方地区，北至阴山南北沙漠、河套，东北至辽东半岛，东至海，西至凉州、流沙。南至江淮与南朝为界，南北国界虽然时有变化，但是大部分时间大致以淮河为界。

北朝发展至北周灭北齐时，已实现统一，与南陈并立，天下又具备大统一的基础。

十六国及北朝的国君，多淫乱好色，夭折早殇，或父子相残，君臣猜忌，忠叛不定，所以，往往不及三世即亡。北方社会不能安稳，无心经济，经济难振兴，坠入持续衰落之途。

4. 隋唐至元朝的统一、分裂与再统一

（1）隋朝开启走向大统一的第一波浪潮

公元581年2月，北周静帝宇文阐禅位于丞相杨坚，北周亡，隋立，定都大兴城（今陕西省西安市）。公元589年，隋军由杨广率领南下灭陈，结束了自西晋末年以来长达近300年的南北分裂局面。仁寿二年（602），隋军大破突厥，夺回河套地区，边界扩展至阴山以北。南方，大业元年（605）又吞并林邑国，势力到越南南部。西北方向，从突厥人手中夺取今新疆哈密；大业五年（609）又趁吐谷浑被铁勒打败，出兵灭之，行政管辖范围扩张至新疆若羌、且末和青海湖西、兴海县东一带。疆域达到极盛，国土面积达到467万平方千米。在海南岛重设珠崖、儋耳、临振三郡，中央王朝对其行政管辖至今未变。

据第二章，隋唐时气候进入暖期，是盛世再来的基础。隋文帝杨坚励精图治，开创了开皇之治的繁荣局面。公元604年，其次子杨广（炀帝）即位，营建东都（今河南洛阳）。隋大业元年（605），开科取士，选拔人才，开中国科举制度的先河。

炀帝亲率大军征吐谷浑，巡狩河西走廊，定鼎西域，万国来朝。他令修建经洛阳贯通南北的大运河，沟通南北，为兴兵高句丽做准备。这表明从三国时人口南迁，东晋衣冠南渡后，南方人口增加、经济实力变强。中国地缘政治枢纽开始由东西拓展向南北延伸的实质性转向。

大业八年至十年（612—614），隋炀帝决定举兵消灭盘踞在东北的高句丽国，三征不能取胜，引发隋末叛乱与民变，天下复乱。须指出，隋炀帝伐灭高句丽是中原王朝必然之举，当时高句丽已成盘踞在东北实力较强的政权，多次进犯隋朝的辽西，威胁隋朝的安全。只可惜他未处理好内外矛盾，尤其是没有预测到杨素之子杨玄感叛乱，导致一手好牌被打烂。隋大业十四年（618），杨广宠信的宇文化及等人发动兵变弑君另立，至于天下大乱；隋炀帝杨广的姨表兄弟李渊（两人的外祖父皆是北周八柱国之一独孤信，李世民称隋炀帝表叔）趁机于太原起兵，逼杨侑禅让，建国号唐，定都长安。

（2）隋末唐初的天下短暂分裂

隋炀帝为镇压农民起义（瓦岗寨起义、杨玄感叛乱[1]等），兴师动众，国力大削。各地豪杰、割据势力见势而纷起，霸据一方。天下又进入了短暂的分裂期，号称有十八路反抗势力逐鹿天下，如窦建德（夏）、李密（瓦岗军）、王世充（郑）、萧铣（梁）、李轨（大凉）、薛举（西秦）、刘武周（定扬可汗）、杜伏威（楚）、宇文化及（许）等。后被李唐军陆续荡平。武德七年（624），因突厥数次侵扰边境，威胁长安，唐高祖李渊甚至准备迁都，因李世民阻止方罢。正是该年，天下割据势力基本被扫除。628 年 6 月 3 日（贞观二年四月二十六壬寅日），朔方人梁洛仁杀夏州割据首领梁师都，归降唐朝，唐朝统一天下。

隋末唐初的短暂分裂，与西晋八王之乱有相似性。西晋经 20 余年的短暂统一（与隋相当），接着进入皇族内乱，历时 16 年之久。两者差别在于，西晋时东亚气候进入冷期，北方少数民族南下，冲击天下，造成大分裂。北周之后气候进入暖期，北方农业生产、生活环境改善，社会进入上升周期，虽然有动荡，但总

---

[1] 杨玄感造反挺难思量。其父为杨素，是隋文帝杨坚、隋炀帝杨广登大位功臣。杨玄感继衣钵，尊荣至极。

体趋势是和平安宁的。

（3）唐朝拓疆万里，再次统一天下

唐朝统一不久，贞观四年（630），李靖大破颉利可汗于阴山，灭东突厥，控制区延伸至贝加尔湖以北，行政管辖区抵达"阴山北六百里"。突厥是历史上活跃在蒙古高原和中亚地区族群的统称，是中国西北与北方草原地区继匈奴、鲜卑、柔然之后兴起的又一重要游牧民族，最早见诸史书是540年。贞观十四年（640），唐军又灭高昌国，疆域扩至今新疆东部。在西南今贵州东北部、云南大部和广西恢复行政管理。657年，西突厥又为唐所灭。唐高宗永淳元年（682）原东突厥叛乱，建立后突厥。695年，后突厥投降并归附唐。702年，唐设置北庭都护府管辖天山以北地区，安西都护府管辖天山以南地区，两都护府管辖面积达300多万平方千米。唐朝疆域最西曾抵咸海之滨，最北曾至西伯利亚，最东至库页岛，最南抵北纬18°，面积1237万平方千米，比前代疆域更加广阔。

唐朝由于疆域广阔，深入沙漠、草原、戈壁，需要长期蓄养庞大的军队在前线戍边防备，这造成边镇军力强盛，都城军力虚弱，即"外重内轻"格局。天宝十四年（755），由于唐玄宗疏于管理与防范，安史之乱爆发，改变了帝国发展方向。不过，其后的宋太祖赵匡胤吸取经验教训，反其道而行，实行"外轻内重"的政策，军队环绕开封布局，照样压垮了帝国的脊梁。

安史之乱爆发后，唐廷竭力应付，驻守西北军队全部东调，吐蕃趁机攻占西域，甚至攻入河西走廊。至广德元年（763），叛乱平息时，今陇山、六盘山、黄河以西，以及四川盆地西部尽被吐蕃占领，吐蕃甚至还一度占领长安。河西走廊甚至完全陷落。

（4）五代十国大分裂至元初大统一的分合之演变

安史之乱发生在唐朝鼎盛时期，天下虽遭兵燹，但社会生产力和凝聚力尚存，自然环境还是支持社会持续发展的。所以，唐朝又延祚150年之久。但至唐末，气候转冷，北方进入冷期，北方割据势力借机强大，节度使犬牙交错拥兵自重，再加上外族入侵，民不聊生，农民起义此起彼伏。王仙芝、黄巢应饥民之请在山东菏泽西南发动起义（878—884），纵横南北，进占洛阳、长安，撼动了唐朝的根本。黄巢叛将朱温攻杀起义军有功，深受李唐王朝重用，后竟叛唐，于汴梁建

立后梁，天下又进入短暂的分裂。从气候演变看，该阶段恰是寒冷小周期，西北方游牧民族受到环境的逼仄也向东南方挤压，进入五代十国分裂期（见图4-3）。

该期始自907年，经后梁、后唐、后晋、后汉、后周，终于979年结束，史称五代。淮河以南、四川盆地，则为各地方节度使拥兵自立演变而成，共有10个割据政权并存，史称十国。

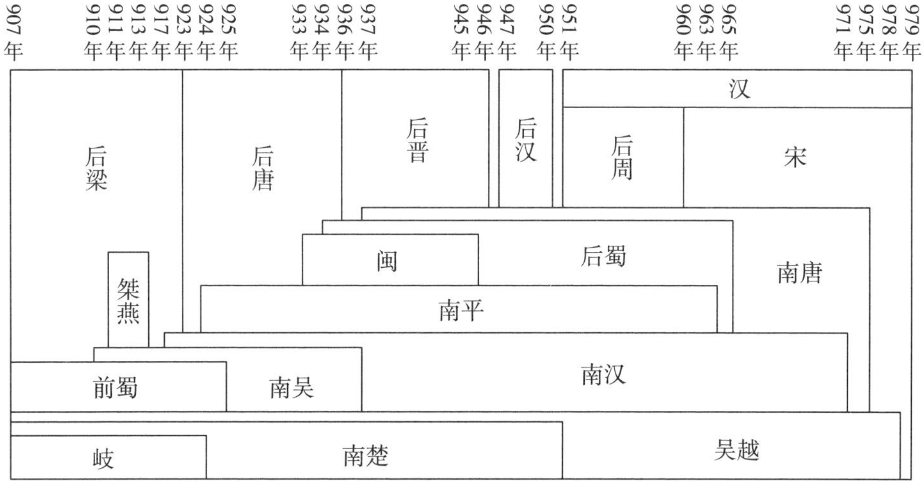

图4-3 五代十国地方割据政权及疆域分合

公元960年，赵匡胤通过陈桥驿兵变代后周而立，建立宋朝，定都汴梁，史称北宋。至979年，消灭最后一个割据政权北汉，大体恢复唐朝后期疆域。契丹人在耶律阿保机的带领下崛起于潢水流域（今内蒙古西拉木仑河），建立"辽"，北至蒙古高原北缘和外兴安岭，灭渤海国后，东部抵达库页岛和大海，西与回鹘、西夏接壤。后晋石敬瑭割让燕云十六州予辽，辽得以南进燕山，在幽州设南京（今北京）。宋朝版图在北方退缩到天津、河北中部、山西中部一线，形成宋辽对峙之局。宋辽之间，经澶渊之盟，建立相互稳定和平的关系，长达120年。

在西北方向，原出于青藏高原的羌人后裔党项人，在唐朝有功，经五代十国和宋代早期经营，发展壮大，1038年，在李元昊带领下建大夏国，史称西夏（1038—1227），长期与宋辽交恶，战和不定。北宋西北边界限于今甘肃兰州、靖远，宁夏同心及陕西北部的白山一线。

同时，女真人在辽后方发展壮大，起兵反抗辽统治，经11年战争（1114—1125），攻灭辽，进军中原，宋辽长期的地缘平衡被打破。靖康元年（1126），金军攻陷开封，次年宋徽、钦二帝被掳"北狩"，北宋覆灭。赵构在南京（今河南商丘）即位为宋高宗，史称南宋。在金人的攻击下，举朝南迁，建炎三年（1129），升杭州为临安府（临时首都）。宋金反复拉锯争夺，宋绍兴十一年（金皇统元年，1141），双方约定以淮河为界，向西以秦岭、最西以大散关为分界。天下形成宋、金、西夏并存局面。金替代辽、宋，与西夏比邻。成吉思汗率蒙古部族兴起，西夏首当其冲，在数次对抗中，西夏国弱，又不能得到金朝全心支援，终于在西夏宝义元年（1227）为蒙古铁骑所灭。西夏灭亡后，金朝唇亡齿寒，获罪南宋之后，被蒙、宋联手灭亡。

这时期，在外围还有若干政权存在，如位于新疆和中亚的于阗国和黑汗王朝。

11世纪初，黑汗王朝攻占于阗。1140年，黑汗国并入西辽。

西辽也是一个神奇的国度。原来，辽朝为金所灭时，契丹皇族之后耶律大石遁逃，于辽保大四年（1124）自立为王，率部西迁。在占据西州回鹘和黑汗国旧地后，又向西扩展到中亚的阿姆河流域。1132年，在起儿漫（今乌兹别克斯坦纳沃伊省下的一个小镇）称帝，西辽疆域最大时，包括今新疆全部，帕米尔高原以西至咸海南的阿姆河西岸，巴尔喀什湖以东至今蒙古国西部。蒙古人兴起后，逐渐被蚕食，1218年，为蒙古军所灭。

金国是1114年（辽天庆四年），女真人完颜阿骨打起兵反辽，次年称帝建立的。1125年灭辽，1127年灭北宋，急速向南挺进。蒙古兴起后，大金南迁经营淮河流域。1214年从中都（今北京）迁南京（今河南开封），1234年被蒙古和南宋联手灭亡。

所以，自唐末至元初，中国疆域内的分合仍主要发生在第二、第三级阶梯内。第三级阶梯内的争夺较为剧烈。南北拉锯，促进了南方发展与南北融合。为南北直通的京杭大运河开凿奠定了人口、经济和政治地理基础。

（5）元朝大一统局面

铁木真（1162—1227）统一蒙古高原各部落后，于宋开禧二年（金泰和六年，1206）春在斡难河（今鄂嫩河）源召开"忽里勒台"（大聚会），大会蒙古贵族。诸王和群臣为铁木真上尊号"成吉思汗",他建九斿白纛,以本部落名称为国号,称"大蒙古国"(也客蒙古兀鲁思)。宋开禧四年(1208),蒙古军进攻西夏,围其国都中兴府(今宁夏银川),迫使西夏求和。转攻西辽属国畏兀儿,取今新疆乌鲁木齐、吐鲁番和哈密。宋开禧六年(1210),攻取西辽另一属国哈喇鲁,疆域拓展至今巴尔喀什湖以东地区。同年,进攻金国,入居庸关,威胁金中都(今北京),攻陷并扫荡山西、河北、山东、河南等州县,动摇了大金的统治基础。宋开禧九年(1213),蒙古军围困中都,金宣宗求和,成吉思汗退兵。五月,金南迁南京(河南开封),次年被蒙古军击破。至成吉思汗十六年(1221),黄河以北土地尽为蒙古军占领。1227年,正在进攻西夏的成吉思汗看到西夏亡成定局,挥师进入金境,不久病逝,其子窝阔台继续攻击金。大金视南宋为软柿子,向南阴谋南宋,从而彻底失去南宋的信任。南宋不顾唇亡齿寒的道理,决意与蒙古军联手灭之,1234年,大金被灭于蔡州(今湖北枣阳西南)!

大金被灭后不久,宋、蒙反目,蒙古开启了长达40年的灭宋之战。蒙军采取大迂回、大包抄战略,先夺取长江上游四川、中游襄阳和淮河中游。1252年,攻破大理国,进入吐蕃,降服反抗贵族,统一了青藏高原各部落(见第十章)。1279年(至元十六年,宋祥兴二年),蒙古军歼灭南宋军于崖山,陆秀夫背9岁宋幼帝赵昺跳海自杀,南宋亡。

蒙古是一个横跨欧亚大陆的庞大帝国,分为五个汗国(大汗汗国、钦察汗国、察合台汗国、伊尔汗国、窝阔台汗国)。1271年,忽必烈将蒙古汗国(大汗汗国)改为"大元",将蒙古大汗改为大元皇帝,实现华丽转身(元,取自《易经》,北魏皇帝也以"元"为姓,称元魏)。其他汗国各有其叔伯兄弟及其后人管理。今日看,大元疆域的主体是中国版图。1303年,元成宗与西北诸王达成协议,后者仍然承认元朝皇帝的宗主地位。

唐代时,青藏高原上的部落及部落国家参与到中原王朝的分合过程中来,到元朝时才并入版图,接受元朝统治,这是中国版图的一大变化。元朝专设宣政院执掌此事。

元朝疆域北界西起额尔齐斯河,东至鄂霍次克海。东部涵盖朝鲜半岛东北部。西南方向,包括今克什米尔地区,喜马拉雅山南麓的不丹、锡金等地,今缅甸东北部和泰国北部，疆域范围超过唐朝，是中国历史上的再次大统一。为此，元朝编撰了《大元一统志》，接受了儒家大一统观念，后世的《大明一统志》《大清一统志》都是以此为蓝本编撰的。

元朝统一首先是疆域的空前统一，各地方势力全部被铁血荡平。但元朝政府在服务百姓，惠养民生，弥合各民族矛盾方面，乏善可陈。政治的本质是让百姓和平安宁地生活，可以铁血军事起家的蒙古帝国，并没有贯彻执行，一意盘剥，养尊处优。所以，历史评价远低于汉、唐、宋各统一王朝。元朝末期，气候异常，黄河改道、淮河泛滥交加，成为压垮元帝国的最后一根稻草。

5. 元末天下分裂至清朝的再次大统一

（1）元末天下分裂与大明王朝疆域范围

元王朝大统一自公元 1355 年红巾军大起义开始瓦解。"南人"借着天灾人祸，群起响应，风卷天下，张士诚、陈友谅、朱元璋等起义队伍合纵连横，最终朱元璋异军突起，1368 年在应天府（今江苏南京）称帝，国号"明"。同年 8 月，明军攻占元大都。元顺帝北逃漠北，在漠北建立北元政权，继续与大明周旋。洪武十五年（1382），明军平定云南，至此，基本统一了长城以南地区。

在东北方向，最终确定以鸭绿江为大明和李氏朝鲜之界河。在女真族居住区，陆续设置羁縻卫、所，以统治或者控制当地部族。永乐七年（1409）设努尔干都司，管辖三百余卫、所，辖境包括今黑龙江、乌苏里江、松花江流域，至外兴安岭以北广大地区。在征服了苦兀[1]后，将统治触角延伸至库页岛。其中，建州三卫就由此发展而来，后人努尔哈赤竟然带领族人发展壮大，建立后金（大清），击败大明王朝，入主中原。

明朝为歼灭北元势力，仅洪武一朝就 8 次出击大漠腹地，追亡逐北。明朝在燕山以北，大同盆地至河套地区的农牧交错带上，设立九镇，依托古长城，新建边墙（即长城）。于长城外安置内附牧民，并迁徙内地百姓屯田实边。

---

[1] 苦兀亦称"苦夷"，是明代对居库页岛上土著居民的称谓。清代亦曾在此设姓长统治。或认为，"海外苦夷"（库页人）是指库页岛上的阿伊努人。

在西南方，明初设置云南布政使司，除正式州府外，还设有南甸、干崖两个宣抚司和四个宣慰司[1]。由于明政府苦于应付内争和外寇，对边缘地域放松管控，少数地方或独立，或为外夷裹挟，脱离明廷统治。明初，安南内乱，明军进击降之，于永乐五年（1407）设置交趾布政使司，但当地不断反抗，宣德三年（1428）撤销建制。

洪武五年（1372），西藏政教领袖遣使纳贡，次年亲自入朝受封为炽盛佛宝国师。明朝在今西藏大部设置乌思藏都指挥使司，在今昌都地区东部、四川甘孜和青海西南部设置朵甘都指挥使司，在今克什米尔地区东北部和西藏西部设置俄力思军民元帅府。蒙古人将统治疆域拓展到地势第一级阶梯后，明朝继承了这一历史遗产。

北元被剿灭后，其后人建立的瓦剌、鞑靼国兴起，成为明朝大患。他们仍是蒙古部落，活跃在蒙古高原和我国西北内陆地区。明英宗朱祁镇甚至在土木堡被瓦剌人活捉，被囚禁8年之久。与元朝疆域相比，明朝疆域有较大收缩。

（2）明末天下分裂与清王朝的再统一

明末，农民起义军建立了多个割据政权，如李自成在西安建立的大顺政权，张献忠在成都建立的大西政权。1644年，顺天府失陷，清兵入关，明朝宗室及文武大臣大多逃亡南方，此时淮河以南仍属明朝。同年明安宗朱由崧监国南京，之后称帝，改元弘光，史称南明。清军快速南下，攻破扬州。不久南京陷落，弘光皇帝被俘。南明弘光元年（清顺治二年，1645），明绍宗朱聿键在郑芝龙等人拥立下，在福州称帝，改元隆武，联寇抗清。黄道周发动了短暂北伐，但郑芝龙降清，隆武皇帝被俘后绝食而亡，清军迅速占领东南大部。南明隆武二年（清顺治三年，1646），明昭宗朱由榔在肇庆称帝，改元永历，与大西军余部联合抗清。

郑成功在东南沿海乘势崛起，东西两面打击清军，抗清局面出现了高潮。1661年，他率军进攻台湾岛上的荷兰殖民者，收复宝岛台湾。但三王内讧和

---

[1] 宣抚司是官署名，是朝廷设置在某一地区的监司机构。朝廷派遣大臣传达皇帝命令并安抚军民、处置事宜，称为"宣抚"。宣慰司是介于省与州之间的一种偏重于军事的监司机构，一般掌管军民之事。是地方机构。宣慰司长官称"宣慰使"，是负有承上启下责任的一个地方区划的军政最高长官。

清军加大进剿力度，明军滇黔防线被清军击破。南明永历十五年（清顺治十八年，1661），缅王莽白将永历皇帝执送清军。次年，永历皇帝在昆明被杀，南明政权最终灭亡。清康熙二十二年（1683），盘踞台湾的延平王郑克塽降清。次年，清朝在台湾设府、县、总兵等官职，隶属于福建省，台湾置于中央政府管辖之下。

西北方向，康熙二十九年（1690），清军在乌兰布通（今内蒙古赤峰西北）大败噶尔丹。噶尔丹是准噶尔部落首领，准噶尔部是瓦剌一部，也是蒙古人后裔。瓦剌在17世纪初分裂为杜尔伯特、准噶尔、土尔扈特、和硕特四部。准噶尔部兴起后，强占和硕特部原有的自伊犁到乌鲁木齐的牧场，迫使土尔扈特部西迁到伏尔加河下游，胁迫杜尔伯特部中的辉特部迁往塔尔巴哈台。17世纪70年代，准噶尔部实际上控制了其他三部，占领的地盘广大，包括今新疆、西藏、青海、四川西部、甘肃西部、内蒙古西部和北部以及西起巴尔喀什湖、帕米尔高原、东至蒙古高原的广大范围。

康熙三十年（1691），康熙到多伦安抚喀尔喀各部，正式任命各部首领，编成旗军，建立了与今内蒙古一致的行政区划。康熙三十五年（1696），康熙帝御驾亲征，大破噶尔丹军，收复蒙古高原，内外蒙古全归大清疆域。康熙三十六年（1697），噶尔丹自杀。康熙三十七年（1698），和硕特部固始汗第十子投降，青海河套以西地区并入大清版图。

在青藏地区方向，清朝对青藏统治是通过蒙古部族实现的。明朝与西藏建立统辖关系，但在实际运作上，还是通过蒙古部族皈依藏传佛教的途径。原来，16世纪开始藏传佛教在蒙古地区流传。蒙古俺答汗（1507—1582）占领青海后，藏传佛教在蒙古人中流传。俺答汗晚年皈依佛门，迎请宗喀巴的三传弟子索南加措，尊为达赖喇嘛三世，又将他迎至归化城（今内蒙古呼和浩特市）传教。藏传佛教格鲁派在东、西蒙古扎根，传播开来。公元1642年，和硕特部首领固始汗进入西藏，配合五世达赖喇嘛灭藏巴汗，驱逐后藏的宁玛派。顺治二年（1645），固始汗尊格鲁派领袖洛桑确吉坚赞为四世班禅，住后藏扎什伦布寺。至此，宗教上，格鲁派统一了西藏和蒙古，打通了宗教隔阂，实现统一，政治上蒙古统一了青藏地区。只要清政府统一了蒙古各部，相当于打通了统治西藏的道路。

清顺治四年（1647），清朝派官员到达西藏，册封班禅为金刚上师。顺治九年（1652），达赖到北京觐见清世祖，次年受册封为达赖喇嘛。康熙四十八年（1709），派遣官员去西藏协助拉藏汗管理地方事务。康熙五十二年（1713），五世班禅被封为"班禅额尔德尼"。西藏政教合一的统治体制得到清朝正式承认。

康熙五十九年（1720），清军从青海和四川两路入藏，拉藏政府故臣起兵内应，消灭了准噶尔军，平定西藏。原来，准噶尔军从伊犁出发，经西藏阿里地区入藏，偷袭拉萨，杀拉藏汗，囚禁达赖，架空了清朝在西藏的统治，为此，康熙不得不出手灭之。

雍正六年（1728），清朝在西藏设置了驻藏办事大臣衙门，统率驻藏官兵，督导地方行政。乾隆十六年（1751）设立西藏地方政府——噶厦，规定凡重大行政事务和官员任免、藏军调动等，均应由噶厦请示达赖和驻藏大臣办理。乾隆五十八年（1793）制定《藏内善后章程》，确定驻藏大臣的地位及其全面督导藏内事务和统一处理涉外事宜的职权，规定达赖、班禅及各地格鲁派大活佛转世时用金瓶掣签办法并必须接受大臣监督，官员任命必须由大臣任免。

在东北地区，沙俄进入外兴安岭以南，与清朝大后方产生摩擦。康熙二十八年（1689），与俄国签订《尼布楚条约》，确定中俄东段边界是外兴安岭和额尔古纳河。雍正五年（1727），与俄国签订《布连斯奇界约》和《恰克图条约》，规定了东起额尔古纳河及其支流海拉尔河相交处的阿巴该图，经恰克图（俄罗斯恰克图和蒙古国境内阿尔丹布拉克），西至萨彦岭西北的边界走向。

清乾隆皇帝用了十余年，剿灭了蒙古准噶尔部，将天山北路纳入清朝版图。乾隆二十四年（1759）攻下喀什噶尔和叶尔羌，平定天山南路。

清朝统一中国的大业至此完成，疆土北起萨彦岭、额尔古纳河、外兴安岭，南至南海诸岛，西起巴尔喀什湖、帕米尔高原，东至库页岛、台湾岛的统一帝国，面积达1300多万平方千米。

（3）清末的国土沦丧与军阀割据分裂

清朝后期，西方列强崛起，洋枪洋炮敲开了清帝国大门，逼迫清政府签订不平等条约，国家进入沦丧和分裂周期。其实，从气候变化周期看，大约鸦片战争时，气候进入冷期，土地产出下降，人口迅速增加，人地矛盾凸显，内乱严重消耗了清政府的元气（如太平天国运动）。当中央王朝实力衰弱时，国土边缘或者偏远的地理单元内的政权就容易产生割据政权，或者被相邻的强国吞并。

清朝在东北方向丧失的土地最多。《尼布楚条约》将两国边界最东段乌第河以南地块列为待议地区，可俄国势力延伸至此，不打招呼、不经谈判就占有了这块土地。库页岛本来就是清朝土地，女真人、靺鞨人等在此居住，可清朝只接受岛上的部族朝贡，不着力经营。俄国人和日本人侵入登岛，清廷还一无所知。1858 年，俄国人通过《瑷珲条约》夺得了黑龙江以北的土地。1860 年，又通过《北京条约》获得了乌苏里江以东的土地（该地《瑷珲条约》规定为共管地）。黑龙江瑷珲东岸有中国人聚居区——江东六十四屯，《瑷珲条约》规定中国人在此地享有永久居住权，1900 年，俄国派兵制造了江东六十四屯惨案和海兰泡惨案，通过烧杀驱逐手段强占该地。

在西北边疆，俄国也步步紧逼，侵占土地。1870 年，进占伊犁。1877 年，清出兵平定新疆，与俄国签订了《伊犁条约》，虽然这仍是不平等条约，中国丧失约十万平方千米土地，但它把中国的损失降低到了最低程度，俄国退出了伊犁，中国西北边疆也有了国际法意义上的边界条约做保证。

在南方，1842 年英国租借香港岛，后又增加租借九龙半岛。1572 年，葡萄牙以向中国政府缴纳地租，租居澳门；1849 年，葡萄牙以中国鸦片战争败，软弱可欺，停止向中国政府缴纳地租，强行占据澳门。各列强在各主要通商口岸设立租界，获得治外法权，相当于国中之国，变相分裂中国主权。

1895 年，中日《马关条约》，将辽东半岛、台湾岛、澎湖列岛割让日本，后辽东半岛由中国以 3000 万两白银的代价"赎回"，台湾岛和澎湖列岛 1945 年抗日战争胜利后才收回。

总之，清末中华民族备受西方列强和东邻日本的欺凌，国土被蚕食、抢占，甚至掠夺。中国人民的爱国热情因此被充分激发，同仇敌忾，前赴后继，一寸疆土一寸血，恢复国土。中华人民共和国成立后，中国共产党人坚定不移、旗帜鲜明地要求收回香港、澳门，相继于 1997 年、1999 年恢复对香港、澳门行使主权。

分裂与统一交替出现的地理密码

1. 自然地理单元的多样性是统一与分裂的自然地理条件

自然地理单元的整体性和多样性是统一与分裂交替出现的自然地理条件。整体性是指东亚次大陆的相对封闭性，任何地缘政治体都逃不出这个大熔炉，都得经过地理环境整体性的锤炼。自然地理单元的多样性，即人文地理环境的多样性，是并存和分裂的自然地理条件。

例如，四川盆地是一个相对独立的地理单元，高山环绕，闭塞难通，可盆地内自然条件优越，号称"天府之国"。三星堆文化遗址出土文物表明，古蜀地区相对独立地发育出青铜文明。直到秦并巴蜀，蜀地才结束了相对独立的发展历程。秦王派李冰父子筑造都江堰，变成都平原为沃野千里。汉武帝经略西南夷和岭南地区，即以巴蜀为基地，成都从而成为西南的枢纽和中心。由于四川盆地的相对独立性和封闭性，历史上巴蜀地区陆续建立过一些分裂政权：三国时刘备建立蜀汉，十六国时谯纵建立西蜀，唐末节度使王建建立前蜀，五代时割据势力孟知祥建立后蜀，北宋农民起义军领袖王小波建立李蜀，明末起义军领袖张献忠建立大西政权等。但在宏观地理格局中，四川又是交往节点，孔道四通八达，存在打破独立、走向统一的内在动力，这是自然地理提供的整体性。

其他如云贵高原、青藏高原、河西走廊以西的西域，都是相对独立的地理单元，特点鲜明，相对独立地发育出极具各自特色的文明。当双方力量积累到足以突破地理障碍时便走向了统一。

更大的地理差别是气候地带性，寒带、温带、亚热带和热带，东西横跨65°，从海洋到内陆，就是因为气候的巨大差异。差异越大，统一的动力越足，古人为打破差异付出的心血越大。如历史上，我国的每次大统一，都是在严酷的环境中，自北而南，自西向东，或者自东向西的攻伐后所致。若无严寒气候所导致的生存环境严重恶化，人类的原始本能爆发，当不至于有如此残忍血腥的屠杀与统一。军事、政治统一之后，是区域间经济相互需求后的经济、文化统一。之所以说"中华民族多元一体"，就是以这种地理环境的多样性与差别性为基础的相互联通。

2. 政治、暴力、文化与经济空间的时空错配是大统一的动力

统一与分裂，归根结底是各种力量时空错配所致。

例如，战国中后期，秦国逐渐强盛，其核心力量是暴力，其次是经济，几乎无文化、政治力量。而周天子只有政治、文化力量，而暴力软弱，因而被黜。随后，秦对东方六国，是暴力和经济力量的大对决，大秦终于荡平天下，形成大统一之局。

再如，北方游牧族群依靠暴力力量荡平北方，甚至统一天下。他们设政治中心于华北平原北部，兼北方暴力力量和南方财力，则能持久。所以，有强烈的动机经营南方，南北绾合一体。设若华北平原是经济中心，产粮自足，又有北方暴力力量守卫，政治中心巍然屹立，那对南方攻略意愿可能下降（如北魏大臣不愿南迁洛阳）。可问题是，黄河中游是南迁族群的故乡，文明渊薮，南方发展必以恢复旧疆为鹄的。或说，时空错配，反倒是天下统一的力量源泉。

3. 先进文化的吸引力和身份认同是走向统一的基础

北方少数民族内附汉化，转牧为耕，是天下统一的力量之源。虽其领袖以守牧思想自立，但还是乐于接受和学习汉族先进文化。如后赵皇帝刘渊，是深度汉化的匈奴人，以汉人自居，汉文化使他成为统一的践行者。鲜卑拓跋氏在草原上建立北魏政权，统一北方，在北魏孝文帝的力主下，全面汉化，成为天下统一的力量，东魏、西魏、北周、北齐莫不如此。唐朝后期沙陀人李克用、李存勖父子，被赐姓李后，即归心唐朝，以大唐继承人自居，建立后唐。再如，辽、金汉化程度很高，人口中汉人占比很高。清朝入主华夏后，也想方设法解决身份认同的问题，以孔子"夷狄而中国则中国之"，"以夷变于夏"证明自己有主宰天下的"许可证"，不但编撰《大清一统志》，以"大一统"思想和实践证明自己，而且编修《四库全书》从文化上证明自己服膺华夏文明。

上溯观察，西周分封天下奠定了统一的文化、血缘基础。有此先进文化、典章制度，便有文化疆土存焉。这种文明的力量潜移默化地推动了中国疆域的展阔。中国之所以延续数千年不灭者，盖有此文化绵延。大哉，车同轨，书同文，行同伦！

4. 政治空间管控制度既是维护统一的方法，也是造成分裂的祸患

中原王朝莅中国而抚四夷，创设羁縻制度和土司制度，设置区域，集中安置，资给衣食。边疆危机时，征召作战，征战远方。因被安置在农牧交错地带，在气候暖期，生活有保障，可安居乐业，生活有养。可气候进入冷期，旱灾、蝗灾、涝灾交加，其生活无依靠，忠非其人，首领便改旗易帜，封王称霸，割据一方。如西晋灭亡后，北方少数民族趁机建立政权，造成天下分裂。这就是地理环境变化导致的民不聊生，内外交攻，国本摇动。

第五章

宏观地理格局下的十字形历史演进地缘轴线

或问，天下分分合合，城头变换大王旗，你方唱罢我登场，有无规律可循呢？不但有，还非常清晰。

唐代之前，天下分合从地缘上看，大体以东西轴线为主，南北为辅。唐中期安史之乱后，经济和人口重心南移，政治中心转移至东部平原、丘陵地带，东西拓展延伸才让位于南北地缘轴线的拓展。前者以黄河和与黄河平行的陆路通道为基础；后者则以天然河流、湖泊与人工运河结合，联系南北方。隋唐之际是东西、南北地缘轴线转轨阶段。宋室南迁，元朝统一，迁都北京，南北轴线才正式定型。

南北向震荡自三国时发端，唐中期安史之乱为转捩点，是跨气候地带的南北整合，即从暖温带向亚热带、热带和中温带伸展。从政治、经济、文化的空间分布看，主要限于第二级、第三级地势阶梯，转折标志是隋唐运河被裁弯取直后的京杭大运河替代，南北发展成为主旋律。

除黄河流域外，随着经济中心南移，南方长江流域、珠江流域的东西轴线也发育起来，成为横贯东西轴线的重要支脉。南北轴线除京杭大运河被京沪沿线替代更新外，海路运输、沿海经济带、贯穿中部的京广铁路轴线也蓬勃兴起。由此，我国现代的地缘空间轴线比古代更加丰富多彩，除主骨架外，还有地方网络的填充与丰满，整个国土空间被有效整合与利用。

东西轴线的形成与发展

1. 先秦：东西轴线的萌芽

虽然《尧典》《禹贡》等建立了一个天下五方格局：天子居中，诸侯按照距离王都远近不同承担不同的职能和贡赋，环环外推，至于要服、荒服（请参阅图

4–1）。但政治现实总会受到地理环境的制约，而且有很大的形变。按照地理学者王铮等人的看法，地缘政治是气候、地形、地貌、土壤、植被、河流、人口、人文格局等因素的函数[1]。在人类社会早期，土地、气候等自然地理因素起决定作用，人类总是趋向在自然地理优越的地方居住与生活，建基在其上的文化、政治行为必然随着自然地理环境的变化而变化。

对照文明发源地与气候地带空间分布图，就会发现，古代文明是在温带季风气候的"温柔窝"中孕育的，其南界是淮河流域，西界至乌鞘岭，北界是长城沿线，即400毫米等降水量线。北界至燕山南麓，燕山山麓以北，气候寒冷，属于寒温带季风气候区，不再"温暖舒适"了。直到周代之前，黄河中下游地区普遍温暖，有今日长江流域北亚热带的"范儿"，就明白黄河中游关中盆地、伊洛河平原直到山东半岛的东西轴线，是农耕文明最理想的发育场所（如仰韶文化、半坡遗址、龙山文化、大汶口文化）。

或许陕西省神木市高家堡镇石峁村的秃尾河北侧的石峁遗址能部分说明问题。据最新考古研判，该遗址皇城台遗址约建于公元前2200—前1900年，距今4000年（相当于夏代），有专家认为，早期可能是黄帝都城。后因气候变干变冷，该族群便向东南迁移，进入汾河流域，与关中平原的炎帝部落冲突并融合。如果说石峁遗址的族群有一部分南迁到汾河中下游，与尧都平阳（陶寺遗址）；另一部分转变为游牧族群，那么推测，《史记·匈奴列传》所记"匈奴为黄帝苗裔"是可以想象的事。最近的研究显示，在3800±200年前，气候温暖，人类活动突破胡焕庸线，大规模向西延伸，即科学证明这一历史进程[2]。

黄帝之后至尧舜时，活动区域向南、东发展。例如，山西襄汾遗址被定为尧都遗址，舜帝渔于雷泽，大约在河南濮阳和山东鄄城—郓城一带的雷泽湖，大禹

---

[1] 王铮、韩钰等：《地理本性进化与全球地缘政治经济基础探析》，《地理学报》2016年第6期。

[2] "Crossing of the Hu line by Neolithic population in response to seesaw precipitation changes in China", *Science Bulletin*，2022年第8期，该文揭示全新世以来我国西部存在3次降水增加时期，分别距今5200年、3800年、2800年，人类活动在该时期向西突破胡焕庸线，显示气候变化对史前人口分布的深远影响。

则发源于阳翟（河南禹州），其后在偃师建都（二里头夏都遗址），商人的活动范围也不出今河南商丘、安阳、洛阳、郑州连线范围内。黄帝的直系后裔——周人部落则活动轨迹大约从临汾盆地向西到黄土高原南部边缘，与戎狄杂处，待部落发展，受到戎狄人的排挤，然后向南迁移到岐山脚下的周原，建立宫室，相地而作。武王伐纣得主天下，推行封建，封弟子功臣之国，军事殖民，占领关东广土众民，诸侯国犬牙交错，互为唇齿，成为大一统王朝中遍布东方的"发展核""增长极"。

因为气候变冷，南北方向比较舒展的文明分布反而被压缩。农牧交错地带为北方的少数民族占领。夏商周三代之更迭，实质是黄河流域的文明实体，在东西地缘轴线上不断竞合的过程。西周起兵于西北，以关中盆地为根基，拓展到太行山、嵩山、伏牛山以东地区，直至山东半岛的齐、鲁之地。周在维持固有的以丰镐为中心的"宗周"特区的前提下，又以洛邑为中心设立了"成周"，作为控制东方的桥头堡和基地，奠定了丰镐、长安—洛阳两京（都）格局。

周人发迹之地被设为"王畿千里"，由周王亲自管辖，其主要精力便投向扇形展开的东部（温带季风气候区也是扇形展开），派遣核心亲族力量经略关键位置，如卫（康叔）国占据殷商故地，姜太公被派往营丘经营山东半岛（莱夷），周公则被派往奄（曲阜）以控制淮夷、奄夷。自咸阳向东，一条线沿汾河谷地向东北，连接北方草原；另一条线出武关向东南走汉水，经南阳、襄阳与荆州（江汉平原时为云梦泽），周昭王曾走此线巡游，崩在半途，不知所终，后楚国在此区域发展壮大。

东西向轴线再向东经崤（山）函（谷关）线出太行山进入东部平原、丘陵区域。又分支线，一条沿太行山南、东麓往东北方向至燕（蓟州），另一条向东沿济水至宋、鲁、莒等国，分支沿大清河走山东半岛北侧至齐（临淄），向东南方向经郑、蔡、许等，直到大别山。

沿东西向轴线向西，西周也用力颇勤，如周穆王率军攻击狄人，甚至一路向西到达昆仑山拜见西王母，得其志而返。可西周晚期，气候变冷变干，西部草原退化，游牧部落内侵，山戎部落也与诸侯勾结作乱，幽王为防备戎狄人进犯，大建烽燧预警，西北方向地缘威胁之大可见一斑。当关中盆地受到戎狄威胁，则向东转移至东都洛阳，拉开东周大幕！

当周人政治力量淡出关中盆地，封赏秦人打拼，秦人筚路蓝缕、勇敢前行，竟打出一片天，为周天子承认的诸侯。秦灭六国的路线与周初分封的路线相似。秦吞并六国初，"中国"疆域与东周时相当，仍是"诸夏内部"的传成。

2. 秦汉—两晋：东西轴线的延长与变奏

大秦统一天下，废封建，行郡县，初设三十六郡。随疆域拓展，特别是南方空间的扩张，增设至四十八郡。初设三十六郡仍集中于长江以北，大致以天水、咸阳、洛阳、临淄、琅邪为中轴，向南北两翼展开。若以咸阳为扇轴，向东南和东北展开：经过辽西走廊连接辽河下游平原的狭窄地带，转向朝鲜半岛；东南方延伸至钱塘江、会稽山，吴越人在此发迹。春秋战国时期，吴越之地未必是良好的生活空间，因为吴王阖闾、夫差、越王勾践都拼命参与中原争霸，甚至一度入盟中原（如吴晋争霸的黄池之会），越国一度在琅邪（山东青岛胶南与日照交界处）建都。越王勾践功臣范蠡北上齐国，变更姓名在定陶（今山东菏泽定陶区）做买卖，表明当时黄河流域是人人心驰神往的宜居空间。南方郡（九江、长沙、黔中、巴郡、蜀郡）虽然面积广阔，但远不如黄河中下游密实，从土地开发的程度和人口密度可见。

秦始皇虎踞中华大地后，构筑了从咸阳辐射全国、四通八达的驰道（见图5-1），在统一天下前后的 11 年时间内，五次出巡，望祭山川神灵，扬威天下，以定疆域。除首次西巡以光耀先祖先烈外，其余全是东巡。东巡的路线显示，在他心目中有一条东西向的地缘轴线。

第一次向西出巡：公元前 220 年，他率军出巡秦人发迹之地的陇西郡（郡治狄道，今临洮），拜祭祖先，途经北地郡（今甘肃东部、宁夏一带），最远到达崆峒山，最后经回中（今甘肃回山）返咸阳，主要目的是威慑西戎族群，感德 34 代秦人先祖。

第二次是公元前 219 年，秦始皇这次主要是巡行东方郡县。出函谷关，登峄山（在今山东邹县）、泰山，封山勒石刻碑，然后巡烟台之罘、青岛胶南琅邪，沿东海至江苏徐州，又南下安徽，入泗水，渡淮河，沿长江水路西上，到达湘山拜祭，最后经由南郡取道武关回到咸阳。

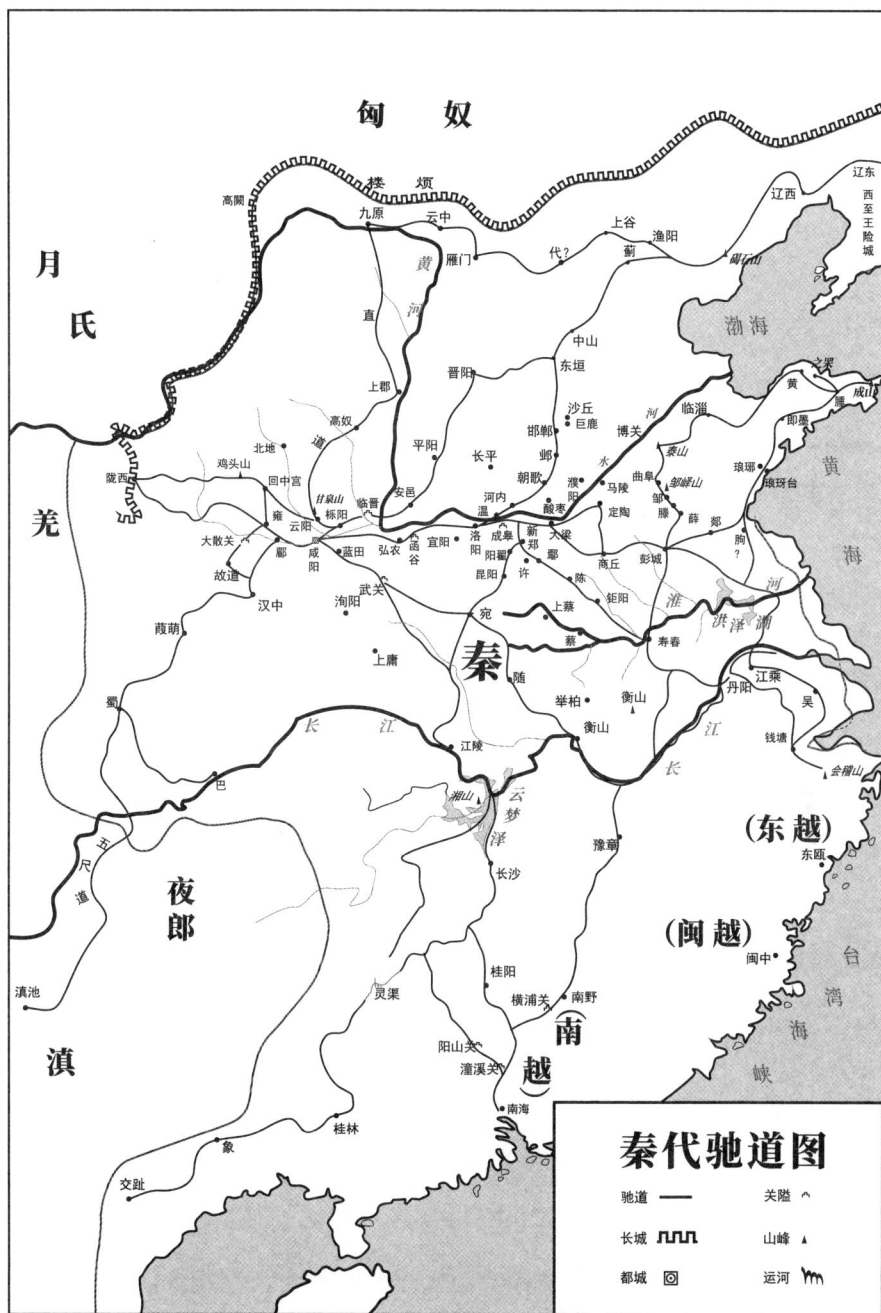

图 5-1 秦代驰道图

第三次重点也是山东地区，过阳武、阜阳、临淄、之罘、琅邪，返回的路上又过临淄、平原津、钜鹿、恒山、邯郸、壶关、上党、安邑、蒲州津回到咸阳。这次由于东巡路过博浪沙时遇刺客（西汉留侯张良安排），比较匆忙，回来时经邯郸、上党返咸阳。

第四次为东北巡视，从咸阳东出函谷关，在孟津过黄河，到河内郡治怀县（今武陟西南），过邯郸、恒山、涿州、蓟县、碣石，归途经右北平、渔阳、上谷、代郡、雁门、云中、上郡，返咸阳。这次主要是安排开辟东北和北方防线，指派蒙恬率30万大军筑长城，修连接咸阳与河套的"直道"。

第五次为南方巡视，时间长达11个月。此时，南岭格局大定，南过洞庭湖、湘江往南岭的水路开通（指灵渠）。他巡视至湖南南部的九嶷山，南岭深处，祭祀舜帝。乘船返回沿江东下，过金陵（改名秣陵，灭王气），至钱塘（杭州）到绍兴会稽山，祭祀大禹，沿海向北至琅邪、成山、之罘，经临淄，至平原津得急病，暴毙沙丘。

秦始皇巡视路线的变迁显示，秦朝疆域有超越"温带季风气候区"向南北扩展的意志与行动。在北方，直接扩展至阴山下，恢复赵、燕对阴山、燕山和辽东地区的控制。向南跨长江，越南岭，开拓珠江流域，并设置三郡。后世两千余年，中国大体不出秦朝肇开的核心疆域和郡县制度！可惜，秦始皇暴毙三年不满，大秦即亡，其宏观擘画便散架。楚、汉血腥争霸天下，民人流离失所，疆域缩小，又缩回到东西轴线上来。刚有点头绪的南北方向拓展夭折！

秦末陈胜吴广起义，天下大乱，豪杰蜂起，楚霸王项羽得意，入关中，火烧阿房宫，主持分封天下王侯，号为"大楚"，然后带兵返回故地，建都彭城（江苏徐州），政治中心首次移出关中盆地，这是东西发展轴线的新态势。实践证明他彻底失败了。刘邦吸收其教训，从汉中夺取关中盆地，一路向东，再与项羽争权天下。刘邦东出击败项羽，在山东巨野筑台登基，可他却选择重返长安建都，并新创郡国制——函谷关以西由天子控制，实行郡县制，以东则分封异姓功臣贵族，实行封建制，呈现东西轴向的地缘格局形态。

东方郡国逐渐坐大，有叛乱篡逆之志，汉景帝听从晁错建议削藩，东方七国发动叛乱（前154），后在梁王支持下，叛乱得以平定。这是东西轴线上的变奏曲，是暖温带季风气候区内部大整合过程的插曲。

公元前 133 年，汉朝君臣在武帝带领下，决定放弃与匈奴的长期和平政策，北向攻击匈奴，天下格局因此大变。

其一，在北方驱逐匈奴直至漠北，使其不敢南下而牧马。

其二，向西越乌鞘岭进入河西走廊，设武威、张掖、酒泉、敦煌四郡，断匈奴右臂，打通前往西域之路，修甘肃永登至玉门关长城，隔断匈奴与氐、羌联络（详见第十章）。这是"东西地缘轴线向西延伸"，是对秦帝国之超越。

其三，翻越秦岭入巴蜀，向西南方向，开拓西南夷，又是对秦帝国的超越。征服岭南地区，实际控制珠江流域。这是对秦始皇岭南三郡的再确认（详见第七章）。

其四，在东北方向，征服卫氏朝鲜（燕人卫满所建），设置乐浪、临屯、真番、玄菟四郡，汉帝国在东北势力得到扩大！

这种地缘空间开拓，其实是东西轴线的大变奏。如楼船将军杨仆乘船东出山东半岛，跨海至平壤作战。汉贰师将军李广利、李陵率步兵北出居延塞驱逐匈奴等，东西张开了臂膀，拥抱广阔区域。

东西轴线的演变到东汉时又有新变奏，即经西汉末期的社会大动荡，绿林、赤眉军进入关中盆地，长安残破，光武帝夺得天下，首都东移，定都洛阳，这是政治中心向东转移的先声。西汉的遗老遗少曾经一度呼吁迁都长安，引起激烈争论，班固为此写《两都赋》，比较长安和洛阳优劣。其中重要之点是长安虽然有山川形胜，关隘之险，风物之华，积淀之深，但已不符合王制，需要新王朝居于天下之中，统御六合八荒。

其实，班固之论纯属冠冕堂皇，秘而不能言者是关东为东汉政权的发迹之地。刘秀系汉高祖刘邦九世孙，出生在河南兰考，少穷，依叔叔在南阳长大，举兵起义，受更始帝刘玄委托至河北说降义兵，遂于鄗城（今河北省邢台市柏乡县固城店镇）的千秋亭即皇帝位，而此时的长安被赤眉军占领，混乱不堪，无粮可食，竟为就食而西掠，最后东逃半途被刘秀大军堵截而灭。首都自然要选择靠拢根据地洛阳。

虽然东汉建都洛阳，但并不意味着对西部不管不顾，关中仍是各方势力争夺的焦点。所以，光武帝挥军西向，灭掉盘踞在陇西的隗嚣和巴蜀的公孙述势力，前后用 12 年方克定天下，使得自新莽末年以来四分五裂、战火连年的古老中国复归一统。

由上可知，东汉战争的活动范围也不出东西轴线——东至青州，西到金城（今甘肃兰州），南至南阳，北到幽州。待天下稳定后，东汉才对匈奴和西域用力，恢复武帝时疆域，复通阻断65年的河西走廊，彻底击败匈奴。其间，班超远定西域。推崇儒学的汉明帝，由于夜梦金人，将佛教引入中国，开佛教传入之先河。

　　东汉末与三国时期，仍然是东西震荡。如汉灵帝时（184），关东有钜鹿人张角领导的黄巾起义，西有北地郡和安定郡（今六盘山以西至黄河、洮河流域）的羌人部落叛乱，东西夹击，致使东汉摇摇欲坠。东汉派兵攻灭西部叛乱，反而培养了西凉势力，如董卓及其党羽李傕、郭汜，西凉官员边章、韩遂叛变投敌，马腾也在平叛时反身成为东汉大患。后来，董卓在西凉平叛，不意受何进令带兵进京勤王，不料想大将军何进为宦官所杀，董卓借机消灭宦官势力，专权汉室，废立汉帝，胁迫献帝迁都长安，权倾朝野。及东方势力联合讨伐董卓，董卓终为吕布所杀，其党羽李傕、郭汜又借机把持朝政，与西凉势力韩遂、马腾达成战略默契，形成暂时的政治均势。中央政府不仅失去了对凉州和关中部分地区的控制，更失去了对阳关以西西域的控制，东汉设置的西域长史府已名存实亡。

　　在讨伐李傕、郭汜的行动中，曹操"挟持"汉献帝东迁，都许昌（196）。迁都的一个原因是洛阳残破无人烟，遭西凉兵蹂躏，不能安处；另一个原因是曹操不能控制此地，莫如退回根据地。地缘中心沿东西轴线向东移到东部平原地带。曹操被封武王（魏武王，被出土文物证实），更以邺城（今河北临漳）为统治中心。

　　曹魏对河西走廊和西域治权的恢复是东西地缘轴线震荡的又一注脚。曹军在赤壁战败，退守中原后，三国格局形成，曹操决计先除掉西凉势力，再图巴蜀。公元211年，韩遂和马超领西凉大军进攻潼关，意图进击中原，复李傕、郭汜故事，却被曹操大军所灭。盘踞西北近30年的西凉势力至此彻底终结，东汉重新控制河西走廊。

　　曹操去世，曹丕在许昌"受禅"（220），后定都洛阳（比长安远离巴蜀）。河西地区的治元多、卢水、封赏等少数民族联合叛乱，被曹真彻底征服，《魏书》记载"斩首五万余级，获生口十万，羊一百一十一万口，牛八万"。公元222年，曹丕任命承移为西域长史，设长史府于楼兰古国之海头城，设戊己校尉于高昌，西域长史府由凉州刺史下属敦煌郡直辖。曹魏先后任用仓慈和皇甫隆为敦煌郡太守，对河西及西域地区实施了卓有成效的管理。其实，西域各国百姓从西汉西域都护府设立到东汉末年的二百余年间，安享幸福，即便在西北叛军割据30年之后，西域人民仍人心思汉。曹魏政权对西域管理比较顺当，为后世王朝治理西域打下坚实的基础。

魏、蜀、吴三家瓜分天下（其实还有在辽东称燕王的公孙度、公孙渊势力）更看出东西地缘轴线发挥的威力。

先看诸葛亮五出祁山，亲率蜀汉军据守汉中，谋越秦岭杀入关中，东进中原。可蜀汉军若直经褒斜道、陈仓道或者子午道进兵渭河平原，易受曹魏东、西夹击。西，即陇西、凉州兵马；东，即曹魏大本营，潼关以东地域。当时，魏有人口440万、兵力50万，而蜀汉人口不到100万、兵力10万，蚍蜉撼大树，容不得有任何闪失。诸葛亮先着手解决后顾之忧：荡平陇西和河西走廊！所以，首次作战就绕了个大弯，先向西北，经汉水、西汉水（嘉陵江支流）进占祁山。祁山在今甘肃礼县东，西汉水北侧，东西绵延50余里，山北即渭水上游通道。蜀汉军在西汉水旁设堡（祁山堡）作为前进基地，祁山一时成为地缘争夺焦点！（见图5-2）

祁山何以如此重要？原来，其位置恰是秦岭西端断点，相当于陇西高原向北凹进，祁连山余脉沉潜分解为小山脉，此地是南北、东西的自然过渡地带——向南通舟楫，向北则车马。曹魏守住祁山，即可抵挡蜀汉北伐通道，守住陇西、河西走廊地盘。真可谓万里河山一卒子，牵一发而动全身！微观形势看，是南北争权夺势；宏观看，是东西轴线上的天下争霸！

蜀汉第一次（228）自汉中向西北经祁山运动至天水，意从天水沿渭水（渭水道）向东攻击曹魏大军。诸葛亮派马谡守街亭，街亭处在另一条东西向通道（陇山道）上，经泾水、萧关越六盘山（陇山）进入陇西高原，再与天水会接。可惜马谡据山而守，缺乏饮水而招致惨败，蜀汉军首次出击失败而归。第二次（228）经散关走陈仓，第三次（229）夺取武都（今甘肃成县西北）、阴平（今甘肃文县西北），第四次（231）二出祁山，与司马懿在上邽（今甘肃清水县）叫阵，终因司马懿拒战，旷日持久，蜀军粮草不济（其实谎报，并非真缺），被迫撤军。第五次（234）则直出褒斜道，在斜谷口安营屯田，持久作战，计划切断关中与陇西联系。可惜，诸葛亮积劳成疾，捐命五丈原（234），终以失败告终（见图5-2）。

图 5-2　诸葛亮北伐

由此可清楚地看到，东西地缘轴线最终是由山川大势决定的战略走廊！

蜀汉、东吴密谋瓜分天下是东西地缘轴线存在的另一个证据！公元 229 年四月，吴王孙权于武昌称帝，需蜀汉支持，东吴便派使臣去往蜀国。诸葛亮着眼于联吴抗曹大局，派使者祝贺孙权称帝。天下没有免费的午餐——使者相见，竟干起瓜分天下的勾当——双方约定灭魏后平分曹魏疆土，西部并、凉、冀、兖四州归蜀，东部徐、豫、幽、青四州归吴，大体以函谷关为界，西归蜀，东归吴。吴国如此要价，反映人口、经济重心向东南转移的迹象！注意，此时东吴首都在武昌（今湖北鄂州鄂城区），同年迁建康，有东、西两京之摇摆！

263 年 8 月，司马昭发动灭蜀汉之战，三路兵马齐出——西路邓艾出狄道（今甘肃临洮）由甘松（今甘肃迭部县）、沓中（今甘肃省舟曲县）直接进攻姜维，自祁山向武街、阴平之桥头切断姜维后路；东路军由钟会率主力十余万人，再分三路分别从斜谷、骆谷、子午谷进军汉中，路线与诸葛亮出祁山线相反！这是中国地缘政治、军事轴线东西沟通的又一明证。

司马炎取代曹魏，篡位而立，国号晋（266），定都洛阳，史称"西晋"。280年，分派六路大军伐吴，吴主孙皓请降，天下复归统一。因司马氏仰赖士族篡权，政治上刻意压制士族势力，采取众建宗族封国之法，权在郡国。由于同姓诸侯王众多，盘根错节，与皇室内部勾结串通，晋惠帝懒政，委权皇后贾南风弄权，引发了持续16年的八王之乱（291—306）。原来，自东汉光武帝允许边民内迁以来，大量游牧民族迁入，至西晋时关中和凉州少数民族几占当地人口一半。恰恰晋武帝优待世家大族，世族茁壮成长，穷奢极欲，比富斗贵，就将一些少数民族蓄养为奴婢。世家大族参与内乱，就搅动汉化程度较高的游牧民族及其后裔鼓噪跟进。311年，刘曜抢先发动，加速西晋灭亡（316），催生东晋建立，中国北方进入分裂的十六国时期。西晋持续仅51年，若自灭吴算起，仅延续37年，昙花一现！

东晋（317—420），是由西晋皇族司马睿南迁后建立。东晋是门阀士族政治，与北方十六国并存，史称东晋十六国。东晋内部也是四分五裂，东晋与之前的孙吴以及其后的宋、齐、梁、陈，合称为六朝，南京为六朝古都，因此得名。

东晋和南朝，都城在建康，而北朝，立都在长安、洛阳、邺城等地，两者接壤地带在淮河流域。如东晋与前秦的淝水之战（383）就发生在安徽寿春的芍陂北（淮河南）。这表明，一方面南方已有与北方抗衡之力，另一方面北方有征服南方的意愿。

3. 南北朝：东西轴线的维持，南北震荡格局的萌动

十六国时期，北方先后出现多个政权，此起彼伏，眼花缭乱，但基本在东西轴线上展布。

前赵在平阳（今山西临汾）和西安建都，主要控制洛阳以西直到河西走廊的西部区域（请见第十章）。后赵石勒建都襄国（今河北邢台襄都），主要控制函谷关以东，呈现东西对峙局面。328年，后赵灭前赵，统一北方。可后赵石虎骨肉相残遽衰，汉人冉闵灭亡后赵称帝，建立冉魏（350）。冉魏不二年为前燕所灭。同时，氐人苻氏崛起，苻洪在枋头（今河南鹤壁）称王，351年苻健称王，定都长安，史称前秦，至苻坚时，前秦疆域极盛，统一北方地区，灭前凉（376），打

通河西走廊，遣大将吕光征西域（382），推进民族融合，推崇儒学和文教，积极引入佛教，佛教在北方大兴。

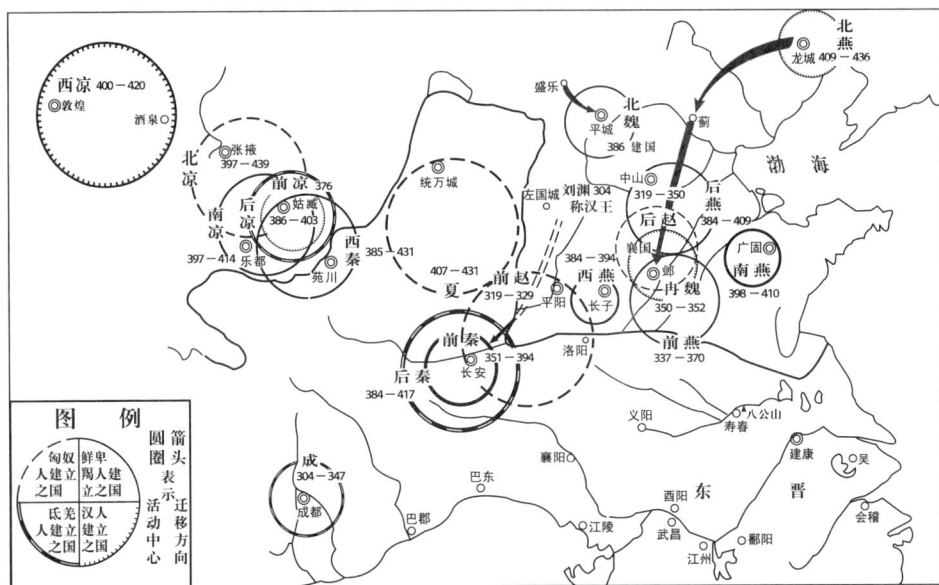

图 5-3　十六国示意

与后赵和前秦几乎同时，鲜卑慕容氏建立燕国，史称前燕，337 年建都龙城（今辽宁朝阳），352 年迁都蓟城（今北京西南），灭冉魏。357 年，定都邺城，370 年为前秦所灭。

前燕的迁都历程是历史新现象，作为鲜卑部落，起家燕山北，向南迁移，逐鹿中原，表明中国东北方向的地缘部族力量开始活跃，是北部地缘部落主动融入中原先声。之后，慕容氏后裔相继建立后燕（于河南荥阳称王，都中山，今河北唐县），西燕（都长子）、北燕（都龙城）、南燕（都滑台，今河南滑县），活跃在太行山以东至海，西至辽河以南的广大地域。

386 年，前秦军阀姚苌弑苻坚后建立后秦。此时，鲜卑拓跋氏拓跋珪（受苻坚不杀之恩）趁机在牛川（今内蒙古锡拉木林河）自称代王，重建代国，定都盛乐（今内蒙古和林格尔县）。同年四月，改称魏王。398 年 6 月，正式定国号为魏，史称北魏。398 年 7 月，道武帝拓跋珪迁都平城（今山西大同）称帝。此时，后秦在姚兴的领导下，一时兴盛，后出现内乱，东晋派刘裕攻入长安，前秦灭亡。

439 年，北魏太武帝拓跋焘统一北方。493 年孝文帝拓跋宏迁都洛阳，大举进行汉化改革，加速民族融合，与南朝政权对峙于淮河流域。

北朝时期，整体格局是北方少数民族向南伸展势力，踏足黄河流域，这相当于农牧交错地带的拉锯震荡。北魏先有北部六镇之乱，然后有河阴之变，部族内斗导致国势大衰。534 年，高欢在邺城先立北魏，550 年高洋废元善见称帝为北齐。公元 557 年，宇文泰之子宇文觉接受西魏皇帝拓跋廓禅让，建立北周政权，元魏（拓跋魏）正式灭亡。东魏和西魏、北齐和北周也是东西轴线的对峙，是关东平原地区和关中盆地的对立。东部相当于河北、山东、辽宁，山西一部分，安徽、江苏北部。西部相当于以关陇为主体，包括山西、陕西、甘肃、青海、内蒙古等部分区域。因为北方多民族杂居，少数民族多从西、北进入中原，所以东西、南北融合的态势非常明显。

与北方混乱相比，南朝历经宋、齐、梁、陈四代。世家大族南迁，带来先进的耕作技术，推动了当地经济发展和社会进步。相对北朝，南朝安定，大力发展经济，人口大量增加。464 年，宋人口达 468 万余，发达地区如会稽郡人口就有35 万。另外，闽江、珠江流域也得到了初步开发。江南地区的开发对中国经济产生了深远影响，为经济重心逐渐南移奠定了基础。

南北朝分野，是我国地缘政治轴心转向的萌芽期。东晋建立，吸引了大批士族南迁，为南方经济发展播下了种子。经过 160 多年的发展，南方经济获得巨大发展，成为地缘轴线转向的拉动力量。

这种转动，必须得到一种新兴的势力，使全国一盘棋，将南北力量整合起来。这个整合的标志性工程就是隋朝开凿的以洛阳、开封、杭州、北京为端点的运河！

南北转换，西北与东南一体化的时代

1. 隋文帝时期的开创性工作

隋朝初定都在汉长安城，时长安破败狭小，水严重污染，已不再适合大一统王朝之需，于是隋文帝杨坚（541—604）决定另建新城。开皇二年（582），于长安城东南龙首原南面选地，评价曰："川原秀丽，卉物滋阜，卜食相土，宜建都邑"（《隋书·高祖纪》），新城定名为"大兴城"。

关中平原虽号称沃野，但经数百年战乱蹂躏，早已不复当年之盛，物产不足以飨京师。开皇三年（583），隋廷决定漕运关东及汾州（今山西汾阳）、晋州（今山西临汾）之粟。但苦于渭水涨落无常，流浅沙深，漕运不利。开皇四年（584），隋文帝命宇文恺率水工凿渠，引渭水自大兴城，略循汉代漕渠故道，东至潼关入河，全长三百余里。因渠流经渭口广通仓，故称"广通渠"，时人仍习称为"漕渠"。又以渠下人民颇受其惠，亦称"富民渠"。仁寿四年（604），又改名"永通渠"。唐朝时通时塞，唐玄宗与唐文宗时曾两度浚复，唐衰落后，政治中心东移，渠遂堙废。

江淮之间，隋以前有邗沟相通，隋时，邗沟多次改道变狭，大船不通。隋文帝平南陈前曾下令治山阳（今江苏淮安）。但他仅整治邗沟入淮水口，并未彻底清理河道。他又开山阳渎，《隋书·高祖纪》开皇七年（587）条记："（四月庚戌）于扬州开山阳渎，以通运漕。"隋文帝开山阳渎说是为通运漕，其实是为南下伐陈做军事上的准备，次年分八道伐陈，但除陆路外，舟师仅有贺若弼一路取道山阳渎南下，另一部则由海路进发。

当然，隋文帝开凿山阳渎，是依托邗沟。邗沟为春秋吴王夫差所开凿，他当时为争霸中原，在蜀冈建邗城，于城下开凿沟渠，向北串联河湖，抵达淮河，然后经泗、济相通，矛头直指齐国。邗沟，现称淮扬运河，又被称为里运河、渠水、韩江、中渎水等，指从淮安市（大运河与古淮河交点）至扬州市（大运河与长江交点）河道，全长170余千米。大体走向是，经武广湖东（在今江苏高邮市南）、渌洋湖西（在今江苏高邮市南）、樊良湖（在今高邮市北界首湖），东北经博芝湖（今宝应县东南）、射阳湖（今宝应县东），折西北至末口（今淮安市北）入淮。东汉建安中，因"患湖道多风"，广陵太守陈登于樊良湖北口开渠，北接白马湖，东北流抵末口入淮，较原道为近直。但魏、晋时淮安以南段仍须绕道射阳湖，不能直达。东晋永和中，江都水断，曾一度从今仪征市欧阳埭引江水为源（见图5-4）。

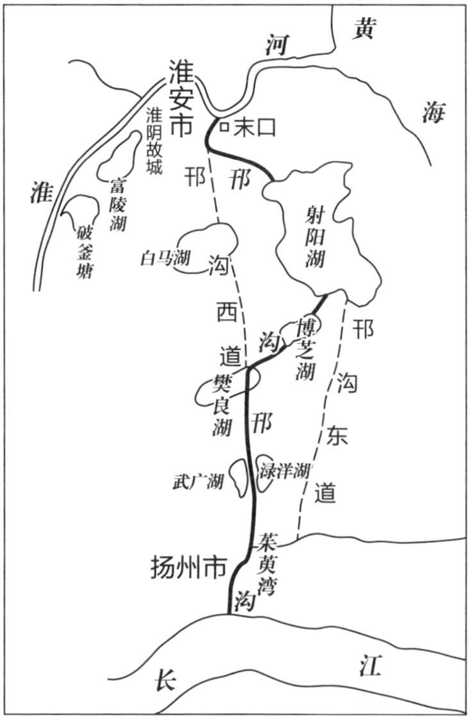

图 5-4 邗沟的走向及历史变迁

　　隋朝之前，邗沟主要为军事用途，天下太平既废，表明南北交流稀疏。隋文帝疏浚山阳渎，大概只为军事将局部壅堵处打通。大业元年（605），隋炀帝组织民工疏浚，才彻底贯通。山阳渎之贯通标志着中国南北地缘轴线的正式确立，其功能也因南方开发和南北方经济中心转移，由单纯的军事向军民两用转化。历朝历代不停地开凿疏浚，元朝时裁弯取直，直通北京，即京杭大运河。

2. 地缘轴线发展的新形势：隋炀帝迁都洛阳

　　隋炀帝杨广（569—618），生于大兴城，开皇元年（581）立为晋王，开皇二十年（600）立为太子，仁寿四年（604）七月即位。他在位期间修建大运河，营建东都，迁都洛阳城，开创科举制度，亲征吐谷浑，三征高句丽，可滥用民力造成天下大乱而导致隋亡，为信臣所弑，可悲可叹。其执政主修的重大工程，开疆扩土的功业，对理解我国地缘轴线转向有莫大的意义——征吐谷浑是东西向轴线的延展，修大运河是东西轴线和南北轴线的结合，迁都洛阳是向天下之中投下的战略棋子。他营建东都洛阳，事出有因。

其中之一是天下经济中心逐渐南移，关东经济水平已超过关中，必须借助东方力量才能安定天下。汉魏之际，关中农业所依赖的郑国渠、白渠等水利设施，到隋朝时由于河床下切，农田灌溉面积骤减，粮食产量剧降。隋文帝开皇十二年（592），"京辅及三河地少，而民众衣食不给，帝乃发使四出，均天下之田，其狭乡每丁才二十亩，老少又少焉"。（《资治通鉴·隋记二》）开皇十四年（594），"关中大旱，民饥，上遣左右视民食，得豆屑杂糠以献。上流涕以示群臣，深自咎责，为之不御酒肉者，殆将一期。八月，辛未，上帅民就食于洛阳，敕斥候，不得辄有驱逼"（同上），成为"逐粮天子"。可见，当时地狭人稠的关中平原已不能满足中央政府和军需，东粮西运至洛阳，再难过三门峡谷，陆路转运成本高昂。将人口向东转移，可减轻运输压力，又能加强东方地区管理，何乐而不为？

但帝王考虑问题，远较复杂。仁寿四年（604）冬十一月，他亲临洛阳察看风水，《元和郡县图志》载："初，炀帝尝登邙山，观伊阙，顾曰：'此非龙门耶？自古何因不建都于此？'仆射苏威对曰：'自古非不知，以俟陛下。'帝大悦，遂议都焉。"《资治通鉴》另有说辞：炀帝听信术士和民间谶语，有个叫章仇太翼的术士进言："陛下命属木，而雍州地处破木之冲，不宜久居；且谶语有言'重建洛阳，恢复晋朝之天下'！"杨广御极首项政治举措果因术士一言之谶吗？事实并非如此简单，且看诏书之说：

> 乾道变化，阴阳所以消息，沿创不同，生灵所以顺叙……是故姬邑两周，如武王之意，殷人五徙，成汤后之业。若不因人顺天，功业见乎变，爱人治国者可不谓钦！然洛邑自古之都，王畿之内，天地之所合，阴阳之所和。控以三河，固以四塞，水陆通，贡赋等。故汉祖曰："吾行天下多矣，唯见洛阳。"自古皇王，何尝不留意，所不都者盖有由焉。或以九州未一，或以困其府库，作洛之制所以未暇也。我有隋之始，便欲创兹怀、洛，日复一日，越暨于今。念兹在兹，兴言感哽！朕肃膺宝历，纂临万邦，遵而不失，心奉先志。今者

汉王谅悖逆，毒被山东，遂使州县或沦非所。此由关河悬远，兵不赴急，加以并州移户，复在河南。周迁殷人，意在于此。况复南服遐远，东夏殷大，因机顺动，今也其时。(《隋书·帝纪·卷三》)

他先找迁都的理由，谓天下变化不息，只有因人顺天才能功业无量，生灵顺治方为有庆。洛阳为姬周东都，是武王之意，商人五迁才有成汤后的功业。洛阳自古即是都城，在王畿之内，天地和合，阴阳交会，黄河、伊河、洛河三河汇流，关塞固若金汤，天下中心道里均等。自古帝王谁不留意洛阳山川之胜，人文之美，道里之均？之所以不都此者，或因九州未统一，或因府库空虚，或因还未腾出手来顾及于此。隋朝自始就有意定鼎怀、洛，不能落实。现在形势大变，汉王杨谅背叛，毒害山东不浅，原因在于关河悬远，兵不赴急，强弩之末势不能穿鲁缟。恰巧此时也正在迁山西北部人口向黄河南岸，以消除后患，做法与西周迁殷商相似。还有一个重要原因，南方归附，东夏（指东北部的高句丽）发展壮大，不得不防。一旦天下有变，可应时而动。

公元607年，隋炀帝北巡河北时，仍念念不忘汉王反叛，曰："自蕃夷内附，未遑亲抚，山东经乱，须加存恤。"(《隋书·帝纪·卷三》)唐人杜牧分析魏晋南北朝至隋唐的中原形势，指出："山东者，不得不可为王，霸者不得不可为霸。"由于隋承北周，从僻处西隅的秦陇关中东进南下，统一天下。山东地域广大，人口众多，曾长期受东魏、北齐统治，有离心离德之忧。江南情势远较山东复杂，变乱和少数民族叛乱时有发生，不能不为忧患早图。

历史地看，洛阳地望对应的是平和伸舒的中国；西安地望对应的是霸政统御的中国。钱穆在《国史大纲》中说：

陈庆之语梁武帝："自晋末以来，号洛阳为荒土。"桓温议迁都洛阳，孙绰上疏非之，谓："自丧乱以来，六十余年，苍生殄灭，百不遗一。河洛丘虚，函夏萧条。井堙木刊，阡陌夷灭。生理茫茫，永无依归。"譬如大旋风的核心，四围狂飙骇气，而中心虚无所有。这一个形式，延续几及二百年。直到魏孝文重营洛都，中国始渐渐再有一个文化复兴的中心。以后又经尔朱荣之乱，机运中绝。直到隋、唐，依然是起于西北，统一中国，而并建长安、洛阳为东、西都，兼有了向外斗争进取以及向内平和伸舒的两种形势，十足的象征出中国大一统盛运之复临。

所谓向内平和伸舒，就是以洛阳为中心连接东西南北；向外斗争进取，就是以西安为中心征讨挞伐。天下太平时，洛阳必为扎根之地；天下大乱时，洛阳必受其祸。

因此，隋炀帝迁都洛阳，与他肩负的历史使命相冲突。本来是要建设平和伸舒的社会，可他又扬威四方，耀兵天下，内竭民力，外捐民命，种种冲突和矛盾，导致他下场悲惨。

3. 南北地缘轴线的定型：隋炀帝开通贯通南北的大运河

公元605年，隋炀帝下令由杰出工程专家宇文恺主持，开凿大运河，主要是开凿通济渠和永济渠。"发河南诸郡男女百余万，开通济梁，自西苑引谷、洛水达于河（黄河），自板渚引河通于淮"，长1000余千米。

其实，通济渠由东西两段构成：西段起自东都洛阳（今河南洛阳）西苑，引谷水、洛水贯洛阳城东出循阳渠故道至偃师入洛水，由洛水入黄河（史称洛水、漕渠）；东段起自板渚（今河南荥阳市北）引黄河水东行汴水故道，至今开封市别汴水折而东南流，经今杞县、睢县、宁陵至商丘东南行蕲水故道，又经夏邑、永城、宿州、灵璧、泗县、泗洪至盱眙对岸注入淮河，史称汴河、汴渠（见图5-5）。

图 5-5　通济渠示意

汴河，可追溯到战国初期的魏国，魏惠王迁都大梁（今河南开封）开鸿沟，作良田。据《史记》载："荥阳下引河东南为鸿沟，以通宋、郑、陈、蔡、曹、卫，与济、汝、淮、泗会"，即向东经商丘附近的孟诸泽接通当时的丹水，再经丹水向东南至徐州与泗水相会，形成了商丘以上人工开挖，以下利用天然河流的运河。两汉、魏晋、南北朝时期，汴河因沟通东南、西北的战略通道备受重视，与淮河、山阳渎连接，连通黄河、淮河和长江，将政治中心关中的大兴城与东都洛阳连成一片，意义之大可想见也。

通济渠开通不久，608 年，隋炀帝又下令开凿永济渠，目的是将都城与东北方向贯通，向幽燕输送兵马，用兵辽东。永济渠只用一年时间告竣，原因也是基于旧河道疏浚，稍加改易。原来，东汉建安九年（204），曹操为北征袁绍、乌桓，平定北方，曾开白沟（较今卫运河偏西），又开平虏渠（相当今沧州以北的南运河），沟通黄河和海河水系，将兵马钱粮输往北方。

永济渠也可分成三段。南段为新凿河道，起于沁水入河处，据《大业杂记》记载，"引沁水入河，于沁水东北开渠，合渠水至于涿郡"。相当于沿太行山东南麓北至卫县（治所在今河南浚县西）。中段是卫县以下经馆陶、东光等地，至今天津市境与沽河汇合。该段以曹操故道为基础，扩展而成。北段介于天津市到古涿郡（今北京市），系改造两条自然河道而成。

610 年，隋炀帝继续开凿江南运河，镇江至杭州段通航。至此，以京都洛阳为中心，通过永济渠、通济渠两大渠道，沟通了海河、黄河、淮河、长江、钱塘江五大水系，总长 2700 千米的南北大运河全线贯通。

著名历史学家黄仁宇在其著作《明代的漕运》中认为隋炀帝修建大运河："其实是打算把长江下游一带的人力和物力组织起来，以建立一个更伟大的帝国。"著名历史学家李定一在《中华史纲》中也对隋炀帝修建大运河表达了赞赏的观点："大运河是人类历史上最伟大的工程之一，非有极远大的眼光与气魄，非有极雄厚的财力、人力与企划力不能完成。"大运河的修建是当时隋朝君臣对当时东西延展、南北震荡地缘形势的响应，结果确实意义深远，它沟通了南北，加强了中华民族的凝聚力。唐末著名诗人皮日休《汴河怀古》中说："尽道隋亡为此河，至今千里赖通波。若无龙舟水殿事，与禹论功不较多。"

4. 大运河是大唐王朝的动脉血管

历史学家全汉昇于《唐宋帝国与运河》中指出，隋朝为把南方的经济重心和留在北方的军事政治重心组合起来，才修建大运河。但大运河真正大放异彩是在唐朝，它交织出一张前所未有的物流网，成为大唐王朝的命脉血管。在大运河作为南北媒介的作用下，大唐帝国出现贞观之治、开元盛世的极盛。其中道理，大约有三。

第一，李唐王室不必背负建设东都洛阳、开凿大运河的成本，亦不必承担像隋炀帝一样的骂名。如此，李唐王朝可以将财力、物力用于其他军事、民生事业。

第二，由于大运河漕运之存在，朝廷"吃饭之忧"得到缓解。史学界普遍估计长安人口高峰时过百万，而西汉末年不到 30 万。据学者估算，长安每年所需粮食至少在 860 万石。可关中地区可耕地因水土流失、盐碱化、肥力减退等，灌溉农田相比西汉不增反减。唐代宗大历年间，灌溉农田仅剩 0.62 万顷（1 万亩），尚不到西汉鼎盛时期 4.45 万顷的 1/7。

隋文帝开皇十四年（594）就曾因关中饥荒暂时迁都洛阳，开隋唐君主"就食"洛阳之先。唐初，因长安城粮食缺口小，唐太宗只两次"就食"东都。随长安人口增加，皇帝"就食"东都频率增加。唐高宗李治就曾七次"就食"东都，是隋唐诸帝中，"就食"东都次数最多者，其中一次因沿途粮食准备不充分，还闹出侍从饿死的奇闻。武则天则选择直接迁都洛阳。唐中宗回长安四年后（709），关中爆发大饥荒，朝廷虽紧急从关东调粮，但因道路险阻，运输所用的牛死亡率超过 80%。群臣请求皇帝移驾洛阳，唐中宗却反问群臣："岂有逐粮天子邪？"中宗好面子，最终只能让百姓来埋单。后来唐玄宗不得不放下架子，五次"就食"东都。安史之乱后，由于藩镇割据，长安粮食供应更加紧张。唐德宗时甚至出现因缺粮，禁军差点哗变的境况。听闻江南运粮队抵达陕州（今三门峡），唐德宗也顾不得体面，竟激动地抱着太子大喊："米已至陕，吾父子得生矣。"皇帝尚且如此，怎奈百姓何？！

第三，唐朝创造性地发明运河漕运"转般法"，极大地提升了运输效率。开元二十二年（734），裴耀卿于古汴河口筑河阴仓，使江淮地区漕粮运此纳贮，候水转运，经黄河、渭水至长安，此为"转般法"之始，此后江南粟米可以便利地直达长安，关中再次富庶天下，大唐也迎来了繁盛的开元盛世，为用兵西域建立了雄厚的物质基础。安史之乱后，中央和割据势力之间没有血脉流通，营养不能交流，运河便逐渐壅塞了，通济渠竟断航八年，漕运几乎断绝。唐广德二年（764），刘晏受命修复汴河，总结漕运经验，在扬州、河阴、长安设置转运仓，分段运输积储，即"江船不入汴，汴船不入河，河船不入渭。江南之运积扬州，汴河之运积河阴，河船之运积渭口，渭船之运入太仓"，以至于"岁转粟一十万石，无升斗溺者"，唐王朝因此得以延祚上百年。

南北震荡与北方族群入主中原的时代

1. 地缘枢纽与地缘轴线的转移

中国的地缘中心，在唐朝之前一直是东西向震荡。由于隋唐大运河的开凿，洛阳和开封的地位上升。安史之乱后，唐朝军队从西北方向回撤，渭河流域的地位进一步下降，吐蕃势力向东挤压，陇右复为吐蕃、回鹘等所占，长安失去安全屏障，政治中心才实质性地自长安移出，向洛阳和开封转移。当时关中因战乱而荒废，较强的藩镇只有岐国李茂贞（陕西凤翔）与定难军，而河陇地区也持续衰退，汴梁处于隋唐大运河中枢地位，负责转运河北、关中、江南与湖广地区的货物，是天下粮食、货物的转运站。当关中因战乱而荒废时，聚集天下财富的汴梁就成为五代的首选都城。

五代战争以汴梁的宣武节度使与太原的河东节度使对峙为主旋律，如后晋与后梁、后晋与后唐、后汉与辽、北汉与后周等均是。太原易守难攻，外借北方少数民族支援，能与平原之汴梁争权天下（参见第一章）。

从隋唐大运河的形态看，其好似一张拉满的弓，将地缘政治中心向东拉动，第一站是洛阳。第二站是汴梁。第三站则是杭州和北京的直线了，济州运河、会通河的拉直，这意味着政治中心和经济中心再次整体东移和南北格局之定鼎。

该地缘政治格局的确立有两大因素推动，一是起源于大兴安岭西侧的草原地带、辽河流域和松嫩平原的地缘势力跃上历史舞台，此起彼伏参与中原争霸；二是南方经济实力大增，成为天下粮仓和经济中心。中原王朝想降服北方，必须依靠运河。而北方民族想靠南方物质之丰富而安生，取得南方，也须依靠运河。运河成了驱动帝国运转的杠杆！所谓成也运河，败也运河。

2. 北宋定都汴梁以就运河——政治中心转移到第三级地势阶梯

大唐灭，北方五代继之，凡54年——洛阳为后梁、后唐、后晋三代都城，凡19年；汴梁为后梁、后晋、后汉、后周四代都城，凡34年。初期徘徊于洛阳、开封之间30年，后晋天福三年（938）以后20余年汴梁终于因北控燕赵，南通江淮，水陆都会，资用富饶，地理位置优于洛阳而胜出。

公元960年，后周殿前都点检赵匡胤在陈桥驿兵变，建国号"宋"，都汴梁，史称北宋。但汴梁并非赵匡胤心仪之都。开宝九年（976）三月，他出巡回到故乡洛阳，史载：

> 上生于洛阳，乐其土风，尝有迁都之意。始议西幸，起居郎李符上书，陈八难曰："京邑凋敝，一难也。宫阙不完，二难也。郊庙未修，三难也。百官不备，四难也。畿内民困，五难也。军食不充，六难也。壁垒未设，七难也。千乘万骑，盛暑从行，八难也。"上不从。既毕祀事，尚欲留居之。群臣莫敢谏，铁骑左右厢都指挥使李怀忠乘间言曰："东京有汴渠之漕，岁致江淮米数百万斛，都下兵数十万人咸仰给焉。陛下居此将安取之？且府库重兵皆在大梁，根本安固已久，不可动摇，若遽迁都，臣实未见其便。"上亦弗从。晋王又从容言曰："迁都未便。"上曰："迁河南未已，久当迁长安。"王叩头切谏。上曰："吾将西迁者无它，欲据山河之胜而去冗兵，循周、汉故事，以安天下也。"王又言："在德不在险。"上不答。王出，上顾左右曰："晋王之言固善，今姑从之。不出百年，天下民力殚矣。"（《续资治通鉴长编》）

起居郎李符列举"八难"，说不宜迁都，但其眼界不过皇帝起居之琐事，唠叨得越多越没用！李怀忠则从汴梁交通便利、资给便利、基础条件大备等角度论证迁都不便，仍未说到点子上。赵光义（晋王，赵匡胤弟）从容说，迁都条件真不具备啊。赵匡胤说："其实，迁都洛阳并非重点，长安才是。"赵光义闻听赶紧叩头，恳切劝阻。赵匡胤说："我向西迁都，目的无他，就想据山河之险，替代冗兵，师法周、汉故事，安稳天下。"赵光义反驳说："安稳天下，在德政而非靠天险。"[1]赵匡胤默然不语等到赵光义退出，赵匡胤对左右说："晋王说得固然很好，姑且从他。不出百年，天下老百姓就会精疲力竭。"

约150年后，宋钦宗靖康元年（1126），金国大举南下，包围汴梁。汴梁无险可守，抵挡不了金军强大攻势与反复蹂躏，于次年被攻破，北宋亡国，竟被宋太祖一语成谶！

那么，宋朝迁都洛阳是否就能行？同样不行。若长安可，隋唐皇帝就不须东迁洛阳就食了。如果洛阳行，为何五代皇帝难立足？当时经济重心南移，帝国生命端赖南方补给，若定都洛阳，生命线暴露在东，一旦漕运中断，洛阳绝无生存可能。历史大势已经转移，若刻舟求剑，循周、汉故事，存亡立判。因此，北宋建都汴梁，倒有点"天子守国门"的味道。比永乐帝早多了。

3. 汴河（通济渠）是大宋帝国的脐带

北宋定都汴梁，延祚近170年，端赖运河之功，当时有言曰："唯汴水横亘中国，首承大河，漕引江湖，利尽南海，半天下之赋，并山泽之百货，悉由此路而进。""汴河岁运江、淮米五、七百万斛"（《宋史》卷九十三《河渠志·汴河》），可以看出汴渠的重要性，北宋人都把汴渠称为"立国之本"。《宋史·河渠志第四十六》载：

汴河，自隋大业初，疏通济渠，引黄河通淮，至唐，改名广济。宋都大梁，

---

[1] 这句话是吴起对魏武侯说的。当时魏武侯与吴起和一帮大臣乘船在黄河漂流，武侯见山河险胜，牢不可破，认为这是魏国宝器。吴起回答说：在德不在险。

以孟州河阴县南为汴首受黄河之口，属于淮、泗。每岁自春及冬，常于河口均调水势，止深六尺，以通行重载为准。岁漕江、淮、湖、浙米数百万，及至东南之产，百物众宝，不可胜计。又下西山之薪炭，以输京师之粟，以振河北之急，内外仰给焉。故于诸水，莫此为重。其浅深有度，置官以司之，都水监总察之。然大河向背不常，故河口岁易；易则度地形，相水势，为口以逆之。遇春首辄调数州之民，劳费不赀，役者多溺死。吏又并缘侵渔，而京师常有决溢之虞。

汴河每年运输江、淮、湖、浙粮米数百万石。西方的薪炭、京师的粮食运往北方，也全靠这条漕运河流。其他河流（惠民河、广济河、黄河），都没有这条河流重要。宋都汴梁后，在孟州河阴县（今河南荥阳广武）与黄河相接，引河水东南流，连通淮河、泗水。由于河水起伏不定，摆动不居，每年都要花费人力物力开挖河道导河水入汴河，时时冒着溃决危险。役工溺死者众，官员借机渔利，成为宋朝的沉重负担。

汴河有淤积之患，需年年疏浚，方可通行大船。建隆二年（961），即开渠引索水与须水清流入汴。汴河淤积加重有决溢之险。淳化二年（991）六月，汴水决浚仪县（开封府）。太宗甚为焦虑，对宰相说："东京养甲兵数十万，居人百万，转漕仰给在此一渠水，朕安得不顾！"太宗诏戴兴督步卒数千人塞河，日未亮堤岸屹立，水势遂定。当月，汴河又决于宋城县，发近县丁夫两千人塞之。

汴河岁运江、淮、湖、浙米 300 万石，菽（豆）100 万石；黄河运粟 50 万石，菽 30 万石，以供京师兵食，不遇水旱灾荒，每年不少于此数。至道元年（995）九月，汴河运米即达 580 万石。太宗问近臣汴河疏凿之用，参知政事张洎上奏说："如今带甲之人数十万，战马亦有数十万匹，皆荟萃京师，比汉、唐时期，人数超过 10 倍。京师时有水旱灾涝而粮食并不缺乏，是因为有惠民、金水、五丈、汴水等 4 渠，派引脉分，交汇于京师，舳舻相接，络绎不绝，粮食能源源不断送来。汴水横亘国中，连接黄河，漕引江、湖，利尽南海，天下财赋之半及山泽百货，皆由此路而进，历史上虽数度堙废，而通流不绝于百代之下，终为国家之用。"

但在元丰元年（1078）之前，治汴措施无外乎疏浚、修堤、开引水口等，反复使用，年年疏浚，岁岁壅堵，始终无一劳永逸之法。且除汴水外其他漕运河渠相继淤塞，汴河就成了大宋王朝的"脐带"了。历史性机会终于来了。

原来，黄河紧贴伊洛河口至广武山一线的南岸运行，冲刷南岸。北宋神宗熙宁十年（1077），黄河滩北退七里，在南岸留下河漫高滩。元丰元年（1078），西头供奉官张从惠提出"引洛清汴"建议：

> 汴口岁开闭，修堤防，通漕才二百余日。往时数有建议引洛水入汴，患黄河啮广武山，须凿山岭十数丈，以通汴渠，功大不可为。去年七月，黄河暴涨，水落而稍北，距广武山麓七里，退滩高阔，可凿为渠，引洛入汴。

引洛清汴工程告竣后，汴河淤积减轻，交通又顺畅起来。且他在荥阳黄河岸边设船闸两处，经汴河可进入黄河，黄河也可进入汴河。南北复通畅无碍。

可至北宋末，蔡京弄权，官员为媚上而改制，将用于吐纳粮食余缺的"银钱"说成"羡余"献给国库，漕运转般法改为直达法。直达法即漕运从南方装船直达目的地，中途不卸载，表面看效率挺高，实际上，运输效率直降。技术上看，因运河水量不济，须通过船闸蓄水，转般法即蓄水运河后集中放行船只，船只利用水位高低运行速度快，分段行船，船工熟悉水路，不会搁浅。直达法，则造成船闸频繁开闭，不能持续保持高水位，漕运效率反而下降。再者，船只直达卸载，放空而返，浪费巨大（盐引制度施行后，无盐可运）。

北宋末年，金兵围城，运河失去维护，军事政治重心和经济重心失联，北宋不复凝结为坚固整体，运河日渐丧失功能，最后被切断，南北阻绝。北宋遂因军事失利而倾覆。

宋高宗建炎元年（1127），金兵攻陷汴京，高宗在南京（河南商丘）称帝，后败退至临安（今浙江杭州）立都，设立王朝。建炎二年（1128），他为阻遏金兵南侵，命东京留守使杜充决开黄河，河水沿汴河向东南泛滥。这不但没能阻挡金人，反而使汴河长期充塞黄河水，河床日淤日高。金人不需漕运，也放任不理。南宋一位丞相坐船出使与金议和，经汴河故道不得不弃舟骑马，写道："自离泗州，循汴而行，至此河益湮塞，几与岸平，车马皆由其中，亦有作屋其上（指在河底上盖了房子）。"

隋唐时的永济渠，由于沁水季节性涨落，河床淤积难止。唐代就丧失了功能。特别是从沁水至卫河段，淤积严重，航运断绝。淇县卫河以下仍发挥作用。北宋时，黄河又屡次决口，多有反复，致使河道侵凌、淤积，功能多有丧失。

南北大动脉从弓形到直线的时代

北宋覆亡，南宋都临安，大运河淤塞，不通舟楫，洛阳、西安从地缘政治舞台上跌落神坛，开封故城也被黄河泥沙掩埋地下，那些让华夏儿女感到无上荣光的黄河中下游的地缘轴线怅然若失，而以北京、南京为南北地缘轴线的历史闪亮登场，变为此后历史的主旋律。

公元 1279 年，蒙古灭南宋，统一天下。政治中心定在幽州，经济中心是以环太湖流域为中心的东南地区。经济与政治在空间上的错配需要一个纽带平衡。南北交通成为元朝生存的命脉，京杭大运河跃上历史舞台。

1. 元朝：京杭大运河的开凿和元朝的覆亡

元朝初期采取以战养战策略，四处攻掠，战争消耗很大，而北方迭经蹂躏屠戮，人口稀少，满目荒残，蒙古人及色目人等又不善于农业生产。《元史·食货志》："元都于燕，去江南极远，而百司庶府之繁，卫士编民之众，无不仰给于江南。"元初，南粮主经海路北运，自长江口刘家港（今江苏太仓浏河镇）出海，经山东半岛东端入渤海，在大沽入海河，北循白河至卢沟河、白河汇合处的张家湾，再转陆运通州（今北京通州区）入仓存储。海上运输线虽节省运费，但因海上风涛难测，盗贼出没，运输安全受到严重威胁。另通州到大都也不得不依靠陆运，"以致民夫不胜其瘁，驴畜死者，不可胜计"（《元史·河渠志》）。

元初因通济渠、永济渠部分淤塞，不得不水陆联运。南方漕船到达淮安，逆黄河西北行到达中滦旱站（今河南封丘县西南），经陆路运输 90 千米到达御河（今卫河）南岸的淇门镇（今河南汲县东北），再经御河水道过临清、直沽，再由白河抵通州，从通州陆运22千米到达终点——元大都。手抬肩扛，船载车运，运输成本极高。

开通一条贯通南北的运河势在必行！在丞相伯颜运筹下，至元十九年（1282）十二月初开凿济州运河，第二年八月济州新河成（《元史·世祖纪》）。济州河起自济州（今山东济宁）南任城（接南四湖），北到须城（治所在今东平县）安山，全长75千米，以汶水和泗水为水源。济州河凿成后，南方的粮船可沿淮扬运河北上，由济州河循大清河（古济水）到渤海，再由界河（海河）口上溯白河抵通州。又因大清河水量偏少，落差小，还有潮沟顶托，泥沙淤积，导致粮船经常搁浅，不得不舍舟而陆，改从"东阿旱站运至临清，入御河"（《元史·食货志》）。要解决这段陆运艰难的问题，必须开凿东平至临清的运河（见图5-6）。

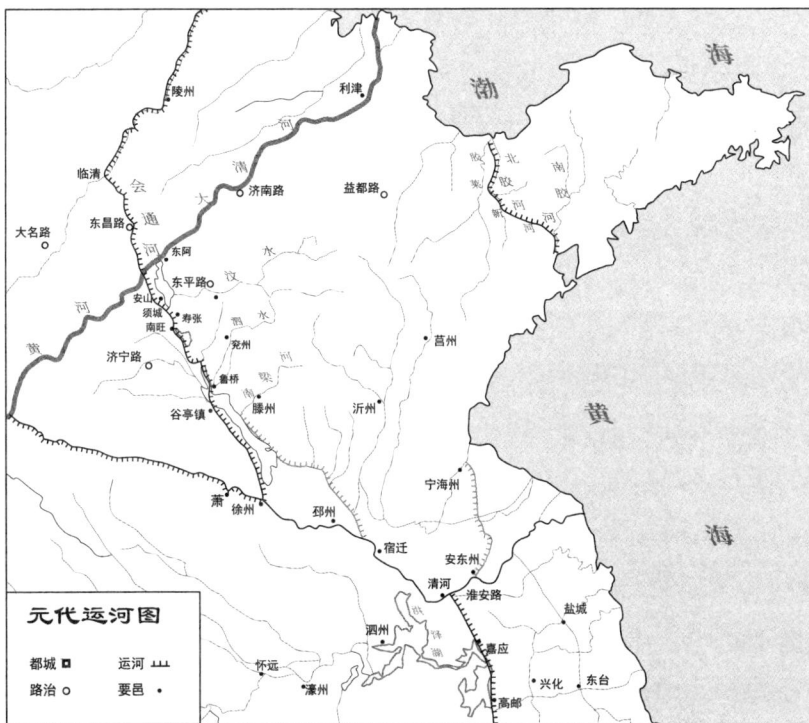

图5-6 元代运河

公元1289年，元世祖忽必烈下令开凿运河，北始临清，南到东平路的安山，全长 125 千米。过临清往北，复接隋唐大运河永济渠的河段（称南运河，直抵通州）。而北京与天津之间的原运河已废，1279 年动工新修通惠河。至 1293 年，连接北京和杭州的大运河全线贯通，比绕道洛阳的隋唐运河缩短 900 多千米。

京杭大运河对于元帝国的作用到底有多大，第三章已论及，此处简要再归纳。黄河南流分成数条支流（汴河、涡河、濉河、颍河等），合淮河入海，断续不常，流域所及，民不聊生。

元末，黄河泛滥频仍，危及运河畅通和元帝国命脉。元顺帝至正四年（1344）夏五月，大雨 20 余日，黄河暴溢。六月，又北决金堤。沿河郡邑，如济宁路（治今山东巨野）、曹州（今山东菏泽）、大名路（治今河北大名南）、东平路（治今山东东平）等所属沿河州县均遭水患。至正八年（1348）正月，河水又决，先是淹没济宁路诸地；继而"北侵安山，沦入运河，延袤济南、河间，将隳两漕司盐场，实妨国计"，大有掐断元王朝经济命脉之势。运河中断将危及大都粮食和生活必需品的供应；水浸河间、山东两盐运司所属盐场，将致使元廷财政收入急剧减少。本来已经空虚的国库面临着新的危机。

为确保运河畅通，元朝决定在西部，开凿一条导黄河水入淮河上游的河道。至正九年（1349），贾鲁开始治河，优先以保护会通河漕运为目标，疏通汴水与蔡河故道，自西部导河入淮。

为治河，元廷并无资金度支，只好改行钞法，滥发纸币，变相盘剥。贾鲁采取疏、浚、塞等多种治河措施，迫使黄河通过新浚河道，合淮入海。可治河却成了农民聚集的机缘，他们借机掀起了红巾军起义的惊涛骇浪。江淮之地的南人和长江流域的汉人借机造反，席卷天下。朱元璋也在此次起义的行列里。淮河以南的运河或堵塞，或为起义军占领，被中断。例如张士诚即率盐丁起兵造反，阻断运河漕运。海上运输也被起义军阻断。元朝的动脉血管被割断，头脑失去营养，不亡而何？

2. 明朝：大运河真正发挥作用

虽然元朝开通了南北大运河也发挥了作用，但会通河、通惠河仍是整个链条上的短板。根本的原因是汶水水量有限，导致运河水浅，不能通大船。元末，黄河数次决口，河水直向东冲积，会通河首当其冲。

明朝在北方设九镇防御体系，新筑万里边墙，设亭障屯田防守，需要巨量补给。为支持北方战事，明洪武年间或走海运，或如元初沿黄河西行至河南封丘，上岸后陆上行走 90 千米，再入御河北运。

朱棣夺位成功后，设两京，以南京形制建设北京紫禁城，后决定迁都北京，号曰"天子守国门"。运河重要性尤著，重新打通会通河势在必行。永乐九年（1411），济宁知县潘叔正因以上陈："会通河道四百五十余里，至淤塞者三分之一，浚而通之，非唯山东之民免转输之劳，实国家无穷之利。"（《明史·宋礼传》）朱棣遂命工部尚书宋礼、刑部侍郎金纯、都督周长办理。宋礼等人至济宁、汶上考察，老者白英建议："在堽城及戴村（今山东东平县戴村）修筑堤坝，导汶水西流，入汶上南旺口。南旺口处泗水、卫河中间，地势最高。在南旺口设闸分水：三分往南，接济徐、吕；七分往北，以达临清。"（《明史·河渠志三》）明永乐九年（1411），重开会通河，果如所料，运河畅通无阻。明朝永乐十三年（1415），明朝规定停止海运，全由漕运承担。

永乐年间，运河年均运粮达 400 万石之多，漕运从业人数未低于 10 万。这组数据能很好地说明运河对明帝国之大用。

总之，只有在南北宏观格局之下，才能看清大运河的巨大作用。北方或者南方的压力、引力越大，大运河的地位就越高。

3. 清代：大运河前兴而后衰，逐渐被海运替代

清朝建立后，天下宏观格局并无太大变化，尤其是第二、第三级地势阶梯内的北方为政治军事中心、南方为经济中心的格局基本保持不变，大运河的作用没有发生根本性改变。但若视海洋为第四级地势阶梯国土的话，那中国地缘格局的最大变化就发生在此。

其中，大运河漕运受海运冲击最著。大清漕运既久，积弊丛生，与漕运相关者，形成了一个庞大的利益生态群，运输成本日益高昂，甚至连皇帝也难以接受（如粮价比产地高 2 ~ 3 倍）。鸦片战争前，官员尝试海运，竟然获得了成功，但因战事缠身，慢无推进。又处于战争前后，外患和内乱交加，朝廷无暇整固黄河，

导致铜瓦厢决口北流（1855），此后洪水在鲁西和豫东泛滥20余年，几乎摧毁了大运河水网体系——黄河改道北流后，会通河尽废！更是受太平天国运动影响，运河无法发挥作用。此时，清廷掌握了铁壳造船技术，大力发展海运，南北交通稍有缓解。津浦铁路之修通更是取代了运河，运河难以复兴。

从此，淮河以北的大运河成了历史！两岸繁华的城市，雕梁画栋，塔寺会馆，船闸堤坝，都已成往昔辉煌印记，在夕阳的余晖里唤起后人对它的回想。

4. 余论：元明清时期大运河的地缘价值再回眸

一线通南北，往来天地间。京杭大运河是一部恢宏深厚的史志，记录着中国历史2000多年的沧桑巨变，昭示了水运与文运、国运相通，水脉与文脉、国脉相连的意义，具有巨大的地缘价值。

第一，大运河凭借1700千米之绵延，连接着北方旱作农业区（麦、菽、黍、稷）和南方水田作业区（水稻），是维持中国南北统一的坚强臂膀。无论是北方民族入主天下，还是汉民族主导天下，大运河都好像动脉血管，源源不断地输送着精血。因北方疆域之完整与保持，南方才有动力支持北方政权之动力。例如明朝"天子守国门"，将士在建设万里长城，挥洒热血，维护华夏之安定，定然有道义的力量获得南方的支持。而南方之民有此一管道，得以用力于北方疆域之经营，恢复汉唐之故土，也是祈愿。所以，南北方经济、政治与军事互有需求，臻成大一统的思想和大一统的宏观格局。若无此地域差异所产生的相互需求，则大范围的区域力量组合很难发生。所以，大运河所代表的南北融合，包含了宋代之前东西延展所孕育的统一精神。

第二，促进大一统的政治治理体系的形成。我国灌渠、运河、漕运发展离不开大一统政治的推动和保驾护航，可它又是大一统政府存在的必要条件。隋唐运河转变为京杭大运河，广土众民得以牵手整合，推动军事、政治与经济力量在更大范围抟成，把一个存在区域差异性的中国连为一体；发达的水、陆驿递系统也有效地把朝廷的意志贯彻到各地；信息通信和文化的交流加强了地域间的互通性。大运河把南方征集的漕粮输送到帝都和边境要塞，解决政治中心与经济中心的地理分离问题。南粮北运、盐铁官营等方面的政治管理使中央政府可以将社会总财富按"均输""均调"政策，满足腹地、边疆地区百姓的生活所需，以维护国家的稳定。

第三，大运河缘起于政治和军事需要，先军事、政治而后经济、民生。无论为保障帝国中心所在的东部地区的局势稳定，还是为抵御塞外族群的侵袭而坚守长城防线，皆仰赖大运河的低成本财粮转输。转运江南其实是对江南的控制，通过转移财富力量，变相削弱该地区的财富集中度，均平天下，有助于整个中国和平安定。运河沿线的商业繁荣带动城市发展，孕育出各具特色的城镇，形成串珠状城市带。

总之，经元明清各朝，大运河沿线成了中国最活跃的地区，是中国的核心经济区、文化区和人口密集区，迄今仍能感受到它的影响。今天，它仍然是集政治、经济、军事、人口、文化于一体的战略发展轴线！进入新时代，大运河又转变其功能，变成南水北调东线工程的一部分，将南方的水资源调往北方缺水地区。这何尝不是大运河功能的再次复兴呢？航运功能的恢复，何尝不是昔日光景的再现？

大运河，是中华子孙心中的河，流淌不息！

第六章

逐鹿中原与建都中原的利弊得失

——地缘可以决定国家兴衰与城市发展

　　《史记·孙子吴起列传》记载，魏武侯乘船游览黄河，睹山川之形胜，兴致大发，回头对吴起说："我魏国山河实在太美了！山河之固，真魏国之瑰宝啊！"吴起却借机教训武侯说："江山是否稳固，在德政而不在山川之险固。若古代，三苗氏左洞庭，右彭蠡，不修德义，被禹剪灭；夏桀之都，左黄河、济水，右华山，伊阙关隘在南，羊肠道在其北，不修仁政，被商汤推翻；殷纣国土不可谓不广，左有龙门，右有太行，北有常山（恒山），南有大河横亘，不修德政，被武王征服。历史昭示，统治取决于德政而非山川之险。若君王您不修德政，荒政怠作，淫乱恣意，船中之人皆为敌人。"

　　吴起提出一个很严肃的话题，君王坐天下，到底是靠德政还是靠山川之险固呢？比如魏，三家分晋时获得晋核心地带，都城安邑（今山西运城）。后因魏武侯受弟弟公叔痤"歪计"怀疑吴起，镇守西河地区（渭河与黄河汇流处以西）的吴起惧而奔楚，投奔敌国怀抱。西河之地复被秦人攻占。秦孝公重用商鞅变法，秦国因而强大，又巧施诡计，打得魏国不得不迁都大梁（今开封市西北）。商鞅本是卫公子，至魏公叔痤门下当中庶子（相当于家庭秘书）却不被重用，乃西去秦求用，反手把前东家打得割地丧权。魏惠王立足中原，开挖鸿沟，田畴瞩望，并依靠庞涓等青年将领，纵横驰骋，以霸主身份召开逢泽之会，率十二诸侯朝见周天子，睥睨天下，傲视群雄。后却被齐国用孙膑之计（围魏救赵、减灶诱敌）两次击败而兵削国弱，而孙膑竟又是魏国出走的超级人才！

　　若往前追溯，进入中原的诸侯国，如郑国，在天下之中，称霸诸侯的日子也没有几天。三家分晋后，韩国东进，更是灭郑而鸠占鹊巢，据天下之中。大约1400年后，北宋太祖从开封到洛阳游历，想迁都洛阳，其胞弟赵光义又高调说："在德不在险"，噎得老兄无言以对。可北宋在歌赋辞章繁华背后，吃尽建都开封的苦头。金为蒙古扫荡不支，却不愿退回老巢（今松花江下游拉林河流域），放弃中都（北京）向南栖身南京（开封），寻机翻盘，被南宋、蒙古联合击败。从此，开封就失去了作为国都的历史机缘。凡此等等，隐约之中，天有定数！

那么，到底是山川形胜还是德政决定国家的兴衰存亡呢？以下将以中原政权的兴替成败为例，探索政治活动与地理环境之间的互动密码。

从春秋首霸到霸权败落：郑国的地理宿命

郑桓公友是周宣王同父异母之弟，担任周司徒（掌管民事的长官），是幽王之叔，深得民心，与东方诸侯亲睦。周宣王二十二年（前806），被封在郑（今陕西省凤翔），后举族迁至今陕西省华县。他看到侄子——周幽王宠幸褒姒，戏弄诸侯，招惹犬戎，惹是生非，料天将降灾祸于周，就盘算着迁往安全处安身。那迁向何方呢？他问计于周史伯（掌管典籍的长官），据《国语·郑语》记载：

> 史伯对曰："王室将卑，戎、狄必昌，不可偪也。当成周者，南有荆蛮、申、吕、应、邓、陈、蔡、随、唐；北有卫、燕、狄、鲜虞、潞、洛、泉、徐、蒲；西有虞、虢、晋、隗、霍、杨、魏、芮；东有齐、鲁、曹、宋、滕、薛、邹、莒；是非王之支子母弟甥舅也，则皆蛮、荆、戎、狄之人也。非亲则顽，不可入也。其济、洛、河、颍之间乎！是其子男之国，虢、郐为大，虢叔恃势，郐仲恃险，是皆有骄侈怠慢之心，而加之以贪冒。君若以周难之故，寄孥与贿焉，不敢不许。周乱而弊，是骄而贪，必将背君，君若以成周之众，奉辞伐罪，无不克矣。若克二邑，邬、弊、补、舟、依、鞣、历、华，君之土也。若前华后河，右洛左济，主芣、騩而食溱、洧，修典刑以守之，是可以少固。"

虢（东虢）在今河南荥阳上街村附近，是周文王弟虢仲封地，郐约在今河南郑州市西南（新郑西北、新密东南），重黎（世掌天文历法）之后居之。西周至幽王时，王室衰落，德政不举，戎、狄猖狂，其势难当（气候开始变冷）。史伯分析天下形势，认为迁往虢、郐之间较为理想，"是可以少固"。分封大国皆在外围，如齐、鲁、宋、燕、卫、晋、秦、楚，拱卫中原，周边是姬姓诸侯，虽与戎、狄、荆、蛮杂处，姬姓植入，定受欢迎。该区域地处黄河冲积扇西南，为山前台地，诸侯中除虢、郐较强外，几无像样的诸侯国，特别是今巩义以东，卫国以南，东到宋国，南至陈、蔡、楚的中间地带，基本是空白。而且，虢、郐两国治理无方，失德寡能，容易对付。又处于溱（今黄水河）、洧（今双洎河）二河的交汇处，特殊的地理位置形成了天然的军事防御屏障。史伯除分析天下地理形势，还考虑祖上阴功和后世子孙修德行善，是长保诸侯国安稳的重要条件，并提出"和实生物，同则不继"的政治命题。历史启示他，兴国必须选贤任能。史伯还有一层意思，即建议郑桓公要与周边诸侯国和平友好，整合异质邦国，才能站稳脚跟。"是可以少固"表明史伯的先见之明——天下并非有什么好地盘——生存空间受限，无法扩张，还无险可守，加之黄河又不时捣乱。能小富即安便可，想强霸天下，则难比登天。

话说郑桓公听从史伯建议，先安置国人家臣附庸。因他是皇亲国戚，与小诸侯国亲善，迁入受到欢迎。不久，申后、郑桓公与幽王一同为犬戎杀害，郑武公立，继续打拼，扩张势力。公元前767年，郑武公灭郐国后，仗着自己和周王室是近亲，敢于和周王比权量力、分庭抗礼。至庄公时竟成了春秋小霸王，更闹出周郑交质的事来。血缘上这么亲近还反目成仇，众诸侯更瞧不上周天子了，何况盘踞在大山中的戎、狄呢[1]？郑立足中原，居于天下之中，表面看，风光无限，实质看，却是郑国的致命伤。《公羊传·禧公四年（前655）》称："南夷与北狄交，中国不绝若线。桓公救中国而攘夷狄，卒荆，以此为王者之事也。"郑庄公无法支撑天下危局，便将霸政的接力棒给了齐桓公。可郑国麻烦事没见少，地处中原的位置导致它躲不过诸侯之间的会盟、征伐之类的烂事。中原是和平时期的通衢，财富荟萃之地；也是动荡时期的冲突焦点，受祸无穷。此乃地理宿命！

管子去世后，齐桓公用人不当，传位失败，兄弟内斗以致霸政衰落，晋国在

---

[1]　当时周武王打天下，是八百诸侯助力。分封姬姓诸侯到天下各要地军事殖民，在诸侯国之间散布着戎、狄、蛮、夷部落，呈现犬牙交错的格局。梁启超先生说，该阶段是"中国之中国阶段"，就是诸夏内部抟成，文教一统阶段，意味着在周封建诸侯之间的渔猎部落被渐次同化。

文公重耳带领下继续霸政事业，郑国又不得不听其摆布。南邻楚国强大后，并国无数，郑国又备受欺辱。后来当晋楚南北争霸，郑夹于其间，更是窝囊受气。外交上，脚踏两只船。子产执政有成效（前543），也是因为晋国赵文子（武）主张天下弭兵。韩、赵、魏三家分晋后，天下由春秋进入战国，韩国沿黄河向东一路进取，竟灭郑据有其都——新郑（前375）。

周王室东迁，武力衰落，但它有橡皮图章，依靠礼乐制度，为天下诸侯所共尊，除不受礼义约束的戎狄和夺嫡内斗，还无人敢招惹它。可郑国并无此无形资产。楚庄王既然敢观兵周郊、问周室鼎之轻重，怎会对郑国手下留情呢？战国时，韩国东出阳翟击郑，更不顾及同姓之类的虚词浮说。韩国灭郑，居于天下之中，似乎很得意。可螳螂捕蝉，黄雀在后，韩国照样免不了被早早灭掉的宿命。

中国历史上存在着东西和南北地缘轴线。西周时期，主要是东西延伸、东西互动。春秋时已出现小范围的南北震荡，如齐国教训楚国、晋楚争霸（前632，城濮之战）、吴晋争霸（前482，黄池之会），其交会点就在中原。春秋战国之际，参与国越来越远。吴王夫差为击齐，组织民力、物力开通邗沟，经淮河、泗水，为与晋国争霸，再通菏水，运送兵马钱粮。后来，该水道竟成了隋唐运河、京杭大运河的先导工程。乱，中原是冲突之前哨，衰败之缘起；治，中原则是天下之通都，荣华之渊薮。此时，黄河沿着太行山东麓向东北方向流动，在今河南濮阳以北地区是大陆泽，一直到现在的白洋淀，都是水乡泽国。韩、赵、魏三家东出，与湖泊逐步缩小，陆地增多有很大关系，如孟诸泽、菏泽、大野泽、雷鸣泽等。

韩、魏居天下之中，重新演绎郑国兴衰

1. 韩国灭郑，鸠占鹊巢，命运照样不行

晋国后期，大夫陪臣执政，最终韩、赵、魏三家分晋，将老东家晋王室的地盘瓜分一空，各独立成国。三家又争着向东部的平原地带抢地盘、争短长。赵国大宗虽封晋阳（山西太原市东南25千米处），但在开拓北徼边疆同时，又在太行

山以东中牟建都，后又在邯郸站稳脚跟。魏国也向东发展，实行两都（安邑、大梁），后迁都大梁（今河南开封西，前364）。韩国最早封地在少梁（今陕西韩城，黄河以西），韩厥将家族封地设在平阳（今山西临汾）。三家分晋，韩国分得黄河南岸除周室之外的土地，后沿着黄河南岸、伊洛河流域向东发展，占领成皋，控制南阳地区（太行山南端与黄河之间的平原地带，如沁阳、温县、武陟等）和黄河南岸地区交通孔道，然后攻占宜阳（洛阳西南），向东攻占阳翟（今河南登封，曾为翟人占领）并迁都于此。韩哀侯元年（前376），由阳翟向东攻灭郑，建都于此。六年后，郑国旧族复辟，重夺新郑，韩国被迫撤回至阳翟。最终郑不支，被韩袭占。

魏武侯去世没指定接班人，公子罃和公仲缓夺嫡（前369），韩、赵两家欲趁火打劫，裂地瓜分魏，围困魏公子罃于安邑长达3个月。赵想割魏国上党地以弱魏，韩懿侯认为割地非君子所为，便趁夜撤军。赵见势亦退兵。最终公子罃得立，为魏惠侯，杀公仲缓。魏惠侯在中原站稳脚跟，就想越过赵国攻打中山国，重夺之（中山国是魏武侯在时，吴起带兵所夺，后白狄人又趁魏内乱复国），庞涓认为不如直接拿下邯郸，中山国自败，所以围困邯郸。赵国求助于齐，齐用围魏救赵之策，桂陵一战，打乱魏国盘算，但最终邯郸还是被攻破，魏又还给赵。后来，魏惠侯又因韩国不参与逢泽之会，发兵击韩，齐军于马陵设伏，彻底打残魏军，太子被俘，庞涓自杀，彻底将魏惠王打了个透心凉。总之，三晋进军中原，让本来相对空虚的中原地区瞬间拥挤不堪，疆界犬牙交错，原来相对稳定的地缘体系被打破，顿时混乱，挑动天下进入战国之局。

韩国最悲催处是在强秦向东攻击的路线上。东周虽在秦东出要冲，秦国犯不上惹众怒对老东家动手动脚。所以，它先向西南攻取巴蜀之地，稳固大后方。再从汉水流域甚至长江顺流而下，进攻楚国大本营——方城，水淹攻破之，逼迫楚国东撤另立新都寿春（今安徽寿阳）。然后，向东经函谷关攻韩，打残韩国，剜除腹心之疾。韩国处在大国交争枢纽地带，南与楚，东与魏，西与秦接壤，演绎着"诸国相杀"的戏码。韩胜少败多，势衰力竭难支。这些都是由它的地缘位置所决定。试举例史迹说明之。

第一阶段，韩被魏国打压，难抬头。魏齐桂陵之战后（前354），魏惠王凭着魏武卒老底，国力快速恢复。且魏惠王开通鸿沟，引水灌溉良田，授田耕种，粮食丰稔，国力大增。十几年后，他再次萌生称霸野心，在秦国积极主持变法的商鞅捕捉到机会，冒险回魏国，忽悠魏惠王公开称王（前344）得手。公元前343年，魏惠王召集诸侯会盟于逢泽（宋国都城商丘南）。《战国策》载："驱十二诸侯以朝天子于孟津"，一个"驱"字形象地表达了魏惠王的霸道，浩浩荡荡带着十二诸侯朝拜天子，复齐桓公故事，耍尽威风。可这么隆重的仪式，偏偏齐、韩不捧场，于是魏惠王下令穰疵领兵击韩。《竹书纪年》哉："梁惠成王二十八年，穰疵率师及郑孔夜战于梁、赫，郑师败逋。"魏派遣穰疵攻打韩国之梁、赫（今河南汝南），韩派将军孔夜应战大败，丢失五城，求救于齐。齐国派田盼率军相救，采用孙膑减灶示弱之谋，诱杀庞涓，掳太子申等高级将领。这是韩国惹的大祸之一。

第二阶段，魏又被楚、秦两国耍得团团转。韩哀侯时，申不害相韩十年期间，推行法家术治思想，治官严格，周边国家无敢染指者。可申不害去世后，韩复衰。秦加快攻韩节奏。韩威侯十一年（前325），韩威侯与魏惠王在巫沙会面，并尊对方为王。公元前323年，韩威侯正式称王，是为韩宣惠。公元前317年，秦惠王针对五国合纵攻秦，派樗里疾领军出函谷关（今河南灵宝北）迎击，在脩鱼（今河南原阳西南）与魏、赵、韩三国联军决战，联军大败，伤亡8万余人，韩将申差被俘，五国合纵抗秦失败告终。此时，公仲侈建议说："合纵魏赵，不可靠，得另想办法。秦国早就想伐楚，可通过张仪与秦谈和，献一城，备军助秦击楚，借此削弱秦、楚，一石二鸟。"韩王可其计，遣使友秦，秦欣然交欢，大张旗鼓备战。可他们在智谋上真遇到了对手！

原来，楚王赶紧问计于另一位纵横家——陈轸。陈献计说："这好办。大王您也大张旗鼓地准备，对外声张说纵然倾家荡产，也助韩报仇雪恨。举国积极准备甲士，让天下明了我国不顾一切地助韩。"当韩王得悉楚国掏心窝子地支援，便打消与秦交好之策，顿时把秦国惹恼了，转身大举伐韩，两国战于岸门（今河南许昌河街一带）。韩国日夜盼楚出兵相救，可就是盼不来，才恍然发觉，楚国在耍阴谋呢！不得已，告败求和，质押太子仓于秦，转与秦联手击楚，丹阳交战斩杀楚军8万人。公元前307年，秦韩又翻脸，秦将甘茂率军攻打韩宜阳，斩杀5

万人。韩在大秦的蹂躏下衰落了。

战国末期，虽然东方各国联合，但还是经不住秦国的反复冲击。韩若秦腹心之疾，是秦国眼中钉、肉中刺。韩桓惠王使出派间谍帮助秦国修水渠（郑国渠）谋弱秦之计，不过偷鸡不成蚀把米，秦人将计就计，竟然修通水渠，变得更强大了。战国后期，韩王安万般无奈之下遣韩非游说秦王。韩非虽得秦王喜欢，惺惺相惜，但秦人毕竟怀疑韩非子的结交动机，最终被毒杀。公元前230年，韩国灭亡，是诸侯国中最先灭亡者。

2. 魏国在中原立足，从老大跌落深渊

《史记·魏世家》记载："秦用商君，东地至河，而齐、赵数破我，安邑近秦，于是徙治大梁。"杜佑著《通典·州郡九》中也说："蒲州……春秋时地属魏……与韩赵三分晋，地属魏。至惠王，以安邑近秦，乃徙大梁。"

魏国迁都大梁，盖非惧秦。因迁都时，秦国尚弱，远非魏对手。朱右曾在《汲冢纪年存真》中分析：魏惠王迁都，非惧秦，而是想要与齐、楚、韩、赵争夺中原霸主。安邑不比大梁地势平坦、四通八达、交通便利，但居天下之中易使魏国与诸侯争衡。汉代之前，黄河往东北方向流动，开封所在片区远离黄河，无河决之患，并受到大伾山、嵩山中小水系的流贯，水网密布，土壤肥沃，成为政治家争夺和经营的重点。

现在看来，魏惠王最大政绩是开凿"鸿沟"，整修大梁以西的圃田泽（今河南郑州与中牟之间），引黄河水南下入泽，引泽水到大梁。在此后20多年间，魏惠王命人向东南继续开凿，经通许、太康，一直延伸到淮阳东南流入颍水，汇入淮河（见图6-1）。《史记·河渠书》称："荥阳下引河东南为鸿沟，以通宋、郑、陈、蔡、曹、卫，与济、汝、淮、泗会"，概括说明该水系沟通黄、淮，联络东方列国的格局。"此渠皆可行舟，有余则用溉浸"（《史记·河渠书》），因而促进了大梁城及其附近经济的发展。当时在鸿沟水系的干支流沿岸，出现了许多著名的城市，如鸿沟干流西岸的陈，睢水北岸的睢阳、濮水北岸的濮阳（今河南濮阳南）、丹水入泗水的彭城（江苏徐州）等。鸿沟开通后，魏北界河水，西依邙山，东连平原，南有嵩山，是我国东西地缘轴线和南北地缘轴线交会点（见第五章）。

想在这个交会点上统御万民者，非有非凡智慧与能量不可。魏惠王是第一个吃螃蟹者！

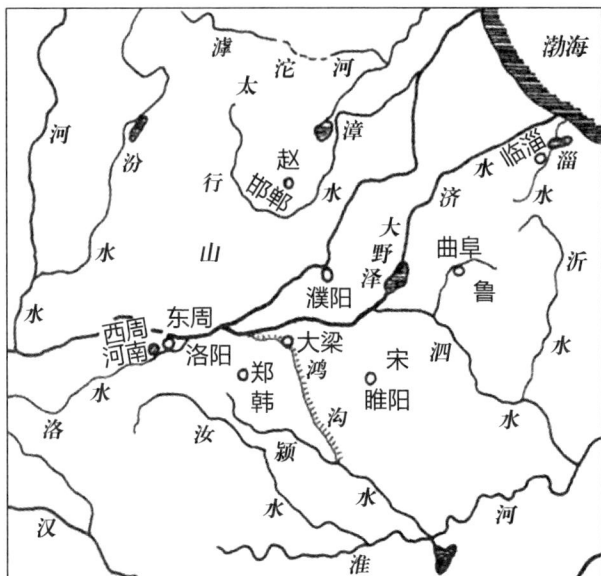

图 6-1　魏惠王开挖的鸿沟大致方位

居于天下之中，紧靠黄河，大梁城优缺点特别明显。平原沃野之上，无天然险阻可凭依，成为魏国霸业重大缺陷。兵家孙膑发现其软肋，在桂陵、马陵之战中，将魏军调动到利于齐国的决战处而后重创之，齐、秦、赵乘机三面夹攻。《史记·魏世家》索隐引《竹书纪年》载："二十九年五月，齐田朌及宋人伐我东鄙，围平阳。九月，秦卫鞅伐我西鄙。十月，邯郸伐我北鄙。王攻卫鞅，我师败绩。"二十九年指魏惠王二十九年（前340）。"鄙"盖与魏长城而得名，即长城之外地。魏与秦之战是指魏将公子卬轻信商鞅被俘，魏失去河西土地。此后，魏惠王重用惠施执政试图挽回颜面，因以降低身段，率领喽啰小国到徐州（今山东滕州东南）朝见齐威侯，尊以"王"号，齐威王亦称惠侯为"王"，史称"徐州相王"。魏惠侯改元，称惠王后元元年（前334）。两次称王，可够折腾的了。针对当时群雄逐鹿的天下形势，如何对付强秦，减少诸侯国内耗的问题，游谈之士竞效其智谋——纵横家跃上历史舞台。徐州相王当年，苏秦北上，说服燕文公接受合纵大计，并游说山东诸国，于次年成功说服山东六国连横。游说魏惠王时，苏秦口吐莲花，惠王听得心花怒放：

> 大王之地，南有鸿沟、陈、汝南、许、郾、昆阳、召陵、舞阳、新都、新郪，东有淮、颍、煮枣、无胥，西有长城之界，北有河外、卷、衍、酸枣，地方千里，地名虽小，然而田舍、庐庑之数，曾无所刍牧。人民之众，车马之多，日夜行不绝，輷輷殷殷，若有三军之众。臣窃量大王之国不下楚。然衡人怵王交强虎狼之秦以侵天下，卒有秦患，不顾其祸……今窃闻大王之卒，武士二十万，苍头二十万，奋击二十万，厮徒十万；车六百乘，骑五千匹，乃听于群臣之说，而欲臣事秦。夫事秦必割地以效实，故兵未用而国已亏也……愿大王熟察之。故敝邑赵王使臣效愚计，奉明约，在大王之诏诏之。(《史记·苏秦列传》)

苏秦专说魏国之长而避谈其短，67 岁的惠王热血沸腾，欣然入瓮。

10 多年之后，苏秦的学生张仪为报答秦惠文王厚遇之恩，从秦国到魏国当上魏国宰相，鼓吹连横，游说魏惠王与秦合作。秦惠文王八年（前 317），张仪再次游说魏惠王退出合纵盟约，其辞说：

> 魏地方不至千里，卒不过三十万人。地四平，诸侯四通，条达辐辏，无有名山大川之阻。从郑至梁，不过百里；从陈至梁，二百余里。马驰人趋，不待倦而至梁。南与楚境，西与韩境，北与赵境，东与齐境，卒戍四方。守亭障者参列。粟粮漕庾，不下十万。魏之地势，故战场也。魏南与楚而不与齐，则齐攻其东；东与齐而不与赵，则赵攻其北；不合于韩，则韩攻其西；不亲于楚，则楚攻其南。此所谓四分五裂之道也。(《战国策·秦策》)

苏、张视角不同，结论迥异。苏秦看重者，张仪轻之不谈。魏国地缘形势不利者，苏秦不语，张仪则扼其要。魏惠王不是不明白，只是迫于形势做出判断。所以，连横与秦结盟仅两年后，魏又背秦加入合纵盟约（前 314）。秦出兵击魏，夺取曲沃（今山西曲沃）。

再让我们来梳理事情的来龙去脉。魏惠王祖父魏武侯与吴起对话时（见本章开头），吴起说出"在德不在险"的至理名言。惠王晚年，被一系列失败打击，总结经验教训，就想学秦国的样子延揽人才。邹衍、淳于髡、孟轲慕名前来求职，高谈阔论竭才献诚。人才没留住，反被教训一通。他和孟子的对话颇具代表性。两人见面，魏惠王（梁惠王）开口就说："叟，尔来何利于国乎？"（《孟子·梁惠王上》）孟子此时才五十多岁，而梁惠王年届八十岁，竟称呼孟子"老头儿"，真是无礼了！孟子也不客气，直接揶揄说："何必曰利，仁义而已也。"仁政不修，百姓不服，人心不一，再大的国家也会灭亡，这又回到吴起"在德不在险"的政治哲学路线上来。两人对话一年后，梁惠王郁郁而终！

战国后期，魏武卒战力大衰，国土日丧，魏国日益暴露在敌国火力中。魏昭王十三年（前283），秦军攻占魏故都安邑，军队首围大梁城！魏安釐王二年（前275）秦军攻占魏两城，复兵临大梁城下。魏安釐王三年（前274）秦魏冉攻魏，斩杀4万人，兵至大梁，魏献城请和。此时，秦宣太后执政，魏冉把握军权，原则上还是以不断冲击东方诸侯为目标，击而不占，打了就退。又是魏人范雎入秦，帮助秦昭襄王掌权，建议实施远交近攻战略，以攻杀军人、实效削弱抵抗力量为目的，将掠夺来的土地设为"县"，权归秦王，设官管理，秦实行郡县制。《史记·魏世家》载魏国公子信陵君无忌谏言其兄安釐王的对话中有"秦七攻魏，五入囿中，边城尽拔，文台堕，垂都焚，林木伐，麋鹿尽"之语，表明魏与秦战遭罹巨大失败与屈辱。

魏王假三年（前225），秦王政使大将王贲率兵攻魏，引鸿沟水灌大梁，困三月，魏王假孤立无援，无奈出降，魏亡。"黄河水灌梁王宫，户口十万化尘沙"（《史记·秦始皇本纪》），结束了开封城史上的第一次繁荣期，大梁城被夷为丘墟。鸿沟之水灌大梁，表明鸿沟淤高了。历史上，黄河水一直比较清，河道长期不改。到西汉时，才有决口泛滥。此时盖因战国后期各国为战争计，以邻为壑式地折腾黄河，沿线自然—人文系统紊乱。

魏惠王在中原建立霸权的努力失败了，失败的还有韩国在新郑、赵国在邯郸、卫国在楚丘、宋国在商丘的种种经营。平原之地可小富即安，但难以大富大贵。

大富，则有觊觎之人；大贵，则有颠覆之族。处天下体系之中，若无强力则无以定鼎安足。四面八方的任何风吹草动都可搅动蓬勃风云，财富难以持续性积累，国强实在不易！纵然无人为摇动，黄河的威胁就是任何人都难以承受之重。

若开封有洛阳的山川形势，兼有南北通达的交通环境，则是十全十美的都城之地。可惜，开封最缺乏的是王朝所需要的安全环境，可它反能保障粮食安全。长安、洛阳则不能。春秋战国、秦汉之际，南北还未展开，中原不仰赖南粮，也不依赖北方暴力，立足中原还是可以的。随着南北地缘格局打开，地缘位置发生巨大变化。魏国从安邑迁都大梁，既有历史偶然性，也有必然性。这一切都是天下地理格局演变的结果，非人力所能为者。

中原腹地开封被选定为五代至北宋的都城

在隋唐之前，长安与洛阳不太仰给南方，可唐朝中期以后，无南粮支援，朝廷竟然难支。因此，历史轮流转，北周、北宋时，机运又降临开封！盖是"天子守国门"的预演，所谓国门，面向北方是生存门，面向东南的也是吃饭门。

1. 五代争霸——历史再次选择开封

据考，夏朝第七世帝予迁都于老丘（今开封市东约 22 公里），至十二世肩，历经六世约 157 年。春秋时期，公元前 743 年至前 701 年，郑庄公在开封城南朱仙镇古城村筑"启封"城。公元前 364 年，魏惠侯自山西安邑迁都大梁，魏惠侯改称梁惠侯。公元前 225 年，秦灭魏，置砀郡，立浚仪（大梁）、启封两县。西汉景帝元年（前 156），因避讳汉景帝刘启之名，改启封县为开封县。汉时两县属陈留郡。北魏时，开封是对南朝政权作战运输线上的八大仓库之一，东魏在开封设置梁州。北周武帝建德五年（576），改梁州为汴州，这是开封称"汴"之始，由县治改为州治，开封又逐步恢复元气。隋炀帝指挥开通京杭大运河之后，开封的地位迅速上升，成为帝国大动脉的战略支点。

唐天宝十三年（754），安史之乱爆发，大唐进入藩镇割据时期。因唐末黄巢之乱，长安风光不再，地缘中心向东转移，北方少数民族向南挤压。开封地处天下枢纽，交通动脉，成为东西和南北地缘枢纽的交汇中心，再次跃上历史舞台。

五代十国争霸焦点（见表6-1）显示，公元907年，黄巢起义的降将朱温将唐昭宗劫掠至洛阳。朱温建立后梁，都开封，升汴州为开封府，号称东都。公元938年后晋石敬瑭称开封为东京，后汉、后周因循。公元960年，后周禁军大将赵匡胤发动陈桥兵变，黄袍加身，坐定江山，建立北宋，定都开封。

宋太祖赵匡胤欲迁都洛阳遭反对，稀里糊涂地扎根开封。再往前溯，汉高祖刘邦在山东定陶称帝，也火急火燎地西进洛阳建都，结果被娄敬（刘敬）说服建都长安。但为何宋朝选择洛阳不行，更不奢望进军长安？这是因为西汉初，北方义渠人在秦惠文王、武王、昭襄王时被歼灭，匈奴人也被秦始皇派大军拒斥塞外，所以，即使中原内乱，秦始皇留下的底子还在，北有长城阻隔，关中相对安全。最主要的还是区域内粮食还能自给。1200多年后的唐末，西北方向的广大地域被边裔部族占领，受到吐蕃、西羌等部族的排挤，藩镇割据的大动荡，更是让城市残破不堪。五代十国后，长安失去了作为都城的地理环境基础。洛阳也几乎被摧毁，满目荒残，这表明洛阳的山川险阻已失去屏障之用。

洛阳同样面临着"吃饭"问题。当时中国的经济中心已经向南转移，粮食等基本生活物资仰赖通济渠、邗沟供应。若建都洛阳，通济渠、邗沟很容易被东北、东南方向的地缘势力掐断。隋唐天子往洛阳就食的惨痛经历仍历历在目，官兵缺粮断顿的恐惧仍在，一旦运河通道被掐断，王朝同样会被颠覆？

整个天下形势都在向东（东北方向的政治力量日趋活跃）转移的情况下，大运河提供了多重想象。赵匡胤迁都洛阳的想法来自历史的经验，而赵光义等臣僚则基于现实，认为开封能控制天下动脉血管，向北可攻，向南可取。赵匡胤并非不知，在臣僚兄弟的劝说下，打消了迁都之念。

从衣食看，立都开封是理想的选择。《宋史·食货志》记载："京师岁费有限，漕事尚简。"开宝五年（972），运江淮米才不过数十万石。太平兴国六年（981）"汴河岁运江淮米三百万石，菽一百万石"。995—997年，"汴河运米五百八十万石"。1008—1016年，汴河运米更猛增至"七百万石"。开封由于政治中心的形成及其水陆交通的发达，很快成为"八荒争辏，万国咸通"之地（《东京梦华录》）。

表 6-1　五代十国时期地缘争霸焦点

	起家	建都	过　　程
后梁	汴州	洛阳	开平元年（907）四月，就在汴州篡唐即帝位，改汴州为东都开封府，原东都河南府（洛阳）为西都，原西京京兆府长安为西安
后唐	太原	大名、洛阳	以太原为基地，建都魏州（大名），邺城，后迁都洛阳，以长安为西京，继承大唐衣钵自居
后晋	太原	洛阳开封	以太原为基地，攻入洛阳，后迁都开封。耶律德光 947 年率军灭后晋，在开封称帝，改国号"大辽"，开封被称为"南京"
后汉	太原	开封	在太原称帝，攻入开封，建都，三年而亡
后周	邺城	开封	郭威被逼造反，建立后周，建都开封
北汉	太原	太原	967 年为北宋灭，太原城被彻底摧毁

宏观地看，由于受到北方部族内徙的影响，西北方向的政治力量由云中（今山西大同）、朔州进击至太原，是中原政权与游牧民族力量的平衡点。东北方向政治力量崛起，幽州是农耕民族与游牧民族力量的平衡点。西部吐蕃、氐羌等政治力量由陇西向陇东、关中进击，长安是农耕民族和游牧民族的平衡点。而开封则是南北方、东西方的力量平衡点。从军事上看，骑兵部队一旦越过秦岭淮河一线就失去战斗力，军事力量在这里基本平衡。天下经济力量，在开封也是一个平衡点。如果建都洛阳，则进攻意味浓厚。若再进入关中盆地，在长安建都，则直面北方少数民族，非有强大的经济力量和军事力量支撑不可。

既然开封是天下地缘形势的平衡点，多少有点"退守"的味道，那么，五代十国和北宋诸朝就有严重的攻守矛盾——建都于此本为防守，可他们总怀有恢复华夏故土之志，主动出击北方少数民族，又常以失败告终。例如，北宋从建国至澶渊之盟，就数次出击，试图收复燕云十六州未果，最终在澶渊达成协议。就北宋而言，这显然是国家综合力量错配——开封本是"和平、王道"之城，是仁义之城，宋太宗赵炅说"在德不在险"。若要在此"称霸""称王"，并非实现理想的道场！

所以，天下一旦风吹草动，北宋群臣就惊慌失措。真宗景德元年（1004），辽兵南下，饮马黄河，消息传来，朝野震惊，当时即有朝臣上书，建议迁都金陵（今南京）或成都。仁宗景祐三年（1036），范仲淹上书说："洛阳险固，而汴京为四战之地，太平宜居汴，即有事必居洛阳。"仁宗庆历三年（1043），宋对西夏用兵屡败，枢密副使富弼上书道："（开封）所谓八面受敌，乃自古一战场耳。"北宋文学家秦观在《进策》中言道："臣闻世之议者，皆以谓天下之形式莫如雍（长安），其次莫如周（洛阳），至于梁（开封），则天下之冲而已，非形势之地也。"

由上观之，宋人非不知也，可他们又天然地继承了一项恢复汉唐磅礴疆域的历史重任，将开封视为转动天下乾坤的战略中心。我们称之为国家综合力量的错配，"内重外轻"的力量布局即是其一。

2. 北宋：开封的繁华与落败

《宋史·高宗纪》："以内重外轻，命省台、寺监及监司、守令居职及二年者，许更迭出入除擢。"北宋方立，内外形势严峻，为避免五代十国的兵变重演，进一步强化集权，宋太宗逐渐确立了守内虚外的国策。

春秋战国以降，政权治理体系就围绕君主专制运转。推行郡县制的根本动机与目的就是要尽可能限制地方权力，防范尾大不掉，同时也想方设法调动官员治理地方的积极性。虽然历代统治者希望通过配套制度建设，构筑合理的国家权力组织体系，把握好"内外相权"和"轻重相维"之"度"，以打造江山永固、世代相传的政治景观。然而"度"很难把握，要么"外重内轻"，要么"内重外轻"。历史表明，两者皆非良治善政，理性的治理应该是"内外相权"和"轻重相维"：既要中央集权以利于宏观把控，又要有地方分权，调动地方治理的积极性，以利于政区经济社会的发展。

从军事力量空间布局看，宋人定都开封，无险可守，只能驻扎大量军队，以致产生了冗兵之患，冗兵之患又要变法求强，以支撑养兵之靡费。急于变法求强，革除弊政，又朝野相争，君臣失和，反而背离了"内重外轻"制度设计的初心。再加上大自然的折腾（如黄河决溢流徙），北宋始终不能决胜北方。

五代时期，开封作为首都的时间笼统计算不过30年，你方唱罢我登场，城头变换大王旗，盖是北宋定都开封的开胃菜。北宋鼎盛时，开封人口达150万，不仅是国内经济、政治、文化中心，而且是"万国咸通"的国际大都市。宋靖康二年（1127），金灭北宋，改称汴京。宋将掘河水淹开封，是黄河南流标志性事件。黄、淮交汇给淮河流域带来了无穷的灾难。金贞元元年（1153），完颜亮迁都至中都大兴府（今北京），改汴京为"南京开封府"。正隆六年（1161）初，完颜亮南下侵宋，一度以"南京开封府"为前进基地。贞祐二年（1214），完颜珣为避蒙古兵锋，迁都"南京开封府"。金人南有南宋阻隔，不能获得财富滋养，北有蒙古人的袭扰，无法生业，在黄淮之间的狭窄地带求生存，抵挡不住南宋与蒙古的夹击而失败。

从此开封就与都城渐行渐远了。

北宋以后开封难再建都：地缘政治因素之变与黄河之患交织

1.地缘政治因素之变

第一，中唐以后，中国的经济、人口重心南移，至南宋时南重北轻的总格局大定。由于北方的西夏、蒙古、女真相继活跃，北方边疆外扩，燕山南麓成为北方进入中央地带的前沿阵地。一旦入主中国，则又成为其统治中心，与其北方大本营互为掎角，进可攻，退可守。蒙古自上都前往大都，建立都城，自兹牧民天下，通过开挖直连南北的运河（齐州运河、会通河），将南方物资源源不断地运往北方。运河截弯取直后，直接越过开封，其实开封被淹，黄河改道南流后，开封就失去了在天下宏观架构中的枢纽地位。

第二，元朝及其后，中国的地缘形势大变，由东西向震荡格局转为南北向拉锯，政治中心必然在南北方生成。由于西部内陆都在元帝国疆域之内，且蒙古人内部将其统御的土地一分为五，各守其地，互不相扰，西部的地缘威胁消失，在西安、洛阳、开封建都的政治动力也就不足了。从蒙元人的角度看，用力于西部，远不如向南开拓来得实惠。

五代十国以后，中国地缘格局呈现南北向拉锯，而主要的威胁来自东北方向。所以，燕山和太行山交界处的山前平原（永定河流域，今北京周围）是其攻守兼备的理想之地，而汉人建立的政权，为抵御北方部族入侵，又必须在此处重点设防，故有明一代，有"天子守国门"之布局。建都北京，亦设南京为陪都，掌控南方。两者通过京杭大运河连接，在北方经营长城防线。如此格局中原便难有被选为都城的机会。

归根结底，天下格局决定了政治中心或南或北！从西部而来的政治力量在无经济力量加持的情况下，无法与东北、东部和南部的政治力量抗衡。特别是15世纪地理大发现后，海上贸易日繁，沿海经济逐步活跃，西北地位持续衰落，中原所谓地理中心地位已经不是建都的必要条件。

或说，当天下空间扩展到一定程度，传统的地理中心（洛阳、开封）已非自然、政治、经济、社会组合的均衡中心。黄河因人为决口向南流淌后，就将"东京残梦"吹落得无影无踪。

大自然再次发挥了改变历史走向的惊人力量。

2. 黄河之造祸，中原失去了成为都城的地理基础

清代顾祖禹《读史方舆纪要》云："河南境内之川，莫大于河；而境内之险，亦莫重于河；境内之患，亦莫甚于河。"《如梦录》断曰："汴梁乃豫州之分野，天地之中枢，八方之冲要，腹心之重地。"黄河与开封在天下之中的位置互动，演绎了跌宕起伏的历史画卷，决定着开封的繁华与衰落命运——或为繁华都市，天子盘桓高阁，钩心斗角，或为滔滔洪水淹没，黄沙漫漫，饿殍遍野，过往繁华掩埋在黄沙之下。

黄河之患起于战乱。北方五代割据政权忙于征战、疏于治河，甚至以黄河为武器放水淹敌，黄河"龙脉"大为破坏，北宋时恶果显现。黄河屡次决口改道，越来越不能制。北宋之亡，与黄河决口、洪水泛滥有很大关系，当时黄河北流，正好冲击北宋与辽国防线，且黄河泛滥导致沿线人口剧减、经济凋敝，金人骑马南来，沿线毫无抵抗力。北宋之前，开封离黄河较远，河道又较为稳定，主要在现河道以北运行——河出邙山，向东北方向奔流，从汲县、浚县一带，经濮阳、大名向东北，由天津大沽口附近入海（见图6-2）。

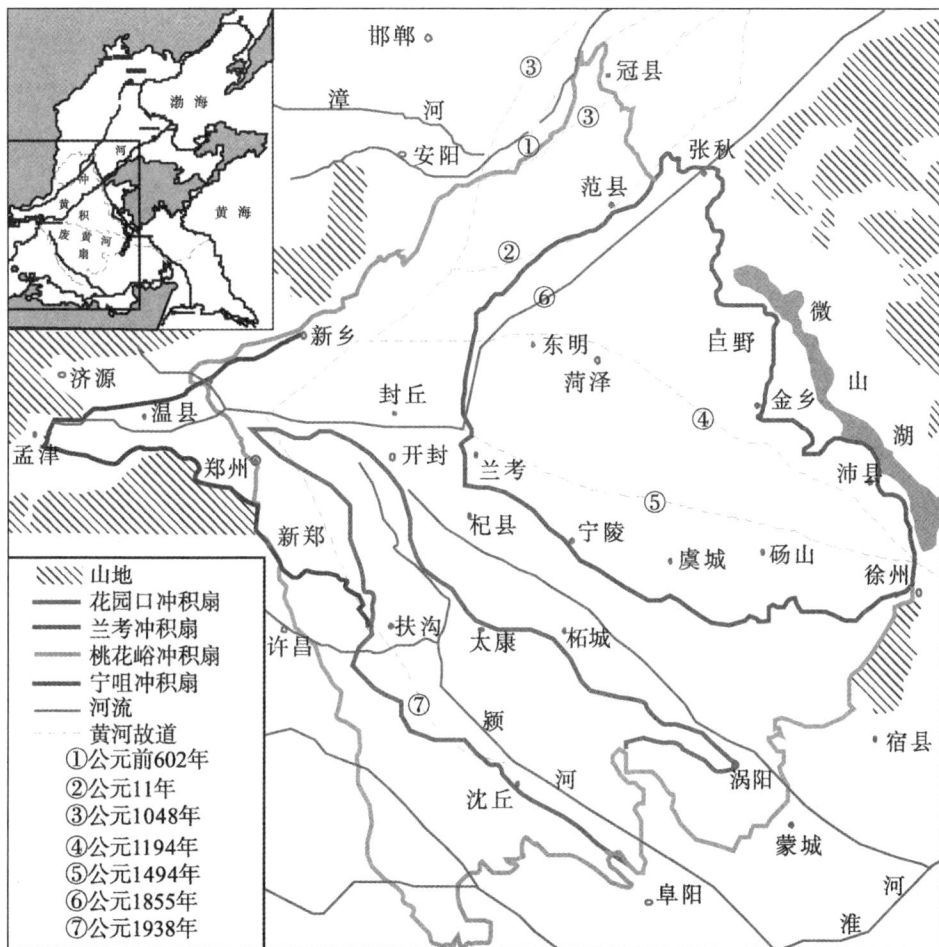

图 6-2　黄河冲积扇发育及开封的位置

资料来源：马玉凤、李双权、潘星慧《黄河冲积扇发育研究述评》，《地理学报》2015 年第 1 期。

　　形势在南宋建炎二年（1128）有颠覆性变化。是年十一月，金兵南下，屡次进攻开封，图谋建康（今江苏南京），接任宗泽的杜充时为东京留守，于十五日下令掘开黄河堤防，期以水代兵，对黄河河道以及河下区域造成了深刻且长远的影响。此次河决改变了黄河长期东北流向渤海的河道，而改由东南注淮入海为常态，是为黄河变迁史上的一次重大改道，原本富饶的中原地区直接被黄河冲成了千里萧条。宋以后金、元、明中叶，黄河河道也基本维持南流，由东南注淮入海，时决时徙。黄河不断南徙，距开封越来越近，至明末崇祯年间，开封有"北十里枕黄河"的险状。开封作为河南行省的省城、中原重镇，明代依然被赋予"势若两京"的美誉。然而明朝末年的一场特大洪水改变了开封的命运。1641—1642年，李自成率起义军三次围困开封，第三次围困，长达5个月之久。在旷日持久的攻守战中，1642年六七月，明廷欲借黄河水消灭李自成农民军，竟掘开黄河朱家寨口大堤，开口较小，没有损及起义军。起义军便决定以牙还牙，扒开开封附近的马家口大堤，水淹开封。九月十四日，正值汛期，朱家寨和马家口同时决口，全城被灌，死者34万人，城市被毁，腹地和水网也遭殃，失去功能，土地盐碱化，黄沙漫飞，开封城更趋衰落。

清道光二十一年（1841），黄河在开封城北张家湾决口，河水再次侵入城内，有地方水深逾丈，庐舍尽灭，人居城墙得活命。孝严寺、铁塔寺、校场、贡院等建筑也被拆毁堵水。因清政府忙于镇压太平天国运动，国库空虚，无力有效治理黄河。1855年在兰考铜瓦厢决口，改道北流，经过20年的泛滥流淌，才自然选定经大清河道入海。经此折腾，中原地区又造成空前破坏，运河淤塞，南北交通受阻，这也是大清帝国积弱变衰的重要原因之一。

据《开封府志》和《祥符县志》记载，开封周围地区自汉至清的2100多年间，共发生特大旱灾43次、特大水灾26次（不包括黄河泛滥的水灾），而自金以后的八百多年间，就发生大旱近30次、大水18次。至于一般的旱、涝和风沙、盐碱，则是连绵不断。在这一期间，开封附近的农业生产，除明代前期有较大恢复、发展之外，大体是停滞不前，这削弱了它存在和发展的经济基础。

历史上开封无数次被水淹。公元前225年，秦国战将王贲堵截黄河大堤，引黄河水入鸿沟，淹没大梁城，致城毁人亡，成为一片泽国，魏国战败投降。自此以后，开封所在平原受黄河泥沙淤积抬高，古城被掩埋在黄土之下。战国古城在地表以下12～14米。唐代汴州距地表10～12米，北宋都城在地表以下8～10米……重大决口湮没共六次，皆在北宋以后。

明朝时，开封差点被定为都城。明朝洪武元年（1368）三月，徐达带领北伐军攻取河南，此时许多人向朱元璋建议定都汴梁。四月，朱元璋来到汴梁城考察。五月，改汴梁路为开封府，将开封县并入祥符县，至此两县合一，置河南中书分省，省治开封府。后来，他又派太子朱标研究此事。可惜，朱标早亡，没有定夺。后来又有系列事变，朱棣推翻建文帝后，定都北京，开封就失去了历史性机会。

中原建都时期，黄河为安澜。中央政府高效治理，为黄河保驾护航。一旦天下动荡，地理环境发生大趋势性变化，影响政局。当黄河失去政治保护时，它就会施展淫威，将数代人积累的财富洗劫一空。如此反复，以开封为中心的区域就失去了作为都城的地理条件和发展的地理基础。

历史经验与教训是：治理好黄河，保卫黄河，是中原之民的福气，也是整个中国之福！

第七章

神奇的地理信息：西域与西南域的开拓

当开拓中的中原民族接触一个地理事物，敏锐地分析其地理意义，评价其价值，不顾自身安危，穿越莽莽苍苍的沙漠、雪原、森林、草原，践履绝域殊方，荟萃天下之力经营，展开磅礴历史画卷，其间的辛苦与蹉跎，绝非常人所能理解。汉武帝时期，中原人对西域和西南地区的锐意开拓和苦心经营就是中国绵长历史中极为辉煌的篇章，影响深远。从中原经河西走廊、新疆面向中亚，经云南面向东南亚，交织着铿锵的脉搏和历久弥新的历史记忆。

宏大历史的导火索可能只是看似不起眼的地理符号，如头颅饮器、枸酱，它们好似"芝麻开门"的神奇咒语，引出一连串的神奇故事，故事的背后是惊天地、泣鬼神的事业。

头颅饮器——张骞发现广阔西域

1."头颅饮器"的地理信号

头颅饮器，即用人的头颅做酒杯。听起来阴森可怖，到底怎么回事呢？

原来，西汉自公元前206年建立，经过高祖、惠帝、文帝、景帝的轻徭薄赋，休养生息，天下从秦汉之际的兵燹废墟中缓复生机和活力，至于有文景之治，"太仓有不食之粟，都内有朽贯之钱"（《汉书·食货志》）。汉帝国越是富饶，越能引来边夷的觊觎，甚至寇掠，在北方草原地带游牧的匈奴人构成家门口的威胁。汉文、景帝时为集中精力发展生产，便采取息事宁人的和亲政策，营造了相对安稳的地缘环境[1]。可随

---

[1] 其实，汉文帝于前元三年（前177）、前元十四年（前166）和后元六年（前158）三次大规模用兵，逐匈奴于塞外而罢。因受制于国力、统治思想和战马、武器等物质基础，文景时对匈奴入侵并不主动出击，以免加重百姓负担。

着双方实力消长，这种状况很难维系。公元前 141 年，汉景帝去世，年仅 16 岁的胶东王刘彻登基，汉匈关系掀开新篇章，与此相伴的是开疆扩土，长城烽燧亭障向西北方向延伸[1]。大漠孤烟直，长河落日圆，是对那个时代人们开拓精神的无限赞美。

原来，汉武帝刘彻的祖父、父亲和奶奶窦太后，崇尚黄老，行无为之治。汉立国 70 余年，高祖刘邦白登之围的梦魇始终萦绕在心，魔影难除；异姓王侯背后反叛的刀光剑影、吕氏夺取刘家天下的血腥残酷，在心中萦回难抹。历史转关阶段，自然需要非常之人扭转局面。汉武帝刘彻有自己的套路，经过前期的隐忍蓄势，待奶奶窦太后撒手人寰，他就按自己的套路，开挂似的，罢黜百家，表彰六经，启衅匈奴，经略远方，封禅泰山……今日中国之为中国，汉武帝继秦始皇的雄图远略，开疆扩土，打通西域，封疆西南夷等贡献甚伟。他对西域和西南域的开拓即从"头颅饮器"开始。

话说刘彻登基不久，建元二年（前 139），他从匈奴降将口中获悉：匈奴人将游牧在张掖至敦煌河西走廊一带的古老部族——大月氏打败了，残忍地将大月氏王的头颅割下，献给大单于。老上单于竟将头颅制成酒杯（约前 162）！月氏族群战败，恨得牙痒痒，只能朝日落的方向逃遁。武帝正想用兵匈奴，若与大月氏人联手，东西夹击，匈奴人插翅难逃！

计议已定，汉武帝发布求贤榜，招募出使联络月氏人者。年仅 25 岁的郎官（选拔上来，政府管吃住、但无俸禄的人才，待用）张骞（前 164—前 114）自告奋勇，愿意冒险犯难领军出使。史载，张骞为陕西汉中城固人，既有坚韧不拔、心胸开阔的气度，又有信义待人的品质。匈奴人堂邑氏甘父为副手随同，甘父是匈奴人奴隶，出身微贱。

2. 13 年千山万水，知水草之所居

张骞携带外交符节，率一百余人，西出长安，经陇西、河西走廊西行，约走到张掖一带，被匈奴右部（左部在东）捕获，押送至匈奴王庭龙城，交由军臣单

---

[1] 长城沿线是农牧交错地带，见前第一、二、八章的分析。

于（老上单于之子）发落。军臣单于对张骞说："月氏在我北，汉使凭什么过我的地盘？我若遣使南越，汉人能同意吗？"张骞被关押留置匈奴地。匈奴人为消磨其意志，或将来用之，强与妻之成家。张骞在草原上过起"幸福"的家庭生活，可内心持节守志，夙夜不忘职志。岁月如歌，时光如梭，一晃十余年过去，他转眼到中年，滞留草原不得逞志远方。

他或许不知道，此时，西汉对待匈奴战略发生了根本性转变。公元前 133 年，汉武帝放弃和亲政策，在马邑（今山西朔县）设伏三十万大军，想一举歼灭十万匈奴兵，可因谋事不密，事泄未果。此时，张骞在匈奴地盘上熬过 6 个年头。

在焦急的守望中，十年过去了。张骞趁匈奴士兵放松警惕，瞅准机会与随从迅速逃脱，一路向西，穿越天山之北的漫漫沙漠、草原，抵达大宛（今乌兹别克斯坦费尔干纳盆地），得以拜见大宛国王。国王得悉汉帝国富得流油，珍奇玩好成山，遍地黄金，正愁无法通商交流，张骞一行送上门来，便喜出望外。关切地问："诸位想去何方？"张骞答说："我们一行为大汉国出使月氏，不意被匈奴劫道，滞留十余年不得脱身。幸请大王派遣向导送我到大月氏，若如愿抵达，将来张某返回大汉，一定重重酬谢，尽君所能取。"大宛王信以为真，安排向导和翻译带路，先向西北抵达康居（今塔吉克斯坦和吉尔吉斯斯坦），康居王再接力护送张骞至大月氏国（约前 128 年，参见图 7-1）。一打听才知道，大月氏王早已为匈奴人所杀，太子被立为王。大月氏又向南攻打大夏国，逼迫大夏南迁阿姆河以南，获得栖息之地。此处土地肥饶，四邻安宁，大月氏人在女主的领导下不愿征战了。或大月氏人认为他们距离大汉朝悬隔天涯，中间部落邦国众多，仇敌遮道（如乌孙国），纵有报仇之心，殊无杀敌之力，报仇无疑投肉饲虎，驱羊逐狼。张骞苦口婆心也无法说服大月氏人，滞留一年多，便踏上漫漫归途。

这次，他避开匈奴人地盘取道南线（阿尔金山、昆仑山、祁连山北麓的东西孔道），向羌人领地东行。可又不走运，半道上被匈奴兵抓住。可这次张骞再次有如神助，虎口脱险。原来，元朔三年（前 126），匈奴军臣单于病故，其弟左谷蠡王伊稚斜借机攻击其侄子——太子於单（汉公主之子，与汉亲善），於单不敌，逃至汉，数月后竟病亡，伊稚斜得自立为单于。在这段时间，匈奴内部乱作一团，看守松懈，张骞一行再次瞅准机会，脱离险境（元朔三年，前126）。耽搁又是一年多！

张骞出使时有一百多随从，离开汉朝13年，只有他和甘父两人返回。其余人马的英魂都埋没在漫漫黄沙，寄灵高山雪原了！

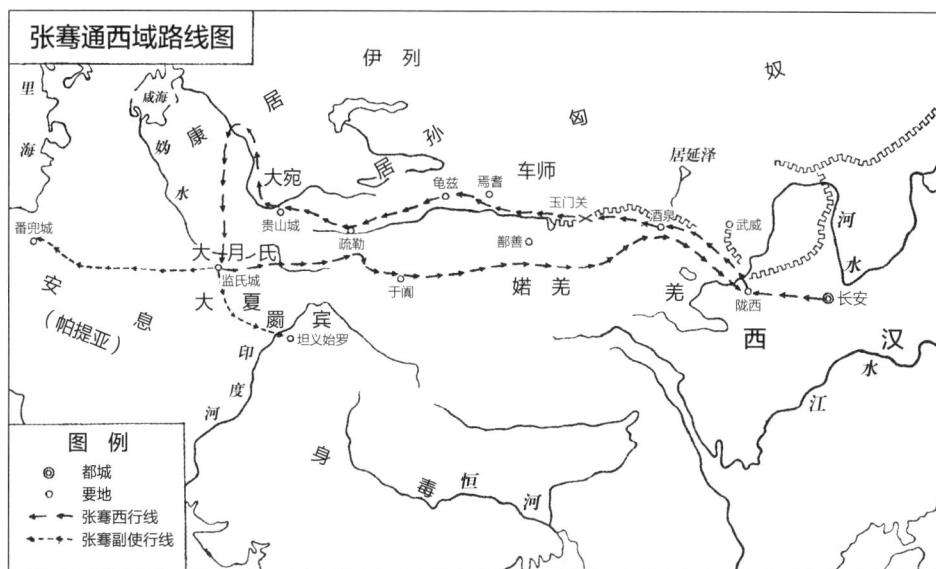

图7-1　张骞出使西域路线

13年的惝恍岁月，张骞竟不辱使命，踏遍戈壁流沙，高山雪原，风尘仆仆辗转归来。当年的那个青年已届不惑之年，而武帝正当而立之年，抱有运筹帷幄之中、决胜千里之外的壮志雄心。其间，汉朝与军臣单于打了好几场硬仗。13年前放出去的"鸟儿"，杳无音信，悬隔万里，生死不知，今天飞回来了，武帝使劲地给张骞加官晋爵，至太中大夫（秩比千石，掌议论）。多少财物能填平那岁月的蹉跎、大漠戈壁的冷漠、生如草芥的恐惧？纵使今天的我们，也不能不动容含泪。华夏之族的伟大就在于有伟丈夫如张骞者！

在13年的时光中，张骞留心观察，获得了大量的西域地理知识，向武帝汇报云：

　　大宛在匈奴西南，在汉正西，去汉可万里。其俗土著，耕田，田稻麦。有蒲陶酒。多善马，马汗血，其先天马子也。有城郭屋室。其属邑大小七十余城，众可数十万。其兵弓矛骑射。其北则康居，西则大月氏，西南则大夏，东北则乌孙，东则扞罙、于阗。于阗之西，则水皆西流，注西海；其东水东流，注盐泽，盐泽潜行地下。其南则河源出焉，多玉石，河注中国。而楼兰、姑师邑有城郭，临盐泽。盐泽去长安可五千里。匈奴右方居盐泽以东，至陇西长城，南接羌，鬲汉道焉。乌孙在大宛东北可二千里，行国，随畜，与匈奴同俗。控弦者数万，敢战。故服匈奴，及盛，取其羁属，不肯往朝会焉。康居在大宛西北可二千里，行国，与月氏大同俗。控弦者八九万人，与大宛邻国。国小，南羁事月氏，东羁事匈奴。奄蔡在康居西北可二千里，行国，与康居大同俗。控弦者十余万。临大泽，无崖，盖乃北海云。（《史记·大宛列传》）

　　行文至此，我们需要就上述故事涉及的地理和历史问题深度说明，然后再回归话题。

3. 大月氏、乌孙、匈奴的地缘恩怨

　　文中提及"大月氏"，难道还有"小月氏"？历史上，两者还真都有！

　　原来，月氏是匈奴崛起以前居于河西走廊、祁连山一带的古代游牧民族。据王国维先生考证，"月氏"即《逸周书·王会解》中的"禺氏"，《穆天子传》中的"禺知"或"禺氏"。欧洲学者也在西方古文献中搜求关于月氏的记录，异说不下六七种。关于月氏的族属，中国古籍如《魏略》称其为羌人，《旧唐书》称其为戎人。百余年来，学界异说纷纭[1]。

　　关于月氏与乌孙的发祥地，钱伯泉先生根据古文献与音韵、训诂的系统研究，认为"休屠"是"月氏"的匈奴语汉字音译，其在河西故地即是匈奴休屠王份地，确切地望为今甘肃张掖东部山丹县以东至兰州市以西一带。"乌孙"名现于汉武

---

[1]　李芳:《建国以来月氏、乌孙研究综述》,《西域研究》2010 年第 3 期。

帝初，"昆戎"是乌孙前身，昆夷在河西故地即是匈奴昆（浑、混）邪王份地，确切地望为今山丹县以西至敦煌，向西可达新疆哈密[1]。乌孙和月氏在河西走廊东西是冤家，相互厮杀，两败俱伤，前、后脚从东向西退却。匈奴人击败月氏后，占据河西走廊肥美之地。

关于月氏的确切地理分布，近些年来考古学界有不少重大发现。西北大学王建新教授团队与中亚的乌兹别克斯坦等国合作研究发现，在西迁之前，古月氏人的故乡不在河西走廊而在以东天山为中心的区域。在此基础上，专家们确认东天山地区，分布的游牧文化遗存（约前 6 世纪—前 2 世纪）应该是古代月氏的考古学文化遗存。根据考古和文献推测，河西走廊的月氏人西迁是个漫长的过程，谁不留恋故乡的一山一水，一草一木？

弄清了匈奴、月氏和乌孙的地理分布，我们再大体梳理三者的关系。《史记·匈奴列传》记载，匈奴人居于北方草原地带，相当于今长城一线以北地区，游牧为业。赵武灵王胡服骑射（前 302），逐胡人（匈奴人）在阴山以北，在塞外建长城以阻胡人南下牧马。秦始皇统一天下，派蒙恬逐胡人至塞外，在上郡（黄土高原中部地区）续筑长城，秦赵燕长城连成一体。此时匈奴势力尚弱，可月氏势力空前强大，自黄河以西至天山东部，均有月氏人活动。月氏与蒙古高原东部的东胡联手攻打匈奴人。匈奴头曼单于约在公元前 209 年将其子冒顿质押至月氏，却继续攻打月氏，月氏人欲杀质子冒顿，冒顿盗取月氏良马逃归，这大概是冒顿弑父的原因。月氏又向西攻打乌孙，杀其王难兜靡，乌孙部众不得已逃至匈奴地盘寻求庇护。由于乌孙太子猎骄靡生下时，多异象（乌鸦衔肉喂养，狼喂奶），头曼单于善加收养，为乌孙人复兴留下火种。

冒顿杀父夺位后，对外韬光养晦，对内勠力经营，建章立制，整备军队，不久便兵强马壮，战斗力暴增。公元前 205—前 202 年，用兵月氏大胜之。公元前 176 年前后（汉文帝初年），他派右贤王领兵西征，再次击败月氏，迫使月氏逃离故地，其中一部分向南越祁连山孔道进据羌、氐地盘，与羌人杂居融合，为"小

---

[1]　钱伯泉：《乌孙和月氏在河西的故地和西迁的经过》，《敦煌研究》1994 年第 4 期。

月氏"。《后汉书·西羌传》："及骠骑将军霍去病破匈奴，取西河地，开湟中，于是月氏来降，与汉人错居……被服、饮食、言语，略与羌同。"这表明一部分小月氏投降汉朝，逐步融入，唐朝后不见史籍了。

月氏大部分西逃进入天山东的老巢（考古学证明的政治中心），为大月氏。冒顿单于修书一封给汉文帝，虚虚实实地矜功自伐云："今以小吏之败约故，罚右贤王，使之西求月氏击之。以天之福，吏卒良，马强力，以夷灭月氏，尽斩灭降下之。定楼兰，乌孙、呼揭及其旁二十六国，皆以为匈奴。诸引弓之民，并为一家。"（《史记·匈奴列传》）由此可知，匈奴右贤王向西攻打月氏，铲除其势力。向西兼并楼兰、乌孙等二十六国，降服游牧引弓之族。

公元前 174 年，冒顿病死，其子继位，为老上单于。由于南和强汉，匈奴人腾出手来追亡逐北，猛烈攻打大月氏，竟然杀其王，拿其头颅为饮器，极尽侮辱之能事。月氏大部（大月氏）又被迫西逃至伊犁河谷地带，驱逐塞种人，迫使"塞王远遁"，留下的塞种部众成为月氏人的臣仆。塞种人原是住在中国新疆伊犁河和楚河流域的游牧民族。

综上，大月氏迁徙的历史线索大约是：自公元前 176 年前后，开始自河西走廊退缩西迁，经过天山北线向西，然后击败塞人部族，塞人被迫从伊犁河谷南迁，其中有一支曾通过喀什西北的铁列克山口，先后定居疏勒与于阗二绿洲。大约在公元前 162 年，盘踞在天山东段的月氏王被匈奴杀害（汉武帝听说在 20 多年后）。大月氏人大规模西迁，在公元前 160 年前后，塞种人受大月氏人的驱赶，向南迁徙，进入天山南麓的绿洲得以喘息。

原来为头曼单于收养的乌孙王子猎骄靡不但回到故地放牧，还受单于委派，带领族人为先锋向西追击大月氏。公元前 145 年，已移住在天山北麓并服属匈奴的乌孙，在其王猎骄靡的统领下，"西攻破大月氏"，迫使大月氏像塞族一样离弃伊犁河谷向西南迁徙，乌孙得以鸠占鹊巢。依张骞所记，匈奴人在"盐泽（罗布泊）以东"，距离伊犁河谷邈远。真正对伊犁河谷月氏人产生威胁的反倒成了乌孙人。乌孙人占据伊犁河谷之后，跳出匈奴人的手掌心，画地自守，就不再把匈奴王放在眼里了。

大月氏再度向西南发展，抵达妫水（阿姆河）和锡尔河之前的广大地带，将在这儿生活了几百年的大夏人[1]赶到阿姆河中上游南岸。大月氏人刚刚落脚，还心有余悸，张骞在康居使者的陪同下找上门来……

公元前1世纪初叶，他们又征服阿姆河以南的大夏。至公元元年初，大月氏形成了五部翕侯（休密、双靡、贵霜、肸顿、都密）。后贵霜崛起，吞并另外四部翕侯，建立贵霜王朝（55），疆域遍及中亚和南亚地区（西起伊朗边境，东至恒河中游，北起锡尔河、葱岭，南至纳巴达河）。贵霜王朝曾于公元90年派人与东汉和亲，寻求和汉朝强强联合（比汉景帝时已过200年）。当时班超正在经营并降服西域，并未把该等请求当回事，让贵霜相当不爽，便派七万大军与班超的西域兵决战，但没打赢。公元200年前后，贵霜帝国始衰，徒留下断壁残垣摇曳在风中。

自匈奴兴起至与盘踞在河西走廊的月氏人交恶，乌孙人参与其中，相互大打出手，可视为中国秦汉王朝鼎革引起西域地区地缘格局的动荡和历史进程的重塑。由于西域地理环境独特，高原、峡谷、绿洲、山前平原、沙漠交替出现，地理单元划界清晰，形成众多相对独立的、规模较小的部落邦国，叠加地理环境变迁频繁，是西域政局动荡不息的根源。

4. 归来参战立功封爵

张骞之西行，是中国第一次殊方绝域的地理大发现，也可以说是东西方文化的第一次碰撞（大宛、大夏都有希腊文化背景）。他带回了大量的地理信息，其中"大宛"出产汗血宝马的信息对汉朝最有价值，他说大宛"多善马，马汗血，其先天马子也"。汗血马是天山上的野马的杂交，当地人选择母马在山下放牧，山上野马则下山交配，而得纯种汗血马。汉武帝闻听怦然心动。

张骞归来前，公元前127年，卫青指挥汉军大败匈奴，控制了河南之地（今

---

[1] 大夏人是印欧语系东支的塞种人（斯基泰人），以巴克特里亚为中心，相继为古波斯帝国（前550—前330）、亚历山大帝国（前336—前323）和塞琉古王国（前312—前64）统治。中国汉文史籍《史记》《汉书》《山海经》称该地区为大夏。《隋书》《北史》和《唐书》作"吐火罗"。《大唐西域记》作"睹货逻"。中亚的农业和畜牧业获得迅速发展，种植小麦、稻谷、葡萄。

河套以南地区）；张骞归来后以随军校尉的身份，参与了卫青大军对匈奴的铁血征伐。公元前124年攻打匈奴右贤王，大获全胜，次年越过沙漠攻打匈奴主力部队，又获胜。公元前121年，匈奴在霍去病的打击下发生分化，浑邪王降汉，河西走廊为汉朝所控；公元前119年，卫青、霍去病又分道出击匈奴，斩杀9万余人，匈奴成年男子基本被消灭殆尽。匈奴单于大败远遁，退至漠北贝加尔湖一带，不敢南边牧马。

由于张骞曾滞留匈奴地十余年，纵横河西走廊、沙漠地带，知水草所居，使得汉朝军需补给充足，在对匈奴的大规模作战中贡献卓著，被封为博望侯（约公元前123年，爵位最高级，有封地，在河南南阳，食租税）。公元前121年，张骞被任命为卫尉，与李广将军俱出右北平打击匈奴。匈奴军队将李广将军团团围住，军士伤亡甚重，李广将军战败，后自杀。张骞迟到，依法当斩，出钱赎身，废为庶人。

张骞第二次出使西域：打通西域开商路

"西域"最早见于《汉书·西域传》，狭义西域指玉门关、阳关（今甘肃敦煌西）以西，葱岭（帕米尔高原）以东，昆仑山以北，巴尔喀什湖以南的广阔地域，为汉代西域都护府辖地，与今之新疆相当。广义的西域更包括帕米尔高原以西的中亚、西亚、印度、高加索、黑海沿岸等地，甚至达东欧、南欧等地。

西域以天山为界分为南北两区。天山以南，塔里木盆地南北缘绿洲众多，特别是塔里木河环绕沙漠半周，人类活动为旺，养育了不少绿洲国。中原通向西域远方，沿塔里木盆地有南北两条道路，南缘有楼兰（今新疆鄯善，在罗布泊附近）、若羌、且末、于阗（今新疆和田）、莎车等，习称"南道诸国"；北缘有姑师（后分前、后车师，今吐鲁番）、尉犁、焉耆、龟兹（今新疆库车）、温宿、姑墨（今新疆阿克苏）、疏勒（今新疆喀什）等，习称"北道诸国"。此外，天山北麓有前、后蒲额和东、西且弥等。它们面积不大，多是沙漠绿洲，或山谷或盆地。西汉初年时有大小"三十六国"，似珍珠串联，在大漠群山交错地带熠熠生辉，是逆旅之士的终点和起点。

张骞被赎为庶民后，武帝数询大夏国之事，他借机说："臣居匈奴时，听闻乌孙王号昆莫，其父是匈奴以西某小国的国王，为匈奴所攻杀。昆莫刚出生就被弃置荒野，乌鸦衔肉喂食，狼乳养之。匈奴单于怪以为神，善加收养。昆莫长大后被令领兵作战，数立军功，被委领遗民，令其守卫西域大门。昆莫收养本族百姓，蚕食兼并周边小城邦，控弦引弓之士数万。单于死后，昆莫就率其众远徙，不肯任匈奴摆布了，因此惹恼匈奴单于，出奇兵攻之未胜，就以为昆莫为神，敬而远之，命令乌孙人在固定区域内放牧，不再相互攻杀了。如今，匈奴单于为汉所困，浑邪王在河西走廊的地盘人去地空，杳无人烟，恐非长久之法。胡人贪恋汉人财物，如果厚礼前往结交，诚邀乌孙人徙居浑邪王故地，与我大汉结昆弟之好，估计他们不会拒绝。如果成功，匈奴右臂自断也，双方联手就可将乌孙以西直到大夏的广大区域之国变成藩臣，相当于汉朝拓疆万里，广阔无边了。"武帝深然之。乌孙在伊犁河谷、楚河流域、天山北至阿尔泰山之间的广大地域，也是刚刚立足不久（20余年）。

公元前119年，张骞被拜为中郎将，率领300人、马2匹、牛羊以万数，怀揣巨额金币、丝帛，分派多位持节副使，再度出使西域各国。凡是能通达的地方都派使者前往，广交朋友。首站就是乌孙。张骞见到昆莫发现他年老力衰，不能掌控大局了。昆莫立其孙岑取为太子，可其子大禄势力最大，有攻杀昆莫及其孙岑取自立的野心。乌孙人外受匈奴牵制，内有骨肉相残的隐忧，又与汉地悬隔万里，大臣们惧怕与汉交好反而惹火烧身。虽张骞答应嫁汉公主结亲，但无奈昆莫受到诸多限制，没有答应。

在乌孙期间，张骞派遣副使到中亚、西亚和南亚的大宛、康居、大月氏暨大夏、安息、身毒、于阗各国，广加联络。公元前115年，张骞带着乌孙国派出的使者共几十人、几十匹马返回大汉，顺便让使者了解汉朝的广大富有。张骞归来一年多后病故（前114），可他开创的结交西域事业，不但没有人亡政息，反而被雄才大略的汉武帝一意孤行地做大做强。汉朝使者大摇大摆地通过乌孙国地盘，不受约束，招致匈奴单于的强烈不满，吓得乌孙人赶紧与汉人结为兄弟，武帝先嫁公主予昆莫结为亲家，匈奴单于不甘落后，赶紧嫁女给昆莫为嫡妻。

同时，汉朝修筑令居（甘肃永登西北）以西的长城亭障，初设酒泉郡，又加派使者前往安息、奄蔡、黎轩、条枝、身毒展开穿梭外交。汉使每批多则数百人，少则百余人。每年遣派使者多时十余批，少时五六批。远出的，八九年才能归来；近出的，三五年才可回来。中西沟通交流开启后，汉朝与西域及中亚、西亚、南亚地区的友好往来迅速发展，西域使者相望于途，商贩胡客步风踏尘，日款于塞下。但鱼龙混杂的汉朝使团搞砸了武帝西域经略！原来，武帝考虑到愿意出使西域者寡，放松了选拔条件——凡应征即遣，供给路费盘缠，金帛玩好，只要敢于前往贿赠西域诸国达官显贵者，都录用。结果，那些违法犯禁、游手好闲之辈踊跃应征，泥沙俱下，乌合奔趋。他们或有贪墨朝廷礼物，被发现判刑后，武帝勒令其再度出使。西域诸国显贵看不起这些吊儿郎当的所谓使者，所以轻蔑怠慢，甚至断吃断喝。汉使回禀天子也极尽谮诬诋毁，以泄私愤，公报私仇。楼兰、姑师处于交通咽喉，攻击汉使者王恢等尤烈，返汉使者疾言其歹意，说如此蕞尔小邦易攻难守，取之如探囊取物。武帝果然信之，派遣从骠侯赵破奴率领属国骑兵及各郡士兵数万人征伐，竟手到擒来，俘虏楼兰王，攻陷姑师。又乘着胜利军威围困乌孙、大宛等国，迫其遣使称臣。回汉后，赵破奴被封为浞野侯。王恢建言献策有功，亲自参与征伐，被封为浩侯。汉朝因此从酒泉向西修筑亭障，直修到玉门关。如此，河西走廊完全在大汉的控制之下，河西四郡张大帝国臂腋。

初，汉朝使者到达安息，安息王命人率领两万骑兵在东部国境上迎接。东部国境与王都相离数千里，沿途经过几十座城镇，城乡属连，人口甚多，一派繁荣强大景象。安息又派使者观察汉朝博大，甚至奉献鸵鸟蛋和黎轩（今天埃及亚历山大城）善变魔术者。武帝也如法炮制，带着各国使者巡狩天下，大吃大喝，厚赏重赐，不计成本，让使者遍观仓库充盈，展现汉朝地大物博，令其倾慕惊骇，真可谓：管弦歌舞霓裳曲，玉盘珍馐服远域。

汉朝大规模引进西域作物，如葡萄、苜蓿，武帝开辟良田，养育西来宝马。西方诸国无丝、漆，不懂用铸造方法制作钱币和器物，汉使、逃亡士卒归顺当地后，将铸造兵器和器物之法传授。

元鼎四年（前113）秋，有个名叫"暴利长"的敦煌囚徒，在当地捕得一匹汗血宝马献上，武帝欣喜若狂，称其为"天马"，作歌咏之："太一贡兮天马下，沾赤汗兮沫流赭。骋容与兮跇万里，今安匹兮龙为友。"晁错闻听天子如此吹捧，讽刺说："作诗祭奠宝马，你祖宗在天之灵闻听，是不是高兴呢？"武帝吃了瘪，不吭声了（晁错和武帝关系比较铁，才敢这么说）。

但他喜欢大宛宝马的事不胫而走。后有知情使者说宝马出自贰师城（今吉尔吉斯斯坦共和国的奥什或奥希）。大宛国却故意藏匿不与，武帝便派使者持重金前往求购。大宛国王及大臣欺汉朝遥远，不但不卖宝马，还杀害汉使。汉使归云：大宛国兵寡易攻。太初元年（前104），武帝便派李广利兴兵讨伐，大有"犯强汉者，虽远必诛"的味道。李广利所率不过是数万名征集来的罪犯囚徒与6000名附庸胡骑。秋发冬至，粮食匮乏，恰巧当年又遭遇蝗灾，关中有饥馑，河西走廊也未能幸免。汉军只有因粮于敌，破城方能有饭吃！可蝇头绿洲小国哪有粮食供万人军马濡齿沾唇？士兵杀牛马而食，攻城器械就无法尽运，在攻打东部边境小城郁城（今吉尔吉斯斯坦乌兹根市）时，士兵伤亡惨重，李广利吓破了胆，禀报说："士兵们不惧战，就怕缺吃少喝"，竟擅自撤军。此次西出往来两年，出发时几万军人，战死、伤亡、病死者，络绎于途，生还者不过十分之二。汉武帝怒气冲天，下死令说：谁敢入玉门关，杀无赦！次年，武帝不听劝谏，决定再度进兵大宛。李广利再度披挂上阵，率6万多人浩浩荡荡出击！汉军围困大宛城（今乌兹别克斯坦塔什干东南卡散赛），断绝水源，攻破外城后，城中贵族为自保，便杀死国王毋寡，献宝马求和。汉军另立新王昧蔡，缴获大宛宝马3000匹方退军，可惜这些宝马到达长安的也就1000匹，汗血宝马仅数匹而已。经此一役，沿途各国无不闻风丧胆，纷纷遣质子至长安示弱。敦煌和酒泉从此设置了都尉，一直到罗布泊，沿途设有亭障，并在仑头（今新疆轮台）派遣屯田士卒几百人，以保护田地，积聚粮食，变成使者的补给站。

自西安至大宛，直线距离约3500千米（按汉制，415米为一里，与张骞云1万里远相差不大）。自西安至呼和浩特直线距离800千米，西安至北京（燕国）、淄博（齐国都城）不到900千米。汉朝张骞竟然到达大宛，然后到大月氏，直线距离 4000 千米，实际距离不知几许。靠马匹和双脚，远走天涯，若无勇气和毅力，谁能到此遥远之地？西汉放着好好的东部、南部不用心开拓，反而向广漠蛮荒用力，非有非常之人，行非常之事者，莫能为也 [1]。

一瓶枸酱——开疆西南域的线索

与西域开拓几乎同时进行的，还有西南域的开拓与开发，主要人物中，汉武帝是一个，唐蒙降服夜郎国，司马相如靠诗词歌赋开凿灵关道，张骞试图开拓西南道前往身毒和大夏，更充满了戏剧性。

1. 西南域开发的历史经纬

"西南夷"是指公元前 3—公元 5 世纪分布在今云南省、贵州省、四川省西南部一带的少数民族。战国末期，秦在西南地区置巴、蜀、汉中三郡。西汉武帝至东汉初继续经营西南地区，先后置犍为（今贵州遵义市）、牂柯（今贵州黔东南苗族侗族自治州）、越巂、汶山、沈黎、武都、益州和永昌等八郡。相当于长江中上游南部地区，沅、资、湘水上游一带、珠江流域上游，远至澜沧江、怒江的广大地区。该地处于四川盆地西南部、云贵高原大部，西至横断山脉交错，地质复杂。这里高山、峡谷交错分布，河网纵横，自然地理单元众多，自然区块分割严重，交通极为不便，各自成俗，正应了《礼制》中的话："广谷大川异制，民生其间者异俗。"十里不同风，五里不同俗，交通自相隔绝，与西域诸国一样，西汉初至武帝时，西南夷与西汉并无行政隶属关系。

先秦时，蜀国相对独立自存，但据最新出土三星堆文物，蜀地与中原文化交流甚早，商周时就有文化往来。但真正交往，还是在战国后期。公元前 310 年，秦惠文王派遣大将司马错率军征服蜀国后设郡管理，是对西南地区精心经营的

---

[1] 通过武帝晚年《轮台诏》可窥见武帝决策过程，及其开拓西域的后果。其决策竟然不是基于地理信息，而是基于占卜、算卦、命理，结果李广利和李陵深入不毛之地，造成惨重失败。失败后，面对桑弘羊再次建议派兵屯田戍守轮台，他就保守退缩了。

开端，而且也曾讨伐属于西南夷的丹、犁二国。公元前 285 年，蜀郡太守张若又"取筰及江南地"，筰地为今处于川滇交界的盐源县、华坪县、永胜县范围；"江南地"为金沙江以南、今云南丽江、大姚、姚安等地。楚国据中原南部，也向南开疆扩土，派军攻略西南夷。在秦灭巴蜀后，楚襄王也派遣将军庄蹻开进西南夷，且深入昆明以西的滇池地区。庄蹻是有文献记载最早通西南夷地区者，他在楚庄王之后，平定了滇池周边千里之地。秦蜀郡太守李冰建设都江堰工程，首次在川滇交界的僰道地区修路，打通西南夷。公元前 246 年，秦王嬴政继位，以蜀地为根据地继续开发西南夷。秦统一天下后，又派遣"常頞略通五尺道[1]"，设郡置县，派遣官员直接管控。可惜，大秦王朝 15 年而亡，天下复归散乱，群雄逐鹿，楚汉争霸，中原一片萧条，无暇管理边夷。及自汉高祖至汉景帝都无力管理西南夷地区。

据《史记·西南夷列传》记载，西南夷君长数十倍计（见图 7-2）。其中，"夜郎国"的实力最强大[2]。夜郎以西的"靡莫"之夷，部落邦国也多得要以十倍计，其中"滇"势力最大。从滇往北，那里的君长也多得数十倍计，其中"邛都"势力最大。这些夷国人头梳椎髻，耕田种地，聚居于城镇和村落。其外，西边从同师往东，直到北边的楪榆，称为嶲和昆明，此地夷人结发为辫，随畜流徙，居无定所，亦无长帅，活动范围数千里。自嶲往东北方向，君长也有数十个，其中徙、筰势力最大。从筰往东北延伸，君长亦有十多倍，其中冉駹势力最大。有土著之民，有移徙之民，皆散布在蜀郡西部。从冉駹往东北，君长数十倍之多，其中白马势力最大，与氐族同类，是巴郡、蜀郡西南以外的蛮夷[3]。

---

[1] 五尺道从蜀南下经僰道（今四川宜宾）、朱提（今云南昭通）到滇池，由于道路宽仅五尺，故史称"五尺道"。秦驰道宽 20 尺。五尺道是在高山峡谷里开凿的，难度非常大。

[2] 据现代综合考证，古夜郎国四至边界来看，其幅员约占贵州 3/4，五十四县；云南的 1/3，二十一县；四川邻贵州边界的六个县和广西西北边境的部分县。国都鳖邑，在娄山之麓、鳖水之畔，今遵义洛安江中上游地区。

[3] 另据《后汉书·南蛮西南夷传》："西南夷者，在蜀郡徼外。有夜郎，东接交阯，西有滇国，北有邛都国，各立君长。其人皆椎结左衽，邑聚而居，能耕田。其外又有嶲、昆明诸落，西极同师，东北至楪榆……自嶲东北有筰都国，东北有冉駹国，或土著，或随畜迁徙。自冉駹东北有白马国，氐种是也。此三国亦有君长。"

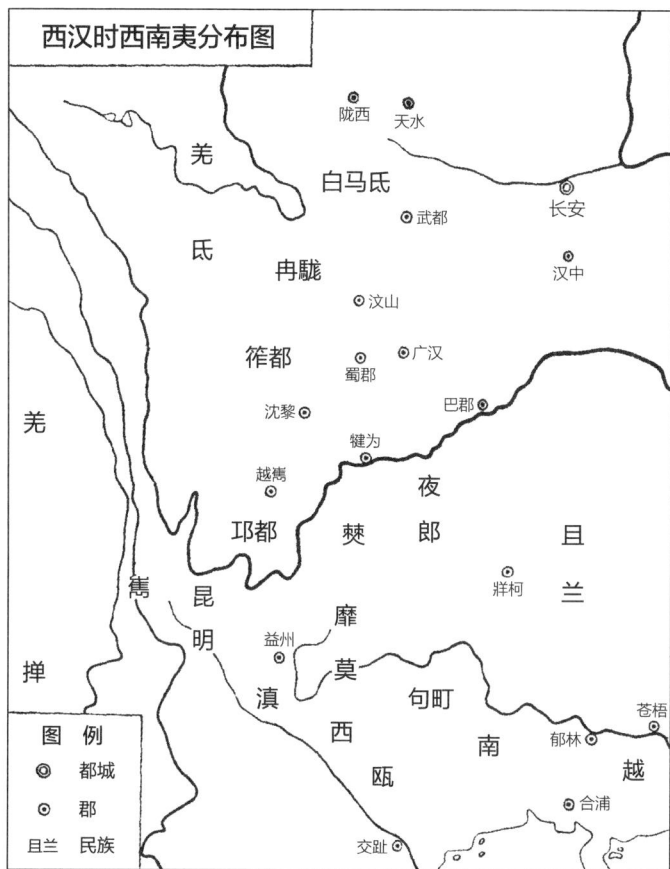

图 7-2　西汉西南夷分布图

2. 西南域开发三幕曲

第一幕：枸酱——吃出的地缘密码

公元前 219 年，秦始皇派太尉屠睢率 50 万大军进一步开疆扩土，太尉屠睢死后，任嚣接任，任嚣死后，副将赵佗接任。可惜，大秦存国 15 年而亡，项羽与刘邦中原争霸。赵佗接受任嚣遗意，塞绝南岭与中原的交通孔道，自立为王，建立南越（前 204—前 111）。汉高祖执政时，赵佗一度称臣，高后吕雉把持朝政，欲灭之，赵佗知悉后复自立称王。文帝立，派大夫陆贾前往南越说服赵佗再次取消帝号。武帝建元六年（前 135 年，张骞出使 4 年后），东越（今浙江省东南部、福建省北部）攻打南越（今都番禺，广州），南越王赵胡（赵佗孙）紧急求救，武帝派大行王恢和大司农韩安国分兵两路进攻东越，汉军未及达，东越王弟弑王郢而降。王恢派时任豫章郡（治今江西南昌）番阳县令的唐蒙出使南越，敦其王入朝觐见，感谢武帝救援。

戏剧性的一幕来了，《史记·西南夷列传》记载：

> 南越食蒙蜀枸酱，蒙问所从来，曰："道西北牂柯，牂柯江广数里，出番禺城下。"蒙归至长安，问蜀贾人，贾人曰："独蜀出枸酱，多持窃出市夜郎。夜郎者，临牂柯江，江广百余步，足以行船。南越以财物役属夜郎，西至同师，然亦不能臣使也。"蒙乃上书说上曰："南越王黄屋左纛，地东西万余里，名为外臣，实一州主也。今以长沙、豫章往，水道多绝，难行。窃闻夜郎所有精兵，可得十余万，浮船牂柯江，出其不意，此制越一奇也。诚以汉之强，巴蜀之饶，通夜郎道，为置吏，易甚。"上许之。乃拜蒙为郎中将，将千人，食重万余人，从巴蜀筰关入，遂见夜郎侯多同。蒙厚赐，喻以威德，约为置吏，使其子为令。夜郎旁小邑皆贪汉缯帛，以为汉道险，终不能有也，乃且听蒙约。还报，乃以为犍为郡。发巴蜀卒治道，自僰道指牂柯江。

原来南越人热情招待汉使节，拿出蜀地特产"枸酱"宴请。唐蒙问美味从何而来，南越人毫无防备，和盘托出说："从蜀地来啊，从番禺沿牂柯江向西北方向，就能到达。"原来，牂柯江是珠江的支流红水河的上游北盘江支流，源头在六盘山南麓。元光二年（前133），唐蒙返回西汉都城长安，又向蜀商打听枸酱，得知："枸酱独蜀地产，当地人走私通关，贩卖到夜郎国，夜郎国紧邻牂柯江，河宽百余步，足以行船运货。南越垄断交通控制夜郎国，西边控制同师，但最终也不能臣服夜郎国。"

唐蒙对武帝分析说："南越王僭越天子仪仗，掌握东西万余里的广阔疆域，名义称臣，实为土皇帝，称王一方。如今从长沙、南昌前往，水网纵横，运河断绝不通。我私下听说，夜郎国精兵强将有十余万，我们用此精兵出其不意打击南越，定能一招制胜。若能以汉之强，巴蜀之饶，打通夜郎道，设官置吏，牢牢控制夜郎国和交通，对付南越，易如反掌。"南越人好心好意招待他，却无意之间出卖了夜郎国，也间接地出卖了自己！

汉武帝可其说，任命唐蒙为郎中将（元光四年，前 131），率领千人队伍，以及负责粮食、辎重的人员万余，从巴郡符关（今泸州市合江县）入夜郎，见夜郎侯多同。唐蒙赏赐甚重，劝以汉王朝武威和恩德，约定设置官吏，协助其治理本邦，任命其儿子为县令。夜郎邻居如且兰、句町、漏卧等各小邑之民贪图汉朝丝绸布帛，认为汉朝至夜郎道险路阻，不会损及毫毛，就接受了唐蒙的盟约。唐蒙回京城回禀，武帝就把夜郎改设为犍为郡。然后调遣巴、蜀两郡兵士修筑从僰至牂柯江道路，即"僰道"。

北宋《元丰九域志·附录》载："《郡国志》：龙游县（今乐山市市中区）有二石阙，即汉武帝使唐蒙通夜郎所置。"这表明唐蒙南下，是沿今岷江南下乐山、宜宾入长江，到巴郡的符关后，再入夜郎。

公元前 112 年，武帝发兵进攻南越，但且兰却悔约，拒绝出兵，武帝便攻杀犍为郡守，迫使犍为郡北迁至川南。平定南越后，武帝派兵征服且兰，设且兰县。夜郎王臣服，其地设置牂柯郡，郡治在且兰。史载，西汉成帝时，夜郎王兴同胁迫周边二十二邑叛汉，为牂柯太守陈立所杀。陈立又"使奇兵绝其饷道，纵反间以诱其众"，造成夜郎士兵慌乱，夜郎国有生力量被歼灭。

后来，唐蒙开疆西南立功心切，杀伐太多，靡费巨大，引起当地民众的反对，被撤职。但不管怎么说，唐蒙靠一瓶枸酱发现了开疆西南、控制南越的地缘密码，是中国历史和疆域发展史上的一件大事。

第二幕：司马相如两篇檄文定西南夷

据《史记》记载，司马相如（前 179—前 118）生于西汉巴郡安汉县（今四川省南充市蓬安县），长于蜀郡成都（今四川省成都市）。少时好读书，学击剑，亲名曰犬子，但他倾慕蔺相如风节，长大后自名"相如"。公元前 159 年，他北上长安，"以赀为郎"[1]。公元前 155 年，24 岁的司马相如因勇猛过人，被喜欢骑马狩猎的汉

---

[1] 赀选，是文景帝时选拔人才的方式。家境优渥者，被选入人才队伍，随时被皇帝任用。郎官，是朝廷管吃管住，无官职、无俸禄者，但有奖赏。只有获得任命后，才有俸禄。

景帝任命为武骑常侍，常随景帝出入。司马相如写得绝顶辞赋，可主子却不喜欢。道不同不相为谋，他便找借口离开景帝。他在京城偶遇梁孝王及其身边的一众文人，舞文弄墨，兴味相投。是年冬，司马相如投奔梁孝王，作《子虚赋》，借子虚、乌有、无是公讽谏奢靡之风。梁孝王去世后，相如返乡，生计无着，至临邛投靠好友、县令王吉。临邛在成都西南60公里（有古临邛国），是西部崇山峻岭和平原交错地带。此地有富商卓王孙，举办高层聚会，听闻县令有贵客，便经王吉相邀。宴会上，司马相如弹琴，卓王孙有女卓文君，新寡，闻听琴声，偷窥其人，便一见倾心，竟随他连夜私奔了。为生计，两人放下架子，不怕脏不嫌累，在成都开起酒馆。女儿私奔让富商卓王孙大失面子，久久不相认。但毕竟是亲闺女，在友人劝说下摒弃前嫌，分给女儿大批财产作嫁妆，安家成都，小两口的日子又丰富多彩起来。

更精彩的是，公元前136年，43岁的司马相如又被皇帝召见。时年20岁的武帝刘彻偶读《子虚赋》，被文章恢宏气势和瑰丽辞藻折服，慨叹道："朕独不得与此人同时哉！"身边人闻听，曲折打听到司马相如闲居故乡。武帝立即召见，封其为郎官。凭着一篇辞赋再次进入汉帝的法眼，是中国历史上少之又少的事。司马相如著名的汉赋有29篇，篇篇经典。司马迁欣赏之，整篇整段地录入《史记》，让后人得睹汉大赋风采。鲁迅先生说："汉代文人，赋莫若司马相如，是蜀中第一文豪。"本来不喜兵戈的司马相如，却因偶然机缘，竟以中郎将身份出使巴郡，为开疆西南域立下汗马功劳，更是奇闻了。

司马相如出使巴郡凡两次。《史记·西南夷列传》说："唐蒙已略通夜郎，因通西南夷道，发巴、蜀、广汉卒，作者数万人。治道二岁，道不成，士卒多耗物故，费以亿万计。蜀民及汉用事者多言其不便。"《史记·司马相如列传》载："相如为郎数岁，会唐蒙使略通夜郎、僰中，发巴、蜀吏卒千人，郡又多为发转漕万余人，用军兴法诛其渠率。巴、蜀民大惊恐。上闻之，乃遣相如责唐蒙等，因谕告巴、蜀民以非上意。"

原来唐蒙说服夜郎国王归顺大汉后，雄心勃勃，大兴土木力图打通成都至宜宾的"僰道"。巴蜀官民负担深重，民怨沸腾。可唐蒙不顾实际情况，在开通夜郎道后，一意孤行，征用巴蜀之民开通西南道，凡不听号令者，以战时法规斩杀将帅，巴、蜀乡绅贤达大为震惊恐惧。大概在公元前130年，武帝得悉实情，即派相如去责备唐蒙，并趁机告谕巴蜀之民：唐蒙的作为不是皇帝的意思。司马相如口吃，可文采飞扬，发布《谕巴蜀檄》，既批评唐蒙不该越权行事，又训斥巴蜀子弟逃跑自杀的懦夫行为，这才熄灭了巴蜀人心中的怒火。出人意料的是，该檄文记载了夜郎国及其周边归顺汉朝的概貌：

> 南夷之君，西僰之长，常效贡职，不敢怠堕，延颈举踵，喁喁然皆争归义，欲为臣妾；道里辽远，山川阻深，不能自致。夫不顺者已诛，而为善者未赏，故遣中郎将往宾之，发巴蜀士民各五百人，以奉币帛，卫使者不然，靡有兵革之事，战斗之患。

原来，唐蒙按天子旨意征发士民各五百，满载钱物，礼节性拜访慰问南夷君长，根本无意挑衅招战。可说者无意，听者有心，邛、笮土著首领得悉归顺汉朝就有金银财宝重赏，见财生心了！

公元前 130 年，司马相如第二次出使开疆西南，是浓墨重彩的一笔。武帝得悉西南夷部落首领归顺之意，就征询司马相如的意见。司马相如对曰："邛（今西昌）、笮（今汉源）、冉駹（今茂县、汶川等地）等离蜀地很近，道路易通。秦时就已设郡置县，至汉立方废除建置。今确需再通往来，设置郡县，其意义超过南夷。"

汉武帝可其议，封司马相如为中郎将，持节出使西南，时年 49 岁。"司马长卿便略定西夷，邛、笮、冉駹、斯榆（今天全）之君皆请为内臣。除边关，关益斥，西至沫、若水，南至牂牁为徼。通零关道，桥孙水（今安宁河），以通邛都。还报天子，天子大说。"《史记·西南夷列传》记载："蜀人司马相如亦言西夷邛、笮可置郡。使相如以郎中将（当为中郎将）往喻，皆如南夷，为置一都尉，十余县，属蜀。"

前面说，唐蒙想开通西南夷（灵山道、零关道）[1]，遭地方反对，作罢。但西

---

[1] "灵关道"，古道路名。"灵"一作"零"。汉武帝时开，自今四川大渡河南岸通向西昌平原。《史记·司马相如列传》："通零关道，桥孙水，以通邛都（今西昌东南）。"《汉书》作灵山道。灵关古道是南方丝绸之路必经之道，从成都出发，经临邛（邛崃）、青衣（名山）、严道（荥经）、旄牛（汉源）、阑县（越西）、邛都（西昌）、叶榆（大理）到永昌（保山），再到密支那或八莫，进入缅甸和东南亚，最远达到了印度和孟加拉地区。

南方向的道路必须打通！在修筑之初，准备出发西南夷时，蜀地"耆老大夫荐绅" 27 人上书阻拦司马相如，反对开拓灵关道。据《难蜀父老》记耆老云：

> 盖闻天子之于夷狄也，其义羁縻勿绝而已。今罢三郡之士，通夜郎之途，三年于兹，而功不竟，士卒劳倦，万民不赡；今又接以西夷，百姓力屈，恐不能卒业，此亦使者之累也，窃为左右患之。且夫邛、筰、西僰之与中国并也，历年兹多，不可记已。仁者不以德来，强者不以力并，意者其殆不可乎！今割齐民以附夷狄，弊所恃以事无用。鄙人固陋，不识所谓。

这段话是司马相如写的，大意是：乡绅们认为，对待西南夷，天子采取羁縻之策即可。唐蒙违反朝廷之命，疲敝巴蜀百姓修僰道，直连牂牁江，三年也没有修通，不得已作罢。现在，您又要兴师动众修建灵关道，恐怕百姓空耗其身，也不能成功，那您的一世英明可就灰飞烟灭了。我们都替您担心，您不该干。邛、筰、僰地，并入中国很久了，可他们软硬不吃，顽固不化。如果再割巴蜀百姓的肉填饱彼之口，以害所爱而助其所不爱，干毫无益处的事，我们实在看不明白，真的不明智。

司马相如书面回答了巴蜀父老的疑问。他说，如果真的如你们所言，巴蜀之民就没有机会易服化俗。

这段话颇与商鞅在变法新政的御前会议上所说的相似。"民不可以虑始，而可以乐成""苟利于民，不法其故"，也就是要大胆变革，老百姓只看眼前利益，安于故习，看不到长远价值。此时，就需要有非常有为之人，干出非常之事，成就非常之功。在开始阶段，不明奥妙，对于非常之事，老百姓往往惧怕。而等到事做成了，成就大功，天下海晏河清，安定有序，则百姓受其赐，就高兴了。

如果天子安于现状，不思进取，不思虑远方百姓安危，任其生灭，遭受不幸，哀怨忧伤，还是真正的天子吗？现在的天子，年轻有为，北逐匈奴千里之外，西域之国莫不宾服，东越、南越、夜郎之国也称臣纳贡，朝觐天子，文明得以进化，百姓得以安康，这是有为之君啊。并且，开疆扩土，泽被远方，恰恰是异域殊方百姓所期盼的。你们这些耆老贤达，沐浴膏泽，衣食无忧，可曾想过夷狄殊俗之国，边远寥廓，舟车不通，政教不达？让他们内附，则在边境犯义侵礼，驱逐境外，又邪行妄作。国家混乱，黎庶遭殃，他们呼唤中国君王宣仁施德，惠泽广恩。他们抱怨为什么留下他们不管不顾。若大旱而盼云霓，翘足而待仁君。他们的忧伤和哀痛让最凶恶的人都不免流泪，何况圣上？现在，圣上北伐、西征、南进，平复天下，输恩降泽，西南夷也不例外。因此才在沫水（大渡河）、若水（岷江）设关口，在牂牁划定疆界，凿通灵关道，在孙原河架桥。开创远播仁政德治的通路，以长久安抚和驾驭远方，使昏暗蒙昧之地也能解患释纷，平息攻杀，遐迩一体，共沐太平。拯百姓于水深火热，振弊起衰，绵延文武之业。乃今上所急务。百姓虽然困顿劳苦，遭难罹险，又怎么可以停止呢？

也许司马相如慷慨肺腑之言感动了耆老们，他们齐声称闻君一言，醍醐灌顶，心结豁然而解。承诺以身作则，为天下先，任由驱使。此后很多富豪捐资献款，百姓献计献策，修路才顺利展开。

司马相如调用大量的人力、物力，道路也没修通，士卒疲惫饥饿和遭受瘴疬而亡者多发。西南夷诸部又屡次造反，虽然耗费钱财和人力调遣军队打击，却不能取得决定性胜利。武帝忧心忡忡，便派公孙弘巡查过问。公孙弘本来就以北狩为重，不太支持进军西南域，便回京禀告武帝，声称不利，但武帝还是没有停手。后来，公孙弘当了御史大夫，趁修筑朔方郡城之机，数次陈说开发西南域之害。武帝只得下令停工，在夜郎设置两县和一都尉，令犍为郡自保。

至此，司马相如的使命方告一段落。他以辞赋治理西南域事，成为我国疆域治理上的一段佳话。

第三幕：邛竹杖与蜀布，张骞开南"丝绸路"与滇王朝觐、夜郎自大

汉武帝元狩元年（前122），张骞立功封侯后，对武帝说，臣在大夏时曾经看到过蜀郡产的布帛（丝绸）[1]、邛都产的竹杖。就打听这些东西从何而来，当地人

---

[1] 三星堆考古发现，蜀地产丝绸的历史相当久远。《华阳国志》记载蜀地开国之君为蚕丛，即是一证。张骞在西域见到"蜀布"，表明的确有商路从西南域到达中亚。

说："来自东南身毒国（印度），路途有数千里，可以和蜀人做买卖。"他判断身毒与蜀地相距不远。如今出使大夏穿越羌地，凶险难测，偏北的路线又被匈奴遮断。若从蜀地向西南抵达身毒，应无寇贼骚扰，比较容易。张骞借机大谈安息、大夏在汉朝西南方，仰慕中原，忧惧匈奴阻隔与中原交通，假若能开通蜀地经身毒国至大夏道路，既近又安全，对大汉有百利而无一害。武帝经其一番说教，立马来精神。《汉书·张骞李广利传》记载说：

> 天子既闻大宛及大夏、安息之属皆大国，多奇物，土著，颇与中国同俗，而兵弱，贵汉财物；其北则大月氏、康居之属，兵强，可以赂遗设利朝也。诚得而以义属之，则广地万里，重九译，致殊俗，威德遍于四海。天子欣欣以骞言为然。乃令因蜀、犍为发间使，四道并出……然闻其西可千余里，有乘象国，名滇越，而蜀贾间出物者或至焉，于是汉以求大夏道始通滇国。初，汉欲通西南夷，费多，罢之。及骞言可以通大夏，乃复事西南夷。

原来，大宛、大夏、安息这样的国家虽大，但病弱，爱慕汉朝财物。北边的大月氏、康居诸国，兵强马壮，可以略以厚利诱使其称臣。若能以信义说服他们来朝，沿途各国交通往来，则广地千里，威德遍四海。武帝欣然而喜，令通过蜀郡和犍为郡派遣探路使者，分四路进发。一路自冉駹，一路从筰都，一路自徙和邛，一路从僰，各有一两千里路程。可北道为氐和筰所阻，南道为嶲和昆明所闭。昆明等少数民族无君长，每每杀害往来汉使，劫夺财物，终没能打通。不过听说昆明西千余里有乘象国，名滇越，蜀郡有些私自往来买卖货物商贾偿至。汉朝因而探索通大夏道而始与滇国往来，命令王然于、柏始昌、吕越人等前往探索自西通往身毒国之路。他们抵达滇国，滇王尝羌悉心招待，并派十多批密探寻找西行之路。一年余，探路人全被昆明人阻拦，不能西行。这次大规模探路行动，是司马相如开拓西南域工作的继续。

随着北边战事的进展，汉朝又启动了寻找通往大夏通道的事业。使者与西南夷君长交流，屡屡传出令人啼笑皆非的奇闻。例如，滇王与汉朝使者闲聊时问："汉朝和我国相比，谁大？"滇王祖先是楚国人庄蹻，才过去170余年，竟生疏若此了。但庄蹻毕竟不是中原人，其后代不知"中国"之变，如此问也在情理之中。汉使又到夜郎，夜郎王也提出这样问题："汉朝和我比，哪个大？"结果，夜郎王出了名。

这就是成语"夜郎自大"的来历。其实与汉朝比，夜郎国不大，但也不小，精兵十万，我们不能以"夜郎自大"小看了它！毕竟人家有自大的本钱！后人之所以不言"滇王自大"，是因为滇王善待汉使，而夜郎王对汉使爱答不理。汉使者返京，极力陈说滇是大国，值得收服。

武帝于是派王然于借破南越及诛南夷君长兵威，委婉劝告滇王识趣前来觐见武帝。当时，滇王有军队数万，东北近援劳浸和靡莫，他们与滇王同姓，唇齿相依。劳浸和靡莫屡次阻挡汉使者和吏卒，遮道不通。元封二年（前109），大汉调动巴蜀两郡军队灭劳浸和靡莫，兵逼滇国。滇王自始对汉怀有善意，不但免遭亡国之祸，而且进京朝见，举国归顺大汉，请为设官置吏。汉朝顺势名滇为益州郡，赐给滇王印。这枚金印竟然被挖掘出土（见图7-3），使这段历史大白天下，真是奇迹！

图7-3 云南晋宁石寨山6号墓的滇王印

确证了"古滇国"存在和司马迁记载的准确性。该印用纯金铸成，重90克，印面边长约2.4厘米见方，通高2厘米。现藏中国国家博物馆。

西南夷的君长多得百数，唯有滇最受汉朝宠爱，这是为什么呢？

原来，滇王是楚人的后裔，有周人文化的影子。战国末期，楚襄王[1]派遣庄蹻率军攻略西南夷，抵达滇池，这里方三百里，平原沃野，土壤肥沃，宽广数千里。他想返楚汇报成就，恰在这时，秦将白起举兵攻取楚巴、黔中郡（前278），归国道路堵塞不通，庄蹻被迫返回滇池，变服易俗称王。因为时间跨度仅170余年，八代人的光景，文化中总有楚文化的影子，所以，对于中原王朝，打心眼里不是太抵触。

从张骞出使西域，发现竹杖和蜀布，到西汉三次进军西南域，最终降服滇王，历史真的充满了偶然性，但又有必然性。滇王是楚人后代，经历秦、西汉170余年，让人唏嘘不已，连司马迁也感慨万千地说：

> 楚之先岂有天禄哉？在周为文王师，封楚。及周之衰，地称五千里。秦灭诸侯，唯楚苗裔尚有滇王。汉诛西南夷，国多灭矣，唯滇复为宠王。然南夷之端，见枸酱番禺，大夏杖、邛竹。西夷后揵，剽分二方，卒为七郡。
>
> 西南外徼，庄蹻首通。汉因大夏，乃命唐蒙。劳洿、靡莫，异俗殊风。夜郎最大，邛、筰称雄。及置郡县，万代推功。（《史记·西南夷列传》）

司马迁为我们勾画了西南域开拓的历史经纬，可谓远见卓识也。

西汉时对开疆扩土的认识

汉武帝拓殖可谓不计血本，招来了很多反对的声音。今天的我们在钦慕他非凡的气度和西汉先民为开疆扩土所做出的贡献时，应该回到当时的历史背景中，看看时人的评价，同情地理解其乐与悲。《盐铁论》是西汉汉宣帝时桓宽据当时会议的官方记录，有多处涉及开疆扩土的功过是非评价。《盐铁论·轻重第十四》：

> 边郡山居谷处，阴阳不和，寒冻裂地，冲风飘卤，沙石凝积，地势无所

---

[1] 楚襄王，名芈横，其父楚怀王，和秦国打得不可开交，后被张仪、秦惠文王耍弄，客死秦国。芈横曾经在秦国、齐国为人质，与稷下学宫的大学者交情深，慎到可能是其老师。说他是中国人，一点也不假。

宜。中国，天地之中，阴阳之际也，日月经其南，斗极出其北，含众和之气，产育庶物。今去而侵边，多斥不毛寒苦之地，是犹弃江皋河滨，而田于岭坂菹泽也。转仓廪之委，飞府库之财，以给边民。中国困于徭赋，边民苦于戍御。力耕不便种籴，无桑麻之利，仰中国丝絮而后衣之，皮裘蒙毛，曾不足盖形，夏不失复，冬不离窟，父子夫妇内藏于专室土圜之中。中外空虚，扁鹊何力？而盐、铁何福也？

边郡地理环境恶劣、飞沙走石，天寒地冻，阴阳不和，根本不适合人类生存。中原之地，阴阳调和，气候适宜，冬暖夏凉，物产富饶。现在，舍去中原而"拓"边，好像舍去江河岸边的肥沃土地而到山岭崎岖之地去耕作，非常不明智。把仓廪蓄积转运到边疆，输钱赠送给边民，而对本朝百姓加征徭役赋税。结果本朝百姓困苦不堪，边民苦于防卫，辛勤耕作产粮还不及种子多，无桑麻之利，穿衣戴帽还得靠中原之民供给……如此，中原和边疆都落得人贫财乏，即使神医再世，岂能救乎？而盐、铁能造什么福呢？

《盐铁论·广地第十六》云："由此观之，圣主用心，非务广地以劳众而已矣。"好君王的责任不是劳师动众去开疆扩土，而应该是内守以安民，让老百姓过上太平日子。所以，作者极力批评汉武帝及官员的做法：

> 秦之用兵，可谓极矣，蒙恬斥境，可谓远矣。今逾蒙恬之塞，立郡县寇虏之地，地弥远而民滋劳。朔方以西，长安以北，新郡之功，外城之费，不可胜计。非徒是也，司马、唐蒙凿西南夷之涂，巴、蜀弊于邛、筰；横海征南夷，楼船戍东越，荆、楚罢于瓯、骆；左将伐朝鲜，开临屯，燕、齐困于秽貉，张骞通殊远，纳无用，府库之藏，流于外国；非特斗辟之费，造阳之役也。由此观之，非人主用心，好事之臣为县官计过也。

武帝拓展疆域超过秦始皇之界，在边地置郡设县，劳师动众，靡费无度，百姓疲乏。唐蒙、司马相如开凿西南夷道路，巴蜀之地的邛、筰百姓苦不堪言。横海将军征伐南夷，楼船将军戍守东越，荆、楚两地民穷财尽……张骞开通西域之路，引进无用之物，朝廷府库蓄积贿赂夷狄享受，这绝非皇帝心血来潮，而是他身边臣僚搬弄是非，邀功蛊惑皇帝所为。

关于张骞出使西域之功，时人颇有怀疑。《盐铁论·西域第四十六》云：

> 有司言外国之事，议者皆徼一时之权，不虑其后。张骞言大宛之天马汗血，安息之真玉大鸟，县官既闻如甘心焉，乃大兴师伐宛，历数期而后克之。夫万里而攻人之国，兵未战而物故过半，虽破宛得宝马，非计也。当此之时，将卒方赤面而事四夷，师旅相望，郡国并发，黎人困苦，奸伪萌生，盗贼并起，守尉不能禁，城邑不能止。然后遣上大夫衣绣衣以兴击之。当此时，百姓元元，莫必其命，故山东豪杰，颇有异心。赖先帝圣灵斐然。其咎皆在于欲毕匈奴而远几也。为主计若此，可谓忠乎？

言外之意，官员办事顾头不顾尾，逞一时之能，快意当下而不见远忧。张骞对武帝说大宛有汗血宝马，安息有宝玉，官员们闻听便欣欣然，兴师动众讨伐大宛。反复折腾方胜。万里之远讨伐别国，还未接战军需消耗过半，弄得内外交困，百姓困苦，盗贼并作，奸伪兼兴，郡国蠢蠢欲反，各地郡守难止。然后派遣穿金戴银的官员率军镇压。这些乱象根子就在驱逐匈奴的关外战争。为君王如此谋划，能称得上忠臣吗？

这反映了当时社会的矛盾心态。驱逐匈奴，不但耗费国力，而且困苦百姓，困难重重。若不驱逐，匈奴又频繁骚扰边民，掳掠无度，作为君王也寝食难安。特别是长安距离游牧民族太近，若放任其劫掠边塞，则汉朝危如累卵，因此又不得不奋力驱逐之。

汉武帝在感受到田畴凋敝、百姓困苦后，也收敛了锋芒，其下《轮台诏》相当于"罪己诏"，对官员屯田戍边的建议进行反思，决定转变战略重心，向民生倾斜。《轮台诏》中说：

> 乃者贰师败，军士死略离散，悲痛常在朕心。今请远田轮台，欲起亭隧，是扰劳天下，非所以忧民也，今朕不忍闻……当今务在禁苛暴，止擅赋，力

本农，修马复令，以补缺，毋乏武备而已。郡国二千石各上进畜马方略补边状，与计对。

开疆扩土需要人力物力的巨大投入和牺牲。武帝晚年受困于各种施政不当，杀伐过重，民不聊生，因此想与民休息，不再主动对外攻击。他似乎感到，争其地不能守，倒不如先安稳中原形势再说。

第八章

自然地理分界线与长城内外

　　明隆庆五年（1571）五月二十一，大同镇得胜堡（今山西大同市北）市口
晾马台，一场盛大的授封仪式正在举办。蒙古土默特部万户首领阿勒坦汗（俺答
汗）[1] 接受明朝皇帝册封的"顺义王"称号，同时另有 65 名蒙古大小首领接受都
督同知、指挥使、指挥同知、千户、百户等职衔的封授。双方在长城一线放弃敌
视政策，通贡互市，设立市口，准许汉民与蒙古各部牧民交换商品，东起宣大、
西至陕西数千里长城内外结束了长达二百余年相互攻打、争战不休的历史。该结
果既是双方矛盾积累的结果，又有偶然的因素推动，俺答汗、三娘子和明朝君臣
及时抓住了转瞬即逝的机会……

　　事情还得从头讲起。明穆宗隆庆四年（1570）九月十三，数十位蒙古人风尘
仆仆来到平鲁（今山西平陆县）败虎堡乞降，为首者竟是把汉那吉——蒙古俺答
汗的孙子。把汉那吉 4 岁时失去双亲，由俺答汗妻子一克哈屯辛苦抚养成人，年
轻的他形貌伟岸，能言善辩，深受俺答汗疼爱。把汉那吉先娶大成比吉为妻，又
私聘兀慎兔扯金女为妾，尚未成婚。俺答汗将许聘给鄂尔都司（河套内，长城北，
毛乌素沙漠周边，今鄂尔多斯）的女子娶为妃。鄂尔都司得悉后愤怒异常，欲兴
兵攻之。俺答汗便将把汉那吉的心上人——兀慎兔扯金女婚配给鄂尔都司，蒙混
过关。这可把孙子得罪了，把汉那吉一气之下，请求大明纳降 [2]。

　　大同巡抚方逢时恰好在前线巡视，接获军情，认为兹事体大，千载难逢，马
上向身在太原的总督王崇古汇报，王氏决定接受把汉那吉一行的投降，认为："这
是奇货可居，如何勿纳？俺答汗若来索还，我有叛人赵全等，尚在他处，可教他

---

[1]　俺答汗（1507—1582），达延汗第三子巴尔斯博罗特的次子、土默特万户的领主。达延
　　汗号称"小王子"，是他再次统一蒙古各部，南对大明产生威胁。俺答汗在位期间，前
　　期频繁进攻明朝，要求互市，双方损失极大；后期借机与大明达成和平协议，改信佛教。
[2]　薄音湖:《把汉那吉的家庭纠纷》,《内蒙古大学学报（人文社科版）》2001 年第 3 期。

送来互易；否则的话，我们抚纳之，师法汉朝质子的办法，令他招引旧部，寓居近塞。俺答汗年老，离死不远，其儿子黄台吉能力不如父亲，我可命把汉那吉出塞，让他们鹬蚌相争，我可得渔人之利，岂非一条好计？"遂命一面收纳降人，一面据实上奏。廷议纷纷，独高拱、张居正两人以王崇古所议很得控边要策。明穆宗朱载垕的格局比他父亲嘉靖皇帝大。他老爸抱着"华夷严防"思想，认为夷狄兽心，专好劫掠，须坚壁清野，不与其通贡互市。当时，随着蒙古高原各部统一，牛羊蕃息，牧民生活却得不到改善，贵族也难得尊养——因为其所产肉、皮、毛无处销售，换不来生活用品（如烧饭铁锅）。蒙古屡屡兴兵，要求通贡互市，但出于历史互残原因，大明宁愿闭关锁国，也不愿与蒙古人打交道。到了穆宗一朝，是时候改弦易辙了。按照儒家的华夷一体观，裁示办事官员善加优抚，官员们探得圣意，就朝和议方向办理。为提高谈判价码，明廷决定任命把汉那吉为指挥使，阿力哥为正千户，各赏大红纻丝衣一袭。

蒙古方面，俺答汗听闻心爱的孙儿投降大明，连夜起兵十万，3 天抵达长城根下索人。可王崇古、方逢时早有安排，坚壁清野，闭关不应，重要将领官员皆不得出塞，防止被抓为人质。蒙古人活不见人，死不见尸，进退两难，不得已低头。王崇古命百户鲍崇德往谕，令缚送赵全等人，与把汉那吉互换。最终，双方达成协议，当年 12 月，明遣把汉那吉一行归，蒙将赵全等 9 人缚囚送明，明在京凌迟处死之。赵全，原来是白莲教头目，在河套地区造反不成，投奔塞外，聚集在板升[1]地区，建立"汉民自治小王国"，以他为首的一帮汉民，为俺答汗出谋划策抢掠塞内明朝民财，被大明视为"汉奸"。

经过谈判，双方进一步达成封贡互市协议，这就是史上所称的"隆庆和议"。封，即明朝册封蒙古贵族官职，给予名义官衔，管理本部落民众。贡，是蒙古人以土特产贡献明廷，明廷回赠物品。互市，即设定交易市场，双方官员、百姓交易所有，各得其所。

影响中国历史走向大统一的事又发生了，带头的还是俺答汗——他几次率军

---

[1] 蒙古语"板升"实源于汉语"百姓"一词。一般认为，板升是以从事农业生产的北迁汉族为主体，在塞上形成的定居聚落。

进击青海，占领青海湖周边，与藏族接驳，有了再续两者友好的机会。他经俘虏的藏地阿兴喇嘛劝说，决定放弃萨满教，皈依佛门，并向明廷请求佛经和喇嘛僧。明廷认为这是让俺答汗"放下屠刀"的好机会，便一一兑现，予以鼓励。阿兴喇嘛接着向俺答汗提出，若想遵行忽必烈和八思巴二人所创立的政教二道并行之制，就应请迎佛于西藏拉萨，在西藏由宗喀巴所建的庄严极乐之地（指哲蚌寺），住有一位识一切者索南嘉措（达赖喇嘛三世），智慧高深，可迎请来蒙。俺答汗为此在青海建寺庙一座，请示明廷命名为"仰华寺"。俺答汗又请示安排前往仰华寺的通道，经河西走廊往青海与索南嘉措实现历史性会晤。如此一来，历代王朝在河西走廊上的长城界线，南北十字形地缘枢纽，以和平的方式跨越，这是中华民族融合发展史上的大事。

长城见证了一系列重大的历史，是因为它特殊的地理位置——沿 400 毫米等降水量线修筑[1]。

400 毫米等降水量线既是半湿润区和干旱区的分界线，又是农牧交错的人文分界线。《辽史·营卫志》说："长城以南多雨多暑，其人耕稼以食，桑麻以衣，宫室以居，城郭以治；大漠之间，多寒多风，畜牧畋鱼以食，皮毛以衣，转徙随时，车马为家。此天时地利所以限南北也。"历史学家们早就注意到 400 毫米等降水量线的历史影响，黄仁宇在《中国大历史》中提及："几千英里内人类全不事农桑，他们不直接以土地上的植物为生，而在他们自己及植物之间加入一种机械作用。"本来干旱和半干旱区的草原生物量就低得可怜，人类不能直接吃草，须经牛羊转化为肉、奶，可供人类食用的能量就更低了。而长城南侧，植物的果实不但产量高，而且可直接食用，人可吸取的能量远比草原地带的人们高得多，牛羊是副业。长城南北两侧不同的自然地理环境，影响两侧民族不同的生产和生活方式，造成两侧百姓经历了数千年的隔阂和人文交错。

让我们回眸历史，从更广阔的时空中观察地理分界线对历史进程的影响。

---

[1] 等降水量线，是指将一段时间（年、季、月、日）累计降水量相等的点连接起来，所形成的曲线。辨别气候类型往往以年降水量、气温、蒸发量及其季节、月度变化为指标。

400毫米等降水量线及相关地理分界线

1.400毫米等降水量线

我国400毫米等降水量线大致走向是：大兴安岭—张家口（河北省）—兰州—拉萨—喜马拉雅山脉东部，它与宏观地势密切拟合，大体与大兴安岭—阴山山脉—古长城（黄土高原北缘）—巴颜喀拉山—冈底斯山脉一线相当。此线以东、以南，年降水量在400～800毫米，为半湿润区；此线以西、以北，年降水量在200～400毫米，为半干旱地区。不同地段的走向，显示季风强弱和地形高低的组合形态，叠加气温因素，则有不同的人文意义。例如，200～400毫米的地带很狭窄，意味着草原宽度小，可供牧民游牧的区域小，他们必须大范围内移动，如从大兴安岭南段向西南直到黄土高原北部的广阔地带内移动。而在400～800毫米，南北和东西宽度较大，与平原丘陵地貌结合，适合农耕文明发展。

（1）大兴安岭—张家口段。该线大约从呼伦湖向南到锡林郭勒，在大兴安岭中段大约沿霍林河折向东到科尔沁草原（科尔沁左翼中旗、后旗），经通辽，折向西南方向，走西辽河，经赤峰、围场、沽源，到张家口。这段400毫米等降水量线走向的典型特征是在大兴安岭以西，向南走，然后折向东、东北，再转向南，西南，向松花江、牡丹江流域靠近。

在该线段所在区域，降水量呈现自东向西递减的态势。若综合考虑气温、地形、降水、植被等因素，从哈尔滨到呼和浩特，自东向西分为中温带湿润地区、中温带半湿润地区、中温带半干旱区和中温带干旱区。每个自然地理亚区呈南北狭长分布，分别向南延伸至燕山北麓的西辽河及其上游西拉木伦河一线，东西向展开，南侧对接暖温带半湿润区（降水量400～800毫米）。这种自然地理景观格局决定了游牧民族沿这条线路南下到农耕区受阻，其地约在今内蒙古赤峰，于是转向西南，滑过北京西北的张家口向太原延伸到晋中、陕北、甘东半干旱高原丘陵地带（黄土高原北半部），直到兰州、乌鞘岭。

自然地理生态亚区的组合是游牧、渔猎族群和农耕民族交往与冲突的根本原因。例如，中温带湿润地区夏天短暂、湿热，冬天寒冷，适合渔猎，女真人祖源于此。中温带半湿润地区牧草丰盛，适合游牧民族发展，历史上的东胡部落（如匈奴、鲜卑、吐谷浑、蒙古等）均栖居在此。历史表明，他们先完成横向融合或者征服，如契丹人与女真人、女真人与蒙古人，建立稳定的后方，才有能量越过半干旱、半湿润线（长城一线），向南与农耕民族争高下，实现融合。前述分析表明，推动他们南下幕后最大的推手是寒冷的气候。

（2）张家口至武川段（阴山东段）。400 毫米等降水量线过张家口后继续向西南方向行走到大同和乌兰察布市中间地带（察哈尔右翼前旗），然后受高山遮挡，等降水量线向西折北行走到呼和浩特以北的大青山沿线（阴山东段），接武川县，在土默特旗和达拉特旗过黄河进入河套地区。此段的最大特点是先向南行至大同盆地北缘，然后折向北。这个变化，导致大同盆地成为农牧交错的前沿。历史上游牧民族先在这儿建立政权（如北魏），再伺机南下，从山西中部走廊经太原进攻洛阳、西安。当中原农耕民族强盛时，也经此通道向东北和西北进攻。所以，这儿是北方的重要地缘枢纽之一。

（3）黄河流域段。黄河流域降水分布对于华夏文明的形成与发展有着重大意义。黄河流域降水量并不丰富，多年平均年降雨量仅有 454.62 毫米，刚过半湿润线。其最大降雨量为 951.17 毫米，是最小降雨量（142.89 毫米）的 6.66 倍，差异十分明显，相当于跨过干旱区、半干旱区、半湿润区和湿润区，区域差异特别明显；从空间分布格局来看，年降水量整体上呈现从东南向西北逐渐减少的趋势。多年平均 400 毫米等降水量线从东到西依次穿过武川、土默特左旗、准格尔旗、神谷、伊金霍洛旗、神木、乌审旗、榆林、子洲、靖边、定边、吴旗、环县、海原、固原、会宁、定西、榆中、东乡、永东、互助、化峰、贵德、同仁、贵南、泽库、同德、玛沁、玛多、曲麻莱、称多等 31 个县旗、市[1]。这相当于从呼和浩特以北的大青山呈 45 度角延伸至兰州附近，大体与黄土高原北边缘重叠。

（4）青藏高原段。400 毫米等降水量线过兰州后，进入青藏高原，呈西南方向延伸到拉萨，然后向东南方向折弯，至喜马拉雅山东端向南。该段地处高原，

---

[1]　王浩、严登华、秦大庸等：《近 50 年来黄河流域 400 毫米等雨量线空间变化研究》，《地球科学进展》2005 年第 6 期。

山高谷深，气候寒冷，人类活动受到强烈抑制，人文意义稍逊。

100～200毫米、200～400毫米等降水量线间隔很小，形成狭窄地带。这意味着，游牧民族的生存空间非常狭小，他们须年复一年地赶着牛羊在这个狭窄地带内游牧，这意味着他们有强烈的拓展生存空间的愿望。特别是一旦干旱、霜冻等各种天灾，牛羊大批死亡的情况下，牧民只有求食，甚至劫掠求生（向北是高原沙漠，寒温带针叶林，冬季异常寒冷），争夺生存空间。农耕民族积极防御，修筑亭障边墙，阻挡来犯。这是长城沿着400毫米等降水量线修筑的重要原因。

而暖温带半湿润区的覆盖范围，稍微外拓，就与《禹贡》九州范围相当，是华夏文明的摇篮，或者说是古代华夏人生活的核心区域。

2. 农业与畜牧业分界线

400毫米等降水量线以西以北，由于长期降水不足，并不适合进行农业生产，只能发展畜牧业。其以东以南，降水量满足农业生产需求，是农耕区。

400毫米等降水量线附近地区为我国农牧交错带，该地区降水量年际变化大，干旱和风沙天气频发，是典型的生态脆弱带。1953年，赵松乔先生在进行察哈尔北、察哈尔盟、锡林郭勒盟等地的经济地理调查时提出，存在集约农业地带向北递变为粗放农业区、定牧区、定牧游牧过渡区、游牧区的现象，"过渡地带"概念首次被提出。社会处于稳态，会出现游牧与农耕交错的现象，这是河流地形对气候地带性的"扭曲"所致，例如，沿河流、山前平原为农业区，其他地方为游牧区。自东南向西北，可耕作的土地越来越少，游牧成分增加，呈现交错出现的人文景观。农牧交错带是我国农业区与牧业区之间的过渡地带，区域内草地、林地和农田在空间上大面积交错分布，在社会经济和生产方式上表现为种植业、林业和畜牧业等多种生产方式在同一区域内并存的格局。

北方农牧交错带范围是：内蒙古高原东南缘、东北西部半干旱地区和黄土高原北部。恰好处于东部湿润区与西北干旱区之间的过渡地带，处于亚洲季风尾闾区，降水年际变化较大，深受气候变化的影响，是环境脆弱地带，土地利用方式随之转变。

要注意的是，自然地理环境所生成的分界线与人类活动形成的分界线并不完全重叠。人类活动所形成的农牧交错地带随着两侧人口增长、军事实力、政治实力的变化而呈阶段性摆动[1]。例如，春秋战国时基本稳定在司马迁所述龙门—碣石一线，在燕山之南；秦汉时农耕区北拓，到燕山以北；东汉以来农耕区南偏；隋唐时农耕区北拓；宋辽夏时农牧交错带中段略向北移、东段南退、中西段保持原位置；金元时农牧交错带走向与前朝变化不大，但带内农耕比重降低，畜牧业相对增加；明代农牧交错带北界南退；清代农牧交错带大幅北拓[2]。

该地带随气候变化而游移。如果没有移动，则各方百姓安居乐业。若有移动，则两种生产方式、生活方式的民族冲突就会产生。

该地带可被视为生态敏感区、脆弱区，人类社会的不稳定地带。气候的轻微变化，在这个地带都会被放大，引起全局性动荡。因为对于南侧的农人而言，气候异常，会导致粮食减产甚至绝收；而且这个地方由于粮食产量低，百姓积储少，交通不便，遇到天灾，靠自身积累难以持续生存。北侧牧民受到干旱或者严寒的逼仄，也会很容易地向内迁移，寻找生存空间（如汉武帝安置休屠王在河套地区）。

3. 森林与草原分界线

一个地方有没有森林植被分布取决于降水量，年均降水量 400 毫米便是大多树木生长所需水量的底线。年均降水量在 200 ～ 400 毫米，植被以草原为主，若降水量再少，就连草也无法生长，这就形成荒漠地带。

对比 200 ～ 400 毫米两线与 400 ～ 800 毫米两线之间的宽度和空间大小，游牧民族在狭长的空间内活动，向北是浩瀚的沙漠，向南则是宽广的森林地带，一直到秦岭淮河一线。游牧民族南进不成则退居漠北寒温带森林草原地带。蒙古人在明朝时为环境恶劣所迫甚至转移到青海湖以西地区。吐谷浑人的故乡在大兴安岭南段，他们被迫迁徙到河西走廊、青海一带，后受打击，有些部落又返回故乡。五代十国后期，吐谷浑人与这里的契丹人产生激烈冲突，内附北汉政权，与其他民族融合。农耕民族受到北方挤压，则向南方转移，南方恰恰提供了广阔空间。这是中国经济、

---

[1] 崔思朋：《气候与人口：历史学视域下"农牧交错带"研究基本线索考察及反思》，《重庆大学学报（社会科学版）》2020 年第 5 期。

[2] 韩茂莉：《中国历史农业地理》，北京大学出版社，2012 年。

人口重心不断南移的根本原因。如果要保持经济、人口重心不动，必须改善西北内陆地区的生产力，发挥资源（如风能、太阳能、石油、有色金属等）的潜在优势。

4. 胡焕庸线——人口分布东西分界线

胡焕庸线是中国东南半壁和西北半壁的地理分界线，两者的分界线在全国地图上是黑龙江瑷珲（黑河市）和云南腾冲的连线。它现在广为国人所知，与秦岭—淮河和长城地理分界线齐名，是认识中国宏观地理环境、人口、经济和社会活动分布的重要分界线。那么它是怎么来的呢？与400毫米等降水量线等其他宏观地理分界线有何关系呢？

原来，胡焕庸先生（1901—1998）是我国科学大师竺可桢先生的高足。1934年，他按照竺先生的要求研究人口分布问题，更精细地划分人口地理单元，制作了江苏省江宁、句容等地的乡镇尺度的人口分布图以及安徽的人口分布图等。然后，他着手全国人口县级分辨率的地图制作和研究。他用了很大精力收集人口数据，并尽可能采用权威可信的统计资料。他将县级人口数与土地面积相关联，制作了人口分布点值图和密度等级图，前者以每点代表2万人，后者将县级人口密度分为8个等级，直观反映了人口分布的疏密差异。经精密的计算和整理，他制作了中国人口分布图和人口密度图。

根据计算，他敏感地发现中国的人口密度差异性存在一个线性轮廓，这就是瑷珲—腾冲线。他统计瑷珲—腾冲线两侧的人口、土地及人口密度后发现，此线东南部，占全国36%的土地，养活全国96%的人口。此线西北，占全国64%的土地只居住着全国4%的人口。与全国人口平均密度相比，东南部高出2.67倍，而西北部仅及其1/16。二者之间，平均人口密度呈42.6∶1[1]。但他并没有在论文附图上划出这条线。

1989年，胡焕庸、伍理用1982年人口普查和1985年人口统计数据重新精绘了中国人口分布图、密度图，才将瑷珲—腾冲线落实在地图上。1984年7月，美国华裔人口学家田心源教授到上海拜访胡焕庸，提出瑷珲—腾冲线应该称为"胡

---

[1]　胡焕庸：《中国人口之分布——附统计表与密度图》，《地理学报》1935年第2期。

焕庸线",这是目前所知胡焕庸线称呼的肇始。这意味着此线诞生近 50 年后才被赋以发现者之名,而直到 1986 年胡焕庸线才见诸研究文献。随着研究的深入,胡焕庸线两侧的人口、经济活动分布及动态变化特征也被揭示出来(见表 8-1)。表中显示,该线以东的人口比重上升,以西的人口比重下降,这反映人口不断向东南偏移的趋势,所谓孔雀东南飞。最近几年,随着西部大开发和"一带一路"倡议的实施,中国能否突破胡焕庸线,将人口、经济中心推向西部成为理论界研究和社会关注的焦点。

那么,胡焕庸线有何特征?是怎么形成的呢?通常认为胡焕庸线与中国地形的第二、三级分界线(大兴安岭、太行山、巫山、雪峰山、横断山)较为吻合,唯后者倾角大于 45°,达至 60° 左右;另一方面胡焕庸线又与 400 毫米等降水量线较为贴近,唯后者倾角小于 45°,约在 30° 左右,地形台阶线与 400 毫米等降水量线的混合平均位置方与胡焕庸线基本一致,这相当于说,宏观地貌分界线偏东南,400 毫米等降水量线偏西北,而胡焕庸线居中。这个比较容易理解——东亚季风气候越过大兴安岭、太行山、巫山、雪峰山之后,还是有动能继续向西发展,所以,400 毫米等降水量线在长城一线,与第二、第三阶梯分布尚有较大距离。而人口分布,或者人类活动仍在第二阶梯内的局部地区很活跃,如山西中南部、陕西渭河流域、汉水流域、四川盆地等。这导致胡焕庸线比第二、三级分界线偏西。

表 8-1　1933—2010 年中国胡焕庸线两侧区域人口分布变化

年份	东南半壁			西北半壁		
	面积比重 (%)	人口比重 (%)	人口密度 (人/千米²)	面积比重 (%)	人口比重 (%)	人口密度 (人/千米²)
1933 年	36	96	135.39	64	4	5.03
1953 年	43.24	94.80	139.51	56.76	5.20	5.83
2000 年	43.24	94.59	303.78	56.76	5.41	13.23
2010 年	43.24	94.41	325.84	56.76	5.59	14.68

资料来源:陈明星、李扬、龚颖华、陆大道、张华:《胡焕庸线两侧的人口分布与城镇化格局趋势——尝试回答李克强总理之问》,《地理学报》2016 年第 2 期。

还有学者发现胡焕庸线位于农牧交错带上，线两侧的农业生产方式差别显著，东南部以农耕作业为主，西北部以畜牧业生产为主，农耕作业的土地生产效率比畜牧业高，从而决定了人口承载力的差异性。其实，胡焕庸线两侧是我国重要的生态交错地带，在其东侧为宏观地貌分界线，在其西侧基本与400毫米等降水量线并行。

总之，围绕胡焕庸线，学界展开了大量研究，深化了对中国地理形势与人口、社会经济发展之间关系的认识。

长城：自然与人文交错的结果

1. 春秋战国时期的长城：圈地与防御

中国之长城建设，开始于春秋战国时期，起初为诸侯国之间圈地的地界与防线。公元前 7 世纪楚国修防御性工事——方城；公元前 6—前 5 世纪，齐国在南国境线修筑了长城。到公元前 4 世纪前后，燕、赵、秦、魏、韩各国也相继修筑长城。前期主要是诸夏内部纷争而修筑，后期是为防御北方蛮族而筑造。这个时期的长城主要发生在"九州"范围，诸侯国犬牙交错，与宏观自然地理分界线关系并不大。

最早建设者是楚国，《左传》记载："楚使屈完语齐桓曰'楚国方城以为城，汉水以为池'"，此时正是春秋霸政方兴，齐桓公率诸侯教训楚，楚子派大夫屈完应付齐桓公率领的讨伐大军，鼓吹修筑的楚国防御设施。《汉书·地理志》载："南阳郡，叶，楚叶公邑。有长城，号曰方城。"北魏郦道元《水经注·沇水》条载："叶县东有故城一道，自鲁山县（今鲁山县东南五十里）始，东至濮水（今河南泌阳县北），南达比阳（今河南泌阳）界，南北连联数百里，号为方城，也称作长城。郦县也有故城一面，未详里数，号为长城，其间相距六百里。"《水经注·汝水》载："醴水径叶县故城北，春秋成公十五年（前 576），许迁于叶者。楚盛周衰，［庄王］控霸南土，欲争强中国，多筑列城于北方，以逼华夏，故号此城为万城，或作方字。"

方城，其实只有西、北、东三面，呈∩形，且经考证，东西两面有内外两层，推测是加强防御，或者土地扩张后，增建新墙。楚方城主要是面向北防御晋、秦、齐等强国。经测，楚长城大约有 500 千米长。

齐长城也立足于防御。《水经注·汶水》："山上有长城，西接岱山，东连琅邪巨海，千有余里，盖田氏之所造也。《竹书纪年》梁惠成王二十年，齐筑防以为长城。"梁惠成王二十年为公元前 350 年，与齐威王当政于公元前 356—前 320 年吻合。《史记·楚世家》引《齐记》云："齐宣王乘山岭上筑长城，东至海，西至济州千余里，以备楚。"《战国策·燕策》载："吾闻齐有清、济、浊河可以为固，有长城巨防足以为塞。"《括地志》中："长城西北起济州平阴县，缘河历泰山北冈上，经济州、淄州，即西面兖州博城县北，东至密州琅邪台入海。"齐湣王伐宋而诸侯联合攻击，被燕国乐毅从西北方荡平齐都，长城也没有起多大作用。

魏国也修长城，而且不止一处。李悝、吴起协助魏武侯攻占黄河以西、渭河下游的土地，秦人在西边沿洛水挖沟拒止，所以称堑洛长城，以防魏攻。由于秦城防主要是挖壕沟、陡崖而成，遗迹至今难觅。秦因商鞅变法而富强，魏国进入守势，公元前 358 年在黄河以西筑防御工事。《水经注》中说，魏惠王"使龙贾率师筑长城于西边"。公元前 352 年，魏国再次大举工役，"筑长城，塞固阳"；公元前 351 年修成，次年又扩建。该段长城南起华阴市华山玉泉院涧西的朝元洞，依地附势蜿蜒北上，经大荔、澄城、合阳直到韩城的黄河边沿，北止于韩城市南面黄河西岸城南村，全长 300 余里。

公元前 364 年，魏为抢夺中原地盘，与赵、韩共同进取中原，瓜分土地。后来，西部故地不断受到秦的威胁，魏惠王决定迁都大梁。为防备楚、韩、秦等国，魏惠王晚年又令军队在大梁西部筑长城（称为河南长城），走向大体是：自今黄河北岸原阳县（原来这两地皆在黄河之南）经郑州东区的圃田，折向西南行，沿荥阳、新密交界山岭蜿蜒穿行，在新密市域内跨越香炉山、蜡烛山、花孤堆、沙岗、五岭等五个山头而止（见图 8-1）。

赵国进取中原，落脚中牟、邯郸也不顺利，屡遭南邻欺凌和北邻中山国威胁。公元前 333 年，赵肃侯时期就沿漳水修建一道防御工事，即赵南长城，大体从今武安西南起，向东南延伸磁县西南，折而东北行，沿漳水到今肥乡西南。

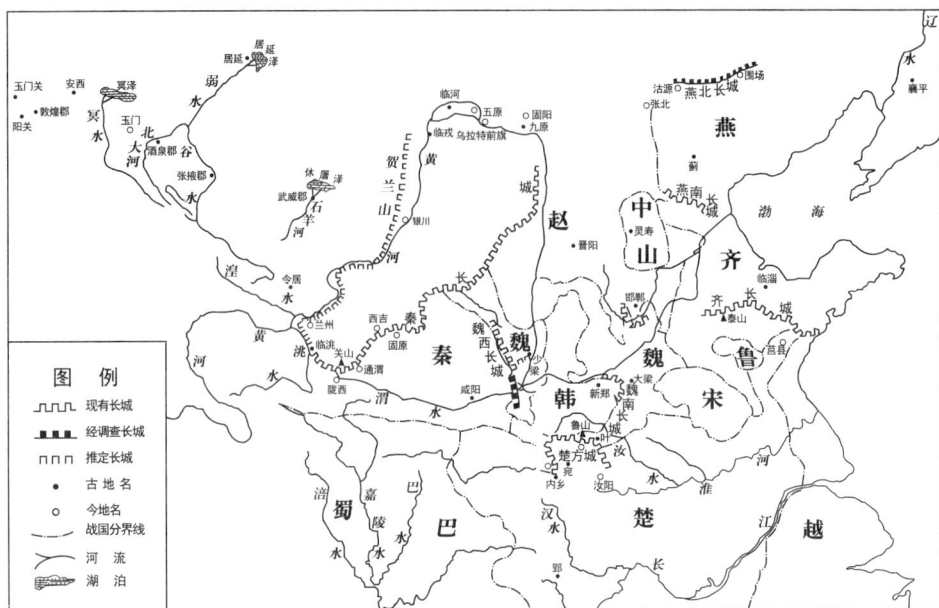

图 8-1　长城的位置与走向

燕为防御秦、赵，保卫燕下都——武阳，在南界修筑燕南长城（易水长城），起于今河北省易县西南，向东南行，经定兴、徐水、任丘等地，止于文安附近，长 500余里。《史记·张仪列传》载："秦下甲云中、九原，驱赵而攻燕，则易水长城，非大王之有也。"张仪游说六国连横为燕昭王元年（前 311），知该段长城主要防齐、赵两国。

春秋进入战国时期后，各国充满敌意，长城是诸侯国相互防备的结果，又有圈地之用。以今人眼光看，是"兄弟阋于墙"，属于耗子内斗——窝里反。秦始皇统一天下后，这些城墙反而成累赘，被拆毁。今人只能见到部分断垣残壁，大部分已消失在历史长河里。

2. 与 400 毫米等降水量线相关的赵、燕长城

赵北长城修建于赵武灵王时期。当他发现在中原难以立足时，便策划开疆北边。《史记·匈奴列传》记载："赵武灵王变俗，胡服，习骑射，北破林胡、楼烦，筑长城，自代并阴山下，至高阙为塞。"他推行胡服骑射之策，逐胡人于荒原边徼，并在阴山以南修长城（前 306—前 300），驻军防守，迁民实边。代，为赵之属地，

在今河北蔚县东北和宣化境内。"阴山"，由大马群山（东段，在河北西北部和内蒙古）、桦山（属南段，在集宁、丰镇以东，接大马群山）、辉腾梁山、大青山、乌拉山、狼山等山组成。

该长城东起于代（今河北张家口境内），经云中、九原（今内蒙古包头市境内），西北折入阴山，至高阙（今内蒙古乌拉山与狼山之间的缺口），长约1300里（见图8-2）。有专家考察赵北长城后认为，从它夯土版筑的形制和用材，以及防御工事稀缺的情况看，该长城的防御功能较弱，隔绝农耕与游牧之民的用途明显。事实上，从河北蔚县到大青山北麓再到包头一线，恰是400毫米等降水量线经过之地，是草原与森林分割线，亦是半干旱区和干旱区分界线。

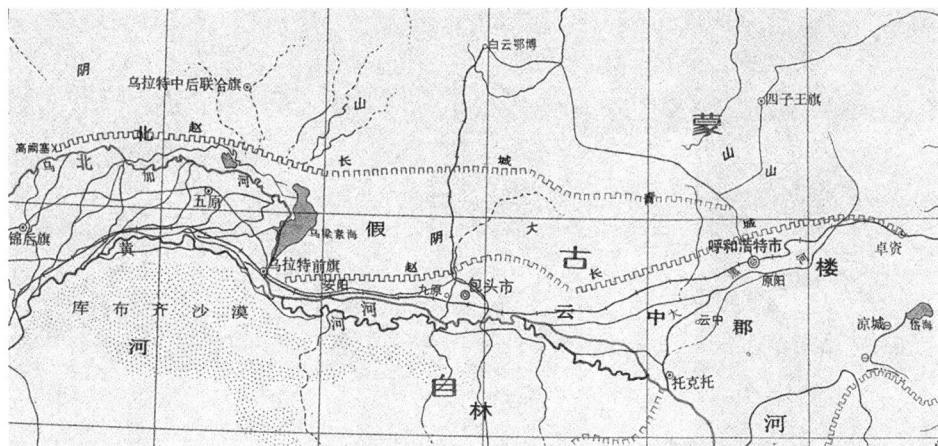

图8-2　赵北长城走向

资料来源：谭其骧主编《中国历史地图集》。

当时，赵国军事力量强于北方游牧小国和部落，赵武灵王主要考虑地理上尽量将可耕地括入长城之内，不太在意防御工事之修造。从权力空间角度看，修建边墙就表示土地为我所有。战国法家思想一大特色就是强烈的空间权力意识，只有确定土地所有权，才能有效阻止争端。但在丛林法则下，强权说了算，即使圈占，无武力保卫也是枉然。

燕修筑南北长城以御敌。《战国策·燕策一》载："凡天下战国七，而燕处弱焉。"燕位于今河北省北部、辽宁省及吉林省西南的部分土地常被东胡侵扰。南接齐、赵等国的地域亦要防御。燕南长城西起于今河北省西北太行山麓，沿易水北岸东行，历易县、徐水、容城、安新、文安、大城县境，止于子牙河西岸，全长500里。这段是诸夏内斗、相互被动防御的结果，无鲜明的自然地理分界线为动力。

燕北长城的自然地理意义更大，是赵长城向东的自然延伸。《史记·匈奴列传》记载："其后燕有贤将秦开，为质于胡，胡甚信之。归而袭破走东胡，东胡却千余里。与荆轲刺秦王秦舞阳者，开之孙也。燕亦筑长城，自造阳至襄平。置上谷、渔阳、右北平、辽西、辽东郡以拒胡。当是之时，冠带战国七，而三国边于匈奴。"造阳位置大体在今河北省独石口到滦河源一带，襄平为燕国辽东郡治，即今辽宁省辽阳市老城。燕北长城大体为东西走向，经赤峰、朝阳，进阜新、彰武。在上谷（治造阳，今河北怀来大古城）、渔阳（今北京密云西南）、右北平（今内蒙古宁城黑城）三郡之外（见图8-3）。

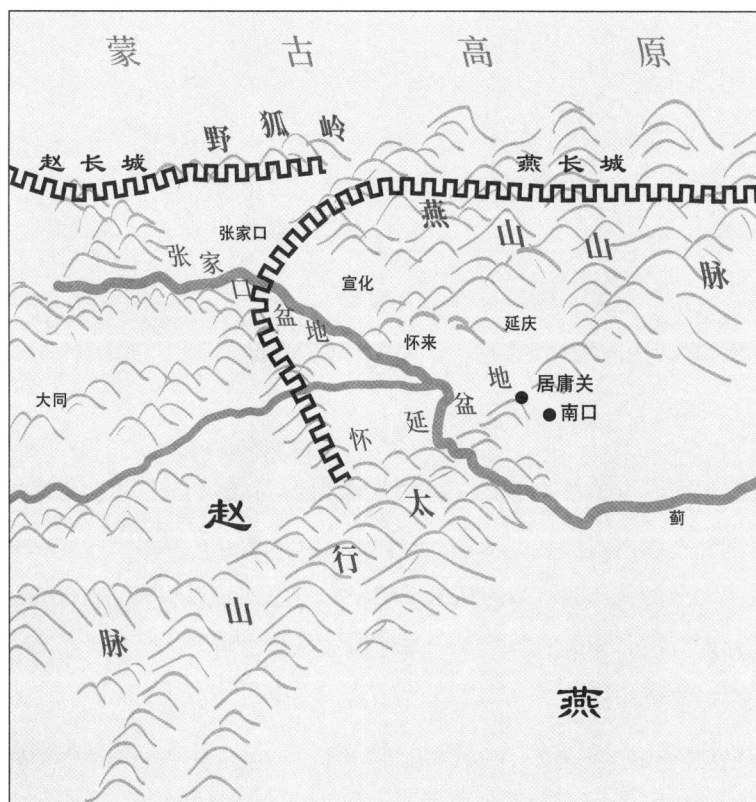

图 8-3　燕长城与赵长城的关系

3. 秦昭王时期沿 400 毫米等降水量线筑城

《史记·匈奴列传》："秦昭王时，义渠戎王与宣太后乱，有二子。宣太后诈而杀义渠戎王于甘泉，遂起兵伐残义渠。于是秦有陇西、北地、上郡，筑长城以拒胡。"该城墙动议是宣太后和穰侯魏冉等操持的，约秦昭王三十五年（前 272）前后筑成，起点在今甘肃省临洮，向东南至渭源，然后转为东北，经通渭、静宁等地达宁夏的固原。由固原折为东北方向，经甘肃环县、靖边，进入陕西省横山、榆林、神木诸地，然后进入内蒙古准格尔，直抵黄河南岸的托克托。从图 8-4 可见，该段长城处在黄土高原北边缘，是众多河流分水岭。且该段与 400 毫米等降水量线高度重叠。相当于说，其东南侧是农田、农耕地带，外侧则是草原、游牧地带。

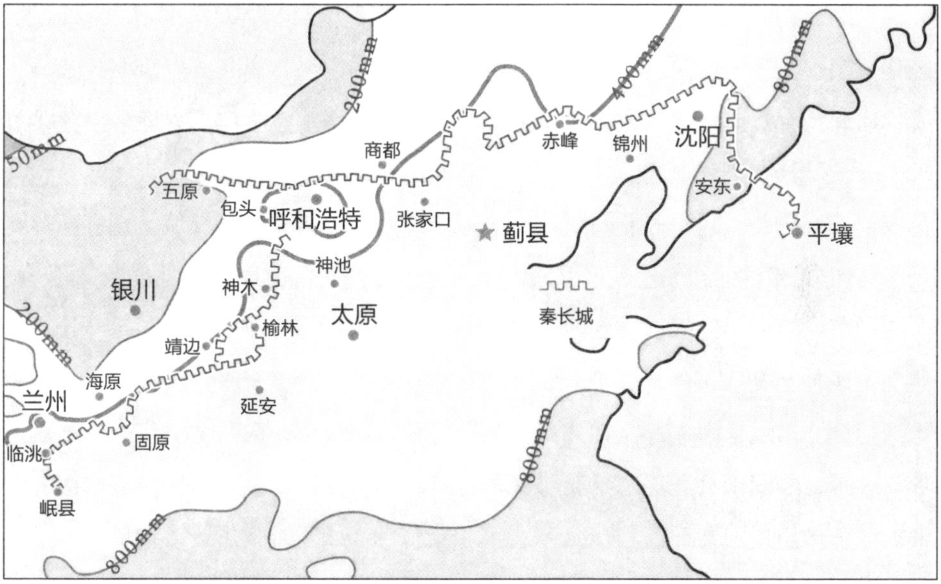

图 8-4　秦统一后万里长城走势与降水量线的关系

4. 秦统一天下后新修与连贯起来的长城

秦始皇三十三年（前 214）遣将军蒙恬发兵三十万北伐匈奴，收回河套地区，置 44 县，发囚犯开荒。为加强北方防御，大秦又征发几十万民夫修建连接原燕、赵和秦的边城，形成从临洮（今甘肃岷县）到辽东（今辽宁辽阳西北）的万里长城。在修筑北方长城的同时，原诸侯国间用以"互防"的长城被拆毁，"皇帝奋威，德并诸侯，初一泰平。堕坏城郭，决通川防，夷去险阻"（《史记·秦始皇本纪》）。

5. 汉代长城的延伸与功能

汉武帝时期，马邑一战宣布了汉匈和平局面的终结（前133）。此后西汉对匈奴大规模用兵，逐匈奴出河西走廊和长城，以至于漠南无王廷，疆域扩大。为巩固胜利成果，西汉增筑长城烽燧亭障关塞，连绵几千里。

汉代长城也称塞、塞墙，有重修、增设复线和新开拓三种：一是重修秦长城，汉高祖至景帝时完成，立足于对匈奴防御。二是增设复线，并建边城、障城、烽台。武帝时，西汉曾放弃上谷郡所辖与匈奴犬牙交错的僻远地，得其河南造阳之北地千里，在燕、秦长城以南另筑长城，如此，东部防线稍向南移。今在河北承德、隆化、滦平、丰宁境内发现了汉代烽燧，在内蒙古宁城县西北部发现汉代长城支线，西北行再折向东北与主线相合，墙体为夯筑。今内蒙古围场、赤峰、建平发现一段长城，东过北票之后又与辽宁阜新燕、秦长城会合，或以为汉代新筑。汉代在赵长城之北、阴山以北修筑长城，即在五原郡外兴筑的外长城，现存两道相距5～50千米的北线和南线。北线东南端起点在内蒙古武川县，向西北横贯阴山北麓的草原地带，经固阳县、达尔罕茂明安联合旗、乌特拉中旗，至乌特拉后旗西北部延伸至蒙古国境内，全长约527千米；沿线有障城3座，武川县城内有少量烽燧址。南线东南端起点在武川县陶勒盖顶村北山顶，向西北横贯阴山北面的草原地带，经固阳县、达尔罕茂明安联合旗、乌特拉中旗，至乌特拉后旗西北部伸入蒙古国境内，再西行与居延塞相接，全长约482千米，居延塞向南250千米接河西走廊长城；其实，这部分长城也是新筑，只不过与先秦线平行而已。三是新开拓，主要指在河西走廊长城兴建的亭障烽燧。该段绵延在祁连山北麓、横贯河西走廊1000余千米，西自今新疆罗布泊到甘肃敦煌玉门关以南，沿疏勒河南岸进入安西，然后向东到金塔境。在金塔，长城分北、南两路。北路沿额济纳河北上，直到内蒙古的居延海，设居延塞，外界阴山北西延的长城；南路从金塔东南行，经高台、张掖、山丹、永昌、民勤、武威、古浪等县市，直到令居（今甘肃永登）（关于河西走廊长城参阅第十章）。后又发现有一条从兰州向北沿黄河北行至贺兰山的长城。

西汉长城是汉帝国开疆扩土的结果，以外长城为突出表现。但外长城毕竟超越 400 毫米等降水量线，深入并不适合农耕的半干旱区，所以汉武帝即使靡费亿万金移民实边，效果也并不显著，农耕不易，不得不回撤（如新设立的塞外六郡被迫撤销）。但也有成功的地段，如酒泉以东的河西走廊东段，雪山融水丰富，能部分弥补降水量匮乏的缺点，适宜农耕民族和游牧民族共同生活，支撑了不同民族为基底的地方政权和文明交融。河西走廊西段，进入绿洲农业，土地产出难以养育大规模政体。所以，新开拓的汉长城亭障主要用来隔绝游牧民族流动，确保战略通道畅通。这也是自然地理界线在人文活动上的反映，既是自然的烙印，也是人文的足迹。

6. 明代大规模修筑长城及其走向

西汉之后至明朝，长城几乎是聋子耳朵——摆设了。后世王朝要么强大（如唐、元、清），威震内外，用不着长城屏障，要么疆域狭小（三国、两晋、南北朝、宋、辽之类），蜷缩在秦长城以内。明朝是个例外，它从南兴起，与北元势力围绕 400 毫米等降水量线形成南北对峙。明廷基于洪武、永乐时代的边防体系，收缩战线，建设"边墙"防止来自北方部族的袭扰。

明长城之立，并非为隔绝漠北大军，而是为防御漠北游骑。对付百人小股流窜游骑，长城及其 2 万座烽火台，游刃有余。可对付如小王子达延汗[1]2 万级别的大军团进攻，边墙就不起作用了。明仁宗、宣宗时代，明朝实力大减，采取收缩战略，放弃边徼地带。明成化朝以后，鞑靼蒙古势力自亦集乃（阿拉善盟额济纳旗政府所在地——达来呼布镇东南方向 25 千米）、东胜（黄河后套，进入河套冲要，开平卫侧翼）、开平、大宁频繁入寇。基于九镇格局，明朝藩镇官兵筹划建设边墙。

明朝边墙之建，是有前因的。原来，明洪武年间，朱元璋指挥十余次对北元用兵，建立了三线防御体系，深达沙漠边缘，甚至囊括北元上都。第一道防线，洪武元年（1368）攻克元大都（北京）后，明军控制众多的军事据点，主要有吉

---

[1] 指达延汗，重新统一蒙古，6 岁称汗，16 岁亲政。统一漠南蒙古，在位 38 年，号称蒙古历史上的中兴之主。是后文提到的俺答汗的祖父。

林船厂、亦集乃、大宁卫（东部蒙古走廊开平卫侧翼）、开平卫（元上都，内蒙古锡林郭勒盟正蓝旗及多伦县附近的上都城）及东胜卫。这些地方处于对抗北元的最前线。第二道防线，明太祖分封诸子以镇守边塞、扩土开疆："皆塞王也，莫不敷险隘，控要塞，佐以元戎宿将，权崇制命，势匹抚军，肃清沙漠，垒帐相望。"第三道防线，修建关隘、城堑，以防备北元军，主要是配合明太祖北伐所加固修缮的，如洪武元年（1368）、十一年（1378）、十四年（1381）皆在修造后方关隘后才发动北伐。从洪武元年到正统十二年（1368—1447），明朝主要在北魏、北齐长城基础上增建烟墩、烽堠、屯堡、关城、壕堑，作为攻守兼备的军事基地。

但明仁宗、宣宗后，由于北元臣服，财政紧张等原因，明朝决定休养生息，停止郑和下西洋和朝贡贸易等，全面收缩帝国防线，这给了北元以喘息之机，进而对明朝构成威胁。明英宗朱祁镇亲征瓦剌失败，在土木堡被俘，双方攻守之势逆转。北元势力分裂之后，形成的两大势力——瓦剌和鞑靼不断兴兵犯边掳掠，明王朝被迫修筑边墙。

明朝收缩战线，所以边墙选址在内线，即400毫米等降水量线内侧，不能囊括亦集乃、黄河河套、开平、辽河河套等战略要地。因此，明长城虽雄伟，但规模远不如燕、赵、秦、汉那么大。由于建在沙漠内侧，为对抗风沙平墙而浪费了戍卫力量（风速下降，沙降落在城墙外与墙齐平，城墙因而无防御功能，需要卫兵清理）。

明长城有内外之分。外长城东起鸭绿江，西抵嘉峪关，也叫"外边"或"边墙"，西段明显比汉长城收缩（从玉门关收缩至嘉峪关），东段收缩至山海关；内长城，也叫"次边"，以北齐长城为基础。据明史《兵志·边防》记载："西起山西老营堡转南而东，历宁武、雁门、北楼至平型关尽境约八百里；又转南而东，为保定界，历龙泉、倒马、紫荆、吴王口、插箭岭、浮图峪至沿河口，约一千七十余里；又东北为顺天界（今北京市），历高崖、白羊，抵居庸关，约一百八十余里。皆峻岭层岗，险在内者，所谓次边也。"在内边长城上，有6道关隘，分内三关（东侧的居庸关、紫荆关、倒马关）、外三关（雁门关、宁武关、偏关）（见图8-5）。

明朝后期，东北建州女真兴起，为防入寇，明军筹划建设辽东长城（界壕），正统八年（1443）始修，历经景泰至万历各朝的增筑与维护，形成以辽阳和广宁卫为中心，以长城墙体为主，配合以敌台、所城、驿路、腹里接火台为辅的防御系统。

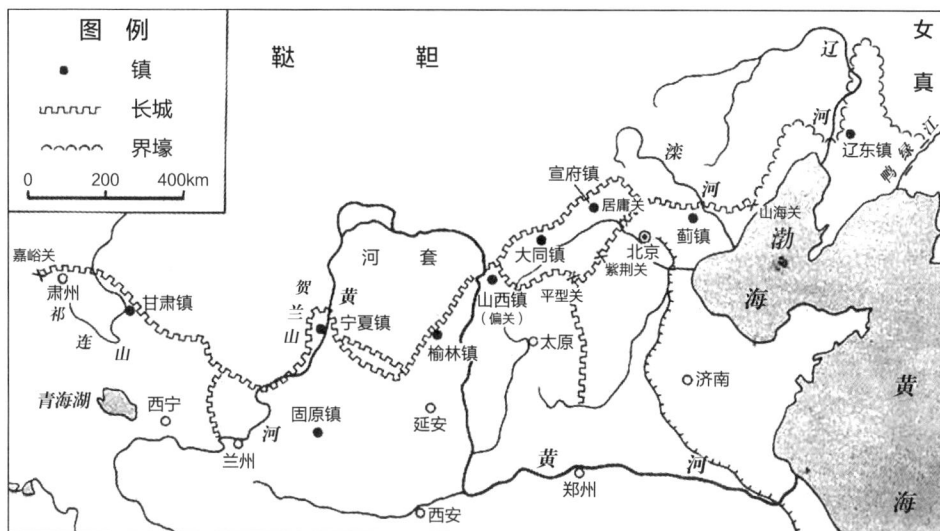

图 8-5　明代长城走势

辽东长城走向与暖温带半湿润地域相重叠，再向西则是半干旱，向北、东则是中温带半湿润地带，受到长白山地形影响，宜居地区基本只有辽东半岛一带，或者从丹东越过鸭绿江折向南，向朝鲜半岛发展。

400毫米等降水量线：长城修筑的幕后推手

1. 北方长城与400毫米等降水量线的关系

秦昭王长城（从岷县至神木、准格尔段）与400毫米等降水量线近乎重叠，比400毫米等降水量线稍微偏东，因为此地有林木和河流可依托。在准格尔跨越黄河进入前套平原、土默特右旗、土默特左旗、大清河流域。东南季风受大青山阻挡，在以呼和浩特为中心的区域形成一个降水高峰区，是可以耕种的区域，如果长草的话，也是"天苍苍，野茫茫，风吹草低见牛羊"的景象。这就不难理解赵长城在大青山脚下东西向延伸了，这儿是农耕和游牧必争之地。

再向东，长城与400毫米等降水量线重叠关系，过赤峰后即分道扬镳了。长城继续向东到辽阳，400毫米等降水量线却向东北延伸。这是地理环境的又一大秘密。从赤峰再向北，就进入中温带半干旱区，与暖温带半湿润区存在明显分别——分割线以北冬天极为寒冷，作物只能一年一熟，以游牧、渔猎为生。这是长城与400毫米等降水量线分道扬镳的原因。

但历史总有例外，金修建的一道长城，当时被称为金界壕，或者"旧界""旧寨""兀术长城""明昌长城"等，始建于金太宗天会年间，全长5000余千米。金界壕由东向西贯穿呼伦贝尔、兴安、通辽、赤峰、锡林郭勒、乌兰察市等盟市。在扎赉特旗绰尔河右岸分为两条，其南线又分出一条岔壕。三条界壕略呈"川"字形进入科尔沁右翼前旗境内，犹如卧龙蜿蜒在崇山峻岭、边塞重地。之后，其中一条经兴安盟西进蒙古国，两条进入通辽的霍林郭勒市和扎鲁特旗境内，然后向西延伸。

若将400毫米等降水量线与金界壕对比会发现如下有趣的现象：

400毫米等降水量线在霍林河一线折向东直接到达科尔沁草原东缘南下到西辽河流域。而金界壕直接从霍林郭勒附近南下或者西行，接近200毫米等降水量线，因为金朝在400毫米等降水量线附近设都，退无可退，必须向西北寻求缓冲空间。所以，其外线深入沙漠腹地，内线部分与400毫米等降水量线重叠，大部分在400毫米等降水量线西北侧。这是由于金朝本身为渔猎文明，发展到游牧、农耕经济并存，他们不能失去草原，不能失去根据地，所以界壕涵括了草原，甚至荒漠地带。在扩展势力的同时，也惹毛了蒙古人，因为它太深入地干预草原地带，甚至北温带森林草原地带游牧部族的生活，导致蒙古人从北边兴起。

由此我们就可以理解为何燕长城、秦长城、汉长城、明长城都在赤峰向东延伸而不再向北发展。特别是明长城在辽东走向，恰恰将适合农耕（暖温带半湿润气候区）的部分涵括在内，而将中温带湿润区、半湿润区和干旱区隔离在外。而辽、金起于北徼，必须将中温带气候区统一并控制，导致其边界不得不尽可能向沙漠扩展。

2. 明长城为何往南退缩？

前述分析，我们只知道明长城是王朝收缩后的产物，但为何收缩，在400毫米等降水量线南侧修筑，则又是一个自然和人文交错的结果。

气温下降，草场退化，牲畜无食冻死，人亦窘困，北方牧民或者向南求食，或者向西远走。而长城之修，是为了抵抗受气候变冷影响频繁南下的蒙古势力。

明代前期，洪武、建文、永乐、仁宗时期，明朝强盛，对北元压着打，农牧战争发生频次少。土木堡之变前后，气温下降，此时，明朝实力衰弱，蒙古势力对明朝频繁攻击。公元 1450 年八月初三，瓦剌首领也先将英宗皇帝送还北京，结束了与明朝的战争。及北元分裂为鞑靼和瓦剌后，恰好此时蒙古在达延汗的率领下实现了统一，具有攻城略地的能力。明后期，俺答汗执政前期对明朝频繁攻打，要求通贡互市。只是在隆庆议和（1571）之后，双方放弃兵戈，尤其是 1578 年，蒙古人转信藏传佛教后，对汉地的攻击更是减少。即使在明朝万历年间及明末气温持续下降阶段，蒙古人南下的频次也没有明显增加，这是因为明朝和蒙古各部有和平协议，明朝对他们有抚赏（见图 8-6）。长城的修建，也对防范小股部队南犯起到一定作用。

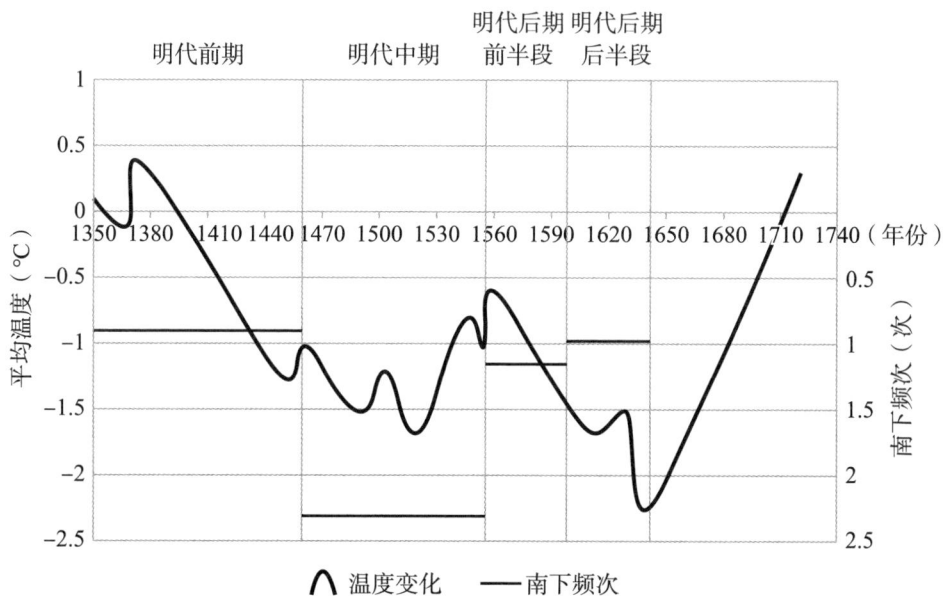

图 8-6　明代农牧战争频次与气候冷暖变化对比

资料来源：同杨阳《长城与草原威胁——明代农牧战争、长城修建与气候冷暖变化的关系》，《青海民族研究》2019 年第 4 期。

从明代修建长城的时间看，也表现了鲜明的气候同步变化性（见图 8-7）。研究显示，气候变冷总伴随着游牧民族的频繁犯边和长城的大规模建造，一是农牧战争在一定程度上与气候冷暖变化呈负相关对应，即气候越冷，农牧之间的战争相对越频繁；二是明长城的修建力度和战争发生的频繁度呈正相关的对应关系，即农牧间战争越频繁，长城防御体系的构建力度也就越强；三是长城大规模修建期多出现在气温于一定时间下降的趋势中或是一段时间最低峰值范围内。

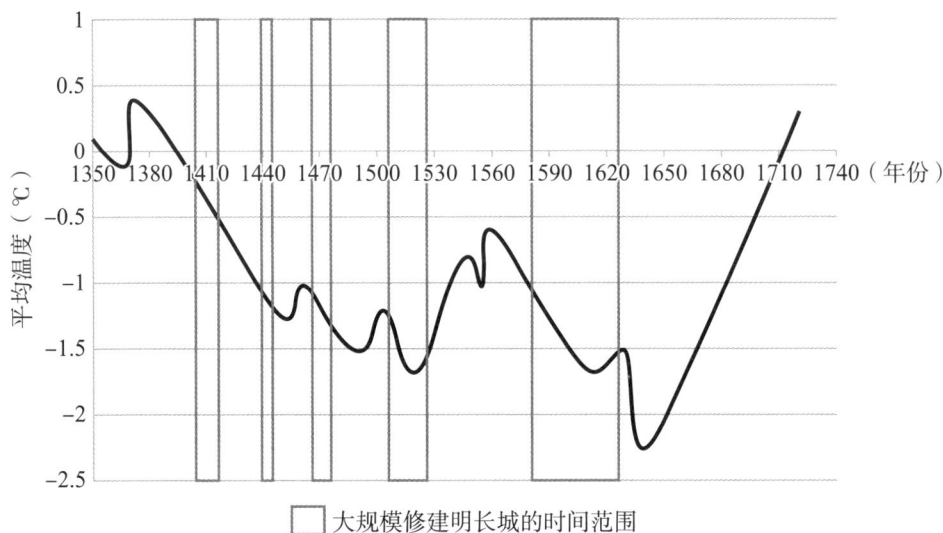

图 8-7　明长城主要修建时期与气温变化对比

资料来源：同杨阳《长城与草原威胁——明代农牧战争、长城修建与气候冷暖变化的关系》，《青海民族研究》2019 年第 4 期。

战国时，燕、赵、秦拒胡而修边墙，与 400 毫米等降水量线大体吻合，奠定了以后长城的基础。汉代长城向外扩展，脱离了 400 毫米等降水量线，但没能长久据有这些边地。三国两晋南北朝时期，北方少数民族越过长城南进，抵达黄河中游，长城也就失去了防御价值。隋唐疆域广阔，边疆稳定，长城无太大的防御价值，只是在灭高句丽后建设有界壕。金人为防备蒙古攻略，在干旱和半干旱地区建设界壕，大部分在 400 毫米等降水量线外，或者穿越 400 毫米等降水量线，显示其农耕和游牧的双重性格。明长城之修建恰恰在气候最冷期，故在外长城之外（明洪武、永乐时的边界），又建有内长城，反映了防守性态势。其实，由于气候变冷，400 毫米等降水量线也向南移动了。

　　总之，人文活动深深地打上自然地理的烙印。在地理环境脆弱，或者变化剧烈的区域，形成了鲜明的地理分界线，界线两侧发育出不同的文明形态，生产、生活方式不同，价值判断不同，既造成文化的分离、隔阂，又产生强大的融合、合作动力，双方互通有无，在交流中实现经济增长、人民生活幸福。

第九章

燕云十六州：中原王朝的命门

　　1368 年闰七月二十八日，不仅对正式登基的大明皇帝朱元璋、惶惶不可终日的元顺帝孛儿只斤·妥懽帖睦尔是重要的历史时刻，而且对整个中华民族的发展也是重要的历史转折点。这天，元顺帝驾临大都（今北京）清宁殿，召见众臣及三宫后妃与皇太子，正式宣布将北狩上都。闻听皇帝要撤退，知枢密院事哈剌章（故丞相脱脱之子）谏阻，元顺帝说："也速已败，扩廓帖木儿（王保保）远在太原，何援兵之可待也？"宦官赵伯颜不花跪地痛哭："天下者，世祖之天下，陛下当以死守，奈何弃之！臣等愿率军民及诸怯薛歹出城拒战，愿陛下固守京城！"元顺帝叹息说："今日岂可复作徽、钦！"入夜，大都健德门开，顺帝与皇太子、后妃及一百多名大臣仓皇出奔，八月十五日，抵达上都。

　　这时，明军在徐达、常遇春的率领下，在短短 3 个月里，先后扫清山东、河南、关中的元军势力，于七月二十三日，抵达直沽（今在天津），再乘胜推进到通州（今北京通州），又乘大雾伏击元军，守将战败身死。二十六日，知枢密院事卜颜帖木儿出城迎战被擒杀。顺帝听闻，犹如晴天霹雳。由于红巾军纵横燕山南北多年，耳目众多，纵横游击，行踪不定，此刻的他不知自己能否逃出天罗地网。二十七日，他命淮王帖木儿不花监国，庆童为中书左丞相，自己准备溜之大吉了。

　　八月二日，明军攻占元大都，监国淮王帖木儿不花殉国。消息传到南京，朱元璋格外高兴，改大都为北平府，喻义北方平定。元朝退回蒙古草原，开始北元时代。

　　明大军开进元大都，标志着燕云十六州重新回到汉族政权手中。从北伐檄文中，可见当时人的观念："予恭天成命，罔敢自安，方欲遣兵北逐群虏，拯生民于涂炭，复汉官之威仪。"此后，明军在朱元璋亲自指挥下，发动十余次战役，彻底打垮了北元军事力量，特别是洪武二十一年（1388），蓝玉指挥的捕鱼儿海战役，几乎一锅端掉北元政治权力中心，仅天元帝脱古思帖木儿及随从十余人逃脱。可是，脱古思帖木儿是忽必烈的后代，在逃跑途中被瓦剌支持的也速迭儿杀害。也速迭儿是元世祖忽必烈之弟阿里不哥的后代，瓦剌部族的代表。瓦剌被视为林中蒙古，处在漠北草原与寒温带森林地带，生活环境恶劣。忽必烈代表的是草原蒙古，是黄金家族的主脉，明朝称天元帝之后建立的蒙古为鞑靼。天元帝被杀，标志着"北元"事实上的灭亡，蒙古已经失去整体的抵抗组织力。

如果我们追溯历史，回看各政权围绕燕云十六州博弈的历史过程，则有助于理解宏观地理格局对历史进程的影响，以及历史进程如何塑造中国的地理格局。

五代十国时，燕云十六州被后唐大将石敬瑭送给契丹人，历经辽、金、元，均由少数民族政权控制。控制者通过此地进出中原大地往来无碍，犹如走通衢大道。明朝洪武、建文、永乐三朝不但从蒙古人手中获得此地，还设立边防体系，重修长城，迁都北平，开创"天子守国门"先例。此后北京就持续成为中国的政治中心。

割燕云十六州求生的石敬瑭

1. 在背叛与再背叛中，牺牲了疆土

唐末，黄巢手下大将朱温投降大唐，通过反杀义军，获得唐僖宗赏识和重用，赐名曰"全忠"，名朱全忠。他被委任为关东重镇汴州（今河南开封）节度使，封梁王。这个"全忠"一点也不"忠诚"，转脸就谋划杀害了唐昭宗（唐僖宗异母弟），立唐哀帝。公元907年4月，朱全忠撕下所有伪装，受禅自立，国号"大梁"，朱全忠改名为"朱晃"，为梁太祖，史称后梁。从改名一事看，估计他名"全忠"心虚，玷污了"忠"字的纯洁，也怕僖宗、昭宗阴魂找他算账，故改名"晃"，日光照耀，可晃来晃去——正是他阴险嘴脸的说明书。在五代时，越是亲近的信

任者，越背叛得离谱，背叛成了家常便饭。

与朱晃截然相反的是沙陀人朱邪（李克用）及其后代。他们受李唐皇恩，征战立功，被赐李姓，对李氏王朝无比忠诚，不离不弃。他以山西太原为根据地（河东节度使），与身在汴州的后梁皇帝朱晃死磕，争得你死我活。其子李存勖在一众兄弟、部下的支持下，用18年时间击败后梁，建立后唐，沿用唐朝年号。可李存勖亲族子弟在生死、利益面前又是背叛，临阵变节，演绎了一幕幕丑陋剧目。李嗣源本是李克用养子，与庄宗李存勖是兄弟，曾同生死、共患难。可庄宗李存勖治国昏聩，人心也随之大变。一次，李嗣源带兵到开封讨伐叛贼，其带领的士兵临阵哗变，逼他造反。他本无心造反，本想回去向兄弟李存勖表白心迹，可木已成舟，容不得他狡辩了。关键时刻，他女婿石敬瑭建言献策，说："将领带兵，临阵哗变，你的罪责逃脱不了。不如先做，等局面稳定，再作计议。"李嗣源无奈，只能硬着头皮谋划篡权夺位。石敬瑭攻城略地，助力李嗣源当上皇帝，他本人也进入权力中心，官职节节高升。

李嗣源将同母异父的李存勖的亲族屠戮一空，铲除图谋不轨的嫡子。他病逝后，挑来选去，21岁的小儿子、政治素人——李从厚得以继承大统，当了皇帝，史称"后唐出帝"。李从厚年纪轻轻，不懂政治，偏听佞臣之谋，年纪轻轻就想除掉李嗣源的义弟李从珂。李从珂军功卓著，威望崇高，为潞州（今山西长治、河北涉县一带）节度使。本来，李从厚派兵铲除李从珂势力，可李从珂在平叛的军人面前，袒胸露背，展示累累伤痕，慷慨陈词，许以重赏，只要军人跟他干，事成之后，人人皆可荣华富贵。平叛军人竟然临阵变节，反攻洛阳，李从厚被军人临阵倒戈打蒙了，等不来援军，便仓皇外逃，投奔石敬瑭，途中两者巧遇（石敬瑭是李从厚姐夫）。大概李从厚卫兵想夺石敬瑭兵权，双方言语不合，石敬瑭将数百皇家卫兵悉数杀掉，囚禁李从厚，交给李从珂处置[1]。李从珂登上大位，石敬瑭胆战心惊地出任河东节度使。

又是背叛——李从珂害怕石敬瑭造反，阴谋除掉之，先调任石敬瑭任职郓州

---

[1] 据不同史书，描述不同。有说，石敬瑭将李从厚安置在一处，不加保护，被李从珂抓获。后来，石敬瑭为此非常后悔。因为当时石敬瑭稍微用心保护，李从厚不致被杀。当时的人心难猜。

（今山东东平）节度使，石敬瑭不从，对外公开宣称李从珂非嫡子，无资格继承皇位。李从珂便指令大同张敬达驱兵镇压。石敬瑭虽占据晋阳（山西太原）的有利位置，可经不住五万大军围城数月，眼看难支。契丹皇帝耶律德光大军掩杀过来，为他解围。

耶律德光怎会带兵前来助阵？史书如此记载前后经过：

"废帝下诏削夺敬瑭官爵，命张敬达等讨之，敬瑭求援于契丹。九月，契丹耶律德光入自雁门，与唐兵战，敬达大败。敬瑭夜出北门见耶律德光，约为父子。十一月丁酉，皇帝即位，国号晋。以幽、涿、蓟、檀、顺、瀛、莫、蔚、朔、云、应、新、妫、儒、武、寰州入于契丹。"（《新五代史·晋本纪第八》）

原来，石敬瑭派桑维翰前去契丹搬救兵，条件是：石敬瑭许诺割让燕云十六州给契丹，认耶律德光为父，再每年进奉帛三十万匹……听闻如此屈辱交易，连他手下的亲信刘知远也颇有微词："称臣可矣，以父事之太过，厚以金帛赂之，自足致兵，不必许其土田，恐异日大为中国之患，悔之无及。"（《资治通鉴·后晋高祖天福元年》）刘知远认为，给契丹人金银财宝，足以搬兵耶律德光，没必要割地给他。如果割地，早晚是中国的心头大患，后悔不及。

后晋天福元年（936）十一月，辽太宗耶律德光册封石敬瑭为皇帝，改元天福，国号晋，契丹主自解衣冠授之。石敬瑭遂即位于柳林（今山西太原市东南）。

公元938年，石敬瑭正式将燕云十六州（见图9-1）割让给契丹。燕云十六州分别是：幽（今北京市）、蓟（今天津蓟县）、瀛（今河北河间）、莫（今河北任丘）、涿（今河北涿州）、檀（今北京密云）、顺（今北京顺义）、新（今河北涿鹿）、妫（原属北京怀来，今已被官厅水库所淹）、儒（今北京延庆）、武（今河北宣化）、蔚（今山西灵丘）、云（今山西大同）、应（今山西应县）、寰（今山西朔州东马邑镇）、朔（今山西朔州朔城区），总面积约12万平方千米。实际丢的不止16州，李嗣源统治时期还丢了平州，宁州和营州也在后唐灭后梁之战时被契丹趁机夺取。此外后晋杜重威投降后，耶律德光派耿崇美诱降，易州刺史郭固被杀，易州也被契丹占领。

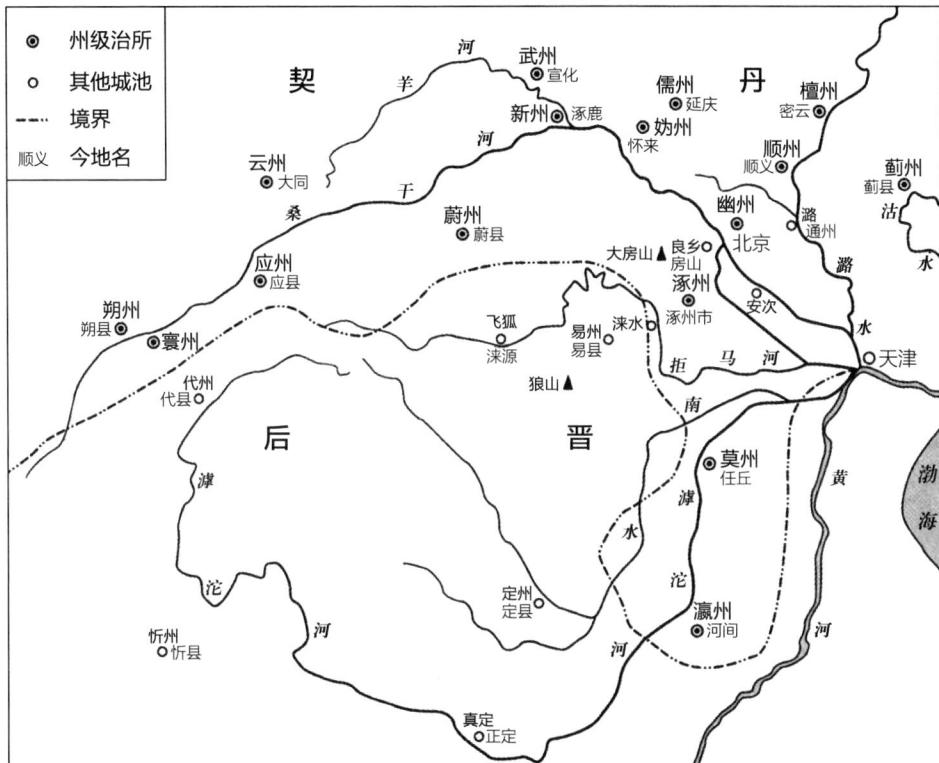

图 9-1　燕云十六州与后晋形势

此后，石敬瑭对于契丹百依百顺，小心谨慎，每次书信皆用表，称太宗为"父皇帝"，自称"臣"。他虽推诚以抚藩镇，但藩镇仍不服，耻臣于契丹。大同节度使判官吴峦，闭城不受契丹命；应州指挥使郭崇威，挺身南归。他晚年尤猜忌，不喜士人，专任宦官。游牧在雁门以北的吐谷浑部，因不愿降服契丹，酋长白承福带人逃到了河东，归刘知远。天福七年（942），契丹遣使来问吐谷浑之事，石敬瑭既不敢得罪手握重兵的刘知远，更不敢得罪"父皇帝"，忧郁成疾，六月在屈辱中死去，年51岁。

2. 燕云十六州何以重要？

石敬瑭得到千古骂名，是因为他割让的燕云十六州对中原王朝与百姓的生存太重要了。

第一，它是农耕文明和游牧文明的分界线。燕云十六州横跨北方，燕指燕山，云指云中（今大同）。宏观看，阴山山脉向东连接大青山、大马群山和燕山山脉，此线以北为草原、荒漠、戈壁。此线以南，自西向东有偏头关、宁武关、雁门关、居庸关、古北口、山海关等关口，大体和长城走向平行，两条线之间，有汾河和桑干河流过，恒山大体东西走向，山北为近乎东西向的桑干河串流。朔州和大同一线就在此区域内。

这里是典型的游牧和农耕文明的交错地带。当游牧民族向南压，往往以云中为基地，向东经张家口、居庸关和若干太行山通道（飞狐陉、蒲阴陉、井陉、滏口陉、白陉、太行陉）进入东部平原。向南经雁门关进入五台山和恒山之间的峡谷盆地（滹沱河谷），南到忻州后转弯东南方向，横切太行山，进入华北大平原。沿这条线向南，进入汾河流域，经太原、汾阳、临汾，向西南可至西安，向东南可至洛阳。若从这条线东出，进入太行山东麓，是一望无际的大平原。

第二，燕云十六州是中原地区的北面门户，是历代兵家必争之地。从分布区域看，燕云十六州总体上包括了农牧交错地带和南侧的农耕文化区，几乎一半在以游牧为主的区域（云州、朔州、寰州、武州、新州、儒州、檀州等），一半在以农耕为主的区域（如恒山南、燕山南麓至平原蓟州、幽州、莫州、易州、涿州、瀛州）。当游牧民族占领此区域，无论是从太原向南走汾河流域还是经太行山东麓向南至洛阳、汴梁，几无天险可凭依。而当农耕民族占据此区域，游牧民族则很难在漠南草原安稳。

第三，该地带受三种力的影响：地带以北游牧民族的发展态势、地带以南农耕民族的发展态势以及自然地理环境变化。当风调雨顺时，南北容易维持一个相对的和平时期。当两侧并行发展，气候变恶、北方更不容易生存时，北侧的游牧民族便向南掠夺，引起战争。农耕民族变强，越过此线向北扫荡，游牧部落受到威胁。

契丹人占据此地，综合实力因此变强。中原政权不得不花力气建立新边界，宋、辽、西夏，宋、辽、金，蒙、金、宋的大三角对峙与博弈，就是石敬瑭割让燕云十六州造成的后遗症。明朝重新建立边镇体系，恢复长城功能，分割长城南北，才终结了这一过程。

五代十国北方地缘争霸焦点的转移

1. 地缘争霸焦点的转移

黄巢之乱的降将朱温将唐昭帝劫掠至洛阳后，长安就彻底地衰落了。政治中心向洛阳、开封转移。北边则由云中、朔州退守至太原。东北方向，则退守至幽州之地，地缘争霸焦点发生重大转移（见表6-1）。

五代十国时期，南北矛盾突出。从政治中心看，是北部的太原中心（见第一章）和开封、洛阳中心的争夺，最终以太原被彻底摧毁结束，开封被北宋立为国都，定鼎中原，开启另一个波澜壮阔的地缘争霸循环。

若以开封为都城，中原王朝与北边塞外的游牧民族的地缘焦点，必是燕云十六州了。可惜直到明朝修筑长城时，该区域才重回中原王朝版图[1]。

2. 新政治势力被启动：北方的契丹与辽

我国东北区域自古以来就是氏族部落兴起的渊薮。红山文化最早就是在内蒙古赤峰市被发现，与中原仰韶文化同时并存，距今5000～6000年，核心区域即西辽河流域的西拉木伦河、老哈河和大凌河上游，遗址分布面积达20万平方千米，燕山南北都有出土。经济形态以农业为主，兼以牧、渔、猎并存。该地处于游牧交错地带，先民因自然环境的逼仄，而如潮水一般冲击四方，引起地缘格局的震荡。东北地区东、西、北方向，一直没有像样的政权出现，无主则争。例如吐谷浑，族源地望就在老哈河和西拉木伦河流域（慕容鲜卑一支），后被迫迁移至河西走廊，建立部落国家，参与西域争霸。大唐经略西域，吐谷浑被打败，投降内

---

[1] 从北宋时期，基于华夷之别，"中国"观念和意识就比较强烈了。所以，"中国"在很多场合使用。但为了与现在的"中国"作为国体区别，反映当时的"王朝性质"，我们用"中原王朝"代表以汉民族为主体的中原至南方的民族共同体。

附，又不得不返回祖居地，五代十国时，内附后晋、后汉。除匈奴、鲜卑外，在东北方向兴起，对中原产生持久地缘压力的要数契丹人了。他们恰好兴起于西拉木伦河和老哈河流域。相传北方大草原流淌着两条河，一条从大兴安岭南端奔腾而下，契丹人称其为西拉木伦河，亦称"黄水"，文献上写作"潢河"；另一条河自医巫闾山西端而来，名为老哈河，亦称"土河"。《魏书》《辽史》等文献粗略记载了契丹民族的社会生活情况，"大漠之间，多寒多风，畜牧畋渔以食，皮毛以衣，转徙随时，车马为家"。北朝时期，契丹曾以"名马"和"文皮"作为朝觐北魏的贡物。再如"辽始祖涅里究心农工之事，太祖尤拳拳焉，畜牧畋渔固俗尚也"。涅里，或作雅里、泥里，为辽太祖阿保机之七世祖，说明契丹民族久已重视农耕与经营。

初，契丹部族势单力弱，先后寄居于乌桓、鲜卑宇文部、库莫奚等部族。直到388年，地处中原的北魏政权对库莫奚部大举用兵并将其击溃，契丹族才开始走向独立发展的道路。为了抵御外来势力侵扰和拓展生存空间，契丹各部族间结盟，形成军事联盟，即契丹八部。

八部联盟较为松散，在面对强敌时难以抵御，以致被打散后被迫迁离故土。经过多年的迁徙、聚散、重组。隋初，契丹各部又陆续回到族群发源地大叶山，组成大贺氏八部。隋唐时期，契丹之东是极为强悍的高句丽，南则是鼎盛的中原王朝，西则是称霸漠北草原的突厥，北则是茫茫林海雪原，契丹在此环境中艰难求存。契丹与突厥同为游牧民族，对草场水源有着极强的占有欲望，隋大业元年（605），契丹一部南下途经营州（今辽宁朝阳），遭突厥袭击，损失四万余众，部族被打散。

公元648年十一月廿三，契丹帅大贺窟哥率领所部内属。唐太宗以契丹部为松漠都督府，管辖今赤峰、通辽一带（今西拉木伦河流域及其支流老哈河中下游一带），治在今西拉木伦河北岸林西县樱桃沟古城址。以契丹大贺氏联盟长大贺窟哥为左领军将军兼松漠都督，并赐姓李氏。内划分九州部，各以其辱纥主为刺史。次日，于营州置东夷校尉官。《旧唐书·契丹传》载契丹生存区域："契丹居潢水之南，黄龙之北，鲜卑之故地，在京师东北五千三百里。东与高丽邻，西与奚国，南至营州，北至室韦。冷陉山在其国，西与奚西山相畸。"《新唐书·契丹传》说："东距高丽、西奚、南营州、北靺鞨、室韦，阻冷陉山以自固。"

《辽史·地理志》写道："辽国其先曰契丹，本鲜卑之地，居辽泽中。去榆关一千一百三十里，去幽州又七百一十四里。南控黄龙，北带潢水，冷陉屏右，辽河堑左。高原多榆柳，下隰饶蒲苇。"黄龙、营州，都是今辽宁省朝阳市。有学者考证认为"辽泽"主要是指今西辽河冲积平原，其北界为大兴安岭山地南麓，南界为燕山山地（包括冀北山地和辽西山地）北麓，西界在翁牛特旗首府乌丹镇附近，"东际辽河"，即以西辽河与东辽河会合后南流的中部辽河干流为东界。"辽泽"并非特指沼泽，而是多种自然景观的组合，包括面积广大的平坦沙地，其植被主要为草本植物，还生长有榆、柳等乔木，呈草原景观或疏林草原景观，此外还有较大面积生长蒲苇的沼泽和许多湖泊。关于北界，史言："北至室韦"，或"北鞑靼、室韦，阻冷陉山以自固"，冷陉山即黑岭，位于今巴林右旗北境罕山西北，为大兴安岭南余脉。

公元696—717年，因契丹反唐，松漠都督府一度撤销。安史之乱后仅剩名誉称号。开元十八年（730）大贺氏联盟瓦解，契丹人又建立了遥辇氏部落联盟，依附于后突厥汗国。天宝四年（745）唐与回纥联手灭了后突厥汗国。这对于长期受逼仄的契丹人是吉兆。唐玄宗赐遥辇俎里汗名李怀秀，拜松漠都督，封崇顺王，赐以静乐公主，自此耶律氏世袭夷离堇职位（掌兵权）。半年后，怀秀不堪安禄山欺凌，杀公主，与奚人合谋反唐。后与安禄山多次交战，胜负参半。

唐天祐四年（907），迭剌部的耶律氏家族兴起，世代担任契丹部夷离堇，权威日盛。至痕德堇可汗时期，耶律阿保机担任夷离堇，在钦德死后，阿保机不再从遥辇氏家族选择可汗，而是把旗鼓收归己有，担任契丹部可汗。这一年，朱温废唐自立，建立后梁。契丹这边，经过激烈的制度之争，耶律阿保机凭借智慧和妻子述律平的协助，先后粉碎诸弟之乱和诸部之乱，统一契丹八部。辽神册元年（916），阿保机称皇帝，建国号"大契丹国"，年号神册，阿保机即辽太祖。此时，后梁在与晋王李存勖的战争中大败。

耶律阿保机当上契丹皇帝后，设法掠夺中原的人口，收留躲避河北战乱的流民，并任用韩延徽、韩知古、康默记与卢文进等汉人为佐命大臣。韩延徽建议阿保机发展农业，稳定对所属部族统治；他起草政治制度，加强军权，更为之谋划军事，兼并党项、室韦等部。辽神册三年（918）耶律阿保机建皇都临潢府（今内蒙古巴林左旗南的波罗城）。两年后创建契丹大字并推行之。军事方面，耶律阿保机于辽天赞四年（925）东征渤海国。辽天显五年（930），东丹王耶律倍南逃后唐，辽太宗耶律德光（902—947）统一了契丹。

协助石敬瑭灭亡后唐后，会同元年（938），改皇都为上京，改革官制，划分南北二面，实行胡汉分治。北面官以契丹旧制治契丹人，南面官以汉制治汉人。会同九年（946），倾国之师南征，为后晋败于燕州长城（今河北固安县）北部。十二月，攻陷汴京（今河南开封市），俘虏后晋废帝李从珂，建国号为大辽，年号大同。可契丹人在开封待不住，第二年仓皇撤退，耶律德光在途中发病，病逝在石家庄附近的豪城，年45岁。

凡此表明，只要北方政权越过燕云十六州，中原大地就很难得以安宁。

大三角的对峙与博弈

1. 宋辽战与和的平衡点

契丹一直想入主中原而不得，后周初，它又扶植北汉政权割据河东以屏蔽燕云十六州。北宋建都开封，辽又支持北汉与宋抗衡。赵匡胤实施先南后北战略——先荡平南方，再寻机分兵攻取北汉。乾德二年（964），宋攻北汉辽州（今山西左权），辽遣耶律挞烈率军六万支援。开宝元年（968）至二年，宋再攻北汉，兵围太原，辽又出兵支援，为宋军击退。直至开宝末年（976），北宋不仅未能灭北汉，反使宋辽间矛盾加深。

北宋建立时，燕云十六州已由辽统治20余年，这让北宋君臣食不甘味，寝不安席。宋太祖甚至打起"赎回"的点子，密语臣曰：

"石晋割幽蓟以赂契丹，使一方之人独限外境，朕甚悯之。欲俟斯库所蓄满三五十万，即遣使与契丹约，苟能归我土地民庶，则当尽此金帛充其赎直。如曰

不可，朕将散滞财，募勇士，俾图攻取耳。"（《续资治通鉴长编》）

但这笔财富并没有完全用于收复燕云十六州，仅传到宋仁宗时期，就损耗殆尽。

宋太宗继位后，南方统一大局已定，遂于太平兴国四年（979）亲率大军攻北汉。先败辽援军，继破太原，灭亡北汉，为进取燕云十六州创造条件。长达25余年的宋辽战争由此拉开序幕。

双方互有胜负，最终，景德元年（1004）秋，萧太后与辽圣宗大举攻宋，辽大将萧挞凛在澶州察看战地时，中宋军伏弩身亡。辽失主将，士气大挫，亟谋妥协。宋以澶州为决战战场，集中兵力与辽军相持。真宗临阵督战，以振军心。但唯恐辽军突破澶州，危及东京，遂以向辽纳币帛为条件，缔结和约，史称"澶渊之盟"。此后，双方维系近120年的和平，宋朝终未收复燕云地区！

2. 大辽"五京"——统治北方的大模样

辽朝全盛时期疆域东到日本海，西至阿尔泰山，北至额尔古纳河、大兴安岭一带，南至河北省的白沟河。辽朝实行五京制度：上京（临潢府）、中京（大定府）、东京（辽阳府）、南京（析津府）、西京（大同府）（见图9-2）。辽帝按照四时规律巡视各地，以维持对庞大疆域的统治。

图 9-2　辽国五京格局

上京临潢府。公元916年辽太祖耶律阿保机在临潢府（内蒙古自治区赤峰市巴林左旗林东镇）登基称帝，建国"契丹"，定都上京临潢府。潢河，即西拉木伦河。距离上京最近的河流是乌力吉木伦河，表明这儿是草原、沙漠、丘陵交错地带。经西拉木伦河可通达蒙古高原。938年，契丹灭亡后唐得燕云十六州后，耶律德光先改国号为"大辽"，后将皇都改为上京，建临潢府。自此上京临潢府正式定名，二百余年始终为辽国都城。

中京大定府。中京（今内蒙古宁城西大名城）从辽统和二十一年（1003）开始建设，到统和二十五年（1007）基本建成，并设立大定府。辽代帝王常驻在这里，接待宋使。辽中京建在老哈河冲积平原上，北有七金山（今九头山），西眺马盂山，南濒老哈河。老哈河亦是西辽河支流，发源于燕山，呈西南东北走向。

东京辽阳府。辽天显元年（926），耶律倍随父耶律阿保机攻克渤海国都城龙泉府（今黑龙江省宁安市东京城），改渤海为东丹，以耶律倍为东丹王。耶律德光继位后，猜忌兄耶律倍，把东平（今辽阳）设为南京，令耶律倍迁居之。天显三年（928），东平为南京，府名辽阳。会同元年（938），改名东京。渤海国为靺鞨人所建，7世纪末和8世纪初，为唐所册封。《新唐书》云其疆域："南比新罗，以泥河为境，东穷海，西契丹……地方五千里。"

西京大同府，公元936年十一月，后唐大将石敬瑭将燕云十六州割让给契丹，云州（山西大同）被划归辽。辽兴宗重熙十三年（1044）升云州为西京大同府。大同府是契丹人在西部的前沿攻防阵地，向西威胁西夏，向南压制大宋。

南京析津府。南京析津府在北京市丰台区白云观至法源寺一带。公元938年，辽太宗耶律德光将幽州定为南京幽都府，1012年改为析津府。析津府名称来自"以燕分野旅寅为析木之津"。它是契丹人在燕山南麓插向中原的一把尖刀。

3. 女真金朝的兴起与狂飙突进

《金史·本纪第一·世纪》载："金之先，出靺鞨氏。靺鞨本号勿吉。勿吉古肃慎地也。"元魏时，勿吉有七部；隋称靺鞨；唐初，有黑水靺鞨、粟末靺鞨；辽朝时称"女真""女直"（避辽兴宗耶律宗真讳）。"女真"最早见于唐初，而"肃慎"一词早在3000多年前的商代就见于甲骨文。《国语·鲁语下》记载：仲尼曰，"隼之来也，远矣！此肃慎之矢也。昔武王克商，通道于九夷、百蛮，使各以其方贿来贡，使无忘职业"。

《后汉书·东夷传》："挹娄，古肃慎之国也……有五谷、麻布，出赤玉、好貂。无君长，其邑落各有大人。处于山林之间，土气极寒，常为穴居，以深为贵，大家至接九梯。好养豕，食其肉，衣其皮。冬以豕膏涂身，厚数分，以御风寒。夏则裸袒，以尺布蔽其前后。其人臭秽不洁，作厕于中，圜之而居。……种众虽少，而多勇力，处山险，又善射，发能入人目。弓长四尺，力如弩。矢用楛，长一尺八寸，青石为镞，镞皆施毒，中人即死。便乘船，好寇盗，邻国畏患，而卒不能服。"《北史·勿吉传》："勿吉国在高句丽北，一曰靺鞨……自拂涅以东，矢皆石镞，即古肃慎氏也。"契丹对女真"分而治之"——骗女真强宗大姓至辽东半岛，编入契丹籍，称为"合苏馆"（女真语，"藩篱"的意思），即"熟女真"，分布在辽东，接受大辽直接统治，缴纳赋税；留居粟末水（今松花江北流段）之北、宁江州（今吉林扶余）之东的为"生女真"，只接受辽朝间接统治，定期纳贡。黑水靺鞨后裔是生女真的族源，建立金朝的完颜部即出此。居住在长白山北麓介于生、熟女真之间的为回霸女真。完颜部生活的中心地区是松花江支流——阿什河中下游地区（今黑龙江哈尔滨阿城区）。

大辽对女真族的统治起初还算温和，但等到辽道宗耶律洪基、天祚帝耶律延禧祖孙统治时（1055—1125），压榨和欺凌日甚。生女真不仅要向大辽贡献海东青（猎鹰当中的极品，亦是女真族的图腾）和美女，边境交易时还常受到前者欺骗乃至掠夺。

辽帝每年春猎捕获第一条鱼后都会举办盛大宴会，召集女真各部首领前来朝拜，并强迫其歌舞助兴，借以宣示权威，号称"头鱼宴"。天庆二年（1112），天祚帝照例在混同江举行头鱼宴，席间命生女真完颜部酋长完颜阿骨打歌舞助兴遭拒。天祚帝恼羞成怒，想杀掉阿骨打，幸亏萧奉先劝阻作罢。

完颜阿骨打深知天祚帝不会善罢甘休，决定先下手为强，于天庆四年（1114）起兵反辽，并率包括完颜阇母在内的4000猛士在出河店一战中击溃十万辽军，趁机攻取辽东北州郡。1115年，金太祖完颜阿骨打统一女真各部，在会宁府（今黑龙江哈尔滨阿城区）建立金朝。

金军势如破竹，摧枯拉朽一般把辽军打得落花流水，只用 11 年就灭掉大辽。北宋君臣从中看到收复燕云十六州的希望，重和元年（1118），宋徽宗派遣武义大夫马政率同高药师等乘平海指挥兵船，自登州渡海，以买马为名，前往金国结好。

宣和二年（1120），宋使赵良嗣与阿骨打达成联兵攻辽的盟约，并特别强调："不如约，则难依已许之约。"可该协议不但加速大辽的灭亡，北宋也随之陪葬。宋、辽相安 100 余年，辽国腐败堕落。若北宋鼓励大辽倾力抵抗，坐山观虎斗，辽惨胜，北宋可予取予求；辽败，金人也会元气大伤，无力南进，燕云十六州可能也会回到宋朝怀抱。可惜，北宋君臣与虎谋皮，以肉饲虎，失败旦夕可见。

宣和四年（1122），金军攻占辽中京、辽西京，由童贯、蔡攸统领的宋军，接连两次攻打辽南京均败，童贯要求金军攻辽南京。十二月，金军由居庸关进军，一举攻下辽南京。金朝提出燕京归宋，宋将燕京租税一百万贯给予金朝。宋徽宗、王黼全部应允照办。金军将燕京城内财物和男女掳掠一空，宋接收的是一座残破不堪的空城。

宋宣和七年至靖康二年（金天会三年至五年，1125—1127），金军南下开启攻灭北宋之战。攻破燕京城之后，金军发现宋军毫无战斗力，稍事休整，一方面假装与宋交好，使者往来不绝；另一方面积极备战，暗中调兵遣将。

金灭宋的经过曲折，但总体看，宋朝君臣战略上频频失误，一厢情愿地相信金人的承诺，冀望协议式的和平。消极组织军民防守，一旦大军压境，又仓皇调兵迎战，进退失据。宋徽宗钟情诗画，治国无方。宋钦宗仓促继位，胆小怕事，曲意求和，轻信主和派的虚与委蛇。靖康二年（1127）闰十一月二十五，金军攻破东京。十二月初二，钦宗投降。靖康五年（1130）四月，金军掳徽、钦二帝北去，跟着的 3000 多人的皇室家族成为金人的鱼肉，北宋遂亡。

4.金五京的演变与地缘政治重心的移动

金朝贞元元年（1153）迁都于燕京，实行南迁北徙政策：女真人向南迁徙，最初迁徙到燕山一带，以后定居在华北地区，而一些汉人向北迁移。

1124 年前，金灭辽之后，基本上沿袭辽五京制，其中东京辽阳府、南京析津府、中京大定府、西京大同府的名称未变，只是将金的都城会宁府（今黑龙江哈尔滨阿城区南白城子）升为上京后，改辽上京为北京。当时，金灭辽南京析津府后，依约交给北宋。又在其旁设南京平州府。西京大同府并没有按约交北宋，这成为双方交恶的导火索。1125 年，金人复夺析津府，即辽南京，改称为燕京。

1127 年，金军攻进汴梁，建立傀儡政权"大楚"，册封汉人张邦昌为大楚皇帝，伪楚转瞬灭亡。金兵一面南下追击赵构，一面筹划册立新伪政权，1130 年，由刘豫建立伪齐，初都大名府，后迁都开封。1137 年，金朝对伪齐政权失望至极，将其撤销，把河南、陕西之地归还南宋。1140 年，金朝又毁约南侵，重新夺取河南、陕西。开封曾经多次被金朝直接统治。1138 年，金熙宗为首都设立京号和府号，是为上京会宁府，而原本的辽上京临潢府改为北京，金朝自己的五京制度开始成形。

海陵王完颜亮即位之后，在 1150 年削去了临潢府的京号，收缩北方。1153 年，完颜亮执行了一系列决定金朝命运的决策，其中最重要的就是将首都搬到了燕京析津府，改名为中都大兴府，原中京大定府改为北京大定府，而汴京开封府改为南京开封府。1157 年，为了彻底断绝女真贵族的妄想，海陵王废除会宁府的陪都地位，捣毁上京的城墙和宫殿。这表明，金人的地缘重心整体南移。生产方式则由游牧、渔猎向农耕、游牧并重发展。北方又空出了地缘政治空间，为蒙古兴起开拓了广阔天地。

1173 年，金世宗再次恢复了上京会宁府，以此向女真贵族表示妥协，也表达了自己坚守女真本位的意愿，这一情形稳定地坚持到蒙古入侵之后。

1213 年，金朝南迁开封躲避蒙古的兵锋，修建金长城（见第八章），但是开封仍称南京，以显示金有恢复疆土的志向，这一道理和南宋称杭州为临安相类似。直到 1217 年，金朝将洛阳升为中京，即表达对收复北方故土已不抱太大期望。

5. 大兴安岭以西：蒙古帝国由之兴起

女真人兴起于大兴安岭之东的三江平原，蒙古人兴起于西麓的额尔古纳河。有学者认为，蒙古族的"核心蒙古本部，即以成吉思汗为首的蒙古乞颜部源于蒙古室韦，蒙古室韦的先世为鲜卑，鲜卑的先世为东胡"。汉朝时，东胡为匈奴冒顿单于击败，退居乌桓山（大兴安岭南端）和鲜卑山（一说在今内蒙古自治区科尔沁右翼中旗西，本地人称为蒙格），分为乌桓和鲜卑二族。乌桓在被曹操征伐之后衰落，鲜卑崛起，在西晋时期鲜卑主要分为段部、慕容部、拓跋部、柔然部等。其中柔然与南北朝时期统治中原北方的北魏拓跋氏多次交战。柔然被突厥击败后，分为南北两支：南支逃到辽河上游，成为契丹人的祖先；北支逃到兴安山以东、外兴安岭以南的地区，是室韦的祖先。

蒙古人的生存环境比女真人更恶劣。地图测量显示，蒙古乞颜部落的中心在女真完颜部中心西北方向 600 千米以上，处于沙漠和草原森林之间。大兴安岭以西是广阔的蒙古高原，高原中部为戈壁荒漠，荒漠以南称漠南，即长城外侧一带，以北称漠北，为寒温带森林草原。草原地带，春夏秋，一片繁荣，风吹草低见牛羊，可冬天漫长寒冷，生存环境恶劣，所以他们有南下寻找优良生活空间的动力。

1125 年大辽被女真人灭掉，皇族人耶律大石收拢残部西迁中亚建立西辽[1]。蒙古草原上，突厥语族和蒙古语族部落像野草野蛮生长。13 世纪初蒙古人强盛起来，其中突出代表是乞颜部的孛儿只斤·铁木真（1162—1227）。1196—1204 年，他率族人陆续征服塔塔尔部、泰赤乌部、蔑儿乞部、乃蛮部、克烈部等诸说突厥语的游牧部落，并且在 1204 年使汪古部归顺，并于 1206 年在蒙古地区建立"大蒙古国"，1211—1216 年重创金国，并在 1217—1229 年继续侵攻金国，在 1205—1227 年七次入侵西夏、1218 年灭西辽后，1219 年底至 1223 年侵灭花剌子模帝国、高加索诸国和基辅罗斯诸国后，返回灭西夏，在 1231 年入侵高丽，1234 年 3 月与南宋联手彻底灭亡金朝，发展成为横跨欧亚的大蒙古国。

---

[1]　辽为金所灭，耶律大石率部西逃，建立西辽。1124 年，耶律大石称王，建基可敦城（今蒙古国布尔干省青托罗盖古回鹘城）。1132 年，耶律大石在叶密立城（今新疆额敏县）登基称帝，号"菊儿汗"，建元延庆，西辽建立。随后耶律大石向西域、漠北、中亚等地区扩张，在 1141 年的卡特万之战中，击败塞尔柱帝国联军后称霸中亚。高昌回鹘、西喀喇汗国、东喀喇汗国及花剌子模先后臣服于强盛期的西辽。耶律大石死后，历经三代君主，被屈出律篡国，1218 年为大蒙古国所灭。

6.蒙、金、宋的"三国杀"

这场"三国杀"的导火线是金人对蒙古人的敲诈和欺压。金朝上下长期推行残酷的民族压迫，蒙古人对此恨之入骨。金熙宗（1135—1148）时，成吉思汗的先祖俺巴孩汗曾被金以反叛罪钉在"木驴"上处死。金世宗（1161—1189）时，金朝不仅要蒙古纳贡，还每三年遣兵向北剿杀，谓之"减丁"。金朝为防蒙古报复，自达里带石堡子（今内蒙古莫力达瓦达斡尔族自治旗北），经鱼儿泊（今达来诺尔），到夹山（今呼和浩特西北），筑成一条长达3000余里的界壕（也称金长城）。

成吉思汗南下时，金朝人口已经发展到近5000万，比蒙古人多40余倍；有百万大军，比蒙古军多出10倍。当时有人说："金朝如海，蒙古如一掬细沙。"然而结果是"一掬细沙"填平了"大海"。

战争大体经过是：

第一阶段，蒙古先荡平金朝北方和西夏，将金朝的老巢三江平原、辽河平原和燕山以北纳入蒙古版图。

第二阶段，1213年，围困金中都（今北京），逼迫金迁都南京汴梁。

第三阶段，蒙将木华黎攻打金朝，萌生置官值守、政治管理的想法，相当于想占领据有的意图。1217年（金兴定元年、蒙古成吉思汗十二年）八月，成吉思汗封木华黎为太师、国王，全权统率蒙古兵1.3万人、汪古部兵1万人及降蒙古的幺、汉诸军攻金，并谕其招纳中原豪杰，建置行省。木华黎赴任后改变以前肆意杀掠和夺地不守的惯例，重用降服蒙古的河北清乐军首领史秉直、史天倪父子，兴中府元帅石天应，易州土豪、金中都留守张柔等人，攻取辽西、河北、山西、山东各地数十城，并置官镇守。加上南宋在南抵抗，金朝基本龟缩于河南。

第四阶段，蒙、宋联手灭金。蒙古起于北方，南宋早有察觉，而设计应付预案。成吉思汗伐金之前，南宋开禧二年（1206）四月，在韩侂胄指挥下，南宋曾发动大规模的攻伐金国军事行动，最终以韩侂胄被杀、南宋签署"嘉定和议"宣告结束。此后宋、金之间维持数年和平。嘉定六年（1213），蒙古军队再次突破居庸关，分三路向山西、辽东和山东进军。金中都（今北京）被蒙古大军围得水泄不通，给金宣宗上贺礼的宋使真德秀被迫中途折返。

真德秀回朝后将金国实情上报宋宁宗。其实两年前真德秀就已经察觉到中原局势巨变，希望宁宗尽快确定招抚山东、河北地区起义军方案，以此力量收复中原，未获重视。嘉定七年（1214），金宣宗迁都洛阳，令南宋朝野惊惧，激辩对策。真德秀建议断绝岁币，但有更理性者，认为应汲取北宋联金灭辽的教训，金、宋唇亡则齿寒，应支持金朝对抗蒙古。可金朝制造了靖康之耻，劫掠二帝北狩，支持金朝让南宋君臣心有不甘，如鲠在喉！淮西提举常平乔行简提议，继续给金国上岁币，视金国为抵御蒙古人的屏障，史弥远附议乔之提议。但这显然激起了官员们的民族情绪，太学生黄自然等人伏阙上书，表示抗议。执政集团被逼，对金彻底断供。

其时，若金朝君臣能主动点，并非无联手可能。金朝不但不明白，反而认为南宋是软柿子。嘉定十年（1217）五月，大举攻宋，一度攻占信阳、樊城，直逼襄阳。嘉定十一年（1218）末，金军在战争泥潭挣扎两年后，迫切希望结束战争，打算议和。但南宋对金朝彻底死心，拒绝和谈。嘉定十六年（1223），继位不久的金哀宗遣使南宋，不断示好，南宋同意停战，持续数年的宋金战争结束。可这时，金国灭亡的时钟嘀嗒作响。中原战场上，蒙、金攻守态势发生微妙转折。自蒙古军队掳掠河南州县后，金宣宗意识到稳定河南地区的重要性，便调集精兵良将据关（潼关）守河（黄河），打造严密的关河防御体系。蒙古人要想灭金，就只能借道南宋境，采取南北夹攻战略。

可南宋方面认为，既然两弱联手对一强乃必然之势，就不能答应蒙古军借道请求，转而与金暗通款曲，以便在三国之间腾挪。自绍定四年（1231）开始，蒙古大军不断地向京湖和川陕地区制置司派遣专使，请求南宋允许蒙古军队通行，被拒。最终，窝阔台指挥蒙古军队武力借道，攻入四川。由于宋军作战不利，金军被迫从关河防线调集大军前往四川堵截蒙军，结果，十七万大军被蒙军消灭（1232），失去了帝国的最终支撑力量！三月，蒙古军队旋即兵围汴梁。年末，金哀宗放弃汴梁出逃归德府（今河南商丘）。几经辗转后，于绍定六年（1233）六月，潜逃至蔡州（今河南汝南）。这已经是金哀宗最后的退路了，再往南过淮河就是宋朝天下了。

南宋看准时机，又投机性地与蒙古联合，置金朝于死地。为啥呢？因为金朝失守汴梁后，逃往归德，骨子里仍视南宋为仇敌，梦想逃亡到巴蜀之地，建立根据地，图谋复兴。这些，南宋都看在眼里。

宋、蒙的第一次合作，画面极为和谐。蒙古统帅塔察儿热烈欢迎宋军的到来，两军统帅相结为兄弟，两军划分地界屯防驻守以防金朝突围，还约定双方不得互相侵犯。同时相互配合攻城。

端平元年（1234），正月十日，蒙古军队攻西门，宋军攻南门。金军首尾不相顾，城破。金哀宗自缢身亡，金告灭亡。孟珙与塔察儿分金哀宗遗骨，还军襄阳。金哀宗遗骨被供奉在太庙的徽、钦二帝遗像前，南宋举国欢腾，庆贺雪耻。宋蒙之间的和平局面持续不到半年，南宋要收复故都开封、洛阳、归德，与蒙军交恶，从此开启了蒙宋之间长达50多年的战争。

蒙古若与同为北方少数民族建立的辽、金相比，疆域从北方步步向南方推进。辽在南方的分界线在黄河一带（北宋时黄河北流），金推进至淮河一线，山东、河南，安徽、江苏北部为金占领。元朝的疆域抵达南海，甚至越南占城也被攻克过。

蒙古的脚步与鞭子跨过燕云十六州，但政治、文化却没跨过

蒙古帝国跨过燕云十六州，在大都安营扎寨，统治中原，可在实际政治、文化上却逡巡不前。他们兴起于草原，政治组织是部落联盟，以此管控中原地区的广土众民则不合适了。元惠帝云："汝守令之职，如牧羊然。饥也，与之草；渴也，与之水。饥渴劳逸，无失其时，则羊蕃息矣。汝为我牧此民，无使之失所，而有饥渴之患，则为良牧守矣。"[1] 元人并没有切实地负起服务老百姓、发展生产力的责任，故与北方汉人和南方汉人离心离德，一旦遇到天灾，救弊不时，便人祸相随，帝国则进入歹运循环。与辽、金相似，蒙古也存在北方老巢和南方财富中心的二元对立。

---

[1] ［元］权衡：《庚申外史》卷上。

第一，元上都处于农耕区和游牧区之间，大都则在农耕区。上都，在大都正北约 280 千米的内蒙古草原（今内蒙古自治区锡林郭勒盟正蓝旗上都镇，地处闪电河畔金莲川草原之上）。至元元年（1264），忽必烈建大都城（今北京长安街以北，东西二环之间到元大都城墙），为冬都，并确立两都巡幸制度，定上都为夏都。上都距离蒙古人发迹之地呼伦贝尔也有 800 千米之遥。冬夏都之分，反映了蒙元皇室的享乐思想。如元惠帝 1333 年七月在上都即位，九月或十月返回大都。这种钟摆式享乐巡幸似乎合理，但要统治中原和南方是绝对不适当的。它与中国传统政治精神有云泥之别，传统政治是养民之欲，惠及百姓，如民父母，亲之近之，以解民忧。而帝国可汗如果畏惧南方之民，不去巡视，表明他并没有统治意愿。

第二，元初有四等人制——蒙古人（也称国人）社会政治地位最优越；色目人（包括西域各部族，共三十余族，也称诸国人）次之；汉人（黄河流域之中国人，受金人统治者）再次之；南人（长江流域及以南之中国人，原南宋统治的民众）最低。由于这些族群以楚河汉界分居，处在不同的地理空间中，这犯了帝王政治治理大忌。南人入仕者寡，中央设行省宰制地方，无定官持续推进地方事业，地方事务废毁不兴。而南人所在之地恰好又是经济富庶之地，经济实力强大，元人须仰赖南方供应，一旦中断，大都就会面临缺粮断炊的困境，这是元朝政治治理失败之处。一旦身份卑贱的南人混迹一处，联手造乱，则很难控制局面。其后，正是淮河、长江之间的反抗势力、山东半岛的红巾军起义，风卷残云般地将元朝灭亡。

明朝燕云十六州重新回归汉族政权

1. 明朝边镇体系之建立

朱元璋从正式称帝到驱逐元廷北遁，用时 20 余年。洪武三年（1370），他不顾官员反对，实行"诸王靖边"战略，大封诸子（前后共 25 子和 1 皇孙）至各关隘险地镇守，授予调兵权，放在防御蒙古人的最前线，打造东起辽东，经河北、山西大同，西至宁夏、甘肃几千千米的防线，其中又以燕云十六州最为集中。朱元璋在明朝的北部边境险隘要塞之处设立塞王，从东到西分别设立了辽王（建藩广宁府）、宁王（建藩大宁卫）、燕王（建藩北平）、谷王（建藩宣府）、代王（建藩大同）、晋王（建藩太原）、秦王（建藩西安）、庆王（建藩韦州）、肃王（建藩甘州）九大塞王。每个王府约配备三个护卫指挥使司、两个围子手所、一个仪卫司，有万余人。其实，朱元璋分封与西周分封有很大不同——只给子孙守卫疆土权，并无裂土治民权，土地和人民仍为天子控制。若南京城有人谋反，诸子可进京勤王。天下权力真正控制在朱家人手中，是朱元璋极权专制可以一条路走到黑的基础。唐朝实行外重内轻的军事战略，宋朝则内重外轻，均有后遗症。朱元璋则先用其利，再制其弊。在他当政时，十分有效。可他两眼一闭，孙子建文帝就着手削藩，燕王朱棣借清君侧的名义夺权。封建制的优、缺点非常明显，很难两全。

明初北方防线由各镇守于险要处修建城堡、关隘、边墙等防御工程，坚壁清野。《明太祖实录》中记载一段洪武六年（1373）朱元璋在派遣徐达、李文忠往山西戍边时嘱咐他们："御边之道，固当示以威武，尤必守以持重。来则御之，去则勿追，斯为上策。若专务穷兵，朕所不取。"坚壁清野的国策，一直坚持到明穆宗时期，这让北元人吃尽了苦头。例如，因为严禁铁器进入草原，蒙古人无铁锅烧饭煮肉，这让曾经在中原享尽荣华富贵的蒙古上层情何以堪？

为解决数十万前线大军粮饷难题，朱元璋采取军屯制度，三分守城、七分屯耕，统一调配耕牛、农具等。戍边部队，种地、防守两不误。另外，洪武四年（1371）制定中盐例，根据里程远近，送1～5石粮食到边关可向政府换取一小引（200斤）盐引。盐引，是政府可以贩卖食盐的批文。本来商人运粮食到边关，才能换盐引，后来，商人发现在边地种粮换盐引较划算，促进了商人屯田的积极性（商屯）。明孝宗弘治年间，户部尚书叶淇改旧制为商人以银代米，国家财政收入骤增，但边地盐商却举家内迁，商屯迅速破坏，反而危及边疆安全。

2. 天子守国门，与九边镇守体系

朱元璋崩，嫡孙朱允炆继位，急推削藩，导致燕王以"清君侧"的名义造反，攻占南京自立（1403）。但因其登上皇位名不正、言不顺，坐镇南京整日提心吊胆，而北方乃其发迹之地，边塞重兵属连，与元人交错，战争紧绷，也难放手。1403年，大臣建议迁都燕地，朱棣立马同意，在北京设顺天府，与南京应天府遥相呼应。永乐七年（1409），他在北京昌平选建陵墓（十三陵长陵）。永乐八年（1410），他下令疏浚大运河，命令仿南京紫禁城，建设北京。永乐十六年（1418），议迁都，十九年（1421），正式迁都。明王朝的物力、财力向北方云集，有力地支撑了与北元的战争。朱棣迁都，对外宣称"天子守国门"，有一石数鸟之功，是影响中国地缘政治格局的大事。

朱棣在位，继续遵循其父之志，不遗余力地打击北元势力，前后五次出征，横扫草原广漠。至第五次扫荡北元（1424），他率军追索三千里，不见元军踪影，班师归途病崩，真可谓鞠躬尽瘁，死而后已了。此时，燕云十六州又变成了防御和前进的基地。

明成祖去世后，北方进入防守阶段。明仁宗虽然在永乐年间监国多年，但在位不满年就去世，明宣宗一改永乐年间举国用兵、劳民伤财国策，主张"守备为上"，要"德治"不要"武治"，放弃北方众多边关重镇，军事防线进一步收缩。宣德五年（1430），宣宗以大宁、东胜、兴和既弃，开平势孤难守为由，派阳武侯薛禄"帅师筑赤城、同鹗、云州、独石、团山城堡（今河北独石口、赤城一带）"。《明史纪事本末·设立三卫》中记载，"弃地盖三百里。自是尽失龙岗、梁河之险，边陲斗绝，益骚然矣"，这导致蒙古势力屡犯边关。宣德七年（1432）和九年（1434），鞑靼军两次攻入边关，杀死明朝指挥江海、千户包让等，大掠而去，使原本稳固的明朝北方防务变得十分危险。此时，瓦剌兴起，蒙古人从朝贡贸易中得到实惠，甚至到了强制朝贡贸易的程度[1]。正统时期，明英宗朱祁镇政治幼稚，

---

[1] 朝贡贸易，是指明永乐时期开始的一种附庸国向明朝朝贡，随行商人携带货物到大明贩卖，获利而归的形式。起初，明朝为表示慷慨大度，薄来而厚往，使臣携带方物而来，都随带大批商人与货物，凡来者必赏。如此，各朝贡国随行人员越来越多，给明朝财政造成巨大压力。瓦剌人臣服明朝，参与朝贡贸易，上层获利甚多，规模逐步扩大，也先最多竟然派遣 3000 人的朝贡团队。宣德五年（1430），明朝停止郑和下西洋，宣德八年（1433），降低来使待遇，压缩规模。瓦剌人被断生财之道，便兴兵抢夺。

亲率大军出征瓦剌，结果在土木堡惨败被生擒。瓦剌国师也先兵临京城，洗掠而
败归。

　　明朝初设的九大塞王，统辖漠南诸卫所，但永乐之后漠南诸卫所逐渐废除或
内迁，只剩九个重镇。明孝宗弘治年间，演变为"九边重镇体系"，它东起鸭绿江，
西抵嘉峪关，在绵亘万里的北部边防线上相继设立了辽东镇、蓟州镇、宣府镇、
大同镇、太原镇（也称山西镇或三关镇）、延绥镇（也称榆林镇）、宁夏镇、固原
镇（也称陕西镇）、甘肃镇九个边防重镇，史称"九边重镇"（见图9-3）。嘉靖年
间明廷于北京西北增设了昌平镇和真保镇，万历年间又从蓟州镇分出山海镇，从
固原镇分出临洮镇。

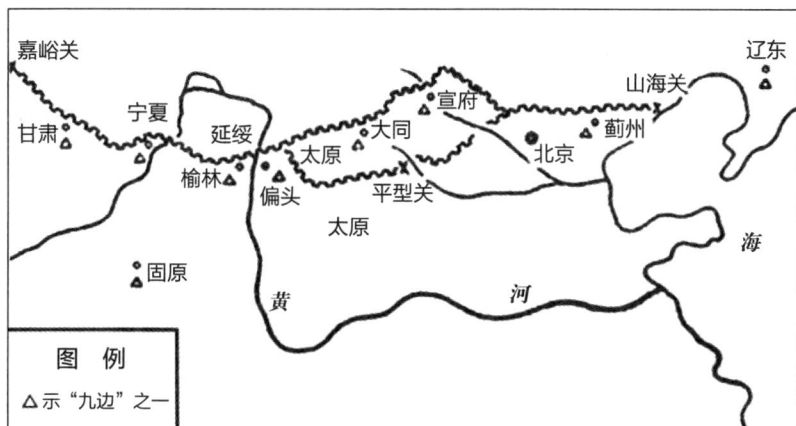

图 9-3　明朝九边

　　明世宗嘉靖年间，北方防线萎靡不振，步步退守、被动，北方游牧民族活跃
于漠南，冲击边关。明朝一方财政吃紧，无力供应边防前线钱粮，且商屯、军屯
废弛，军队腐败，战斗力锐减。明廷内部倾轧，宦官当道，党争祸起，议而不决，
无暇顾及北方战力恢复。蒙古一方，内斗不断，政权转移无序，百姓生活困苦，
在长期与明朝的斗争中，损失惨重。

　　与九边体系相伴生者，是明代大修边墙。现在我国版图上的长城，绝大多数
为明代所修造，部分为战国诸侯长城的遗存。

3. 与明朝皇帝沾亲带故的又一支女真部落，对燕云地区构成新地缘压力

女真人建立的大金在中原被灭，其留在原居地的女真人在明初又形成一股政治势力，明末建立后金，成为围绕燕云十六州博弈的又一政治力量，最后突破辽东和燕山，入主中原。

明洪武初年设立辽东都司，二十年（1387）六月大破元军于金山（今吉林农安附近）后，更奠定了对松花江以北女真诸部的统治基础。明成祖朱棣根据女真各部"相率来归""悉境来附"的情况，于永乐七年（1409）设立了奴儿干都指挥使司，管控羁縻边夷。

东北女真分为建州、海西和野人三大部。对中国历史产生颠覆性影响的，是建州女真。建州女真分布在长白山南部、牡丹江、绥芬河流域。

明永乐元年（1403）置建州卫，以女真人阿哈出（明赐名李思诚）为指挥使，在牡丹江与松花江合流处的三姓（今黑龙江依兰）建置。朱棣纳阿哈出女为妃，代理明朝管控野人女真。公元1406年，猛哥帖木儿（努尔哈赤六世祖）经阿哈出举荐，被任命为建州卫都指挥使，嫁其妹予阿哈出长子释迦奴（李显忠），生子李满住。猛哥帖木儿因此沾边皇亲国戚。当朝鲜李氏王朝要谋杀猛哥帖木儿时，永乐帝谕旨斥责说："猛哥帖木儿，皇后之亲也。遣人招来者，皇后之愿欲也。骨肉相见，人之大伦也。朕夺汝土地，则请之可也。皇亲帖木儿，何关于汝乎？"（《〈李朝实录〉太宗五年九月己酉》）表明，清朝先祖和明朝皇室还有远亲。

公元1411年，猛哥帖木儿率领部众西迁到开元路属地凤州（今吉林梅河口山城镇）居住，一年后，明朝在凤州增设建州左卫，任命猛哥帖木儿为卫指挥。永乐二十二年（1424），李满住受野人女真逼迫，得明廷许可，从三姓迁到宁古塔（今黑龙江宁安）。宣德元年（1426），他又袭父职为建州卫都指挥佥事（正三品武官）。宣德八年（1433），猛哥帖木儿被朝廷任命为右都督，因得罪蒙古人，被蒙古人的同盟——七姓野人女真杀害，其族人受到毁灭性打击。明正统三年（1438），李满住率族人移居灶突山东浑河上游的苏子河流域。五年（1440），建州左卫凡察、童仓（董山）等从朝鲜阿木河迁来与其一处居住。凡察为猛哥帖木

儿之弟，董山为猛哥帖木儿之子。由于一山不容二虎，叔侄皆有印信在手，不愿交出，明正统七年（1442），就从建州左卫中析出建州右卫（凡察），奠定形成建州三卫的格局。其中，以李满住实力最强。

李满住统辖下的建州女真，与明廷长期合作，建州三卫势力大增。成化三年（1467），明宪宗朱见深谕令建州三卫不得越边。但董山、李古纳哈未经批准即以朝贡为名进京，惹怒明廷。九月，明廷发兵五万大军进剿，同时令朝鲜派军配合，史称成化之役。李满住、其子李古纳哈被朝鲜大将斩杀，建州女真元气大伤，但仍为后金的建立奠定了基础。董山等索要无度，在归途亦被明军计杀。

董山季子曰爱新觉罗·锡宝齐篇古，是努尔哈赤的四世祖。锡宝齐之子福满，是努尔哈赤的三世祖，世袭祖职。福满第四子觉昌安是努尔哈赤祖父。觉昌安第四子塔克世娶妻喜塔喇·厄墨气，生三子，长子即努尔哈赤。

后来，努尔哈赤旗帜鲜明地"反明"，是为其祖父、父亲报仇雪恨（前几代王朝皆报仇雪恨起家）。原来，建州女真发展到他祖父辈时，建州卫被连根拔起。此时，建州右卫势力强大，几乎统一了建州女真，酋长为王杲。努尔哈赤祖父觉昌安领导的建州左卫低调从事，依附于右卫。此后，李成梁出任辽东总兵，与觉昌安关系密切，塔克世甚至带着年幼的努尔哈赤来到李成梁家中做客。1574 年，王杲杀死了明朝副总兵，彻底决裂。李成梁率领六万大军征讨王杲，觉昌安、塔克世充当明军"带路党"，没有费多大力气取胜，擒获王杲，将之凌迟处死。王杲之子阿台发誓报仇，返回古勒山，招兵买马。

1583 年，李成梁再度率兵讨伐，觉昌安、塔克世父子暗助。由于古勒山地形险要，明军一时难下，觉昌安"挟尊长之名，入围城省其孙女，劝阿台降"。可李成梁反而纵兵杀掠，觉昌安被明军大炮引发大火烧死，塔克世被明军误杀。战后，明将为安慰努尔哈赤，给予其丰厚赏赐："乃归二祖丧，与敕三十道，马三十匹，封龙虎将军，复给都督敕书"，"自此岁输银八百两，蟒缎十五匹"。时努尔哈赤已经 25 岁。

明朝以为善待努尔哈赤就太平无事了，哪想到他会造反？他先以祖父遗传的 13 副铠甲起兵，先后降伏了长白山地区、海西女真九部、东海女真等。万历二十九年（1601），他进京朝贡，万历三十一年（1603），迁居至赫图阿拉（今辽宁新宾）。

随着势力的逐渐扩大，努尔哈赤的名号亦逐步从"聪睿贝勒"发展至"女直国建州卫管束夷人之主"，再称"建州等处地方国王"，之后又接受喀尔喀蒙古各部的归顺，上尊号"昆都伦汗"。而明朝对努尔哈赤的野心浑然不觉，甚至在1615年，努尔哈赤建立后金国的前一年，蓟辽总督还向朝廷奏称其"唯命是从"。万历四十四年（1616），努尔哈赤在赫图阿拉称"覆育列国英明汗"，国号"金"（史称后金），年号天命。此时的努尔哈赤已经统一了女真部落大部。

明万历四十六年、后金天命三年（1618）四月十三日，努尔哈赤"告天"誓师，率步骑2万名进攻明军，攻占抚顺城以东诸堡大部分。袭占抚顺、清河后，又打算进攻沈阳、辽阳，但因力量不足，侧翼受到叶赫部威胁，并探知明王朝已决定增援辽东，便于九月主动撤退。

1619年，努尔哈赤率军在萨尔浒之战中击败了明军，后金与明朝力量对比开始逆转。努尔哈赤在萨尔浒之战中取得胜利，很大程度拜天气迅速转冷所赐，明军来自南方，对北方寒冷估计不足，进攻计划全被打乱，处处被动。

明末清初各股势力围绕燕云地区的大博弈

1. 气候变冷：农牧过渡地带南压

15世纪的前25年，气候湿润，紧接着在明宣德元年（1426）便遭遇大旱。除了在15世纪50年代、70年代有过短暂的湿润期外，整个15世纪的后75年，不断出现干旱。明弘治十七年（1504），降雨量恢复正常，之后出现过短暂的湿润期。嘉靖二十三年（1544），干旱频仍的现象再次出现。崇祯十七年（1644）为止，明代的最后100年，天气异常干燥，其中尤以嘉靖二十三年到二十五年（1544—1546）、万历十三年到十七年（1585—1589）、万历四十二年到四十七年（1614—1619）三个时段最为严重。此时期后金兴起。明末，发生了波澜壮阔的"崇祯之渊"，自崇祯十年（1637）开始，七年大旱肆虐全国。旱灾之后，紧跟着蝗灾，在崇祯十年到十四年（1637—1641）的五个夏天，蝗虫来势之凶猛，为元明两代所仅见。

天灾造成人祸，彻底打乱了人地关系之协调。例如，在兵部尚书孙承宗的力主下，明朝建立了关锦防线和关东铁骑，至明亡，清军也没有攻破。但位于辽西的朵颜三卫，本是明在长城内外设置的第一道防线，大灾之年，崇祯鉴于国库紧张，竟停发其抚赏钱粮，致使蒙古察哈尔左翼部落在后金的打击和怀柔下引导黄台吉军突破长城防线（过喜峰口），直捣京师。再如，1571 年隆庆和议前，有不少蒙古人在长城内当差、种田、放牧，承担防卫任务，汉民也到长城外种田，蒙古人予以保护。隆庆和议以后，长城作用降低，导致关内蒙古人不受待见，失去防卫功能，关外汉人或被杀或被逐。大灾之年这种矛盾进一步激化。1633 年，林丹汗在与后金的决战中，败亡青海，随后，两翼大总官塔什海、虎鲁克寨桑及巴达西寨桑等头目率众投降后金，其间因缺少粮食到了"杀人以食"的地步。1633 年，林丹汗五次攻略明边，1634 年，更是连续在三月、四月、五月出兵，闰八月甚至和洪承畴交手，皆为粮食故。

如此天灾、人口大量散亡，万里长城失去了它的作用，这是朱元璋、朱棣父子在兴九边镇时，所没有考虑到的。"天子守国门"旋为帝国的"绞索"。

2. 后金搅乱燕云，政治野心陡然膨胀

后金先后六次侵犯明王朝，每次都像摇动朽木，直到大明根断叶落，气数净尽。

第一次发生在清天聪元年（1627）五月，后金兴兵进犯辽西宁远，败归。努尔哈赤非常郁闷，1626 年病亡，九子皇太极继位，年号天聪。皇太极好像一个天生的军事地理学家，他总结父亲攻打宁远失败教训，认为攻破辽西实不可能，必须转变战略重点，进攻朝鲜，一为消除来自朝鲜方面的威胁；二为消除驻扎皮岛明毛文龙军的威胁；三为掠夺朝鲜财富，扩大后金给养。朝鲜李氏王朝不久举手请降，与后金结为兄弟之国。他又亲率大军征明，发动宁（今辽宁兴城）锦（锦州）之战，因袁崇焕坚守宁远城池不出，巧妙运用红夷大炮[1]，重创后金兵，皇太极惨

---

[1] 徐光启等得西洋传教士协助，从澳门葡萄牙人手中，明天启三年（后金天命八年，公元 1623），首次购得西洋炮 30 门，其中 11 门运往关外宁远，其他作防卫京师之用。这 11 门火炮，后来在袁崇焕等人的悉心运用下，在宁、锦一带战争中，发挥了制胜的作用。后金天聪五年（1631）正月，后金成功仿造红衣大炮，镌曰"天佑助威大将军"，这成为改变历史进程的关键一步。

败，史称宁远大捷。

第二次，史称"己巳之变"，即皇太极西进跨过长城经河北遵化、蓟州、通州，进犯北京，掳掠燕云十六州南部地带而归。

1628 年 2 月，皇太极首先带领两个幼弟多尔衮及多铎统大军亲征察哈尔所属的多罗特部，进至敖木伦（今大凌河），俘获 11200 人。接着，追击蒙古察哈尔部至兴安岭，占领林丹汗故地。此时，蒙古已经衰落，败走西拉木伦河流域。明廷断绝关市和抚赏，蒙古部族缺吃少喝，怀恨在心而背叛大明。皇太极得以与朵颜三部结盟，建立蒙古八旗兵；另外，将辽东各地的汉民组织起来，组建以汉人为基础的八旗队伍，总兵力超 20 万人。

1629 年 10 月，皇太极出动大军向西追击察哈尔部，劳而无功，便决定带领十万大军向南，突袭明京城，己巳之变爆发。后金军在蒙古喀喇沁部的引导下 [1]，从龙井关（河北迁西）、洪山口（河北遵化）、大安口（遵化）突入关内，攻占遵化，经蓟县、过通州，直逼京师。明廷急令各地兵马驰援。督师袁崇焕统领诸路援军直趋北京，阻后金军于广渠、德胜等门外。皇太极进攻受挫，遂施反间计，中伤袁崇焕。援军军心动摇，总兵祖大寿还师宁远。皇太极乘机夜袭卢沟桥，斩明军副总兵申甫以下约 7000 人，继而击败明援军 4 万人于永定门外，明总兵满桂、战死。袁崇焕遭反间计，当年 8 月遭凌迟死。1630 年（明崇祯三年、后金天聪四年）初，皇太极东进，连克数城，分兵驻守遵化、滦州（今河北滦县）、永平（今河北卢龙）、迁安（今属河北迁安）。1630 年 4 月，后金军见此次南下目的已经达到，于次年正月连克通州、迁安、遵化、滦州诸镇北归（此时，李自成在陕西起义）。

第三次，1632 年，孙承宗派祖大寿在大凌河边筑城，加强关宁锦防线，特别是宁远防线，城将就，被皇太极发现，围困之，明军粮草竭尽，祖大寿被迫投降，后又复归。

第四次，清崇德元年（1636）七月，后金军经居庸关入寇，经昌平，直逼北京，

---

[1] 由于明廷与蒙古人定期开关交易，蒙古人知晓到达长城各关口的路线。不然，越过崎岖蜿蜒的燕山山脉，简直不可能。由于自然灾害，明廷得罪蒙古人而遭反叛，导致长城形同虚设。

二向进犯保定，五六战皆捷，扫荡而归。这次进犯，将宣德府所管辖的区域扫荡一空，长城防线荡然无存。几个月前，皇太极在盛京天坛祭天，然后"践天子位"，受尊号为宽温仁圣皇帝，定国号"大清"，改元崇德。

第五次，1638 年（明崇祯十一年，清崇德三年）多尔衮率军由古北口入寇，会于涿州，分兵八道，由卢沟桥趋两厢，下 48 县，又由德州过运河，攻破济南，大掠而归。这次入寇，华北大平原被劫掠一空，满目荒残，人烟稀少。

第六次，1641 年（明崇祯十四年，清崇德六年）。清兵数次入寇中原，不得尺寸之地，盖因辽西关宁防线。清军非攻破关宁锦防线不可，这是因为，清兵在中原时间久，恐明出辽西攻其老巢沈阳，所以每次进剿，皆不得全力以赴。关锦之战打响后，明调派十三万大军，由洪承畴率领。清兵先下关外四城（锦州、松山、杏山、塔山），吴三桂败走，蓟辽总督洪承畴所占城池被长期围困，粮绝。部下勾结反叛，他本人被抓，终投降（1642）。

3. 农民起义军直捣京城，燕京地区的结构性防御力量散架

气候变化导致西北地区人地矛盾突然显现。大明王朝在外患不止的情况下，靡费庞大，国疲民贫，近乎山穷水尽。且国家积蓄可救一时之急，而不能救多年之灾。百姓不得温饱，甚至易子而食。纵无官逼，良民也会流荡为盗！

崇祯元年（1628）七月，陕西白水县的王二等人聚饥民起义，揭开了明末农民大起义的序幕。崇祯三年（1630）六月，陕西定边人张献忠率众在米脂十八寨起义，自称"八大王"。陕西安塞人高迎祥、陕西米脂人李自成等，皆在长城以内农耕脆弱地带发动起义。河西走廊、河套地区、关中盆地是农民起义的始发地，再向河南、山西发展，在官军"追剿"下，向安徽、湖北、四川、云南等地扩散。又由于明廷财政紧张，拖欠守城边卒粮饷，边卒迫于无奈，参加起义军者众多。

明廷战争支出大增，便不断加赋。神宗万历四十六年（1618）、四十七年（1619）、四十八年（1620），共增赋 520 万两，崇祯三年又加赋 165 万两，名曰"辽饷"。为对付流寇又增收剿饷。敲骨吸髓式的盘剥，民穷财尽。地方官员若只是奉命行事，百姓势必无活路。如李自成起义口号"吃他娘，穿他娘，吃穿不尽有闯王"和"杀牛羊，备酒浆，开了城门迎闯王，闯王来时不纳粮"，都是围绕粮

食做文章。由此可见，明朝灭亡最根本的原因是大自然剧变，带动人祸交加，引起社会整体性沉沦。

李自成1644年正月在长安称帝，国号大顺。接着他率农民军经山西，三个月就攻入北京城。驻留不到一个月即东出攻打驻守山海关的辽东军。四月二十一日，李自成与驻守山海关将领吴三桂展开一片石战役。吴三桂被迫降清，与多尔衮联手反攻，大顺军大败。二十六日李自成退回北京，军人仅剩3万余名，二十九日他在北京称帝，然后经居庸关原路返回长安。随后，清军进入空空荡荡的紫禁城。

燕云十六州再由天堑，分割关内、关外的地缘作用变成连接内外的地理枢纽了！吊诡的是，天下易主的第二年，华夏大地又风调雨顺了。

第十章

河西走廊：西部十字形枢纽的咽喉地带

1842 年 9 月，一位著名人物从西安出发，一路颠簸，过兰州、永登、庄浪，翻越乌鞘岭，进入河西走廊，再过凉州、张掖，驻足嘉峪关，此人就是被发配到新疆的林则徐，时年 56 岁。虎门销烟打出了中国人的气概，却惹恼了英国人，他们纠集力量，发动鸦片战争，以坚船利炮威胁皇都，朝中的妥协派将林则徐斥责为替罪羊，道光皇帝撤了他的职，把他发配到万里之遥的新疆伊犁。在嘉峪关，他观察山川形势，写下"除是卢龙山海险，东南谁比此关雄"的诗句。

嘉峪关地处万里长城的西端，向南 2000 米就是讨赖河。"卢龙山海"，是指除了险要的卢龙关（今喜峰口）和山海关老龙头，东南方向还有哪个关比嘉峪关雄壮？嘉峪关南望莽莽苍苍的祁连山，北连漫漫大漠，怎让人不生起豪迈？昔日的博望侯（张骞）、班定远（班超）、贰师将军（李广利），大宛宝马，驼铃声声，经声佛号，历历在目，声声入耳，属望如今紧闭的冷漠关门和寥落的驿卒、送行人，满目的萧瑟荒凉，怎让人不油然而生历史的沧桑与衷情？不知他者，以为他被流放，再无生还希望；知他者，知道这是他的新疆发现之旅。林则徐是个位卑未敢忘忧国者。

38 年之后，1880 年 5 月 26 日，曾受林则徐重托的左宗棠领军离开肃州（今甘肃张掖），向哈密进发。68 岁的左宗棠病魔缠身，满身疲惫，经年辛苦换来扫清新疆域外势力第一阶段的胜利，可清政府派往俄国的谈判代表崇厚签订割地丧权的条约，气得他直跺脚。这次出征，病魔缠身的他命士兵们抬一口棺材，表达身死为国的决心。

回想当年，林则徐从云贵总督卸任，一家人风尘仆仆告老还乡福建，路过长沙，在一条小船上，只会见了左宗棠（1852）。两人一见如故，彻夜晤谈。临别时，林则徐将亲自整理的新疆地图资料和文字材料托付左宗棠说："东南抗匪或有他人，西定新疆，舍左君莫属。"后来，左宗棠表现出突出的军事才能，靠着军功，节节高升，后任陕甘总督，督办新疆军务。此次出征前，刘锦堂等率领的清军已收复南北疆，形势对大清极为有利。可清廷派出的外交谈判官员崇厚在与沙俄关于伊犁划界的外交战中擅自做主，割地丧权，导致清廷上下极为不满，拒绝承认谈判结果。为增加对俄国的压力和谈判筹码，这才有左宗棠抬棺出征的一幕。清廷另派曾国藩之子曾纪泽领衔谈判，巧妙利用国际形势变化和新疆军民的联合动作，迫使俄国签订了《中俄伊犁条约》(1881)。在外交取得成效的情况下，清廷命左宗棠返回，当他踏进嘉峪关时，回想起林则徐的"除是卢龙山海险，东南谁比此关雄"以及前线搏杀、捐躯西域的将士，挥毫写下"天下第一雄关"的苍劲大字。就在他踏入嘉峪关后不久，闭塞许久的关城开埠通商。河西走廊和西域经过长期动荡，满目疮痍、萧条凄凉后，再次与东部融为一体，而恢复生机。

自张骞凿空西域，霍去病驱匈奴出河西走廊，封四郡，列亭障开始，河西走廊在中华民族的凝成中发挥着举足轻重的作用——丝绸商旅往来，经声佛号舒缓，凉州歌词奔放，洞窟绘画惊艳，更有那雄关漫道真如铁。

河西走廊南依巍巍祁连雪山，北邻茫茫戈壁沙漠，绿洲串联着冰雪融水汩汩地流淌，形成贯穿东西的中间绿地草场。祁连山雪山层叠，山峰摩云，白雪皑皑，熠熠生辉，展现着圣洁与美丽。北侧是东南西北走向连绵的冲积平原，平原北侧又是连绵的山脉（马鬃山、合黎山、龙首山）隔断黄沙（如巴丹吉林沙漠与腾格里沙漠），山脉之间的平原丘陵形似走廊。从中原过萧关向西在甘肃靖远过黄河，翻乌鞘岭至武威西抵敦煌，经阳关与玉门关，通向西域。

河西走廊是十字形枢纽的走廊。我国西部存在着以长安为中心的十字形枢纽和以张掖为中心的小十字形枢纽。河西走廊是地势第二级阶梯和第一级阶梯激荡的枢纽，是我国东西地缘轴线的咽喉，是中原民族与西域各民族激荡的战略要冲。明末清初地理学家顾祖禹重复古人的判断说："昔人言，欲保秦陇，必固河西。欲固河西，必斥西域。"（《读史方舆纪要》）秦陇是指关中与六盘山东西高原，连接中原地区，而稳固河西地区，必然要开拓西域。这是根据明代之前的历史所做的总结，同样适用于清以后的各个时代。

河西走廊是民族交流的走廊，汉族以及东方来的契丹、女真等族，北方蒙古高原来的匈奴、鲜卑、突厥、回鹘、蒙古等族，南方青藏高原来的羌、吐谷浑、吐蕃等族，西方来的昭武九姓 [1] 以及从此西出的月氏等族，东去的沙陀族都曾留下他们的绵绵情思和历史理性的无奈与忧伤。

河西走廊是东西交往的通道。东方的丝绸、冶金技术、造纸术、指南针、印刷术、火药、茶叶、容器、漆器以及大黄等药材、排箫等乐器伴随着驼铃声声传入西域各国，西域的良种马以及棉花、胡桃（核桃）、胡葱（洋葱），胡菜（香菜）、波斯菜（菠菜）、葡萄等农作物和着羌笛悠悠传入中土，西方的音乐、舞蹈、杂技以及箜篌、四弦曲颈琵琶等多种乐器与大漠雄风刮入中原。

宏观地理格局中的河西走廊

东西长达 1000 千米的河西走廊，南依青藏高原的东北部边缘山脉——祁连山，北接漫漫戈壁荒漠的蒙古高原，海拔落差达 2000 米。它向西跨过戈壁荒漠与西域牵手，东南过乌鞘岭进入黄土高原（陇西高原），牵手黄河，再向东南方向过陇山（六盘山）经蜿蜒河谷（泾河）与关中盆地相接。

在东西方向上，它由季风气候区向非季风气候区（温带大陆性干旱气候区）过渡。乌鞘岭以东为季风气候区，年降水量为 200 ~ 400 毫米，属于农牧交错地带。以西为大陆性气候区，干旱少雨，年降水量低于 200 毫米。该区域降水量少，蒸发量大，除非有雪山融水、地下泉水浇灌，沙生植物尚能生存外，其他植物基本无法存活。

---

[1] "昭武"一词最早见于《汉书·地理志》张掖郡昭武县。《新唐书》以康、安、曹、石、米、何、火寻、戊地、史为昭武九姓，而以东安国、毕国、捍、那色波附于其间，曹国又分为东、西、中三国。《资治通鉴》记载："显庆四年（659）九月，诏以石、米、史、大安、小安、曹、拔汗那、挹怛、疏勒、朱驹半等国置州县府百二十七。"

幸运的是，走廊南侧是既宽又长的祁连山。祁连山抬高东南季风形成冰雪降水，春夏季气温上升，冰雪融成涓涓细水汇聚，横穿走廊南山，流入走廊，形成冲积扇平原，再冲进沙漠，在山前平原地带孕育连绵绿洲和沙漠长廊。这儿水草丰美，是游牧民的梦想家园，是农耕民的避难之所。

从地质上看，河西走廊是青藏高原板块与蒙古高原板块碰撞而形成的山前凹陷，其北侧的连绵山脉是板块碰撞的第一波隆起，祁连山则是第二波。北侧山脉几乎与祁连山走向平行，自西向东为马鬃山、合黎山、龙首山，合称走廊北山，它们像一扇扇屏风阻隔北侧沙漠的风沙入侵。在走廊北山的断口处，源自青藏高原的河流奔腾流向沙漠深处（如额济纳河深入 400 千米）。在南北河流和东西走廊的交汇处，孕育出城市——石羊河养育着武威，大黑河滋润着张掖，北大河浇灌着酒泉，疏勒河环绕着玉门，党河怀抱着敦煌（见图 10-1）……

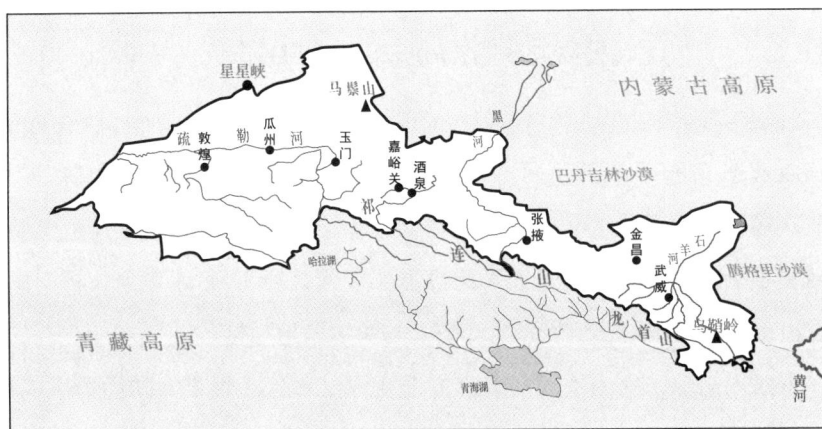

图 10-1　河西走廊

但再美好的比喻也难掩盖河西走廊的缺点：地域狭小、环境脆弱，孤悬于雪山大漠，无固定空间边界。在如此宏大的地理格局中，这么弱小的绿洲生境，无外来威胁则可安居乐业，怡然自得；若面临强大的外部威胁，难以抵抗时，要么在抗争中灭亡，要么流浪远方（见第七章关于月氏介绍）。河西走廊像一个变动不居的舞台，演绎着丰富多彩的历史大剧，唱尽悲欢离合。

河西走廊的东段、中段与西段

1. 东段：武威与石羊河的搭配

（1）从长安到河西走廊的三条道

历史上，从关中盆地到河西走廊，古人踏出三条道：

北道，俗称关陇古道，由长安，沿渭河至虢县，折入泾河谷地西北行过萧关，翻越六盘山（陇山），穿越固原、海源，沿祖厉河与屈吴山之间的走廊地带至靖远，渡黄河到河西高原，经乌鞘岭东缘与屈吴山之间的豁口（在今甘肃景泰境内）后折西行至姑臧（今甘肃武威）。这条线平缓，路程短，但陇西地区荒无人烟，特别是景泰干谷直面腾格里沙漠，商旅行人安全难保，沿途也无食宿供应。由于该路段绕过乌鞘岭东缘后，沿着腾格里沙漠南缘、乌鞘岭山麓地带，向西南方向至武威则一马平川，是古丝绸之路的主要线路。在和平时期，商旅往来频繁。这是"河西走廊"得名的原因。

南道，由长安出发，趋宝鸡，沿渭河西行，过散关、上邽（今甘肃天水）、渭源、狄道（今甘肃临洮）、枹罕（今甘肃临夏），沿洮河谷地由永靖渡黄河，沿湟水穿青海民和、西宁，经门源谷地，越大斗拔谷（黑河河谷，扁都口）至张掖。该道斜刺里从祁连山南侧插入河西走廊，好似天兵跳过武威，直抵张掖。南线补给条件虽好，但绕道远，可谓道阻且长，危险一点也不少。

中道，与南线在上邽分道，向西北经秦安、陇西，至金城郡（今甘肃兰州），西行至庄浪河交叉口折北行，沿庄浪河谷，过永登（今甘肃令居）、天祝，翻越乌鞘岭经古浪县至姑臧（今甘肃武威）。该道翻越乌鞘岭，坡度大，高寒，只是在北道和南道危险较大时才走此道。

唐玄奘出发去西域时，走中线，是因为此线相对安全。当他返回时，唐朝已经平定突厥，降服大漠南北，于是他就改走北线。

（2）一山分天下：自然地理分界线在乌鞘岭交集

乌鞘岭，东晋时称洪池岭，明代称分水岭，清代称乌稍岭、乌梢岭、乌鞘岭，民国时称乌沙岭，1945 年以后通称乌鞘岭。据说"乌鞘"为突厥语"和尚"，云其光秃之意。

此山地处青藏高原东北角，是祁连山东偏南方向的自然延伸（另一脉折向东南过黄河对接岷山），长约 90 千米，南北宽约 30 千米，主峰海拔 3562 米，由代乾山、青沙尖和最高峰毛毛山组成。它是我国自然和人文地理上分界线的交叉区，多条地理分界线在此交会，或擦边而过！究其原因，乌鞘岭是地势第一阶梯与第二阶梯的转换山脉。西南是第一级地势的青藏高原，西北方向是第二级地势的蒙古高原，以东以南，则是黄土高原。南、北、东、西自然地理景观差别明显。

正是因为它处于各种自然地理的分界地带，自然环境的任何风吹草动，都会引起力量的变更。例如，汉、唐时，中原王朝在气候暖期，力量增强，于是兵出河西走廊。唐朝安史之乱后，边军内调，吐蕃借机扬威走廊。气候冷期，中原王朝退缩，该区域为西北方少数民族进占（如匈奴、蒙古、吐蕃、吐谷浑、粟特人），或者成为中原民众避难的世外桃源。

（3）武威与石羊河：走廊上的政治与军事中心

翻过乌鞘岭，介于祁连山支脉——冷龙岭和腾格里沙漠之间的城市就是武威（见图 10-2）。祁连山冰雪融水哗哗流淌，汇成石羊河，像母亲的乳汁，养育着武威。

武威，简称"武"或"凉"，古称姑臧、休屠、凉州、雍州。因西汉霍去病击败匈奴右臂，为彰显汉帝国的"武功军威"，简称"武威"。西周前为雍州一部分（《尚书·禹贡》），春秋以前为西戎据有，秦时为月氏族群驻牧地，月氏为匈奴所败后，汉文帝前元六年（前 174），匈奴占领河西，建姑臧城，休屠部在谷水建立休屠城。历史上，武威多被称"姑臧"，只是清代以来，改称武威。

但武威又为何被称为"凉州"呢？《凉州府志备考》在《地理卷》里转录了东汉学者应劭《地理风俗记》记云："汉武帝元朔三年（前 126），改雍州曰凉州，以其金行，土地寒凉故也。"东汉刘熙《释名》云"凉州，西方所在寒凉也"。此时只将"雍州"改名而已。公元前 121 年，汉灭匈奴右臂，设置武威郡，管理周边地区。又《汉书·武帝本纪》载西汉元封五年（前 106），"初置刺史部十三州"，在甘肃范围内置凉州刺史部，驻武威郡，凉州才与武威挂钩，成了凉州（省级）首府。后来，前凉、后凉、西凉、北凉、南凉等割据政权相继建立于此，武威便与"凉""凉州"画等号了[1]。武威有六朝古都（甚至十三朝）之称，是我国西部的政治中心，东西轴线上的一个地缘枢纽！

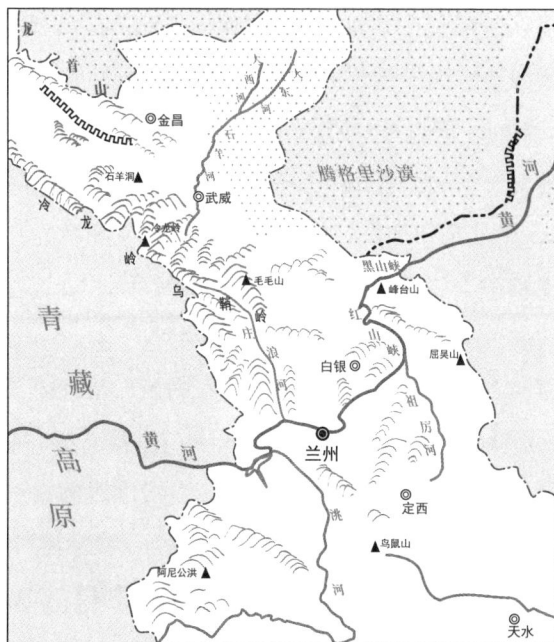

图 10-2　西汉凉州刺史部

自武威南望，祁连山上的皑皑白雪，纵横天际，"凉"，可谓名副其实。冰雪融水汇流为石羊河，穿姑臧城而过，流入腾格里沙漠约 200 千米，在末端蓄水成湖（休屠泽）。河流在沙漠里形成的绿洲将阿拉善高原分成两部分，东侧的腾格里沙漠和西侧的巴丹吉林沙漠。

关于武威和石羊河历史地位，唐《大慈恩寺三藏法师传》称其："为河西都会，襟带西蕃、葱右诸国，商旅往来，无有停绝。"唐代诗人岑参吟道："凉州七里十万家，胡人半解弹琵琶。"凉州城内汉胡杂居，经济兴盛，不愧为东西交流的大都会。

---

[1] 据专家考证，西汉时的"武威"，治所当在现在的"民勤"，因为当时水量大，沙漠绿洲宽广。现在的绿洲可能是历史上比较小的。由此也可以看出气候对区域历史演进的影响。

2. 中段：山、河、沙的交错

从图 10-2 看，甘肃永昌（汉代设骊靬古城）的正西乃焉耆山（今大黄山）和龙首山。西南方，有河水从狭窄通道奔腾而出，此乃从焉耆山东南侧流出的西大河，哺育着金昌绿洲（因发现镍矿床而闻名）。由于焉耆山西高东低，此山的涓涓细流多注入西大河，汇入石羊河。

焉耆山，又称焉支山、燕支山、胭脂山，隆起于河西走廊中段的中心地带，东西长约 40 千米，南北宽约 20 千米，最高峰海拔 3978 米，其北有东南—西北走向的龙首山阻隔腾格里沙漠内侵，其南有大马营草原（焉耆盆地），南连祁连山支脉冷龙岭。

大马营草原的地质基础是河流冲积扇，有山丹河、黑河等无数条发源祁连山的河流蜿蜒川流，是高山、沙漠之中的一片沃土。公元前 121 年，西汉大将霍去病打击盘踞在河西走廊达 50 余年的匈奴部落，西汉因置酒泉、武威、张掖、敦煌四郡，拓建玉门关和阳关[1]。匈奴人称焉支盆地为"大草滩"，水草丰美，霍去病便决定在此设立养马场，以后多个朝代在此设皇家马场。2100 多年后的今天，这儿仍是我国最大的军马养殖场。

在焉耆山南有条河——山丹河，由东南向西北流淌，在焉耆山西端滑过，消失在冲积扇上（现末端为水库）。山丹河再向西，进入张掖盆地。张掖盆地由从祁连山奔涌而出的河流形成的冲积扇连缀而成，北有龙首山阻挡，诸水汇合向西流淌 200 余千米才折北流向沙漠。

山丹河西边，从祁连山峡谷口冲出一水——童子坝河，上源对接祁连山草原，北流冲出冷龙岭，过扁都口进入民乐境内，然后流经张掖，与黑河汇流在走廊中间。祁连山草原被誉为最美的高原草原，蓝天白云，绿茵起伏，牛羊点缀其间，牧歌悠扬飘荡。这片草原沿东西向谷地向东对接门源回族自治县（河

---

[1] 对于置郡时间，史料记载有别：《汉书·武帝纪》，西汉元狩二年（前 121）设立酒泉郡，武威郡；元鼎六年（前 111）设立张掖郡、敦煌郡；《汉书·地理志》，则云太初元年（前 104）设置酒泉郡与张掖郡，太初四年（前 101）设武威郡，后元元年（前 88）设敦煌郡。除此之外，《史记》《汉书》中还有多处有抵牾。

湟谷地），是自长安出发走天水、临夏、临洮、西宁、湟水，经扁都口直趋张掖的南线一段。

扁都口是藏语，指一种金色的山花。盛开时节，漫山遍野金色灿烂。其所在的峡谷，又称大斗拔谷，海拔 3500 米，长 30 余千米，古人评价说："盖山口之路宽平，而山中之水草丰茂也"，是穿越祁连山北麓山峰的主要通道。扁都口向东，有白石崖通道，其西黑河冲刷出平羌口通道。平羌口通道长达百余千米，上游河流曰八宝河，从东向西流淌 300 多千米，距离羌人活动区——河湟谷地更偏远。黑河峡谷横断祁连山主峰，山高水急，长达 100 多千米，平羌口并非理想通道，汉代给它起了个与羌人相关的名称——羌谷水。

焉耆山和祁连山之间是河西走廊的精华所在。元狩二年（前 121）春夏，霍去病与匈奴交战的地点都在焉耆山南部的大草滩，即山丹河、洪水河、黑河养育的优良牧场上。《史记·匈奴列传》记载匈奴人被击败时的失落："亡我祁连山，使我六畜不蕃息；失我焉支山，使我嫁妇无颜色。"盘踞在此的匈奴人被汉朝大军击败，浑邪王杀休屠王降汉，汉武帝分其民为五部内迁，他们才作别祁连山和焉耆山（参考第七章相关内容）。

这个地段，还有一个非常重要的南北通道——扁都口和大斗拔谷。公元前 206 年、前 176 年，匈奴人击败月氏人，有部分月氏人由此南逃入南山，形成小月氏族群，并最终融入羌人，消失在历史的长河里。汉建元二年（前 139）汉武帝派遣张骞出使西域，张骞由长安出发，经陇西过黄河，沿祁连山南麓西行，出扁都口进入河西走廊。元狩二年（前 121）夏，骠骑将军霍去病率精兵从居延海南攻祁连山，经酒泉（与小月氏会合）到张掖，由扁都口上祁连山，过浩门（今大通河），到兰州河谷（金城郡）[1]。秋，霍去病再率大军从乌鞘岭返回河西走廊，

---

[1] 关于霍去病是否走扁都口，史书记载不详，今人只能推测。元狩二年（前 121），他进出河西走廊三次。春，进出经乌鞘岭。《汉书》说自酒泉"臻小月氏"，以及封赏"小月氏将士"。估计汉军从张骞（去西域就走南线自西宁过扁都口下张掖）处获得地理信息，得知此处有小月氏人可联络利用。夏，第二次大迁回包抄作战时，就与祁连山南的小月氏人联手攻打匈奴人。小月氏人受汉军鼓舞，主动参战，所以受封赏者众。但若直接说，小月氏人在酒泉一带活动，可能性不大。匈奴人兵强马壮，岂能容得下他们在走廊里生存？

受降匈奴休屠王和浑邪王，河西从此归入汉朝版图。晋安帝隆安三年（399），65岁的高僧法显由甘肃靖远经兰州、乐都、大通、门源，从扁都口穿越祁连山，到达张掖，沿河西走廊前往西域。

隋大业五年（609）三月，隋炀帝亲率大军10余万人西征吐谷浑取胜，趁六月天暖，进入扁都口，可天气骤变，寒潮袭来，大雪纷飞，"士卒冻死大半"，其爱妃也冻病而亡，葬身于此（有娘娘坟）。他在焉耆山下召开万国博览会，27个国家使臣参与，堪称世界最早。焉耆山下山丹县故有"世博故里"之称。《资治通鉴》记载："……焚香奏乐，歌舞喧噪。帝复令武威、张掖士女盛饰纵观，衣服车马不鲜者，郡县督课之。骑乘嗔咽，周亘数十里，以示中国之盛。"扁都口，唐代前期属河西节度使管辖，开元十六年（728）设置大斗军，著名的唐代战将哥舒翰曾经任大斗军副使。《旧唐书·哥舒翰传》记载："（王）忠嗣以（哥舒翰）为大斗军副使。"宋宝庆三年（1227），蒙古大军在成吉思汗之孙、窝阔台二子阔端的率领下，通过扁都口，穿越祁连山，攻取青海北部，后经蒙藏交涉，西藏接受蒙古统治。明万历五年（1577），蒙古俺答汗自昌宁湖—水磨川—大草滩—扁都口一线南入青海，与藏传佛教格鲁派领袖索南嘉措于仰华寺会谈，返程时再由庄浪河—大小松山—赤木口返回归化城（内蒙古呼和浩特）。清代，在扁都口设察汉俄博营；现代，王震将军率领人民解放军由此挺进新疆，则更有其伟大意义……这些历史事件都显示扁都口在民族融合中发挥的关键作用。

张骞云"张国臂掖，以通西域"，在扁都口和黑河等构成的综合水网和交通网中，张掖熠熠生辉。西魏废帝三年（554），改西凉州为甘州，张掖始得甘州之称。其实，在武威设郡时，"张掖"就出现在石羊河绿洲了，这么大气的名字，大材小用。河西走廊再设新郡时，又把它挪用到现地，可见汉朝君臣的抱负和雄心。西汉时，张掖郡治在西北方向，大黑河与山丹河交汇处，名唤觖得。从武威到张掖，直线距离230千米，"张国臂掖"真是名副其实。由此向西到酒泉（肃州），又接近200千米，战略空间完全打开。张掖曾是北凉都城。

黑河是张掖的母亲河，是我国第二大内陆河，它从张掖市西部流过，因受龙首山阻挡向西偏北方向流淌。与流经酒泉的北大河在合黎山北侧的沙漠汇合，形成绿洲，并进一步向沙漠延伸 400 千米之多。古代称黑河为"弱水"，甘肃河段称黑水，内蒙古河段现在称为"额济纳河"（蒙古语，意仍"黑河"），其尾闾积水成泽——汉代称居延泽（居延，匈奴语，同今蒙古语"乞颜"，意为"隐幽"），唐代称居延海。水最盛时，北魏时称北海，对周边环境影响深远。居延海分东西两湖，西居延泽称"嘎顺诺尔"（"苦海"），系咸水湖；东居延泽称"苏泊诺尔"（"母鹿湖"之意），属于淡水湖。由于居延海深入沙漠深处，与河套平原中的后套东西方向上接近，历史上成为沟通漠南、漠北和河西走廊的战略通道。由于沿河水草丰美，地形平缓，游牧民族进退多由此道南北往来。霍去病在元狩二年（前121）夏，率 1 万名骑兵，从银川平原越黄河，越贺兰山西进居延海，从北向南，以迅雷不及掩耳之势，长途奔袭 400 千米，神兵天降般地袭击匈奴背后，一举歼灭匈奴右贤王主力，秋，在焉支山以南受降。清末，左宗棠由呼和浩特、包头、黄河后套，经居延海北道，向西运粮至哈密、吐鲁番，这显示了居延海在古代东西交通中的重要地位。

居延泽靠近蒙古高原的中部山脉杭爱山（燕然山），西接阿尔金山，东偏南与阴山对接，既可控制东西向交通北线，又可威胁匈奴王庭。汉朝据有河西走廊，如要阻绝东西交通，就必须经黑河沿线直到居延泽。所以，汉武帝时期沿阴山后套向西修广禄塞，与居延长城连接，形成合围态势。强弩都尉路博德负责兴筑"人"字形的居延长城，具有极高的藩屏价值。如天汉二年（前99）贰师将军李广利出击匈奴时，飞将军李广之孙李陵自请率 5000 名步卒出居延塞，至浚稽山，不料遭遇单于 8 万余骑主力，虽率军力战，斩杀匈奴兵万余人，终因粮尽矢绝，无援而降。武帝听信谣传，以为李陵教匈奴为兵，遂族灭其家。司马迁为其说公道话，也被宫刑，遂有《史记》之作。历史，竟有如此的关联，实在神奇之至也！

黑河和居延海在酒泉正北方，与张掖反而远。但从源流关系看，居延塞、张掖、扁都口、河湟谷地的关系反而更亲密，是蒙古高原与青藏高原沟通的战略通道。

3.走廊东西向的转折点：酒泉与嘉峪关

《后汉书》记载："城下有泉，其水若酒，故名酒泉"；唐颜师古注曰："俗传云城下有金泉，其味如酒"，后沿用此说者多有演绎。但远不如《史记》所载令人信服：西汉元狩二年（前121）霍去病西征匈奴大胜，武帝赐御酒犒赏，酒少人多，霍大将军倾酒入泉，与将士共饮，遂称此泉为"酒泉"，酒泉与武威同时设郡。

公元8年，王莽称帝，沿用郡县制，改设酒泉郡为铺平郡。酒泉郡所在地为多个朝代设置为福禄县。隋开皇三年（583），置酒泉郡，隶甘州；仁寿二年（602），从甘州分出，始置肃州。甘肃因此得名也。

酒泉南依祁连山主峰——托来南山，地势西南高、东北低，发端于此的北大河由西南向东北流动，从酒泉城向北奔腾而出。酒泉郡的治所福禄县，恰好就在大河拐弯南。其实，该河汉代时称蚕水，又称讨赖河，流经合黎山豁口后，与黑河汇流，流入沙漠为额济纳河。酒泉海拔约1400米（几乎与山东泰山顶齐平），40千米正南方，就是连绵冰川，海拔高度约5000米。由此想见南北落差之大。

酒泉正北，黑水流向沙漠，入居延海。

酒泉向西约10千米，是嘉峪关，是明长城的西端点，其西为明代时的"西域"。这表明明代边疆不及汉唐，究其根由，盖因明代气候偏冷。明代延续元代开端的小冰河期，即使在洪武、永乐年间，也无力拓展势力至敦煌、玉门关。

嘉峪关南有一山，名曰文殊山，其西北有黑山，讨赖河穿两山而过，下切深度甚至达100米，两岸壁立千仞，阴森可怖。流经酒泉，河流才与地面齐平。嘉峪关南长城就利用了讨赖河深切峡谷地形，在河北岸建设天下长城第一墩，北接嘉峪关，两者相距2千米。嘉峪关向西北方向延伸至黑山，穿越红柳沟时，有石关峡。讨赖河以西有红柳沟，也是戈壁河流，穿越黑山流入金塔绿洲，河流冲刷的峡谷叫石关峡（黑山峡），长10多千米，谷底有泉水，是古代商旅西行通道，在嘉峪关悬臂长城处有关口，汉代和五代、北宋时曾在此设玉门关。

黑山是河西走廊东西方向的转折点。其东，河西走廊和祁连山呈西北—东南向，其西，呈西南—东北向。越向内陆，气候越干燥。过了嘉峪关向西，景色就萧瑟多了。

4. 西段：《关山月》的豪迈与寂寥

过酒泉经嘉峪关向西，过石油河到玉门，再沿疏勒河向西，抵达河西走廊的"盛大辉煌"站——敦煌，这部分绵延约 400 千米，占河西走廊的一半。与东段不同，这里东西方文化交流碰撞痕迹可信手拈来。

该段除祁连山和北部的马鬃山等自然地理景观让人神往外，最令人惊讶的是疏勒河冲积扇"（见图 10-3）。该冲积扇东西跨度 65 千米，南北半径 65 千米，在世界上很难找到如此大的标准冲积扇了。由于锥体顶端堆积砾石，向下石块粒度递减，变成细沙，形成土壤，在扇缘处，则地下水冒出，形成沼泽、绿洲。众流受北侧山脉阻挡汇入东西走向的疏勒河，在冲积扇的外边缘绕过，形态堪称完美。疏勒河在冲积扇正北缘汇水成湖（现在为双塔水库），河水出水库后继续向西流淌，过瓜州到敦煌北与党河汇流，继续向西流去，河水最旺时，经小方城玉门关流入罗布泊（盐泽）。疏勒河和党河是敦煌的母亲河。党河恰好发源于祁连山脉西端，再向西就是阿尔金山地盘，走出河西走廊了。

图 10-3 中，疏勒河沿扇边缘向东北流淌，随即转折西流，转折处孕育出玉门市。玉门市在石油大开发之前，称玉门县（玉门镇）。石油河在玉门县东 40 千米处，由南向北流、再折向西与疏勒河汇合。石油河，原名鸦尔河或鸭儿河，早在 19 世纪末，河畔有黑色石脂水冒出，故得名。我国著名地质学家翁文灏派弟子谢家荣前来考察，发现了丰富的油藏。在嘉峪关和玉门市中间，石油河畔，赤金镇很是扎眼，其北有赤金峡。原来，明朝修建嘉峪关后，将归降的蒙古人分成七个卫所，曰"关西七卫"，羁縻在此，赤金镇原来就是赤金（斤）卫所在。嘉靖以后完全被吐鲁番汗国吞并，大明退守嘉峪关。元退守大漠后，蒙藏关系疏远。明隆庆年间，明廷与俺答汗签订和平协议，蒙古人皈依藏传佛教，才与西藏再度牵手，河西走廊又成了蒙藏文化交流的孔道。

由玉门市沿疏勒河向西，依偎着马鬃山南麓，"双塔水库"展现在眼前。汉代时，这个地方是大湖，称冥泽。冥泽与疏勒河冲积扇西缘的冥河有关。冥河向西北方向流动受"截山"阻挡向东北流，汇入疏勒河。转折处，汉朝有"冥安县"（今甘肃瓜州锁阳镇境）。由此向西，就是榆林河冲积扇。在玉门和冥安之间，沿扇缘，汉帝国还设置"渊泉""池头"（东汉末年更名为沙头）两县，在设置敦煌郡时，西两县（冥安和源泉）随之。地名显示，潜行的地下水在此地带冒出，对人文活动产生了深远影响。影响最大者，要数清代屯田开发和水利建设了。

疏勒河冲积扇缘东西部分的绿意（见图10-3）与冥泽以西到瓜州和榆林河段相比，会发现西部比东部荒凉。但历史上并非如此，原因何在？

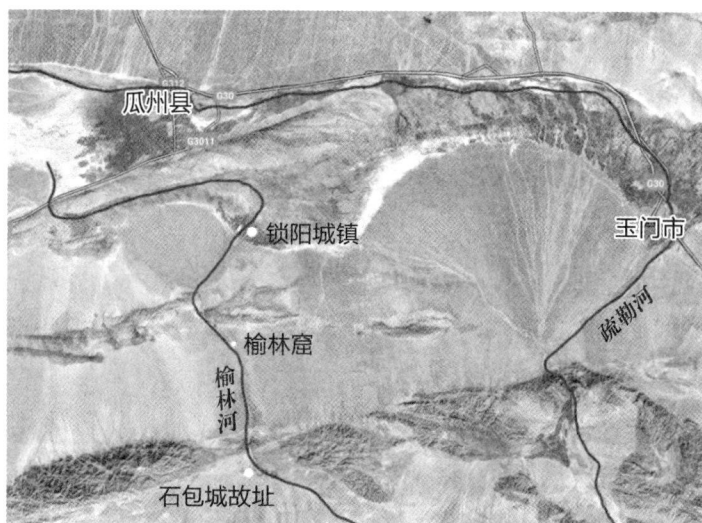

图 10-3　榆林河、疏勒河周边的关系

原来，清政府为歼灭准噶尔汗国，18世纪初（乾隆末年）决定在冥泽绿洲大规模屯田，在疏勒河上游的昌马河峡谷修建水坝，将水拦截导向东侧支流，灌溉玉门绿洲。冲积扇西侧的冥河水流量因此大减，扇缘西北区域因此衰落，殃及唐代瓜州城（锁阳城）。瓜州城在汉冥安城西南5千米处，一直到明朝退守嘉峪关后才被废弃。2006年，"瓜州"之名在其北的安西县"复活"了。从安西沿马鬃山斜向北，有一条近道至伊吾（今新疆哈密），是古丝绸之路北道。

　　说到唐代瓜州城，不得不提唐代玉门关。唐高祖武德二年（619），置玉门关于葫芦河东岸，东南有月牙墩，南有通唐瓜州古道，西有苜蓿烽。清雍正六年（1728）重修玉门关，置双塔汛堡。从此看，唐代玉门关位置比汉代退守了200多千米。

　　锁阳故城向西到达榆林河冲积扇，再向西在截山南侧流淌40多千米，穿截山北流，又形成一个冲积扇，余流汇入疏勒河。榆林河向南，是一个深切戈壁的大峡谷——榆林峡，有十余个从北魏至元代所开凿的佛教石窟（榆林石窟）。榆林河受到截山阻挡转向西流，恰好围绕榆林河冲积扇转圈，类似疏勒河在玉门市转弯的情形。

　　锁阳古城向北越过截山，夹在马鬃山之间的平坦区域，现为"踏实盆地"，疏勒河穿流而过，形成呈扇面展开的绿洲。清乾隆二十四年（1759）在此置安西府。乾隆三十九年（1774）改府为安西直隶州。民国二年（1913）改为安西县。2006年更名为瓜州县。从位置的迁徙看出，水资源的丰歉左右着城市兴衰。

　　过瓜州县，即到河西走廊西端的主要区域——敦煌、玉门关和阳关区域。敦煌，最早见于《史记·大宛列传》："始月氏居敦煌、祁连间。"公元前111年，汉朝正式从酒泉郡分置设敦煌郡。古人对"敦煌"做过文化解释，如东汉应劭注《汉书》中说："敦，大也。煌，盛也。"唐朝李吉甫编的《元和郡县图志》进一步发挥道："敦，大也。以其广开西域，故以盛名。"但现代一些学者认为张骞说的"敦煌"应是音译，《山海经》之"敦薨"是敦煌最早的称呼，至于张骞从何族得知，则学界有不同观点。

　　敦煌是河西走廊对接西域的门户和咽喉，又是进取西域的前哨阵地，它的正西方是库姆塔格沙漠和塔里木盆地。西南方是盆地南缘，沿着阿尔金山、昆仑山北麓西行，经鄯善（今若羌）、且末、精绝（今民丰）、于阗（今和田）到莎车，向西越过葱岭（帕米尔高原）。敦煌向北是戈壁滩，连接天山余脉。在玉门关分两条路可分别走天山南道、北道。天山南道从玉门关向西经楼兰（车师）沿天山南麓和塔里木河流域向西到葱岭。天山北道则走哈密（伊吾）、吐鲁番（高昌）盆地经乌鲁木齐进入准噶尔盆地南缘。唐代时，则直接从瓜州北行接伊吾，因为转道敦煌要多走上百公里。

党河孕育了敦煌（见图 10-4）！该河汉名"氐置水"，还有龙勒水、甘泉水、都乡河等称，清代称党河。它源出肃北蒙古族自治县巴音泽尔肯乌拉和崩坤达坂，西北走"C"字形越过鸣沙山，拐向东北，入敦煌绿洲，敦煌就在河南岸发育，北注入疏勒河。"氐置水"似乎表明在青藏高原东部活动的氐人触角延伸到此。

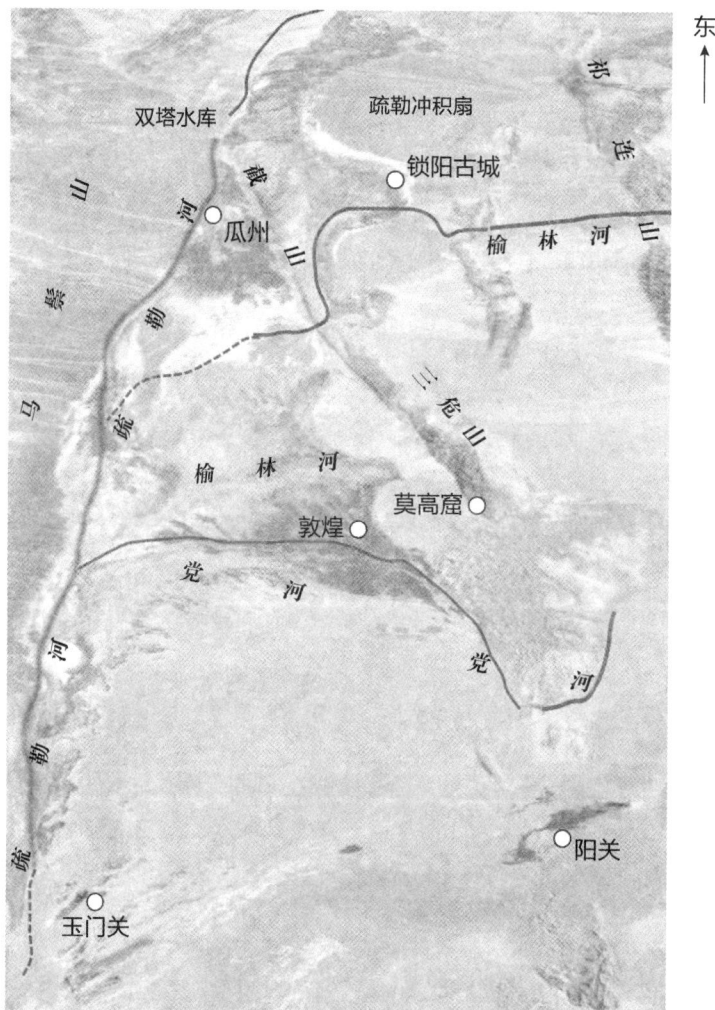

图 10-4　河西走廊西端的空间位置关系

三危山在敦煌南向东直线延伸，直到双塔水库（瓜州以南称截山），表明地质上与瓜州在同一构造上。《尚书·舜典》载："窜三苗于三危。"《史记·五帝篇》中也有记载"三苗在江淮、荆州数为乱，于是舜归言于帝，迁三苗于三危，以变西戎"。可在春秋时期流放人能达如此之远吗？

敦煌曾是西域佛教中心，对佛教东传起过十分重要的作用。东晋永和八年（352），佛教徒开始在此开凿洞窟。前秦建元二年（366），高僧乐尊路经此地，见三危山状如千佛，始凿莫高窟。敦煌向西北 70 千米，到小方盘城玉门关，向西南方 50 多千米至阳关。

玉门关地处河西走廊最西端疏勒河南岸由戈壁、荒漠、河流、湖滩共同组成的自然地理环境中，北与马鬃山相望，南与阿尔金山呼应，东南距敦煌市约 90 千米，西距罗布泊约 150 千米（古称盐泽），属于天山东延的余脉，当罗布泊水势猛时，汉代还可经楼兰西行。

阳关，位于河西走廊的敦煌市西南 70 千米的南湖乡"古董滩"上。凭水为隘，据川当险，与玉门关南北呼应，同为西域交通门户。据最新研究，西汉先设阳关，后设玉门关。阳关主管民事通商往来，玉门关主管军事行军进出（古代，玉门是北门，主刑杀）。

如可惜者，敦煌由于太靠西，与沙漠相伴，一旦失去中原王朝青睐，商旅不行，它就会封闭，有时倒也安适，平静过日子，可总经不起外来势力的敲打。由于生存空间狭窄，敦煌自身发展也会带来毁灭性影响，如人口增加，人多地少，也会有血雨腥风。它必须与外界交往，融入大世界，才能可持续发展。所以，自宋、西夏交争后，敦煌淡出了中原王朝的视野。直到 20 世纪初敦煌莫高窟藏经洞偶然被发现了，才又举世瞩目起来！

河西走廊上的地缘博弈，谁主沉浮？

1. 两汉：中央王朝之强藩，隔绝诸胡勾连

《后汉书》记载，东汉末年，西羌反叛，边章、韩遂作乱陇右，在汉灵帝主

持的御前会议上，司徒崔烈主张放弃凉州，议郎傅燮厉声反驳道："今凉州天下要冲，国家籓卫。高祖初兴，使郦商别定陇右；宗世拓境，列置四郡，议者以为断匈奴右臂。今牧御失和，使一州叛逆，海内为之骚动，陛下卧不安寝。"若凉州不保，陇西丢失，危及关中，进而危及河套平原、山西，东汉帝国就难保了。最终，朝廷认可其论，决定派兵讨平。

"天下要冲，国家籓卫"是汉代对凉州的战略定位。《汉书·地理志下》明确说到汉武帝时代控制与经营河西地区的目的："自武威以西，本匈奴昆邪王、休屠王地，武帝时攘之，初置四郡，以通西域。"西汉前期重点是通过河西走廊，联合月氏、乌孙制衡并打击匈奴，之后，重点逐步转向威慑和征服西域诸国。东汉初期，匈奴趁东方混乱，重夺西域诸国的控制权，丝绸之路一度中断。《后汉书·西域传》记载："自建武至于延光，西域三绝三通。"能否控制河西走廊，是东部中央王朝是否安稳和平的关键之一。

从地缘看，河西走廊有隔绝诸胡勾连之用。《史记·匈奴列传》载："西置酒泉郡以隔绝胡与羌通之路。汉又西通月氏、大夏，又以公主妻乌孙王，以分匈奴西方之援国。"《后汉书·西羌传》记载："及武帝征伐四夷，开地广境，北却匈奴，西逐诸羌，乃渡河、湟，筑令居塞；初开河西，列置四郡；通道玉门，隔绝羌胡，使南北不得交关。"《后汉书·西域传》记载："遂开河西四郡，以隔绝南羌，收三十六国，断匈奴右臂。"只要隔断匈奴与西域诸国及羌胡的联系，就可以减弱他们对抗汉朝的能力，促进汉朝对西域管控。凉州就是隔断匈奴与羌胡联系的战略要地。两汉时期，匈奴也想借此勾连羌胡。"隔绝"与"反隔绝"斗争从西汉延续至东汉。

2. 唐朝：扼住盛衰命运转变的咽喉之地

唐朝在承继北周、北齐与隋朝之上，又有广阔拓展，太宗贡献至伟。贞观四年（630），唐征服东突厥，随后歼灭西突厥、薛延陀、吐谷浑，借势向西开拓。贞观十四年（640），唐朝征服西域腹地的高昌，旋即改作西州（治高昌，今新疆吐鲁番），设置军、政一体的安西都护府（后迁至龟兹，即新疆库车），表明唐朝将此地视作内地的正州而非羁縻州，即由朝廷派官直管。接着，唐朝在塔里木盆地南北绿洲地带设控制西域腹地的军政机构安西都护府，统辖安西四镇——龟兹、焉耆（今新疆焉耆西南）、于阗（今新疆和田西南）和疏勒（今新疆喀什）。吐蕃进占吐谷浑留下的空白后，与唐朝产生直接冲突（638），双方交战，吐蕃服软，唐应吐蕃王和亲之请，先后嫁文成公主与金城公主予松赞干布及其继承人，带去汉文化和佛教经典图像。

唐朝建立了以黄河中下游为地缘腹地、河西走廊和辽西走廊为地缘枢纽的帝国疆域框架，实现了多民族共处一个蓝天下的帝国模式。河西走廊面向西域，监控青藏高原和蒙古高原，辽西走廊则襟带白山黑水、朝鲜半岛和蒙古东部。它们就像匈奴、突厥的东、西"手臂"，成为汉、唐王朝的左、右臂。但匈奴和突厥一旦右臂被断，即衰弱瓦解，中原王朝同样存在着一臂断而难支撑的问题！"河西走廊"之地位由此可见，它是中原内地与亚洲中心腹地这两大板块能够衔接在一起的助推力量。

吐蕃崛起后，将触角伸向东北（青藏高原东北方的青海、川西）和西北（阿尔金山、昆仑山以北）两翼。这意味着吐蕃一旦兼并吐谷浑，就直面唐朝西部与关中区域。他们跨越今青海西北进入塔里木盆地南缘，直接与唐朝争夺安西四镇管辖的天山南北疆域。因此，河西走廊作为经营西部的地缘枢纽受到吐蕃政权的冲击，大唐必须保持河西走廊通畅，以向西域输血。

安史之乱前后，西域攻守态势逆转。唐藩将安禄山、史思明[1]在河东（今山西太原）、平卢（今辽宁朝阳）、范阳（今北京西南涿州）叛乱，西域腹地之安西、北庭连同河西、陇右驻军在朝廷征召指令下开赴内地平叛，牵动河西走廊兵力收缩东退。西北守将封常清被调到洛阳前线奋战，却遭人诬告，含冤而死。在他死后，防务空虚的西北就被吐蕃趁机侵占。公元786年，唐朝在河西的最后一处重镇敦煌，也在吐蕃铁蹄之下失陷。

断了右臂的中原王朝要想恢复汉唐恢宏气象，比登天还难。唐朝失去河西走廊百来年后，敦煌汉人张议潮在地方大族和佛教徒的支持下，驱逐吐蕃人，建立

---

[1] 安禄山、史思明都是粟特人后裔。粟特人为昭武九姓之一，其先为月氏人，流徙在中亚阿姆河和锡尔河之间。后以经商为特色，是丝绸之路上活跃的族群，有"商人重利轻别离"的特征。

归义军。但此时大唐因农民起义风起云涌，实在无力西顾，河西走廊的汉民族力量只能苦苦支撑与期盼，藩屏功能的再复还得等草原板块（隋唐、元朝、清朝皆有草原基因）的再度激活。可以说，河西走廊和西域腹地之丢失，根源在于北方草原危机。而草原危机，又与气候变迁有关。

"河西走廊的地位与其说存在于自身，不如说被板块所决定：连通的特性，存在于板块之间。"[1] 当板块之间连通性降低，河西走廊便进入自我生存模式，好像沙漠中的绿洲，在四野无人打搅的情况下，自我安足地生存。但这种桃花源式的生存，同样受地理空间狭窄、地理环境变化的影响，难以维系。所以，河西走廊的历史一直跌宕曲折，命运多舛，从地方政权的轮替可见一斑。

河西走廊上的小王朝代更——宏观地理格局中的绿洲之国

西晋末年，王纲解纽，天下散乱，胡人南下，各立山头，割据一方，西北方向的凉州（今甘肃、宁夏和青海，极盛时包括新疆东部）先后出现多个小王朝，史称"五凉"。从五凉的兴衰历程，我们可透视河西走廊在历史与地理格局中的地位。

五凉由汉人建立并统治者有前凉和西凉，其他为少数民族部落领袖所立。前凉是汉人张轨所建，过程颇有戏剧性。原来，西晋时张轨出任凉州刺史（301），坐镇武威（时称姑臧），平定内乱，收容流民，救援洛阳，招贤纳士，尊儒崇学，治理凉州 13 年。可此时，西晋皇族持续内斗，胡人南下，天下残破不堪，司马睿在士族支持下在南方创立东晋。张轨乘势建立前凉，河西走廊一时成为中原汉人避祸的港湾。

后凉由氐人吕光建立。前秦苻坚（338—385，氐人）在基本统一北方、社会全面发展的大好背景下，重用吕光发兵西域，意图恢复西汉版图。当吕光被苻坚遣派至西域搏杀取得胜利时，大后方却改朝换代了。原来，苻坚发兵攻打东晋，

---

[1] 李鸿宾：《唐朝地缘政治中的河西走廊》，《陕西师范大学学报（哲学社会科学版）》2020年第 4 期。

在淝水之战中惨败（383），两年后被叛将姚苌弑杀（385）。吕光班师东归半道得知恩主被弑，悲痛万分。凉州刺史试图阻挡他东返，他于是清除当地旧势力，割据姑臧，建立后凉政权。

南凉为鲜卑人秃发氏（鲜卑拓跋）所建。汉魏之际，拓跋氏的一支由酋长统率，从塞北迁到河西凉州，被称为河西鲜卑，后进入青海河湟地区，先立足乐都（今青海海东），后迁移至姑臧。

北凉的建立者更是民族融合的见证，卢水胡是在陕甘宁交界地区（泾渭河上游，陇西高原）活动的古老民族，是匈奴、鲜卑、羯、氐等逐步融合而凝成的地缘政治集团，并向青海、河西走廊甚至西域拓展。在张掖、敦煌卢水胡势力的推举下，时坐镇姑臧的凉州刺史、汉人段业被推举上位，建立北凉。段业虽被沮渠蒙逊弑杀，但显示了河西走廊在民族大融合中的重要性。

西凉为汉飞将军李广后裔李暠于公元400年建立，定都敦煌，其以汉民族为主体，以东晋为忠（其实北凉先得东晋封授）。405年迁都酒泉，逼近北凉。疆域在今中国甘肃西部、内蒙古西南部及新疆部分，后被北凉攻灭。西凉以酒泉以西为根据地，缺乏经济、军事和政治力量的可靠支撑，一直比较弱小。北凉也在十余年后被拓跋焘十余万大军攻灭（439）。

历史证明，只要中国东部政治上了轨道，河西走廊的割据政权断无抵抗之力量。因此，河西走廊的政治势力皆向东寻求宗主国以求安。纵使他们能独立称王，亦惴惴而顾盼，心惊而难安。也正因为东部战乱频仍，河西走廊反而成了中原汉民族和少数族群的避风港湾，保存了传统文化。

表 10-1 五凉政权代更

国号	建立者	定都	民族	存续时间
前凉	张轨	姑臧	汉	301—376
后凉	吕光	姑臧	氐	386—403
南凉	秃发乌孙	乐都、姑臧	鲜卑	397—414
北凉	段业、沮渠蒙逊	张掖、姑臧	汉、卢水胡	397—439
西凉	李暠	敦煌、酒泉	汉	400—421

对汉文化在西域的传播以及民族融合贡献重大者，是沙州（今甘肃敦煌）张议潮政权。原来，唐调西北守军入内地对付叛军，陇右道空虚，吐蕃人趁机劫掠攻占，走廊被拦腰斩断，东西交通断绝。公元786年（唐德宗贞元二年），被吐蕃军围城11年后，沙州陷落，整个河陇地区相继沦陷。吐蕃对河西诸地统治时间长短不一，凉州历时最长达98年（765—863），沙州最短，仅62年（786—848）。吐蕃人推行吐蕃化管理，辫发、文身、左衽，推行吐蕃文字，改唐治授田为吐蕃土地赋税制度。河西走廊的汉人被迫折腰，他们将精神寄托在佛教事业上，推动了佛教的繁荣发展，敦煌莫高窟就有不少是当地世家大族出资凿造、供养的。又由于汉族士大夫、儒学宗师也栖身其间，儒释道三家在河西走廊上实现了合流。文化不灭者，自有恢复之机缘，汉人张议潮在沙州反抗吐蕃统治，13年内将吐蕃赶出河西走廊，东重归唐，是历史上值得记载的一页。

敦煌莫高窟156洞窟中有《张议潮统军出行图》，是其侄子张淮深命人凿造的。原来，在吐蕃内乱，统治力衰弱时，张议潮在当地世家大族和佛教界（有粟特人）的支持下，驱逐吐蕃守军，于唐大中二年（848）收复瓜、沙二州，三年（849）收复甘、肃二州，四年（850）收复伊州（哈密），咸通二年（861）收复凉州（武威），"西尽伊吾，东接灵武，六郡山河，宛然而旧"。他遣兄张议潭携归义军收复的瓜、沙、伊、西、甘、肃、兰、鄯、河、岷、廓等11个州的地图、户籍奉献给唐朝。因山高路远，大中五年（851），他们才将敦煌之贡献传达天听，朝廷得到表奏，决定在沙州置归义军，以张议潮为归义军节度使、十一州观察使。咸通八年（867），张议潮被召入长安，行前命其侄张淮深主持归义军事务。惜乎其事迹不见《唐书》《后唐书》，国学大师罗振玉考究史实，作《补唐书张议潮传》，以褒奖节义。

张淮深继续抗击回鹘[1]骚扰，在相当长时期内保持了归义军辖区的安定。唐大顺元年（890）至乾宁三年（896），归义军内部接连发生政变。张议潮之孙张承奉重任归义军节度使，不甘坐守瓜沙，企图以武力恢复旧疆，于后梁开平四年

---

[1] 回鹘，原称回纥，是唐朝灭东突厥、西突厥后游牧在北方的族群。它和鲜卑族在政治上类似，不与中原王朝作对，反而与中原王朝合作，协助唐朝打击突厥等族群，因此，在北方获得生存空间。然后它向西发展，进入陇西、河西走廊、南疆地区。

（910）建立了西汉金山国，自称至文神武天子。由于张承奉失去世家大族支持，后梁开平五年（911）被甘州回鹘击败，成为甘州回鹘政权的附庸。

但归义军大旗又被沙州曹氏扛起。曹义金自称安徽亳州曹姓后人，为曹操后代。但从粟特人对他的大力支持看，他与昭武九姓的"曹氏"有关，是粟特人后裔，如此他就得到了汉人和粟特人两方的加持，粟特人是古丝绸之路的商人团体，往来贩卖赚取金钱（如唐朝安禄山、史思明为粟特人后代）。曹氏吸取了张承奉失败的教训，通过联姻等与甘州回鹘、西州回鹘、于阗等族群建立友好关系，共荣共存。积极奉中原为正朔，接受封号（当时北方进入五代时期），利用大唐在西域的声威，树立在河西走廊的正统地位。对内则继续吸收瓜、沙望族和少数民族头面人物，以扩大政治基础。在五代、宋初复杂的地缘冲突关系中得以维持和平、稳定。

从张氏到曹氏执掌归义军的150余年间（848—1002），佛教与地方政权相互依托——佛教为政权提供意识形态支持，政权为佛教提供庇护，形成独特的政治生态。社会以极大的热情和巨额的财富开凿洞窟，如敦煌莫高窟、榆林石窟，寺院广布，佛教兴盛。可当政权失势，佛教也就失去了根基。宋咸平五年（1002），归义军内部发生兵变，曹延禄与弟曹延瑞被迫自杀。延禄族子曹宗寿受拥戴掌握归义军大权，宋廷遂任命曹氏为归义军节度使。可回鹘势力迅速扩张，沙州僧侣极度恐慌。宋景德三年（1006），信奉伊斯兰教的黑韩王朝灭掉于阗佛教王国，挥军东来，莫高窟寺院僧侣连忙将重要经卷和佛像、幡画等收藏在原存放各寺经卷、外典、过时文书、旧幡画、佛像的洞窟中（今编号为第17窟），并封闭洞口，掩饰无瑕……这便是敦煌莫高窟藏经洞的来历。自天圣元年以后曹氏归义军政权从史籍中消失，敦煌的辉煌篇章亦在藏经洞被封闭后黯然失色，沉寂在风沙漫漫的历史中。

从宏观地理格局看，自五代十国后，中原王朝政治中心东移至地势第三阶梯（如开封、南京、北京）后，与河西走廊的距离拉开，两个地缘板块相互借力的基础难在。例如，北宋受辽国牵制，虽有心开拓西北，但有心无力。而在河西走廊2000里的广域内，敦煌相对稳定，盖因其远离主要地缘政治势力板块，其若凭力自守，尚可长期维持。若自不量力对外征伐，则易自残自衰！

纵观河西走廊的朝代更迭，不难得出：只要我国东部稳定，则河西走廊稳定繁荣。东部失稳，则河西走廊和西域难安。这是宏观地理格局决定的地缘政治格局，难以为人的意志为转移。

河西走廊上的文化活动，促进地缘板块融合

《易经》说："观乎人文，以化成天下。"人文精神趋同，有同样的价值思考、人文理性，则和平稳定的地缘板块融合易成。两晋南北朝时，北方少数民族南下并纷纷建立政权。他们一方面汉化，接受儒家文化；另一方面也积极吸收外来文化，于佛教传入的功劳最为显著。河西走廊是佛教东传的中转站。

1. 西域与东方，佛教东传与吐蕃信奉佛教

史载，佛教东传最早发生在东汉明帝永平七年（64）。一日，明帝夜梦金人，学识渊博的傅毅帮他解梦，金人是佛祖。次年，汉明帝派遣蔡愔及弟子秦景等10人往西域求法，抵大月氏国，抄得佛经42章，邂逅高僧摄摩腾、竺法兰，邀其来汉地传播佛教。永平十一年（68），汉廷专门为其建立佛寺，命名"白马寺"，取白马驮经之意。

三国时，魏国高僧朱士行于嘉平二年（250）在洛阳白马寺登坛受戒，是中国历史上首位汉族僧人。他在曹魏甘露五年（260），自雍州出发，通过河西走廊到敦煌，经西域南道，涉渡流沙，抵达天山南路的东西交通要道和佛教中心——于阗国（今新疆和田地区）。他搜求得《大品般若经》梵本，特意抄写，共90章、60多万字。晋太康三年（282），他派弟子弗如檀等将抄本带往洛阳，自己高龄不能行，在于阗圆寂。

西晋武帝时，源出月氏国的高僧竺法护（231—308）世居敦煌郡，8岁出家，礼印度高僧为师，日诵经万言，过目不忘。当时中原地区虽礼拜寺庙、佛像，然而大乘经典未备，法护立志西行，从敦煌经西域南道，先往于阗国，再到疏勒，转往西域北道，经龟兹返回敦煌，完成周游西域之旅，游历安息、月氏、大秦、剑浮、龟兹、于阗、疏勒、鄯善、焉耆、匈奴、鲜卑等十余方国，携带大批经卷

东返，居于长安、洛阳，专事译经，前后译出 150 余部经论。

东晋安帝隆安三年（399），法显不顾 65 岁高龄，与同道慧景、道整、慧应、慧嵬等人从长安（今西安）出发，经河西走廊、敦煌以西的沙漠到焉夷（今新疆焉耆），向西南穿过今塔克拉玛干大沙漠抵于阗（今新疆和田），南越葱岭（帕米尔高原），取道今印度河流域，经今巴基斯坦入阿富汗境内，再返巴基斯坦，东入恒河流域，到达天竺，又横穿尼泊尔南部，到达东天竺。后经斯里兰卡、马六甲海峡，一路漂流，不意在青岛崂山靠岸，时年已 78 岁矣！归来后前往建康（今江苏南京）受东晋厚待，全心投入佛经翻译事业。7 年间，共译出佛学经典 6 部 63 卷，计 1 万多言，其中《摩诃僧祇律》一书为汉传佛教正本清源、整肃仪轨做出了不可磨灭的贡献。另著《佛国记》，记载了沿途所见所闻，加深了中国对印度的认识，也是如今重建印度古代史的重要依据。

与法显同时期的西域佛教高僧鸠摩罗什在长安译经传教更是戏剧性。前秦建元十八年（382）苻坚遣吕光攻打焉耆，继灭龟兹，将鸠摩罗什裹挟至凉州。三年后姚苌杀前秦皇帝苻坚，灭前秦建立后秦。吕光因此割据凉州，建立后凉。鸠摩罗什因此滞留凉州长达 17 年。其间，虽姚苌、姚兴诚心邀请，终不为吕光放手。他在白塔寺修行，系统学习汉语。后秦弘始三年（401）姚兴攻伐后凉取胜，迎鸠摩罗什入长安，待以国师之礼，在长安建译场请鸠摩罗什主持译经事业，如《心经》《金刚经》等大乘佛学经典。其弟子也光彩夺目，如僧肇、道生、道融和僧睿等弟子。

北凉时，河西走廊的佛教事业已有相当稳固的基础。《魏书·释老志》记载："凉州自张轨后，世信佛教。敦煌地接西域，道俗交得。其旧式村坞相属，多有塔寺。"公元 373 年，前凉统治者张天锡延揽月氏人、龟兹人组织译场，亲自参加译经工作。376 年，前秦陷凉州，所遣凉州刺史杨弘忠崇奉佛教。之后，武威太守赵正亦崇仰大法，忘身为道。4 世纪末，龟兹高僧鸠摩罗什居凉州 17 年，长安僧肇远来受业。《高僧传·昙摩密多传》亦载："顷之复适凉州，仍于公府旧寺，更葺堂宇，学徒济济，禅业甚盛。"《集神州三宝感通录》也载："于州南百里，连崖绵亘，东西不测，就而斫窟，安设遵仪，或石或塑，千变万化，有礼敬者，惊眩心目。"其后，罽宾高僧佛陀耶舍亦来武威；后秦末，耶舍还国犹托贾客寄经与凉州诸僧。

北凉创建人沮渠蒙逊是石窟造像工程的积极推动者。天竺人昙无谶辗转来到敦煌，被沮渠蒙逊邀至武威，道俗数百人跟随研议佛法，武威一时为天下译经中心。《高僧传》卷二《昙无谶传》亦记"沮渠蒙逊素奉大法，志在弘道"。蒙逊子牧犍亦重佛教。高谦之撰《凉书》记沮渠"国寺极壮，穷海陆之财，造者弗吝金碧，殚生民之力"。北凉佛教重禅定，多禅僧，习禅须清净安定之地，荒野岩崖处开凿窟室是禅行观心妙处，佛教石窟因参禅悟道而大兴。北凉时，通过在武威南100里的天梯山斫造佛像，凝聚成"凉州模式"，盖为中国石窟造像艺术的源头。

据文献记载，新疆以东最早开窟造像始于沮渠蒙逊在凉州南山兴凿的凉州石窟（天梯山佛寺），蒙逊甚至出资为其母斫窟造像以求福德。昙无谶弟子昙曜组织工匠凿造天梯山石窟群，是中国开凿最早的石窟之一，是早期石窟艺术代表。

北魏太延五年（439）六月，北魏攻取北凉，九月到达姑臧城外，沮渠牧犍开城投降，北凉灭亡。据《晋书》记载，北魏迁走了姑臧城内的僧人工匠3000人，以及百姓30000户到平城（今山西大同），昙曜也在其中。凉州石窟艺术得以流传到大同盆地，在昙曜的努力下，开凿云冈石窟。北魏孝文帝南迁洛阳，又将石窟艺术带到中原，这才有了龙门石窟的诞生。然后向西，有了天水麦积山石窟。所以，凉州石窟在中国佛教史上具有重要地位，在学术界有"石窟鼻祖"之称。

唐太宗时，贞观三年（629）有僧人玄奘偷偷出关借道河西走廊，前往天竺取经。他跋山涉水，经过千难万险，遍历天竺，系统学习了佛学理论，16年后经河西走廊返回长安。在弘福寺、慈恩寺翻译佛教经典，传播佛教。译书75部、1335卷。著有《大唐西域记》。

总之，河西走廊是佛教传入中国的要道和驻泊地。两晋南北朝时期，河西走廊是中原儒家士大夫的避风港，中国传统文化与西域佛教文化在河西走廊交会。饱学硕儒虽坚守儒家文化立场，但不排斥外来文化滋养，而是以兼收并蓄的开阔心胸与气度，促进儒释道的结合。张掖市马蹄寺石窟群最早建于晋代，是敦煌人郭瑀及其弟子所凿，先为郭瑀隐居讲学处，后人增塑像佛，鼎盛时期僧众达300多人，表明儒学与佛学的融合性。

2. 凉州会盟——作为西域南北地缘纽带的河西走廊

西藏本源的宗教为本教，是一种原始宗教。佛教传入西藏是在公元 7 世纪松赞干布执政时。松赞干布先后迎娶尼泊尔墀尊公主、唐朝文成公主入藏。二位公主携带佛经和佛像进藏，这影响了松赞干布，使之皈依佛教，建大昭寺和小昭寺，之后佛教僧人从内地及西域陆续前来传播佛法。8 世纪中叶，佛教又直接从印度传入西藏地区。10 世纪后半叶，藏传佛教正式形成，但西藏也经历了近百年的灭佛时期（朗达玛灭佛，相当于唐末与五代十国时期），反对政教合一制度。之后，佛教再度兴起，形成几大宗教派别，主要有宁玛派、噶当派、萨迦派、噶举派等前期四大派和后期的格鲁派等。格鲁派兴起后，噶当派并入格鲁派。萨迦班智达与蒙古凉州王子凉州会盟后，佛教开始在蒙古族群中流布。佛教入藏和出藏，都与河西走廊分不开。格鲁派的兴起则要到索南嘉措与俺答汗会盟以后，获得政治支持，佛教在蒙古族群中全面流行。

前文曾提及佛教对于蒙古和青藏高原吐蕃融合的重要作用，此处稍加展开，以充分认识河西走廊"十字形"地缘走廊的重要功能。

凉州会盟是指公元 1247 年，西藏萨迦派宗教领袖萨迦班智达与蒙古汗国皇子、西路军统帅阔端在武威白塔寺进行凉州会谈，并发布《萨迦班智达致蕃人书》，呼吁西藏僧俗接受蒙古国的政治统治，避免血腥战争，以和平方式实现了西藏并入蒙元版图，地势第一阶梯的青藏高原与第二阶梯的蒙古高原并为一体。

孛儿只斤·阔端（1206—1251），是蒙古大汗窝阔台次子。蒙古为灭南宋筹划了东、中、西三条路线，其中经由四川沿长江东进被定为主要方向。阔端率领的西路军主要负责占领并统治西部，为中路军进攻巴蜀创造条件。他荡平陇西高原、河西走廊等地区后，受封西夏故地以及青藏地区，设府于凉州。阔端有意进攻西藏，派大将达尔汗台吉进兵至藏北热振寺附近，剿抚并举。西藏各教派领袖审时度势，研商推举萨迦班智达同蒙古人谈判。萨迦班智达高瞻远瞩，一方面为本民族的前途和命运担忧；另一方面为弘扬佛法，使萨迦派获得更大发展，决定不顾个人安危和年迈体衰，应邀前往凉州。萨迦班智达先遣侄子八思巴和恰那多吉等人直奔凉州，他本人先到前藏拉萨与僧俗上层人士商议归附蒙古事宜，于 1246 年途经青海及甘肃天祝县到达凉州。当时，阔端正在蒙古和林参加推举其长兄贵由继承大汗汗位的王公大会，1247 年返回凉州，与萨迦班智达举行了首次会谈。

萨迦班智达在阔端大力支持下，驻凉州白塔寺，专心著书立说和讲经传法五年。藏传佛教跨出雪域，在凉州及青海等地传布，安多地区藏族、河西走廊汉族、蒙古军官兵等僧俗民众，开始接受和信奉藏传佛教。后来，元世祖忽必烈为进一步加强与西藏的友好往来，封八思巴为帝师，赐玉印命统天下释教，管理全国佛教事务。八思巴还成为隶属于元朝中央政府的西藏地方行政长官，并受命创制了以藏文为体式的官方蒙古新字，学术界称作"八思巴字"。

由于元朝存续时间短，蒙藏和平融合刚刚搭起框架，便因为元朝皇帝仓皇北逃、遁入漠北而偃息。明朝接过接力棒，继续对青藏高原进行统治。但由于藏传佛教在蒙藏之间的纽带已经形成，万历年间，另一位北元统治者俺答汗挥军西海（青海湖周边地区），在青海地区站稳脚跟，与藏传佛教的格鲁派索南嘉措会盟，再次续写了蒙藏的文化联系，使得后续清朝借由征服蒙古诸部，比较容易地恢复了对西藏的融合。

《易经》云："观乎天文，以察时变，观乎人文，以化成天下。"人文化成的天下，才是和谐美满的。中华民族终于能在小空间里孕育，在大空间里凝成，表面上是因为战争与杀伐，其骨子里起决定性的力量是文化！

玉门关的盈缩：地缘力量的消长

"玉门"之名最早见于《山海经·大荒西经》："大荒之中有山，名曰丰沮玉门。"《重修肃州新志》采录《肃州旧志》河西综述《夏纪》一节引《竹书纪年》说："太康时，夷人不宾，及少康中兴，世服王化，宾于玉门，献其舞乐。后桀之世，畎夷入居邠岐之间"，表明"玉门"在公元前 21 世纪史书就有记载。

但"玉门"到底指什么呢？学界有三种说法：一说是玉石贸易的关卡，新疆和田玉从这里流转到中原；另一说是玉山之门，在嘉峪关西北部有山曰黑山（金山），最早的关卡设在该山南侧的石关峡（黑山峡），黑山出产墨玉，故得名；还有一说，从阴阳五行说，认为城市北门为玉门，代表冬天、军事、刑杀之象[1]。第一说首倡者是外国人斯坦因，从现出土的文献简牍看，玉门关并无管理玉石贸易的功能。第二说也有可取处，但没法解释玉门关搬来迁去。而第三说认为，玉门是地理空间概念，有特定的地理意义。这似乎表明，西汉时用"玉门"表示酒泉以西的边关哨卡，是对上古空间认知的继承和发扬，玉门就是北方之门的意思。

1. 汉代最早的玉门关与玉门关西迁

最早的玉门关在嘉峪关悬臂长城附近的石关峡（黑山峡、水门峡）。该峡在嘉峪关北侧，夹在祁连山与黑山之间。嘉峪关西北之黑山，山体拔地而起，横亘于走廊平原之上，相对高度 200 ~ 500 米，山体南部有一条东西向延伸的峡谷，即石关峡，长约 10 千米，贯通整个山体南部，两侧山体刀削直立。内有大道，可通马车。峡中有溪流自西东流，今名红柳沟。

该说的核心证据是《史记·大宛列传》记载，太初二年（前 103）贰师将军李广利率军西伐大宛失利，"……天子闻之，大怒，而使使遮玉门，曰军有敢入者辄斩之！贰师恐，因留敦煌"。王国维据《汉书·地理志》进一步指出，酒泉郡治下的玉门县即为太初以前的玉门关所在地（罗振玉、王国维《流沙坠简》，中华书局 1993 年版）。劳干先生的《两关遗址考》和方诗铭等认为，太初二年以前的玉门关在敦煌以东，是年以后才改置在敦煌西北的小方盘城一带。

根据《史记》《汉书》等记载，玉门关最早设置于汉武帝元封三年（前 108）。敦煌写本《寿昌县地境》也有相同记载："玉门关，县北一百六十里。汉武帝元鼎九年置并有都尉。"元鼎九年即元封三年。唐初僧人道宣《释迦方志》中有记载："至肃州，又西少北七十五里至故玉门关，关在南北山间。"从位置推测，"故玉门关"乃是石关峡[2]。

---

[1] 魏迎春、郑炳林：《西汉敦煌郡玉门关的设置时间、名称来源与功能》，《光明日报》2022 年 1 月 17 日。

[2] 李并成：《石关峡：最早的玉门关与最晚的玉门关》，《中国历史地理论丛》2005 年第 2 期。另有《新玉门关位置再考》，《敦煌研究》2008 年第 4 期。

随着汉帝国向西扩张，玉门关西迁到敦煌以西，即县北160里处。又根据历史记载，酒泉郡玉门关西迁敦煌郡西，至迟在汉武帝派遣李广利第二次征大宛之前。原来，在汉武帝太初三年至四年（前102—前101），西汉筑居延塞，又将长城向西延伸到敦煌，甚至到罗布泊，也无亭障。《史记·大宛列传》："汉已伐宛……而敦煌置酒泉都尉，西至盐水，往往有亭。"此时，玉门关被长城包围了，继续设在石关峡就会成摆设。西汉就在此时将玉门关西迁。石关峡屯守机构也跟着西迁至现在的赤金镇绿洲，设玉门县，原址就成了玉石障。

根据敦煌文书S.5448《敦煌录》中"阳关，故玉门关也"的判断，西迁后的第一站是现在的"阳关"位置——西汉龙勒县西阳关处，是敦煌前往西域的唯一关口，外国客使和西汉使者、前往西域镇抚的军队都经由此关。通使、军事合用，会有严重的安全隐患，故西汉就在敦煌郡以西分置阳关和玉门关，方法是：将玉门关北迁至敦煌郡西北，原塞城更名为阳关。玉门关只许军队和专使进出，而外国客使经由阳关进出。这倒对应玉门即城市北门的说法，代表刑杀、军争。两关分置时间约在汉武帝后元元年（前88）。

敦煌文书S.788《沙州都督府图经》记载："玉门关，（寿昌）县东北一百六十里。《地理志》云：汉武帝后元年中置。"根据P.5034《沙州都督府图经》的记载，阳关也于玉门关北徙的同时设置："汉武帝后元年置都尉。"由此看出，玉门关并非因此地而生的概念，而是当时人们普遍地理观念——大荒之中，有玉门，随着帝国疆域的盈缩而进退。

2. 唐代玉门关是双塔堡遗址还是六工古城？

据唐初史料：武德二年（619），置玉门关于葫芦河东岸，东南有月牙墩，南有通唐瓜州古道，西有苜蓿烽。有专家据此描述，并参考唐玄奘取经西行路线和当时丝绸之路状况，认为唐玉门关就在现今的瓜州县双塔村北，现已被淹没于双塔水库之中了。陶保廉在《辛卯侍行记》卷五"十一月初九日"中推测，唐玉门关在布隆吉堡西37千米、双塔堡东北、土胡卢河与疏勒河回河口西侧，而西南之双塔堡为唐之晋昌县故址。根据多年考察和研究，李并成《新玉门关位置再考》中强调，新玉门关位于今瓜州县双塔堡一带是信而有征的。

另有地理学者王乃昂主张唐代玉门关在常乐古城说[1]，认为唐玉门关和墨离军驻地应在河西走廊西段的常乐古城，即今瓜州县"六工古城"遗址。这里是丝绸之路的交通枢纽，是西域出入口的重要关卡，是北魏时期新开伊吾道的起点。曹魏在这里立县并将其命名曰"宜禾"，北魏至隋唐又名为"常乐"。

3. 北宋西夏后的玉门关弃置

北宋统一大半个中国，着手经营河西走廊，玉门关又重新回到原位——石关峡。敦煌遗书《西天路竟》记："灵州西行二十日至甘州，是汗王。又西行五日至肃州。又西行一日至玉门关。"该文书为北宋乾德四年（966）赴西域求法使团中一位僧人的行记。行勤等由肃州（今甘肃酒泉市）一日可抵玉门关。一日行程一般在百里以内，表明此时玉门关已东移到今酒泉城西不出百里的地方，当位于今嘉峪关市界内。宋人曾公亮《武经总要》记，肃州"西至玉门关七十里"，"肃州又九十里渡玉门关"。一作 70 里，另一作 90 里，虽不尽一致，但亦相去不远，均为一天的路程，与《西天路竟》所记吻合。自北宋仁宗景祐三年（1036）西夏占领整个河西走廊后，玉门关就从史籍上销声匿迹了。

玉门关的进退迁移，是河西走廊、地理环境变迁和地缘格局变化的镜子！

尾声：继往开来的河西走廊时代

1864 年，清朝下辖的新疆各地相继发动反清运动，库车、和阗、喀什、吐鲁番等地先后建立了地方割据政权，与清兵互相攻伐，局势混乱。1864 年 8 月，柯尔克孜族人思的克夺取喀什噶尔的回城疏附，又进攻汉城疏勒，因久攻不下，派人赴浩罕求援。乌兹别克人、浩罕汗国（在今乌兹别克斯坦）将领阿古柏见有机可乘，便于 1865 年率军侵入新疆，建立政教合一的哲德沙尔汗国（七城为主体）。同治十

---

[1] 王乃昂：《唐玉门关地望新探——基于历史文献与考古遗存的互证》，《中国边疆史地研究》2020 年第 1 期。

年（1871），沙俄复侵占新疆伊犁。1874 年 2 月，英国弗赛斯使团同阿古柏签订正式条约，英国在阿古柏统治区通商、驻使并取得诸多特权。1876 年，浩罕汗国灭亡，其部众投奔阿古柏，其势力更加壮大，并获得俄国和英国的支持和承认。

同治十三年（1874），刚刚开始明治维新（1868 年开始）不久的日本，将黑手伸向台湾（此时归福建省管辖，还未设省），中国海疆危机爆发。针对如此复杂危险局面，1874 年 11 月 5 日，总理衙门以六问（练兵、简器、造船、筹饷、用人、持久）的形式向各督抚大臣问计，这就是第一次海防讨论，官员们重点讨论了海防筹略。后征求陕甘总督左宗棠意见，左宗棠于 1875 年 4 月 12 日上陈《复陈海防塞防及关外剿抚粮运情形折》，提出"东则海防，西则塞防，二者并重"；不能"扶起东边，倒却西边"。所谓"并重"并非平均使用力量，而是有一个先后缓急之分。新疆并非不毛之地，而有妥善经营、长期固守的可能性；如果"剿抚兼施""粮运并筹"，收复新疆是有可能取得胜利的。这次争论最终以左宗棠"先解决新疆问题"于 1875 年 5 月 30 日定案。他被任命为钦差大臣，负责处理新疆事务。

左宗棠任陕甘总督时，就已经为经略新疆做铺垫了，他原计划先平定河湟马占鳌等部，再全力西进，但伊犁和乌鲁木齐的紧急局面使他决心提前打通入疆道路。同治十一年（1872），徐占彪奉左宗棠令进兵肃州。马文禄依托坚城固守。同治十二年（1873），清军攻占肃州，终于为清廷出兵新疆打通了道路。同治十三年（1874）初，他进一步调派张曜所部嵩武军抵达玉门关，同年张曜部行抵哈密。至此，河西走廊打通了。

从宏观格局看，这次河西走廊成了中国东西地缘的枢纽，西部取得胜利，便解除了后顾之忧，有助于东南问题的解决。

接受钦差大臣职务后，左宗棠将指挥部前移至肃州（酒泉）。他派湘军将领刘锦棠（第一任新疆巡抚）领军进入新疆，先从北疆动手，然后谋取南疆。用了三年，收复了除伊犁之外的所有新疆领土。

接着，出现了开头的一幕。为收复伊犁，左宗棠抬棺西征……

1884 年，在左宗棠的强烈建议下，清政府在新疆设立行省。原来，清政府在新疆只设总督，治军不治民，即无治民之官，此非实效统治的架构。这对新疆后来的历史发展及中国历史的发展产生了重大影响。

由此，我们看到，从汉武帝在 19 岁时派遣张骞出使西域，霍去病封狼居胥山，打通河西走廊开始，河西走廊将西域与中原之间连成一体，从而也成为中国地缘框架的关键臂膀。林则徐、左宗棠认识到这个地缘枢纽对中国的意义，倾力扶江山社稷于既倒。最后以罗家伦《塞上曲》缅怀在河西走廊上挥洒热血和汗水的列祖列宗：

左公柳拂玉门晓，塞上春光好。

天山融雪灌田畴，大漠飞沙悬落照。

沙中水草堆，好似仙人岛。

过瓜田碧玉丛丛，望马群波浪滔滔。

想乘槎张骞，定远班超，汉唐先烈经营早。

当年是匈奴右臂，如今是欧亚孔道。

经营趁早，莫让碧眼儿射西域盘雕。

第十一章

晚清落后的地理观害苦了天下

2009 年，美国总统克林顿来华访问，在北京大学的演讲中提到清代一名官员——山西人徐继畬（1795—1873）：

"从我在华盛顿特区所住的白宫往窗外眺望，我们首任总统乔治·华盛顿的纪念碑高耸入云。这是一座很高的方尖碑，但就在这个大碑邻近有块小石碑，上面刻着：米利坚不设王侯之号，不循世及之规，公器付之公论，创古今未有之局，一何奇也。这些话并非出自美国人，而是由福建巡抚徐继畬所写，1853 年中国政府将它勒石为碑作为礼物赠送给我国。"1853 年介于两次鸦片战争之间，中国人这时开始睁眼看世界了。

其实，早在徐继畬写这话的十多年前，钦差大臣林则徐在广东禁烟，接触西方思想与观念，托人翻译英国学者的世界地理著作《四洲志》。他被罢官流放新疆前，将书稿交给魏源，嘱咐他继续完成剩余的工作。魏源广泛收罗，著成《海国图志》[1]，被称为"睁眼看世界"第一人。

紧跟着魏氏的，就是徐继畬了。与魏源不同的是，他以平等的、欣赏的眼光看世界。从克林顿颇为自豪的引用，可看出徐氏对美国制度赞赏的心态。徐氏接触世界地理，是因为在福建巡抚任上的机缘巧合。美国传教士雅裨理编写地理书《地球说略》，徐继畬得到后爱不释手，结合见闻和思考，著成《瀛寰志略》这一世界地理书，颇有学者的用功和精神。若说魏源是"睁眼看世界"第一人，那么，徐继畬则是"正眼看世界"第一人！这是划时代的进步，可惜的是，这与日本的明治维新（始于 1868）相比步伐太慢了——中华帝国挨洋人枪炮比日本人早，醒悟并付诸行动的时间反而比日本晚。究其实，地理观念落后是病因之一。

---

[1] 邹振环：《通过〈海国图志〉影响国人的〈四洲志〉》，《影响中国近代社会的一百种译作》，中国对外翻译出版公司，2008 年。

其实，早在16世纪末、17世纪初，西方耶稣会传教士就将西方的地理知识传入中国，康熙、乾隆还请传教士给自己上课，学习西方地理知识。若往前溯，明万历皇帝看到利玛窦刻绘的《坤舆万国全图》，竟然主动索取，说是教育皇子们使用。徐光启、李之藻等人，积极学习西方科学知识，在与以利玛窦为代表的传教士交流中，获得西方的天文学与地理学思想，与中国故有学术汇通，几乎不落后啊。那么，乾隆去世后40年，洋夷凭借着坚船利炮打到家门上来，偌大的帝国败得一塌糊涂！夜郎自大，是说夜郎国王问汉使，夜郎国与大汉疆土相比哪个大？夜郎国面积也不小，才敢问，但败在对外界的无知与自闭。而大清朝，疆域广阔，人口众多，藩属环列，朝贡款关，使者相揖于道，承平日久，在天朝上国的空间观念里怡然自适，落得个与夜郎国相似的下场。好在，它还有继续在世界混下去的资本——中华文化的内在张力。

至清末，大清帝国风雨飘摇，国人的地理观念还停留在传统中。从梁启超的经历中可见一斑。1890年他入京参加会试，归途经由上海，"从坊间购得《瀛寰志略》读之，始知有五大洲各国"。此时该书出版已42年矣，总理府批准刊印也有30余年。随后，他的观念急转，成了从世界地理框架解释中国历史之变的旗手。1897年，他出任湖南长沙时务学堂中文总教习，手订《学约十章》，其中第四章"读书"中称："今时局变异，外侮交迫，非读万国之书，则不能通一国之书。"1899年在《戊戌政变记》一书中强调："中国之弱，由于民愚也。民之愚，由于不读万国之书，不知万国之事也。"从16世纪的大航海时代开始，中国人的地理观念还紧跟时代，可到了清末，如他这般的学者，竟然对世界万国有如此的认识过程，足见教育之不彰、文化流布之缓慢。可一旦觉醒，则爆发出蓬勃之力了。

明清代更之际世界地理观念的星火传入

1. "万国"观念的降临——利玛窦的《坤舆万国全图》的火花

利玛窦（Matteo Ricci，1552—1610），字西泰，又号清泰、西江，意大利耶稣会传教士、汉学家。明万历十年（1582）来到澳门传教，在中国生活与工作 28 年。在中国，他是一名西方教士和文化使者，传播西方科学、地理学知识；在西方，他又被视为汉学家。

利玛窦制作的《坤舆万国全图》是中国历史上第一个世界地图，多个版本，12 次刻印。利氏本于传教目的关注中国地图和世界地图，《入华记录》（内容亦见利玛窦《耶稣会与天主教进入中国史》）反映了他编绘世界地图的本心：

> 已而世界地图制就，较原本为大，而汉文注释，对汉人立言，亦较原文为佳。欲使中国人重视圣教事宜。此世界地图盖此时绝好绝有用之作也。前此中国人刊刻舆地图志多种，然多以中国之十五行省居图之中部，稍以海绕之，海中置岛若干，上列知闻所及诸国之名，合诸岛之地广袤，不及中国一小省也。彼等既以为世界唯中国独大，余皆小且野蛮，则欲使彼等师事外人，殆虚妄而已。

利氏刊行世界地图，故意将中国画绘得如弹丸之地，意在打掉中国人的自尊自大，使之觉悟天外有天，人外有人，从而为天主教虚位而进中国。

> 殆彼等既见世界之大，中国小而局处一隅，其愚者辄加此图以讥笑，其智者反此。图中经纬度、南北二分，赤道五带，整比齐列，地名繁多，国俗各异，既皆出于旧图，而旧图亦为刻本。虽欲不信，不能也。
> ……
> 且此图表现海洋广浩，欧洲诸国去中国至远，彼等将不复虞欧洲人之东来侵略。此其坚拒信教要因之一，将不复存在也。

利玛窦前期印制的地图颇受欢迎，真正让他流芳百世的，是进京见到了明末的士大夫阶层。1602 年秋，利玛窦在北京绘成《坤舆万国全图》，在李之藻[1]的

---

[1] 李之藻（1565—1630），浙江仁和（杭州）人，明代科学家，学识渊博，娴于天文、历算、数学。

资助下，以木刻形式出版（李之藻版）。它由 6 条屏幅组成，每屏幅高 1.79 米，宽 0.69 米，拼接总长 4.14 米，总面积 7.41 平方米。

利玛窦对这一版本很满意，对中国人的世界认识有恰当评价，其函云：

> 彼（李之藻）于少年时（时 20 岁）绘为中国十五行省图志，甚精确。然以为天下已都在其书内矣。及见吾人之世界地图，始知中国与世界之比。彼聪明人，故容易理会西洋学者所言地为圆形，及其大小，地有两极，天有九重，日与诸星较地之大几何，诸如此类，他人不易悉者也。于是与吾人深交，勤事此学，凡无碍于公务者，彼皆为之。
>
> ……
>
> 此次所刻较旧者为大甚，分六条，高过人身，可展可合，中国式，甚巧。此图既较大，故利神甫能于其内容更有所增益，不仅新增之图颇多，且亦多具新注，稍述各国各地之奇物。又为全图作一较详之序，并解释数理，日及诸星。此图刻印甚精美，故传布遍全国，为人所珍，李存我自撰序文外而，又得其他学者多序……[1]

值得特别注意的是，利氏原来的地图将中国放在一隅，他听从李之藻的建议后，将中国放在了地图的中间，大明王朝居于天下之中，与传统的中国观念相合，颇受欢迎。该制图思想，到现在仍然流行着，成为法式。

明万历三十六年（1608），皇帝见《坤舆万国全图》而遣太监索之，太监模仿制作若干呈上。

可见，地球、万国观念在 17 世纪初导入中土，被明朝的士大夫们接受，民间也颇欢迎。明朝人由于郑和下西洋、朝贡贸易、倭寇骚扰、继承元朝的家业等，并没有太多的"天朝上国"的闭塞感，在对待西方学术上，存有积极的学习心态。

令人惋惜的是，清人编写《明史》时，对利玛窦《坤舆万国全图》还存在模

---

[1] 转引自王庸《中国地理学史》，商务印书馆，1998 年。

棱两可的评价："而域中大地尽矣。其说荒渺莫考，然其国人充斥中土，则其地固有之，不可诬也。"（《明史列传》卷二百一十四）。言外之意是，世界地图表现了全部，但国人眼不见，不能证其为真，可其人在中国各地游逛，洋国应真实存在，不可轻易否定。

2. 西方天文学的传入

与西方传教士并来的，还有西方的天文学和数学。西方天文学体系如第谷体系、哥白尼天文体系，被当时的士大夫阶层接受，并转化为地理观念，变成文字，在知识阶层传布。

耶稣教士哥白尼（1473—1543）1543 年出版《天体运行论》，认为太阳乃宇宙中心，球状大地与其他星辰一样，绕日旋转。以此推算日、月、行星运动，则能对其天球视运动做出理论清晰、论据充分的严格数学论证和定量描述，编制预告日、月、行星位置的星历表，精确校验。后因布鲁诺与伽利略公开宣传日心说，教会始于 1616 年将它列为禁书，这已经是 70 多年后的事了。在罗马教会禁止《天体运行论》时，它却插上翅膀，飞到大明帝国。

崇祯二年（1629），崇祯亲笔批准了徐光启提出的宏大的修历计划，并且要求他"广集众长，虚心采听，西洋方法不妨兼收，各家不同看法务求综合"。徐光启奉旨在钦天监开设西局，又于 1629—1634 年，与李之藻、李天经先后以西法督修历法，修成《崇祯历书》共 46 种、137 卷。《崇祯历书》是西方科学经传教士之手结出的丰硕果实之一。理论部分为来自西方的天文和数学，系来华耶稣会的龙华民、罗雅谷、邓玉函、汤若望等人编译或节译哥白尼、伽利略、第谷、开普勒等著名欧洲天文学家的著作而成。该书引入"地球"概念，介绍球面和平面三角学和黄道坐标系。《崇祯历书》不单是历书，它是科学，特别是平面几何学、球面几何学、三角函数等学科的渊薮。

明代辛辛苦苦编撰的《崇祯历书》，最后被自己的掘墓人——大清顺治皇帝一朝摘取了。德国传教士汤若望（1592—1666）于 1640 年写出《新法历引》《历法西传》两书。

1644 年，他将《崇祯历书》压缩成《西洋新法历书》103 卷，进呈多尔衮。

清廷定名为《时宪历》，册面上印有"依西洋新法"五个字，颁行天下，中国现行的历法即由此而定。它基于"日心说"的历法体系，不但符合农耕文明的需要，也符合工业文明的需求，是中西结合的历法。汤若望被清廷任命为钦天监正，成为中国历史上第一位任此职位的西方人，又被加授为太常寺少卿，正四品官员。

3. 中国世界地理著作的鼻祖——《职方外纪》

利玛窦进献崇祯的《坤舆万国全图》有文字说明附在地图四周。利玛窦1610年去世，耶稣会神父庞迪我与熊三拔负责翻译并写成书，庞迪我1618年去世，书稿遗作最终由艾儒略增补润色优化，于1623年编撰成书，秋天在杭州付梓："所记皆绝域风土，为自古舆图所不载，故曰《职方外纪》。"（《四库全书》提要）所记为原来在职方氏执掌舆图范围之外的地域，不见于我国古代图书。

艾儒略是意大利耶稣会传教士。明万历三十八年（1610）来华，先在澳门神学院讲授数学。1613年入福建传教。他学识渊博，精通天文、历学，有"西来孔子"之称。

《职方外纪》是我国第一本用中文写的世界地理著作，共5卷。卷一至卷四历述世界各大洲及其主要国家的情况，卷五为四海总说，专述海洋知识。全书介绍了鲜为中国人所知的大陆国家42个、岛国21个、海洋名称27个。

首次通过地理著作的方式向中国人介绍欧洲世界地理，包括地圆说、地心说、五带说以及地球上陆地、海洋状况，16世纪世界各国状况。首次向中国人介绍"洲"的概念，引入"五洲"概念，于各洲总说后，介绍该洲内的国家概况。以前中国人所写的地理书和游记（如赵汝适的《诸蕃志》、张燮的《东西洋考》），均无"洲"之说。且中国人常以"异域""蛮夷"等观念看待华夏之外的地域，并无系统的、理论性的建构。《职方外纪》在中国是前所未有的。

它首次向中国人介绍了哥伦布发现新大陆及麦哲伦的环球航行，并指明了从欧洲到中国的两条海路。这部世界地理著作在晚明激起涟漪，受到高度评价和赞扬。只是在清代，除康熙和乾隆等部分上层人士经传教士教化而通晓外，并没有走出皇宫，教化社会。

透过该书的命运能从一个侧面看出中国明清之际的历史演变。《明史·艺文志》地理类书目中，欧洲人专著仅两种，《职方外纪》为其一，庞迪我《海外舆图说》为其二，表明该书于清初还受重视。《清朝文献通考》（乾隆五十二年，1787 年成书）评价说："至意达里亚（意大利）人所称天下为五大洲，盖沿于战国邹衍裨海之说……彼所称五洲之说，语涉诞诞。"与邹衍大九州说相提并论，甚至和《山海经》挂钩，至为诞诞难信。《四库全书总目提要》稍有缓和，云："所述多奇异……然天地之大，何所不有，录而存之，亦足以广异闻也。"其实，乾隆受到西方传教士的影响，对西方地理学还是认可的。只是艾儒略等人，本来为吸引中国人注意的异闻奇象，竟让中国人与邹衍的大九州说和《山海经》联想，可谓弄巧成拙。在国人眼里，《山海经》荒诞不可信，可传教士所绘地图也充满稀奇古怪的动植物（如巨蜥、犀牛、獏、变色龙等）。若利玛窦、南怀仁等传教士能以朴实的叙述语言展现外界的真实，在考据占上风的氛围中，清人可能会有不同的反应。可他们画的动物、植物，确实是真实世界的影像啊，不宜和《山海经》上的图物画上等号。可见，文明之间的误解不知不觉间就发生了。

其地理学术（地图及说明）不能流布中国，还有一因，即底层社会反对天主教风潮强劲，传教士所有知识都在反对之列。《职方外纪》所反映的世界观与中国传统的天下观方圆凿枘不合，在清王朝天朝上国自大的氛围中，无人敢宣扬平视天下的学问。

考据学家们只往故纸堆里"淘金"，自然无暇用功于洋夷地理了。18 世纪中叶，身为澳门同知两官员合著《澳门纪略》，虽抄录《职方外纪》，但也否认其世界地理观。19 世纪 40 年代魏源辑著的《海国图志》，抄录《职方外纪》十之八九，仍然坚持"天下观"，"华夷观"比明末还有倒退，怎不令人扼腕叹息？

4. 皇帝的地理视野：《坤舆图说》与《地球图说》

《坤舆图说》是《坤舆万国全图》的说明性文字，出自清朝康熙皇帝老师——比利时传教士南怀仁之手。南怀仁（1623—1688），顺治十六年（1659）入中国陕西传教，1660 年奉召入京修历，康熙八年（1669）授钦天监监正、太常寺卿，又加通政使司通政使等职，去世后，得谥号"勤敏"，是得谥号的第一位外国人。

南怀仁自康熙十年（1671）起担任康熙启蒙老师，讲授天文、数学、地理、乐理和哲学等西洋科学，深得年轻皇帝的赏识。其教授地理知识，使用了利玛窦的《坤舆万国全图》、艾儒略的《职方外纪》等。南怀仁还编写《坤舆外纪》，深入介绍西方地理学和地理知识，陪同康熙出巡、观天测地，为康熙日后布局全国地图测绘奠定了学理基础。

南怀仁介绍《坤舆图说》说：

> 坤舆图说者，乃论全地相连贯合之大端也。如地形、地震、山岳、海潮、海动、江河、人物、风俗、各方生产，皆同学西士利玛窦、艾儒略、高一志、熊三拔诸子通晓天地经纬理者，昔经详论，其书如《空际格致》[1]《职方外纪》《表度说》[2] 等，已行世久矣，今撮其简略，多加后贤之新论，以发明先贤所未发大地之真理。

显然，《坤舆图说》是世界自然地理和人文地理著作。

《坤舆图说》分两卷，上卷主要叙述自然地理知识概念，分十五篇，如"坤舆图说篇"，说明地球形状、大小、赤道、南北回归线、气候带、经纬线等，表达地球与宇宙的位置关系和地球表面地带性划分；下卷主要是介绍五大洲及各岛的地理知识。卷末除《坤舆全图》地图中的珍禽异兽之外，还附有《七奇图说》，即世界古代七大奇迹图像与说明文字[3]。

在通晓古代经典的清朝士大夫们看来，这些都不出中国古代先民视域。《四库全书总目》提要《坤舆图说》以东方朔《神异经》、周密《癸辛杂识》中的记

---

[1] 《空际格致》，以亚里士多德的"四元素说"（土、木、水、火）为理论基础，探讨地球万物的构成与运行，充满地理学的内容。

[2] 《表度说》，是用圭表（在地平面立木杆观察日影运行）测量地球运行状态，以定昼夜、节气的技术与方法。属于天文类著作，主要确定地理地带性和地理环境的周期性变化。由熊三拔在明万历年间撰。

[3] 邹振环：《南怀仁〈坤舆全图〉及其绘制的美洲和大洋洲动物图文》，《国家航海》2016年第2期。该文介绍了《坤舆图说》绘制的动物，与《山海经》的描绘手法和想象类似，让清人认为它是洋人师法《山海经》所作。

载比附说：

> 此书记此事亦全与相合。疑其东来以后，得见中国古书，因依仿而变幻
> 其说，不必皆有实迹。然核以诸书所记，贾舶之所传闻，亦有历历不诬者。
> 盖虽有所粉饰，而不尽虚构。存广异闻，固亦无不可也。

这表明清朝士大夫对西来知识的抗拒心理——一种新事物到他们手上，都会用中国传统文化知识的滤网过滤一遍，冲击力自然被化解尽了。

法国传教士蒋友仁绘制了《坤舆全图》，系在南怀仁《坤舆图说》的基础上于乾隆二十五年（1760）完成初绘，并在乾隆三十二年（1767）增补该图。该图根据"新辟西域诸图"和"西来所携手辑疆域梗概"等资料增补绘制。他在绘制《坤舆全图》的同时，应该已经完成了一部类似《地球图说》的书稿，并按照乾隆的旨意补上了相关地图和天文图，且翰林院也遵旨对该书稿进行了润饰。该书稿是由何国宗、钱大昕等人润色而成，上报给皇帝，也束之高阁了。30多年后，到1799年才被钱大昕整理刊刻出版，名为《地球图说》。《地球图说》出版，反映了清人对世界地理知识的兴趣、学习的态度。如身处士大夫阶层的钱大昕让其学生李锐补画19幅图附后。而阮元则从学术源流上，为其作序，认为不要太拿它当回事而醉心于此，但也不要不拿它当回事，毕竟它也是非常精密的方法。《地球图说》被中国士大夫们接受，并出版图书，已经到了19世纪的门槛了。就是在这个时期，西方实现了赶超。

5. 康乾之间的地图测绘

先看《中俄尼布楚条约》签订时所显露的地理认知。在参与中俄谈判的中方队伍中，有两名高鼻梁蓝眼睛的西洋人传教士，葡萄牙人徐日升和法国人张诚。他们可是代表法国国王来中国测绘的，是皇家科学院会员、科学家。徐日升1673年进京，由于精通天文学而供职于钦天监，来华较晚的张诚精于数学，遂成为康熙皇帝的宫廷教师。二人凭借渊博的自然科学知识，很快成为康熙皇帝的近臣。谈判临行前，康熙还专门嘱咐索额图："朕鉴于所用西人，皆忠贞可靠，足资信

赖。"康熙要他与二传教士同桌就餐，重要事情要商量。从谈判过程看，他俩粗知国际法，条约使用"中国"作为国号，首席代表索额图的全衔是："中国大圣皇帝钦差分界大臣、议政大臣、领侍卫内大臣。"这是首次将"中国"作为主权国家专称签订国际条约。清廷变相承认中国是万国之一了。

本次条约签订后，张诚回到北京，谈及大清地图明显比俄国人出示的地图落后，在谈判中处于不利地位，康熙下定决心测绘大清地图。康乾之际，地图绘制过程如下[1]：

第一阶段，康熙年间地图测绘始于《中俄尼布楚条约》之签订。康熙二十八年（1689）1月，康熙曾向中俄谈判译员——法籍教士张诚询问尼布楚及东北地区各重要地点经纬度，并透露他曾派人至黑龙江入海口一带调查。张诚言指现有地图上东北地区表达简略粗漏，引起康熙重视。以后他躬学数学与测量知识，并派专人至广州购置仪器，在亲征噶尔丹及巡游江南、东北时，命张诚等随行，随地测量各地经纬度。

第二阶段，康熙四十一年（1702），委托外国教士测量经北京经线的霸州至交河距离。当时将经北京的经线定为本初子午线。康熙四十六年（1707），又令传教士测绘北京附近地区地图，亲自校勘，认为精度远胜旧图，故决定进行全国性的经纬度测量，绘制新的清朝大地图。

第三阶段，展开全国大图的勘测工作。康熙四十七年（1708）四月，由三位天主教神父白晋、雷孝思和杜德美领衔先自长城测起，凡长城各门（三百个），各堡以及复建之城寨、河谷、水流，均绘入地图之中，地图长逾15尺。后在法国传教士的指导下，对清朝疆域除未能军事控制的地盘外，完成了大地测量工作。

第四阶段，室内绘图定稿阶段。以统一的比例和投影绘成的分省图由杜德美合辑成总图。康熙五十七年（1718），这份康熙自称耗费30余年心力的《皇舆全览图》终于绘成进呈；后由马国贤制成铜版。

雍正即位后，虽未有测绘，但他为乾隆文治武功奠定基础。雍正十年（1732），

---

[1] 据王庸《中国地理学史》，商务印书馆，1998年，第111～121页；葛剑雄：《清朝全国地图的测绘》，《百科知识》1980年第10期。

绘有《十排皇舆图》。经线 5 度为一排，东西横贯 50 度的广阔区域。除反映当时东北、蒙古、新疆、西藏以及内地十五省地形和政治、军事外，还包括西伯利亚、帕米尔以西地中海以东的中亚山川、河流、居民等地理内容。以满、汉两种文字标注。云南、四川的西部以及青海、西藏、新疆等地区的地理名称，全用满文标注。

雍正十一年（1733），唐维尔据《皇舆全览图》编成中国分省图在法国出版，对西藏部分做了重大修改。

第五阶段，乾隆二十年（1755）平定准噶尔叛乱，攻占伊犁。3 月及 5 月，乾隆两次命何国宗、明安图、那海、富德等人去西北测量，但不久清军退守巴里坤（今新疆巴里坤哈萨克自治县，天山东段北麓）。1756 年，清军再次收复伊犁。2 月，乾隆复命刘统勋会同何国宗、努三、哈清阿等由巴里坤出发，分两路赴天山北路及西部进行测绘，当年 10 月结束。1759 年，清军收复南疆，乾隆又命明安图前往测定天山南路的广大地区。

据新疆南、北路的两次测量结果，在康熙《皇舆全览图》基础上，1761 年编成了《大清一统舆图》（《内府舆图》），由葡萄牙人蒋友仁制成铜版 104 个，印刷出版。《乾隆内府舆图》采用经纬线直线斜交的梯形投影法绘制。纬度每隔 5 度为一排，共 13 排。覆盖区域东至库页岛，东南至台湾，北至北冰洋，南至海南岛，西至波罗的海、地中海及红海，西南抵印度洋，不仅是中国全图，也为 18 世纪亚洲大陆地图，是关于我国疆域的最明确和最完整的国家地图，成为后世编绘地图的重要依据之一，如李兆洛《皇朝一统舆地全图》，胡林翼、严树森《皇朝中外一统舆图》，董方立《皇清地理图》，邹世诒《大清一统舆图》等皆以之为蓝本。

综上所述，清朝前几位皇帝具有丰富的地理知识，在传教士的指导下，对于世界地理知识应该有所了解，可是，在《内府舆图》编制完成后，就秘而不宣，束之高阁了。这其实就造成了从康熙到乾隆，地理知识与观念是"萎缩"的。乾隆越来越陶醉在大清疆域内，以"十全皇帝"自慰、自满，在天朝上国的梦境中怡然自得。

国家兴，必由地理观念兴。国家衰，地理观念也萎靡了。清朝在乾隆晚年到达巅峰，此后就走下坡路了。地理观念竟有大幅倒退。

英使马戛尔尼来"朝"的外交争端与
"天朝上国"观念的登峰造极

1. 马戛尔尼来"贡"

18 世纪 60 年代，英国发生工业革命，迫切需要打开国际市场。乾隆五十七年（1792），英王派遣马戛尔尼率团来访，打算通过与清王朝最高当局谈判，取消两国贸易的种种限制和禁令。另外还有个隐情，即此前乾隆派遣福康安等征讨廓尔喀（今尼泊尔）取胜，可统治印度的英军却屡战屡败，英国人认为有了解与结识中国的必要。

马戛尔尼在携带觐见的礼物上颇费一番思量。所乘"狮子"号舰装有 64 门大炮，是当时英国的三等军舰。礼物除投皇帝喜好外，就是显摆其科学技术，如蒸汽机、棉纺机、梳理机、织布机。英王还特意赠送了当时英国规模最大并装备有 110 门大口径火炮的"君主"号战舰模型。礼单中还有武器，如榴弹炮、迫击炮以及手提式武装。显然，他们是想和清政府做生意。令他们大失所望的是，天朝的大臣绝大多数是文人仕宦出身，以媚上御下为务，对这些"奇技淫巧"不感兴趣。

英国使团还携带一些精美仪器。如当时天文学和机械学的最佳结合产品——天体运行仪，这个仪器代表了整个宇宙，它能够准确地模仿太阳系天体的各种运动，如月球绕地球运行、太阳轨道、带 4 颗卫星的木星、带光圈及卫星的土星等。另外，还有一个地球仪，上面标有各大洲、海洋和岛屿，可以看到各国的国土、首都以及大的山脉，并画出了所有这些远航的航海路线。

英国国王乔治三世让马戛尔尼带去了给乾隆帝修的一封国书：

> 我乔治三世代表大不列颠、爱尔兰和印度，祝中国大皇帝万岁万万岁。只有您才配治理天下万万年。我知道中国的地方太大，管理的百姓也多，皇上您操心天下大事，不但是中国，就连外国，都要您去保护，这些国家都心悦诚服，皇上您太操劳了。

如今全球各国都说，世界上只有中国大皇帝统治的地方，制度更加完善，所有人都心服赞美，所以我也越来越神往。皇上，今年是您的八十大寿，我向您进献贡品，盼您能体恤我们。

这封信显然经过了翻译的精心加工，极尽清臣的阿谀本事。1792年秋，两广总督的奏折却是当时天朝人观念的反映，说尽了阿谀奉承的话：

英吉利国总头目官管理贸易事百灵谨呈天朝大人，恭请钧安。我本国国王，管有呀兰地嗌吨、佛兰西、嘤仑等三处地方，发船来广贸易。闻得天朝大皇帝八旬大万寿，本国未曾着人进京叩祝万寿，我国王心中十分不安。我国王说称："恳想求天朝大皇帝施恩通好。凡有我本国的人来广，与天朝的人贸易，均各相好，但望生理愈大，饷货丰盈。"……总求大人先代我国王奏明天朝大皇帝施恩，准此船到天津，或就近地方湾泊。我惟有虔叩天地保佑天朝大人福寿绵长。

乾隆皇帝被恭维得心花怒放，特别扒拉《大清一统舆图》，看看"英吉利"在什么地方，发现法兰西、意大利，却不见"英吉利"，是个新"藩邦"（此时英国已是西方一等一的强国了！清廷的地理知识还来源于《大清一统舆图》），故准许他在天津登陆。1793年6月刚上岸，其所携带物品立马被官员贴上"贡使""贡物"的标签，令英人颇为不爽。更烦恼的是，围绕礼仪发生了激烈博弈。清朝政府要求英国使臣按照各国贡使觐见皇帝的一贯礼仪，行三跪九叩之礼。英使认为这是一种屈辱而坚决拒绝。礼仪之争自天津，经北京，而继续到热河，不能定下。乾隆帝闻讯，勃然动怒，下令降低接待规格。这反映了清政府对当时欧洲各国的社会经济的发展状况茫然不知。

觐见时，也是花样迭出。当时究竟行的何种礼节中英双方记载不同。英人说马戛尔尼等人按照觐见英王的礼仪单膝跪地，未曾叩头。和珅奏折却说，英国使臣等向皇帝行三跪九叩之礼。无论当时以何种方式解决这场矛盾冲突，都改变不了礼仪之争对中英首次通使往来所造成的负面影响。在马戛尔尼看来，贺寿只是开胃菜，大餐在后头，可在清臣眼里，贺寿是主菜，其他都是鸿毛！觐见后，清朝大臣妙笔生花写一篇大文章，皇帝"特颁敕谕"，将"天朝上国"的天威表现得淋漓尽致：

咨尔国王，远在重洋，倾心向化，特遣使恭赍表章……朕批阅表文，词意肫恳，具见尔国王恭顺之诚，深为嘉许……至尔国王表内，恳请派一尔国之人，住居天朝，照管尔国买卖一节，此则与天朝体制不合，断不可行……若云仰慕天朝，欲其观习教化，则天朝自有天朝礼法，与尔国各不相同；尔国所留之人，即能习学，尔国自有风俗制度，亦断不能效法中国。即学会，亦属无用。天朝抚有四海，惟励精图治，办理政务，奇珍异宝，并无贵重。尔国王此次赍进各物，念其诚心远献，特谕该管衙门收纳。其实天朝德威远被，万国来王，种种贵重之物，梯航毕集，无所不有，尔之正使等所亲见。然从不贵奇巧，并无更需尔国置办物件[1]。

寥寥几句话，趾高气扬地对来使教训一通，显然把自己当成"宗主国"了。这些人不知，英人已统治印度，在东南亚立足，是名副其实的"日不落帝国"，包围了大半个大清朝。

再来说马戛尔尼没有达到目的，仍想方设法与清朝官员商谈贸易，可惜官员根本不理这茬，就护送马戛尔尼一行经运河离开，让他们遍览天朝上国风光。可走了一遍运河和陆路，马戛尔尼就明白大清帝国的究竟。欧洲人对中国的印象是元明辉煌时期，欧洲旅行者妙笔生花（如《马可·波罗游记》），可到 18 世纪末，欧洲反超中国——本来为展现中国的美丽富饶，却"泄露了贫穷落后的天机"！

2. 老天爷帮忙，让清朝人有自大的资本

在第二章，我们阐述气候与王朝兴衰的关系时指出，明亡次年，气温就回升，雍正和乾隆时达到一个温暖的小高潮，而乾隆晚期，气候又开始变得寒冷了。乾

---

[1]　1928 年故宫博物院编《掌故丛编》第 3 辑《英使马戛尔尼来聘案》。

隆见马戛尔尼时，正好处在气候的转折点上，温暖湿润的气候，人口的高增长，庞大的疆域，让清朝上下自尊自大起来，"蕞尔英夷"当然不入其法眼了。

康乾盛世表现在很多方面，其中之一是疆域广大，乾隆年间平定西域，整个清帝国版图空前广阔，面积达 1300 万平方千米，史称"汉唐以来未之有也"。其次是人口持续增长。明亡时，人口约 5000 万。康熙六十一年（1722），人口突破 1.5 亿。乾隆五十五年（1790）突破 3 亿大关，约占世界人口 1/3（见表 11-1）。在康乾时期向其朝贡的藩属国有朝鲜、琉球、安南、南掌、暹罗、缅甸、廓尔喀、哲孟雄、不丹、浩罕、哈萨克、布鲁特、布哈尔、巴达山克、爱乌罕、兰芳共和国等。因此，清朝滋生了一种天朝上国的观念，具有拒斥"第二个君王"或者"帝国"的优越感！从而有意或无意地丧失了对世界的主动了解。当他们陶醉于自己构建的"华夷理境"，不关注大清版图之外的变化时，自己就落后了！

嘉庆年间衰败迹象就很明显，道光、咸丰之际，天下就乱套——1840 年鸦片战争失败，割地赔款，开放通商口岸，农民负担加重。由于气候变冷，农业产量下降，百姓温饱成了大问题。土地兼并，贫富悬殊扩大，社会矛盾激化，1851 年太平天国运动在广西金田爆发，到 1865 年结束，历时 14 年之久，人口减少约 6000 万。究其致乱之由，自 1820 年到 1910 年，有近 90 年的寒冷时期。

以粮食产量为例，因明朝时引进来的马铃薯、玉米、红薯大面积推广，稻谷推广一年两熟，甚至三熟，气温上升，作物产量上升。康乾时期粮食总产量呈现出快速增长的态势，从 1665 年的 1163.7 亿斤增至 1795 年的 2576 亿斤，其中 18 世纪增速尤为明显，粮食总产量翻番。人均粮食产量、人均稻谷和小麦产量同步增长——17 世纪缓慢增长而 18 世纪有所回落。人均粮食产量从 1665 年的 1183 斤 / 人增加至 1700 年的 1245 斤 / 人，但 18 世纪则有所下降，从 1700 年的 1245 斤 / 人下降至 1795 年的 867 斤 / 人；人均稻谷和小麦产量从 1665 年的 794 斤 / 人增加至 1700 年的 835 斤 / 人，但从 1700 年的 835 斤 / 人下降至 1795 年的 582 斤 / 人，下降幅度明显。人均粮食 582 斤，就意味着天下有饥馑发生，20% 以上的人挨饿（温饱水平 800 斤计算），若粮食调剂不畅，分配不均，肯定会有农民起义发生。

表 11-1　清朝人口的惊人增长

年　份	《清实录》人口数	年　　份	《清实录》人口数
康熙三十九年（1700 年）	2010 万	嘉庆二十五年（1820 年）	3.5 亿
乾隆六年（1741 年）	1.4 亿	道光三十年（1850 年）	4.1 亿
乾隆五十五年（1790 年）	3 亿	咸丰元年（1851 年）	4.3 亿

这些隐忧被一个人注意到。在马戛尔尼来华的 1793 年，中进士不到两年、年届 47 岁江苏武进人洪亮吉在出任贵州学政期间，写了一部名为《意言》的书。其中，"治平"篇写道："治平之久，天地不能不生人，而天地之所以养人者，原不过此数也；治平之久，君、相亦不能使人不生……一人之居以供十人已不足，何况供百人乎？一人之食以供十人已不足，何况供百人乎？此吾所以为治乎之民虑也。"人口无限繁衍，食用居住物资都不够用，社会稳定就必然出问题。三年后，白莲教果然在川、楚之地爆发，白莲教信众的基本盘就是聚集在深山老林的流民。洪亮吉撰写《治平》《生计》论人口五年之后，1798 年，32 岁的英国人马斯·罗伯特·马尔萨斯完成著作《人口学原理》，其人口持续增长思想，被称为马尔萨斯人口论。

清朝的自大意识，恰恰是在王朝巅峰发生的，也是在西方工业革命蓬勃发展的时期发生的。在同样的境遇下，历代王朝都是通过内部战争、饥饿、瘟疫等造成人口减少，人口与自然趋于平衡。内卷化、以农为主的大清朝偏偏遇到开放的世界，被裹挟进入资本主义世界体系，国内矛盾和国际矛盾并发，终止于难收拾局面。

3. 清朝人科学意识的觉醒与自然地理观念的转变

明末清初，传教士带来的西方天文与数学，推动了中国天文和数学的发展。清代学者如梅文鼎、王锡阐、戴震、李锐、罗士琳等数学家取得了世界水平的研究成果。

编写一本天文科技史是时代急务。清中期大儒、科学家阮元（1764—1849）网罗人马，如其学生李锐、周治平，其他学者钱大昕、焦循、凌延堪等。他们自 1795 年动笔，于 1799 年编成《畴人传》。"畴人"源自《史记·历书》："幽厉之后，周室微，陪臣执政，史不计时，君不告朔，故畴人子弟分散，或在诸夏，或在夷狄。"《史记集解》引如淳曰："家业世世相传为畴"，"畴人"即世代相传掌守古代文献如天文、历法等王官。书成，中国古代天文、历算成就蔚然成章。

阮元为乾隆五十四年（1789）进士，先后任山东、浙江学政，在礼部、兵部、户部、工部供职，并出任山东、浙江学政，浙江、江西、河南巡抚及漕运总督、湖广总督、两广总督、云贵总督等职。身历乾隆、嘉庆、道光三朝，以提倡学术、振兴文教为己任，勤于军政，晚年官拜体仁阁大学士，于数学、天算、舆地、编纂、金石、校勘等多有建树。他涉猎广泛，年轻时就与自然科学有不解之缘。受戴震影响，他在研究经史子集时，注重自然科学的研究，如对"中西异同、今古沿革，三统四分之术，小轮椭圆之法"亦有钻研，认为"数"乃六艺之一，儒者所必学，"孰为儒者而可以不知数乎？"（《畴人传序》）他 24 岁就写出了《考工记车制图解》，后又接触到西方的数学、天文学著作。进士之考时，他作《拟张衡天象赋》和银镜诗，事涉自然科学知识。乾隆召见他时，特别问及天文、算法等知识。从政之后，仍不忘学。《畴人传》体现了他重视古代自然科学的一面，也是应对西来冲击的中学响应。动笔时，他刚到而立之年，编修告竣，他才 35 岁，壮年而有自然科学之视野，不可谓不是清中期的一股热流。

《畴人传》学术价值很高，对我国科学技术发展是一个承前启后的总结，既是集众家大成之作，也是拓荒之作。它对怀疑中国古代不重视科技，怀疑清代学人不重视科技，是一个不小的反击。继《畴人传》之后，又有新史料发现，或者清中期后，西洋科技汇入速度加快，至光绪时，研究者大量增加。清道光二十年（1840），罗士琳撰《畴人传续编》6 卷。光绪十二年（1886），诸可宝撰《畴人传三编》7 卷。光绪二十四年（1898），黄钟骏撰《畴人传四编》12 卷，收录标准放宽后，之前未被收录的著名占星家和其他学者也被收录。

古代"畴人"，多数是天文观测、历算、数学家，其活动是古人发现地球所在宇宙环境的过程，其实是人类地理环境之一面。这为了解太阳辐射、地球四季变化等，提供了科学基础。若从思想观念转变看，此应该视为自然地理学观念的一重大转变。若说从利玛窦到南怀仁、蒋友仁等，现代地理知识只是在上层流布，到19世纪初，中国传统学术已经为接引西方地理学观念做好了准备！

从魏源到徐继畬：天下观的转变

1. 地理研究兴趣之再兴

进入19世纪，鸦片内输，白银外流，国势日削，民风萎靡，鸦片战争后，随着《南京条约》的签订，门户洞开，国人才如梦方醒，世界观念急速转变。

此时，距离明末清初已经过去200余年，距离英王特使马戛尔尼来华拜见乾隆50余年。明末清初的几本地理著作再度引起中国学者的重视。姚莹（1785—1852）于《外夷形势当考地图》记载其寻找地理文献途径：海岸诸国和陆上诸国"何者接壤？孰为东西？孰为远近？无从知之。幸有西人艾儒略、南怀仁所刻舆地图，可以得其形势。盖即利玛窦《万国全图》而为之也。惟方音名称，与中国传说诸书各别，某即某地，殊费钩稽。道光二十二年（1842），奉命即诸夷囚问英夷及俄罗斯远近，当以夷酋颠林等所绘海诸图地名形势，录供为说复奏，俗偬军旅中未能详加考订也。第就其所绘图取《海国见闻录》，与南怀仁二图校之，形势实相符合，当欲以此散图参互考订，于其他同名异者，逐一详辨之，旋为北逮不果。友人邵阳魏默深（魏源），得林尚书（林则徐）所译西洋四州志及各家图说，复以历代史传及夷地诸书考证之，编为《海国图志》六十卷，可谓先得我心"[1]。道光帝是乾隆皇帝之孙，艾儒略、南怀仁时期的著作记载，竟然与近200年后的《海国图志》所记无差，可见清朝对世界地理的忽视与无知了。

---

[1] 姚莹：《外夷形势当考地图》，《康辅纪行》卷五。

2. 魏源的《海国图志》与"师夷之长技以制夷"

魏源（1794—1857）同林则徐一样，是鸦片战争时期"睁眼看世界"最有眼光的人物之一。他学识渊博，著作有《书古微》《诗古微》《默觚》《老子本义》《圣武记》《元史新编》《海国图志》等，其中《海国图志》最有影响。

《海国图志》有 50 卷本、60 卷本和百卷本 3 种。林则徐委托幕僚编译介绍海外诸国情况的《四洲志》，其原著是英国人编撰的《世界地理大全》（1836 年版）。道光二十一年（1841）6 月，林则徐被贬，北上途中路过京口（今江苏镇江），与魏源面见，嘱其作《海国图志》。魏氏基于《四洲志》于道光二十二年（1842）编成 50 卷本《海国图志》，5 年后，道光二十七年（1847）扩充为 60 卷本[1]。次年，徐继畬的《瀛寰志略》问世，魏源吸取该书精华及其他资料，于咸丰二年（1852）增补为 100 卷本。该书记述世界各国地理、历史、经济、政治、军事和科学技术，乃至宗教、文化等，并附有世界地图、各大洲地图和分国地图等。

《海国图志》是先前世界地理知识的汇编，约分为 3 个部分，第一部分为"筹海篇"，即如何谋划海防，抵御外敌，反映魏源的海防思想。第三部分为杂录，包括有关官员的海防言论，夷情备采，洋炮图说等较为实用的方法与技术。第二部分，是世界地理，是主体。但在魏源的眼中，第一部分最重要，因为时情不允许他有余暇虑及其他。地理部分，也并非为地理而地理，是为了筹夷。夷者，英吉利夷也。在五十卷本之卷二圆图横图序中云："绕地一周皆有英夷市埠，则筹夷必悉地球全形，故观图但观英夷本国之图，非知考图者也，读志但阅英吉利本国数卷，非善读志者也。"其他各国地理，只不过是英国地理的陪衬而已。

因此，《海国图志》最要者在于表达魏源的"以夷攻夷""以夷款夷"（羁縻制）和"师夷长技以制夷"的思想，他从夷人的观念看待"夷国"，旨在找到对付夷人的办法。从夷夏关系看，这三者不是什么新鲜的战略。例如南宋默认金灭辽而不救，即"以夷制夷"；再如"师夷之长技以制夷"，即是赵武灵王"胡服骑射"的更新版。

---

[1] 邹振环：《通过〈海国图志〉影响国人的〈四洲志〉》，见《影响中国近代社会的 100 种译作》第十二，第 40 ~ 43 页。

《海国图志》仍然抱持着传统的天下观念，中国为天下之中，四夷环绕之。坚持华夷之防，非我族类，其心必异。将中国之外但以"夷狄"视之，如英国称"英夷"。他将"海国"分为"海岸之国"和"海中之国"，以海环绕。他虽然抄录《职方外纪》十之八九，但并没有依照其"世界地理"框架，而仍然杂以邹衍的大九州说。"海国"概念既有中国传统的影子，亦有世界地理的意识，是为"睁开眼睛看世界"。但其思想、眼光、初心都是以中国为主体。

这种传统观念的另一表现是在《海国图志》中，"中国不与万国并列"。如一般世界地理体例，先全球总说，然后再分洲，洲下再介绍国家。《海国图志》有全球图，有亚细亚总说，但无中国，亦无朝鲜。无中国和朝鲜的"海国"其实就是"四夷图志"，仍不脱传统天下观的窠臼。他在《海国图志叙》末尾说："传曰：孰荒于门，孰治于田，四海既均，越裳是臣。叙海国图志。"显然借韩愈的诗，表达天下平定之后，仍会有万国来朝的盛况再临！

3. "正眼看世界第一人"徐继畬及《瀛寰志略》

徐继畬（1795—1873），山西代州五台山人（今山西忻州），晚清名臣、学者，道光六年（1826）进士，历任广西、福建巡抚、闽浙总督、总理衙门大臣，并为首任总管同文馆事务大臣，为官 30 余年。他于舆地考证之学造诣高深，曾经著作有《尧都辨》《晋国初封考》《两汉幽并凉三州今地考略》《汉志沿边十郡考略》，并主修《五台新志》。他在福建漳州参与鸦片战争，清朝战败，激起他研究世界地理的热情。

《瀛寰志略》是徐继畬于道光二十三年（1843）至二十八年（1848），在其福建布政使、福建巡抚、闽浙总督任内所著的世界地理名著。道光二十三年，他任福建布政使，专掌厦门、福州口岸开放通商事宜。据《瀛寰志略》自序："道光癸卯冬，余以通商事久驻厦门。米利坚人（美利坚人）雅裨理者，西土淹博之士，挟有海图册子，镌板极工，注小字细如毛发，惜不能辨其文也，暇日引与晤谈，四海地形，得其大致，就其图摹取二十余幅，缀之以说。说多得自雅裨理，参以陈资斋《海国闻见录》、七椿园《西域闻见录》、王柳谷《海岛逸志》、泰西人《高厚蒙求》诸书，是曰《瀛寰考略》。"又经五年修补完善，于道光二十八年（1848），以《瀛寰志略》刊刻面世。该书是一本正眼看世界的标志性世界地理开篇之作。

"瀛寰"之名，其实就是"世界"。"世界"本为佛教用语，后来"world"被翻译为"世界"。在"瀛寰"出现之前，有"坤舆""舆地"，代表天下地理。利玛窦《坤舆万国全图》等名，以"坤舆万国"指代"世界"。徐继畬著书时，创造性地使用了"瀛寰"指代地球表面空间，其中"寰"即圆球，"瀛"即大海，表示地球表面大部分是海洋。这取法于邹衍大九州说以及西方大地球形说，由此知其为世界地理著作。"志"又借用了中国传统的"地方志"体例，相当于全国地志的扩大版。"瀛寰"代表了天下观念的转变，放弃了"华夷观"，比"海国"更加中正。徐氏不再以"华夷"观念指称外国，而改为平等观念，甚至"张大外夷"，颂扬外国制度的方式，展开叙事。魏源《海国图志》称英国为"英夷"，徐氏则以"英吉利"言说，不再贬低为"夷"。他称英国领事李太郭为英官，不称英酋。这是中国与世界各国关系认识的巨大进步。

对中国与世界的关系，徐继畬也有突破性认识。他将《大清一统舆图》置于亚洲总图之后。当他将前三卷征求好友张穆意见（张穆也是地理学家，专西北地理），张阅后，倒吸一口凉气，说以春秋大义，劝他改弦更张，将大清舆图置于前，否则，毁谤訾议骤起，恐引祸上身。徐氏只好听命，可知国人走出天下观是如何之难[1]。

《瀛寰志略》受到有识之士高度重视。曾任福建巡抚的刘鸿翱赞誉此书是"百世言地球之指南"。福建道员鹿泽长说该书"于国家抚驭之策，控制之方，实有裨益"。尤为难得的是，刘韵珂、刘鸿翱、彭蕴章等，竟以一、二品大员身份，为书作序，甘冒天下之大不韪，其赞扬本于天下观。中国第一位驻外使节郭嵩焘初读《瀛寰志略》，以为言过其实。待他光绪二年（1876）外出为使，才觉悟到："徐先生未历西土，所言乃确实如是，且早吾辈二十余年，非深识远谋加人一等乎？"

此书亦得西方传教士赞赏。1850年7月美国公理会会刊《传教先驱》第一篇

---

[1]　周振鹤：《正眼看世界的第一人》，《随无涯之旅》，生活·读书·新知三联书店，1996年，第120页。

文章是《一部新的中文地理书》（"A New Chinese Geography"），该刊编者写道："在中国至少发现了一个人，一位巡抚，赋有足够的睿智和足够的独立精神，通过刊刻这里介绍的这样一部书，来攻击在许多个世代建立起使我们超过三亿的同胞与世隔绝的高墙的无知和愚昧。一位总督[1]于序言里赞扬了这部著作。"这篇文章的作者是美部会在福州的传教士弼莱门。

可惜的是，徐继畬稍后就被降职。同治四年（1865），两宫皇太后命其入京，徐继畬被重用，命参通商事务，以三品京堂在总理各国事务衙门行走，协助恭亲王奕䜣办理洋务。同治五年（1866）总理衙门重印《瀛寰志略》，"中外奉为指南"。同年，授太仆寺卿，授二品顶戴。这表明，徐继畬的研究终于得到认可，这是第二次鸦片战争中国惨败后的事了。18年的光阴过去，徐继畬其人其作的价值终于得到了承认。此之承认，也表明中国有再度奋起的希望。

今人周振鹤对徐氏有公允评价："他是近代第一个正眼看世界的人物。徐把中国放进世界之中，放在与世界各国平等的地位上，看到了他人的长处，理解了自身的毛病。虽然这些毛病没有被指明，却尽在不言中。他并不是一个说教者，也并不急于拿出自己的筹夷方略，他只是平静地把客观的世界地理知识贡献给国人，试图使国人能通过认识世界来认识自己的国家，从而发奋图强跻身于世界民族之林。他自己是由研究地理出发进而具有民主思想，他的《瀛寰志略》也使不止一代的士子走上同样的道路。"（《随无涯之旅》第131页）

行文至此，笔者不免唏嘘，深感到"地理思想与观念"对于民族生存之重大价值。它是一个民族求生存的指路明灯，每一次的地理发现、思想进步，都会带来疆土之拓展、资源之辐辏和社会大进步。例如，张骞出使西域，华夏乃有丝绸之路之绵延；郑和下西洋，乃有文明之远播；若明清之际，地理视野完全打开，则中国不会有此弯路。当三百年后，中国人再度认识世界时，已落后于人，屈辱挨打，方才醒悟。醒悟之木铎，其在地理乎？当我们明乎地理与历史的关系，就知道地理学术的重要性了。

---

[1] 指闽浙总督刘韵珂，他也是一位难得的封建社会官员。——作者注

4. 地理知识与观念传播何其又难又慢？

有思想与著作是一回事，在民间流布传播、启迪民智又是另一回事。西方的地理知识、思想，在大清传播的速度太慢了。先讲道光皇帝的例子吧。他爷爷乾隆为接待英使马戛尔尼，翻找《大清一统舆图》，扒拉不到"英吉利"这个国家，竟认为是新的藩国找上门来进贡。可第一次鸦片战争时，道光皇帝闻听几百个洋人闹事广州，居然问："蛮夷之兵现在居然猖狂到这种地步了吗？"吃了败仗，他才询问英夷俘虏：蛮夷人是从哪里来，被告知是英国人，于是他又追问："英国在哪里，离我大清远吗？要是从英国回大清的话是坐船还是车马就可以？它们与俄罗斯是否接壤？"尤其是后来听说英国的女王维多利亚才22岁，他眼里充满不可思议："一介闺中女子，不搞女红居然可以统治一个国家，真是荒唐。"[1] 可荒唐却正正写在他自己脸上，只是他不知。

另一个例子是关于国学大师梁启超对世界的认识。1890年，鸦片战争已过去近半个世纪，已是举人的梁启超竟不知世界有五大洲，直到读到《瀛寰志略》。梁氏读过此书，眼界大开，认为中国如不维新便无出路。他尤其重视地理对历史的影响，其《新史学》《中国史叙论》《新地理》等论文、著作，均大量涉及地理学知识。其史学观念深受地理环境决定论的影响，用之以解释中国史，先后作《地理与文明之关系》《亚洲地理大势论》《中国地理大势论》《欧洲地理大势论》《近代学风之地理分布》等文。他认为社会历史发展离不开地理环境："地理与人民二者常相待，然后文明以起，历史以成。若二者相离，则无文明，无历史。其相关之要，恰如肉体与灵魂相待以成人也。"[2] 可当像他那样的知识分子真正了解外边的世界，维新变革的热血一发而不可收，成为推动历史进步的磅礴力量！

魏源、徐继畲等著书立说，洋洋洒洒，鸿篇巨制，介绍西方地理知识，以启迪民智，木铎醒世，结果怎么样呢？1890年，美国传教士谢卫楼在《基督教教

---

[1] 就这些问题，有些史家解读不同。认为当时英国是日不落帝国，遍布全球，如在印度、美洲、澳大利亚、马六甲海峡等世界各地泛在。道光皇帝如此发问，反倒是他模糊了解英国的反映。但此说不能自圆。若道光皇帝对英国有所了解，他会问另外的问题，不会问英王年龄之类的，连英王是女性都不知道，可见他对英国无了解。

[2] 梁启超：《中国史叙论》，《饮冰室合集·文集》之六。

育对中国现状及其需求的关系》中仍指出："近代天文学、地理学早在三百年前已经在中国传授了。数百年来这些学科的典籍，很容易搞到手。可是在今天中国的首都宣布地球是圆的这样一个真理，会引起一批孔门学者的惊讶和怀疑。"[1]

谢卫楼的说法是有实证的。地理学知识与思想传播慢，从地理译著上的变化可见一斑。据邹振环先生研究，19世纪西方传教士主译的地理学著作中所引进的西方地理学知识很有限，递增率也较平稳。第一阶段，1819—1897年的78年中，共出版地理学单行本51种，年均0.65种；第二阶段，1898—1911年这短短的13年中，统计到的西方地理学译著多达157种，年均12.1种，是前78年平均量的近20倍。1902—1904年形成了地理学译著出版的高峰值，6年中出版的总数为114种，年均高达19种，最高值的1903年则有34种（见表11-2）。这种"加速度现象"不仅表现在数量上，还表现在输入的知识范围和知识规模上，从知识线的引进转变为知识体系的输入[2]。

从知识群看，地理学通论与教科书是重点。戊戌变法后，区域志增加迅猛，反映国人对国别地理的关注，同时地球与天文学、地图册之类的译著也井喷式增长。然后，是部门地理学，如文化与政治地理学、商业地理学、军事地理学等也相继成为国人关注的焦点问题。

最突出特点是"日本著作"占绝大多数。清廷于甲午战败后，国人转向留学日本，学习日本富强之术。西方的地理学思想，先被日本消化吸收，然后转输到中国，其间难免夹杂日本人的地理观念。中国的地理学，本来在明清之际与西方相埒，各有短长，但过了200多年自己昏睡不醒，西方大踏步前进。日本则早于清朝觉醒，积极消化吸收西方的科学知识，用了30—50年，就超越了泱泱中华。谁觉醒得早，谁就有竞争优势，就有胜出的希望，否则，只有被动挨打。

---

[1] 《在华新教传教士1890年大会记录》，转引自朱有瓛等主编《中国近代学制史料》第四辑，华东师范大学出版社，1993年，第14页。

[2] 邹振环：《戊戌至辛亥时期西方近代地理学的输入及其影响》，《近代中国》2000年第1期。

表 11-2　晚清外国地理翻译著作分类统计

年份	地理学通论与教科书	地球与地文学	气象与气候学	文化与政治地理学	区域地志	商业地理学	交通与旅游地理学	军事地理学	地图册与地图解说	合计
1819—1897	15	10	4	2	7		5	5	3	51
1898—1911	34	21	6	12	40	12	13	3	16	157
总计	49	31	10	14	47	12	18	8	19	208

知识传播速度慢，是因为基础教育不彰，没有建立完整的动员社会各界力量的教育体系。为此，清朝准备大力发展新式教育。在《钦定学堂章程》和《钦定大学堂章程》（1902 年，壬寅学制）中，清政府将地理教育列为重点学科，提升全社会的地理素养。观念已经改变，地理更多的是"理论和应用"。用新的天文、物理等科学知识，解释地理现象，探索运动规律，然后用来指导社会实践。地理学成了科学和应用之学。

5. 海防与塞防：基于地理知识的安邦定国筹划

清朝因为地理观念落后，在国家发展方向上吃了大亏。两次鸦片战争失败后，清政府搞起了洋务运动。可在洋务运动正盛的时候，1871 年，沙俄趁阿古柏侵扰新疆之际，出兵占领伊犁地区，1874 年 5 月，日本出兵台湾，10 月 30 日签订《北京专约》，赔偿 50 万两白银总算息事宁人。鉴于海防空虚的现实，大学士文祥上奏清廷，要求"停不急之费用，谋至急之海防"。由此拉开了海防塞防之争（背景见第十章尾节）。

直隶总督李鸿章强调海防优先发展之重要性，认为："近日财用极绌，人所共知。欲图振作，必统天下全局，通盘合筹，而后定计……况新疆不复，于肢体之元气无伤；海防，则腹心之大患愈棘，孰重孰轻，必有能辨之者。此议果定，则已经出塞及尚未出塞各军，似须略加覆减，可撤则撤，可停则停。其停撤之饷，即匀作海防之饷，否则只此财力，既备东南万里之海疆，又备西北万里之饷运，有不困穷颠蹶者哉！"按其意，新疆塞防应为海防让路，节省下来的银子发展海军，抵御海上列强。而湖南巡抚王文韶反对牺牲塞防的做法，"然微闻俄人攘我伊犁，殆有久假不归之势，履霜坚冰，其幾已见……我师迟一步，则俄人进一步；我师迟一日，事机之急，莫此为甚"。故他主张："目前之计，尚以全力西征。"只要俄人不在西北得手，东南自然无虞。

最高决策者拿不定主意，就密谕陕甘总督左宗棠，征求意见。左氏作《复陈海防塞防及关外剿抚粮运情形折》，提出"窃维时事之宜筹、谟谋之宜定者，东则海防，西则塞防，二者并重"的思想，算是折中路线。结果他的奏折获得军机大臣文祥认可，上奏慈禧太后，得准。即任命左宗棠为钦差大臣全权负责收复新疆事务。那么，左宗棠何以能获得决策者的认可呢？从奏折全文看，因为他懂得"西域地理"，对天下地理形势和新疆地理情况了解。

第一，他懂得海国情势和关塞地理大势。因为他曾任职过闽浙总督，奏折云："顾闽浙承乏，稍知海国情形；及调督陕甘，虽拮据戎马之间，迄少成绩，而关塞征戍局势、地形亦尝留意。"表示他了解福建、浙江形势，对海外诸国意图明了；对关塞征伐的局势与山川地理也有把握。

第二，他懂得地缘政治角度，分析西域形势，制定先控制乌鲁木齐和北疆，然后荡平南疆的战略："天山南北两路，旧有富八城、穷八城之说。北自乌鲁木齐迤西，南自阿克苏迤西，土沃泉甘，物产殷阜，旧为各部腴疆，所谓富八城者也。其自乌鲁木齐迤东四城，地势高寒，山溪多而平川少；哈密迤南而西抵阿克苏四城，地势褊狭，中多戈壁，谓之穷八城。以南北两路而言，北八城广，而南八城狭，北可制南，南不能制北……今若画地自守，不规复乌垣（乌鲁木齐），则无总要可扼。即乌垣速复，驻守有地，而乌垣南之巴里坤、哈密，北之塔尔巴哈台各路，均应增置重兵，以张犄角，精选良将，兴办兵屯、民屯，招徕客、土，以实边塞，然后兵渐停撤，而饷可议节矣……"

第三，通晓国际形势，对俄罗斯、土耳其、英国、印度等国的历史、优劣势、干预新疆的可能性等，皆有掌握。所谓知己知彼，百战不殆。以此，让清廷放心大胆地干。

第四，左氏提出"至规复乌鲁木齐，非剿抚兼施不可，非粮运兼筹不可"。即对于收复乌鲁木齐，提出围剿与安抚两手并用、粮食供应与运输统筹解决的思想。就粮食供应，他建议除河西走廊从甘州、肃州向安西、玉门关、吐鲁番一线运粮外，另从呼和浩特走包头一路向西，抵达哈密、吐鲁番的路线。并提出骆驼、骡马并用的运输方式。

综上，左宗棠基于地理、历史环境分析提出一个完整的解决方案，能不打动圣心吗？他之所以对地理情势了如指掌，与十多年前林则徐给他的嘱托以及送给他的新疆资料有密切关系。这就回到第十章开头的一幕了。

总之，欲爱其家者，必怀乡土；欲爱其国者，必懂舆地；欲经略天下者，必通地理形势利害。2000 年前，张骞出使西域，获得了西域的地理信息，凿空西域，而有丝绸之路之绵延。东汉时，班超经略西域，得其地广，播其文脉。清末时，左宗棠又是靠着对新疆地理情势的了解，将侵略者赶出新疆，功著千秋万世，不亦宜乎？